POCKET CLASSIQUES

collection dirigée par Claude AZIZA

VOLTAIRE

ZADIG
ET AUTRES CONTES
ORIENTAUX

Préface et commentaires de
Jean GOLDZINK

Le Code de la propriété intellectuelle n'autorisant aux termes de l'article L. 122-5, 2e et 3e a, d'une part, que les « copies ou reproductions strictement réservées à l'usage privé du copiste et non destinées à une utilisation collective » et, d'autre part, que les analyses et les courtes citations dans un but d'exemple ou d'illustration, « toute représentation ou reproduction intégrale ou partielle faite sans le consentement de l'auteur ou de ses ayants droit ou ayants cause est illicite » (art. L. 122-4).

Cette représentation ou reproduction, par quelque procédé que ce soit, constituerait donc une contrefaçon sanctionnée par les articles L. 335-2 et suivants du Code de la propriété intellectuelle.

© Pocket, 1990, pour la préface, les commentaires
et le dossier historique et littéraire.

© Pocket, 1998, pour « Au fil du texte » *in* « Les clés de l'œuvre ».

ISBN 2-266-08758-4

SOMMAIRE

PRÉFACE 5

ZADIG OU LA DESTINÉE 19

LES CLÉS DE L'ŒUVRE 341

    I. *Au fil du texte** : pour découvrir l'essentiel de l'œuvre.

    II. *Dossier historique et littéraire* : pour ceux qui veulent aller plus loin.

---

* Pour approfondir votre lecture, *Au fil du texte* vous propose une sélection commentée :
- de morceaux « classiques » devenus incontournables, signalés par ●◆ (droit au but).
- d'extraits représentatifs de l'œuvre, signalés par ∞◆ (en flânant).

PRÉFACE

Si vous êtes très amoureux d'une très belle princesse, qui vous aime très fort, et qui voyage pour obéir à son phénix, et au roi son père, savez-vous qu'il est imprudent de croire sur parole votre merle fidèle, qui rapporte à tire d'aile l'avoir vue, dans une chambre d'auberge, embrasser le roi d'Égypte en compagnie d'un vilain prêtre ? Français, point étourdi, et nullement soupçonneux, vous le savez évidemment... et donc cet épisode de *La Princesse de Babylone* ne vous apprendra rien d'essentiel. C'est peut-être qu'il s'adresse d'abord aux jeunes (Orientaux ?) impulsifs qui courent le monde par peine d'amour, tirés par six licornes plus véloces que les plus rapides carrosses. Mais allez-vous prétendre de bonne foi avoir rencontré, comme la belle Amaside aux bords du Nil, un taureau neigeux qui roule des yeux langoureux pleins de larmes, un serpent aux paroles subtiles ? Savez-vous même décrire, sans les avoir jamais vus, le cheval du roi et la petite chienne de la reine ? Pouvez-vous, au pied levé, et au risque de l'esclavage, guérir un puissant seigneur sans être médecin, percer des énigmes obscures sans être devin, jouer du sabre en robe et bonnet ? J'en passe, et d'aussi adroites.

Tel est le premier don, le charme inattendu des récits orientaux voltairiens : jouer avec nos rêveries d'enfance, caresser le goût des fables et des prodiges, des aventures et des passions (amour, jalousie, envie...). Faut-il s'en étonner ? On le pourrait, à songer que dès la fin du XVIIIe siècle, sa « gaieté infernale » (Mme de Staël), son « hideux sourire » (Musset), révulsent les cœurs sensibles chavirés par Rousseau (et surtout mal remis des tempêtes révolutionnaires). Cette image d'un Voltaire décharné et ricanant prévaut encore, maintenant que le peuple scolaire ne le connaît qu'à travers *Candide*, best-seller du baccalauréat. Et il serait bien léger de prétendre renverser une telle image, si saisissante, si inoubliable — sa couronne unique conquise à la pointe de la plume. On aura beau dire et beau faire, ce qui résonne à travers les siècles, c'est le rire voltairien, au demeurant nullement absent, Dieu merci, des contes ici rassemblés. C'est que la Révolution a consacré, sinon sanctifié, ce qu'on a vite appelé son ricanement destructeur.

Reste un fait indiscutable, mais effacé de la mémoire française : Voltaire fut bel et bien le dramaturge de loin le plus fameux de son siècle, le maître incontesté de la tragédie, joué, imité, traduit, parodié, dans toute l'Europe — Angleterre comprise. Et qu'est-ce donc qu'une tragédie, sinon l'orchestration de passions déchirantes, l'art de combiner des actions, la science des larmes et de l'effroi ? Il est impossible de mesurer, mais aussi de sous-estimer, ce que le bonheur du romancier, chez lui, doit à la pratique bien plus précoce, bien plus constante, du dramaturge, voué au suspens, aux rebondissements et coups de théâtre, aux effusions et ravages du cœur. Or l'Orient est toujours, dans l'imaginaire des Lumières, la terre des passions exacerbées : comme si le cœur oriental, de la Méditerranée à d'autres lointains rivages, s'enflammait au chaud soleil de l'Asie. Mais c'est aussi et surtout, depuis l'admirable traduction, par Galland, des *Mille et Une Nuits*[1]

---

1. On lira le texte chez Pocket, dans la traduction plus récente et plus complète de R. Khanam.

(1704-1717), le lieu d'élection des songes et mensonges de l'imagination. Tout le siècle, qu'on a voulu vouer à la Raison, baigne dans la lumière des *Mille et Une Nuits*, de Crébillon à Goethe, en passant par Diderot. Comme Montesquieu, qu'il n'aime pas, Voltaire en fit ses délices : « ...Je vous avouerai que je ne lis que l'*Ancien Testament*, trois ou quatre chants de Virgile[1], tout l'Arioste, une partie des *Mille et Une Nuits*, et en fait de prose française, je relis sans cesse les *Lettres provinciales*[2] » (à Mme du Deffand, 17 septembre 1759). Son admiration passionnée pour l'Arioste donne à réfléchir : « Arioste et le Pentateuque font aujourd'hui les charmes de ma vie » (à Mme du Deffand, 15 janvier 1761). Que trouve-t-il en effet dans le *Roland furieux* de l'Arioste ? « ...Que l'Arioste est supérieur à lui [La Fontaine] et à tout ce qui m'a jamais charmé, par la fécondité de son génie inventif, par la profusion de ses images, par la profonde connaissance du cœur humain, sans faire jamais le docteur, par ces railleries si naturelles dont il assaisonne les choses les plus terribles ! J'y trouve toute la grande poésie d'Homère avec plus de variété ; toute l'imagination des *Mille et Une Nuits* ; la sensibilité de Tibulle, les plaisanteries de Plaute, toujours le merveilleux et le simple. Les exordes de ses chants sont d'une morale si simple et si enjouée ! N'êtes-vous pas étonné qu'il ait pu faire un poème de plus de quarante mille vers dans lequel il n'y a pas un morceau ennuyeux, et pas une ligne qui pèche contre la langue, pas un tour forcé, pas un mot impropre ? Et encore ce poème est tout en stances » (à Chamfort, le 16 novembre 1774).

De la sensibilité, de l'imagination, de la plaisanterie, du merveilleux et du simple, une morale enjouée et sans afféterie, une langue pure et précise, le souci de la variété par horreur de l'ennui (« Tous les genres

---

1. *L'Énéide*, épopée.
2. De Pascal.

sont bons, sauf le genre ennuyeux »), le dégoût du pédantisme et le goût de la virtuosité : que manque-t-il à cet éloge enthousiaste de l'Arioste pour définir, avec une parfaite précision, le conte (oriental) voltairien ? À peu près rien, sinon peut-être l'enjeu idéologique, qui les a fait baptiser, par la postérité, contes philosophiques. On rêverait certes difficilement meilleur titre, mais Voltaire n'y avait pas songé. Ou du moins il ne l'a pas imposé, bien que sa dernière édition complète, en 1775, propose le titre de *Romans philosophiques*. Il avait également oublié d'en dresser la liste complète.

On ne niera pas que de telles dilections (l'*Ancien Testament*, l'Arioste, *Les Mille et Une Nuits*) s'accordent assez mal au rictus voltairien immortalisé par la peinture et la sculpture. Elles n'auraient au demeurant qu'un intérêt purement biographique si elles ne nourrissaient et n'éclairaient les récits voltairiens, et singulièrement ceux que, sans son aveu, nous réunissons ici, pour la première fois peut-être, sous l'emblème de l'Orient. Cet Orient dont l'imagination fabulatrice a enfanté à la fois, selon lui, les histoires de la Bible et celles de la sultane Schéhérazade, et où s'épanche, mêlée d'ironie, la veine sentimentale et romanesque d'un Voltaire rêveur.

Commençons par un peu de statistique (Voltaire savait compter, qui mourut avec un revenu annuel d'au moins trois millions de francs actuels, et qui traite d'économie politique dans *L'Homme aux quarante écus*). Sur les 26 contes et romans que les éditeurs lui accordent généralement [1], 11 peuvent relever de la veine orientale, soit 244 pages sur 588 dans une édition courante. Sur 13 contes de moins de 10 pages, 5 sont orientaux, et 4 sur les 8 récits de plus de 30 pages : *Zadig* (63 pages) et *La Princesse de Babylone* (62)

---

1. Voir p. 349 le tableau chronologique des contes.

devancent en effet de peu *L'Ingénu* (59), *L'Homme aux quarante écus* (57), *Histoire de Jenni* (57), tandis que *Les Lettres d'Amabed* (44) et *Le Taureau blanc* (31) ferment le ban conduit par *Candide* (80). Même partage somme toute équitable pour les contes de 10 à 20 pages : *Le Monde comme il va* (14) et *Le Blanc et le Noir* (12) ne font pas trop mauvaise figure auprès de *Micromégas* (17), *Pot-pourri* (16) et *Les Oreilles du comte de Chesterfield* (18). De ces calculs ardus, on est donc en droit de conclure que l'Orient a marqué, d'une empreinte plus ou moins profonde, pas loin de la moitié des récits voltairiens. Mais sans incidence notable sur leur volume. Le conte voltairien n'est pas sous la dépendance de la géographie narrative. L'Orient n'est pas le secours mécanisé d'une inspiration défaillante.

Il est également impossible d'assigner à la veine orientale une place déterminée dans la carrière romanesque si tardive de l'écrivain : l'Orient ne cesse de le solliciter, de 1747 (voire 1715) à 1774[1]. Preuve assez claire qu'il serait vain de chercher à accorder courbe biographique et courbe du désir oriental. Peut-on concevoir fictions plus différentes que *L'Homme aux quarante écus* et *La Princesse de Babylone* ? Elles jaillissent ensemble en 1767, aussitôt après *L'Ingénu*, qui ne leur ressemble en rien. Manifestement, l'imagination voltairienne se complaît tenacement dans la rêverie orientale, sans jamais s'y enfermer : instrument commode et familier, qu'on caresse d'une main amicale, pour le plaisir des gammes et variations. Car la variété, ou le désir de renouvellement, semble bien la loi fondamentale qui préside au travail du romancier Voltaire. Qu'on lise sans préjugé ses onze contes orientaux : on verra que chacun tente une nouvelle formule. L'amour des *Mille et Une Nuits* ne l'a jamais conduit aux facilités, si répandues autour de lui, du pastiche et de la recette.

---

1. Voir p. 349 le tableau chronologique des contes.

Alors que les plus grands romanciers du siècle ont surtout sondé les ressources retorses de la narration subjective (romans-mémoires, romans épistolaires), Voltaire cultive la troisième personne. Les raisons s'en devinent aisément : ce type de récit maintient ses personnages, savamment simplifiés et mécanisés, à la bonne distance qui permet l'exercice grinçant de l'ironie, marque la plus visible de l'incessante présence du romancier. Nul hasard si Rousseau adopte, dans *La Nouvelle Héloïse*, la forme épistolaire, et si les œuvres les plus célèbres de Voltaire *(Zadig, Micromégas, Candide, L'Ingénu)* témoignent d'un choix opposé. Il ne faudrait pourtant pas en faire une loi absolue. Trois récits orientaux sur onze usent de la première personne *(Lettre d'un Turc, Histoire d'un bon bramin, Les Lettres d'Amabed)*, contre six sur quinze dans les autres contes *(Histoire de Scarmentado, Pot-pourri, L'Homme aux quarante écus, Éloge... de la raison, Les Oreilles..., Histoire de Jenni)*. Mais prenons garde aux statistiques : les plus scrupuleuses sont parfois les plus trompeuses. Dans la série non orientale, ne relèvent vraiment de la narration subjective que *Scarmentado* et *Histoire de Jenni*. Et encore cette dernière est-elle le fait d'un témoin qui relate à un ami les aventures des héros en les colorant de ses commentaires savoureusement sentimentaux et moralisateurs : pastiche amusé du roman sensible alors en pleine expansion. Qu'en est-il de nos trois récits ? La *Lettre d'un Turc* est essentiellement celle d'un témoin ; dans l'*Histoire d'un bon bramin*, le *je* donne certes un accent de vivacité et de sincérité à la relation, mais remplit en définitive une fonction aussi discrète (discrète, non pas nulle) que dans *Pot-pourri* ou *L'Homme aux quarante écus*.

Décisive au contraire, et tout à fait unique, la structure épistolaire des *Lettres d'Amabed*. Trois correspondants y entrecroisent leurs voix : un prêtre de Brahma et un jeune couple indien. Partage inégal : le prêtre reçoit 24 lettres d'Amabed, 7 de son épouse, et répond 3 fois. Mais la composition est en vérité plus complexe, puisque cette correspondance triangulaire se transforme, dès la cinquième lettre, en un soliloque haletant, puis émoustillé, d'Amabed, qui n'occupe pas moins de vingt lettres. Passage du régime polyphonique au régime monodique, qui épouse une inflexion décisive de l'action : les vingt dernières lettres sont celles d'un prisonnier de l'Inquisition de Goa, en route vers Rome et la corruption. Mais découvrir le monde et le mal, n'est-ce pas le chemin obligé des héros voltairiens, qui les conduit de l'innocente candeur à une possible sagesse, ici laissée dans les brumes d'une histoire suspendue ?

Voltaire ne s'en cache pas : il joute avec l'un des grands succès du siècle, la *Pamela* de Richardson, en s'abandonnant à son tour à ce puissant fantasme des Lumières : les infortunes de la vertu, ici persécutée par le machiavélique père Fa tutto. Pour surpasser son modèle anglais, Voltaire compte moins sur les ressources pathétiques de la première personne que sur la rencontre dramatique de deux mondes, l'Inde et l'Europe. Par quoi il rejoint Montesquieu, dont il affectait de dédaigner les *Lettres persanes*. La forme épistolaire permet évidemment de jeter sur l'Occident chrétien (l'Inquisition et Rome) le regard naïf de l'étranger, le fameux regard persan. Mais à l'inverse d'Usbek et Rica, Amabed et Adaté se corrompent en s'instruisant, se forment en se pervertissant : mal et bien ne se distinguent pas si aisément dans l'entrechevêtrement des choses terrestres. Grande leçon du conte voltairien, magistralement mise en scène dès *Zadig*, concentrée dans *Le Monde comme il va*. On devine donc assez bien le double pari de Voltaire. Il compte l'emporter sur Richardson par le recours à l'Histoire : « Dans les six tomes de *Pamela*, il n'y a rien. Ce n'est qu'une petite fille qui ne veut pas coucher avec son maître à moins qu'il ne l'épouse ; et *Les Lettres d'Amabed* sont le tableau du monde entier, depuis les rives du Gange jusqu'au Vatican » (à Thieriot, 29 mai 1769). Retenons ce propos : il vaut pour *La Princesse de Babylone* comme pour *Candide*.

Quant à Montesquieu, il peut espérer le surpasser par la concentration et la dramatisation qu'il imprime à la matière romanesque. A-t-il réussi ? On en doute généralement. Mais il serait dommage de ne pas lire attentivement cet effort ambitieux pour renouveler profondément son inspiration orientale, en mariant le pathétique et l'ironie au sein d'une narration subjective pourtant suspendue à une philosophie de l'Histoire.

Tentative à part, *Les Lettres d'Amabed* ? Sans doute. À y bien regarder, trouve-t-on pourtant moins de différences entre *Zadig, La Princesse de Babylone* et *Le Taureau blanc*, apparemment mieux marqués par le merveilleux propre à l'inspiration orientale des Lumières ? Ces trois récits, comme *Candide* et *L'Ingénu*, font certes jouer une quête amoureuse : Voltaire ne se lasse pas de cet archétype romanesque qui fait encore les belles recettes du cinéma. C'est que la quête sentimentale sert de support narratif à une enquête philosophique ; les étapes du voyage scandent, avec un dynamisme fiévreux, autant d'épreuves sur le chemin d'une difficile sagesse, plus proche de la résignation à l'ordre des choses que du volontarisme militant.

Mais comment ne pas voir aussitôt que *Le Taureau blanc*, confiné sur les bords du Nil, ne fait aucun usage du voyage philosophique si typique de l'écriture voltairienne ? (Voilà pourquoi, sans doute, il ne peut atteindre la taille des plus longs récits.) Comment aussi rester insensible à ce qui sépare le voyage de Zadig et celui, plus aérien, de *La Princesse de Babylone* ? Zadig traverse des conditions (sociales), tantôt ministre, tantôt esclave, alors que la belle Formosante, tirée par ses licornes et flanquée de son tendre phénix, survole les nations à grande allure. Il y a là deux systèmes de voyage, que *Candide* combine, et qu'il serait léger de confondre. Car le voyage de Zadig n'appelle aucun recours à l'Histoire, dont *La Princesse de Babylone* tire sa plus précieuse substance. L'un peut donc se dérouler dans un Orient de fantaisie, même s'il respecte la géographie, tandis que l'autre doit, à l'instar d'Amabed, quitter l'Orient des premières amours pour l'Occident. Mais Amabed n'a rapport qu'à l'Église et ne visite que Rome, quand Formosante traverse les principaux États de l'Europe contemporaine, dont la description spirituelle est le véritable sujet du récit. Nous voilà bien loin du *Taureau blanc*, qui traite de la Bible et de ses affabulations (orientales ?) : prophéties, métamorphoses et autres merveilles d'un âge où les bêtes parlaient sous la main de Dieu et la houlette des mages. L'âge des fables et des contes, dont la raison, apparemment, aurait tort de se priver. Car elle aussi a besoin de rêver. Pour mieux penser. À condition de ne pas transformer la fable en dogme, et le dogme en devoir de croyance.

Si l'on jette un regard d'ensemble sur l'Orient des contes voltairiens (car il y a aussi l'Orient du théâtre et l'Orient des œuvres historiques), il n'est pas impossible d'en esquisser une typologie sommaire. Au degré minimum, l'empreinte orientale se limite à quelques transpositions nominales (« satrapes », « mages », etc.) : le lecteur sait bien que Babouc, dans *Le Monde comme il va*, en se portant vers Persépolis, entre en vérité à Paris. Rien, ici, ne cherche vraiment à transporter le lecteur en Asie, fût-il de pure convention. Relèvent de ce système simple mais efficace *Memnon, Lettre d'un Turc, Histoire d'un bon bramin*.

Le Crocheteur borgne et *Aventure indienne* s'en distinguent par une imprégnation orientale plus dense, quoique d'espèce différente. *Aventure indienne* traite de la tolérance à l'usage des Français, mais en établissant un système de transposition plus dépaysant, sinon totalement indien (Voltaire sait bien que les Indiens ne passent pas pour brûler les hérétiques !). *Le Crocheteur borgne*, lui, pastiche des traits aisément reconnaissables des *Mille et Une Nuits*, et parvient indiscutablement à créer une atmosphère de conte oriental.

Il serait surprenant de ne pas placer nettement au-dessus un conte tel que *Zadig*, car il ne s'agit plus ici d'un pastiche, même réussi, mais de véritable création, complexe et savante, le premier long récit fictif de Voltaire. S'il existait une recette du conte philosophique, ou s'il avait voulu la suivre, il lui aurait suffi d'exploiter la formule de son premier chef-d'œuvre. Il est bon de constater qu'un grand écrivain n'écrit pas de la sorte, et que chaque œuvre se compose dans la solitude d'un combat singulier.

Il y a dans *Zadig* une montée en force impressionnante des éléments orientaux à mesure que le récit avance, même si, dès le début, Voltaire révèle sa parfaite assimilation des *Mille et Une Nuits* et de leurs imitations françaises (pour les thèmes, l'infidélité féminine ou la fureur du roi ; pour la forme narrative, les Énigmes, la ruse du Nez, la tablette rompue ; pour les figures de style, l'emploi de l'hyperbole, etc.). Mais enfin, la Babylone des premiers épisodes ne semble pas fondamentalement différente de la Persépolis du *Monde comme il va*, tant elle fait signe avec insistance vers Paris et les expériences voltairiennes. La suite, tout en rebondissements et aventures à la façon des *Mille et Une Nuits*, dément tout à fait cette impression trompeuse : jalousie meurtrière du roi, fuite en Égypte, esclavage, amitié de Sétoc, voyage en Arabie, épisodes de la pierre, des flambeaux, du souper, rencontre du brigand Arbogad, duels, etc. On voit même apparaître une structure typique des *Mille et Une Nuits* (et de la tradition européenne) : l'histoire emboîtée (du pêcheur, d'Arbogad), dont Voltaire ne fait guère usage, sauf dans *Candide*, contrairement à beaucoup d'imitateurs des contes orientaux.

On aurait donc bien tort d'opposer, chez Voltaire, philosophie et invention narrative, imagination et volonté démonstrative. *Zadig* et *Candide* le prouvent, et d'autant mieux que dans ces deux récits, le foisonnement incessant des épisodes a directement rapport au thème philosophique central (la Destinée, l'Optimisme). L'articulation est certainement moins immédiate dans *La Princesse de Babylone, Le Taureau blanc* ou *Les Lettres d'Amabed* : effets d'un fléchissement créateur, ou signe de visées différentes...

Y a-t-il du merveilleux dans *Zadig* (l'ange Jesrad, missionnaire de la philosophie, mis à part) ? On peut en discuter. Mais on constate que *Le Blanc et le Noir, La Princesse de Babylone* et *Le Taureau blanc* se rejoignent dans une expansion spectaculaire des prodiges propres à la tradition popularisée par *Les Mille et Une Nuits*. Comme si Voltaire s'abandonnait de plus en plus librement à la fascination de l'imagination orientale, jusqu'à en faire, dans *Le Taureau blanc*, le sujet même du conte. *Le Blanc et le Noir* (1764) témoigne joliment de cette liberté nouvelle, qui débouche dans *La Princesse* sur la coexistence piquante du merveilleux (inspiré de l'Orient et de l'Arioste [1]) et de l'actualité politique la plus contemporaine. Par quoi *La Princesse* rejoint et renouvelle une constante du conte voltairien tourné vers l'Est : la pratique scintillante de l'anachronisme, dont il est difficile de ne pas savourer les subtiles modulations. On touche certainement là un des rouages essentiels, et le moins imitable, de ce qu'il est convenu d'appeler l'esprit voltairien. Qu'on se gardera d'étudier ici : « Tout commentateur de bons mots est un sot » *(Lettres philosophiques)*. Mais y a-t-il tant de bons mots dans les romans de Voltaire ? Y en a-t-il vraiment ? C'est du côté du piquant et du cocasse, du côté de l'ironie, qu'on a toute chance de rencontrer l'esprit des contes de Voltaire, qui est une forme (infiniment

---

[1]. Les duels renvoient à l'Arioste, comme la folie jalouse du héros, la course-poursuite de Formosante, et l'épée Fulminante, etc.

mobile) de l'imagination, excitée par le désir de surprendre.

Aussi vive et ingénieuse, aussi gaie qu'elle soit, l'imagination voltairienne ne s'abandonne jamais, comme dans *Les Mille et Une Nuits*, au pur plaisir de la fable. C'est la « philosophie » qui demeure la maîtresse du logis. Ainsi se justifie, aux yeux de la raison, l'usage de la fiction, et même du merveilleux, ainsi se fait le partage entre contes d'antan et contes philosophiques. Voltaire nous en livre agréablement la théorie aux chapitres 8 et 9 du *Taureau blanc* : « Je veux qu'un conte soit fondé sur la vraisemblance, et qu'il ne ressemble pas toujours à un rêve. Je désire qu'il n'ait rien de trivial ni d'extravagant. Je voudrais surtout que, sous le voile de la fable, il laissât entrevoir aux yeux exercés quelque vérité fine qui échappe au vulgaire. [...] — Vous m'imposez là une tâche bien difficile, répondit le serpent. » Suit une leçon pratique, dont la vérité fine n'échappera pas aux yeux du lecteur.

Est-ce pour dérouter le vulgaire que Voltaire n'a explicité que quatre fois, dès le titre *(Zadig, Candide, Memnon, Histoire de Jenni),* le thème philosophique de ses histoires ? On peut en douter. Quoique... Mieux vaut ici se demander s'il est une quelconque spécificité philosophique des contes orientaux. Le thème de la destinée, affiché dans le titre de *Zadig*, est également abordé dans *Le Blanc et le Noir*, sous l'angle du manichéisme, doctrine perse qui resurgit avec force au XVIIIe siècle (Beausobre, *Histoire critique de Manichée et du manichéisme*, 1734 ; Rameau, *Zoroastre*, 1749, etc.). Mais *Le Monde comme il va* parle-t-il d'autre chose, comme l'*Histoire des voyages de Scarmentado* et *Candide*, et, somme toute, *L'Ingénu* ? Car la question de la liberté et de la fatalité, du bien et du mal, bref, de l'ordre des choses sous le regard de Dieu, qui ne cesse de travailler le conte voltairien, ne peut se dissocier de l'interrogation sur le bonheur. Et donc

Memnon ou la sagesse humaine s'y rattache nécessairement : « Memnon conçut un jour le projet insensé d'être parfaitement sage. Il n'y a guère d'homme à qui cette folie n'ait quelquefois passé par la tête. Memnon se dit à lui-même : ''Pour être très sage, et par conséquent très heureux, il n'y a qu'à...'' » Est-il un héros voltairien (s'il ne croit pas, comme Pangloss, qu'« il n'y a qu'à » s'entêter à croire) qui échappe à la griffe du malheur ? Même les plus charmantes princesses, du Nil ou de Babylone, en noient leurs beaux yeux — par la faute d'un merle bavard et d'un taureau sans voix. Bien entendu, ce que le conte oriental gagne en fantaisie et en dépaysement, il le perd en noirceur, sauf peut-être dans *Memnon*, qui doit si peu à l'Orient.

Sauf aussi dans *Les Lettres d'Amabed*, qui appartiennent au cycle des récits nourris par la philosophie de l'Histoire : enfants naturels de l'imagination et de la mémoire, pour voler la belle formule du serpent, fort au fait des choses. C'est en effet à partir des *Voyages de Scarmentado* (1756) que l'Histoire (« les mœurs et l'esprit des nations ») fait son entrée dans le conte voltairien. Trois récits orientaux s'y rattachent : *La Princesse de Babylone, Les Lettres d'Amabed, Le Taureau blanc*. Trois époques, trois formules éminemment différentes, trois types de rapport entre l'Orient et l'Occident (Candide en pratique pour finir, dans son jardin, un quatrième, inverse des *Lettres d'Amabed*). Faut-il s'étonner de voir la religion, ou plutôt, pour parler comme Voltaire, la « superstition », occuper le devant de la scène ? Car s'il n'est pas d'ordre humain, et peut-être même naturel *(Aventure indienne)*, sans mélange, apparemment inextricable, du bien et du mal, pas de bonheur individuel sans adaptation au monde tel qu'il va (la fin de *Zadig* sonne comme un pari vite intenable, ou comme un conte de fées, mais la fin d'*Amabed* n'a pas, elle, la noirceur attendue), les progrès de la civilisation (recensés dans *La Princesse de Babylone*) exigent d'en découdre avec les « anthropokaies » (« brûleurs d'hommes ») tapis au-delà des Pyrénées[1]. Ces anthropokaies qui veulent nous mettre à feu et à sang parce que nous ne croyons plus aux fables nées aux bords des déserts d'Orient. Mais telle est la bonté de Voltaire, conteur des Lumières, qu'il accepte d'en rire — tout en dégainant sa *Fulminante*. Puisqu'il n'est peut-être pas de meilleur critère de la civilisation que la gaieté (chassée du pays des anthropokaies), soyons aussi raisonnables que lui : ne boudons pas notre plaisir. C'était également la conclusion du sultan vindicatif des *Mille et Une Nuits*.

---

1. *La Princesse de Babylone*, XI.

ZADIG OU LA DESTINÉE

HISTOIRE ORIENTALE

APPROBATION

Je soussigné, qui me suis fait passer pour savant, et même pour homme d'esprit, ai lu ce manuscrit, que j'ai trouvé, malgré moi, curieux, amusant, moral, philosophique, digne de plaire à ceux mêmes qui haïssent les romans. Ainsi je l'ai décrié, et j'ai assuré M. le Cadi[1]-Lesquier que c'est un ouvrage détestable.

Les notes appelées par un astérisque sont les notes de l'édition originale ; les notes rédigées par Voltaire sont suivies de (V.). Les notes appelées par un chiffre sont les notes du préfacier-annotateur.

1. Dignitaire turc chargé des lois et de la religion.

ÉPÎTRE DÉDICATOIRE
À LA SULTANE SHERAA[1]

PAR SADI[2]

Le 18 du mois de Schewal, l'an 837 de l'hégire.

Charme des prunelles, tourment des cœurs, lumière de l'esprit, je ne baise point la poussière de vos pieds, parce que vous ne marchez guère, ou que vous marchez sur des tapis d'Iran ou sur des roses. Je vous offre la traduction d'un livre d'un ancien sage qui, ayant le bonheur de n'avoir rien à faire, eut celui de s'amuser à écrire l'histoire de Zadig, ouvrage qui dit plus qu'il ne semble dire. Je vous prie de le lire et d'en juger : car, quoique vous soyez dans le printemps de votre vie, quoique tous les plaisirs vous cherchent, quoique vous soyez belle, et que vos talents ajoutent à votre beauté ; quoiqu'on vous loue du soir au matin, et que par toutes ces raisons vous soyez en droit de n'avoir pas le sens commun, cependant vous avez l'esprit très sage et le goût très fin, et je vous ai entendue raisonner mieux que de vieux derviches à longue barbe et à bonnet

---

1. Mme de Pompadour, sultane favorite de Louis XV.
2. Poète persan (vers 1184-1290) dont le *Gulistan* fut traduit en 1634 et en 1704.

pointu. Vous êtes discrète et vous n'êtes point défiante ; vous êtes douce sans être faible ; vous êtes bienfaisante avec discernement ; vous aimez vos amis, et vous ne vous faites point d'ennemis. Votre esprit n'emprunte jamais ses agréments des traits de la médisance ; vous ne dites de mal ni n'en faites, malgré la prodigieuse facilité que vous y auriez. Enfin votre âme m'a toujours paru pure comme votre beauté. Vous avez même un petit fonds de philosophie qui m'a fait croire que vous prendriez plus de goût qu'une autre à cet ouvrage d'un sage.

Il fut écrit d'abord en ancien chaldéen, que ni vous ni moi n'entendons. On le traduisit en arabe, pour amuser le célèbre sultan Ouloug-beb. C'était du temps où les Arabes et les Persans commençaient à écrire des *Mille et une Nuits*, des *Mille et un Jours*, etc. Ouloug aimait mieux la lecture de *Zadig* ; mais les sultanes aimaient mieux les *Mille et un*. « Comment pouvez-vous préférer, leur disait le sage Ouloug, des contes qui sont sans raison, et qui ne signifient rien ? — C'est précisément pour cela que nous les aimons, répondaient les sultanes. »

Je me flatte que vous ne leur ressemblerez pas, et que vous serez un vrai Ouloug. J'espère même que, quand vous serez lasse des conversations générales, qui ressemblent assez aux *Mille et un*, à cela près qu'elles sont moins amusantes, je pourrai trouver une minute pour avoir l'honneur de vous parler raison. Si vous aviez été Thalestris[1] du temps de Scander, fils de Philippe ; si vous aviez été la reine de Sabée du temps de Soleiman, c'eussent été ces rois qui auraient fait le voyage.

Je prie les vertus célestes que vos plaisirs soient sans mélange, votre beauté durable, et votre bonheur sans fin.

SADI.

---

1. Reine légendaire des Amazones, qui aurait prié Alexandre (Scander en turc) de lui faire un enfant.

LE BORGNE

Du temps du roi Moabdar il y avait à Babylone un jeune homme nommé Zadig, né avec un beau naturel fortifié par l'éducation. Quoique riche et jeune, il savait modérer ses passions ; il n'affectait rien ; il ne voulait point toujours avoir raison, et savait respecter la faiblesse des hommes. On était étonné de voir qu'avec beaucoup d'esprit il n'insultât jamais par des railleries à ces propros si vagues, si rompus, si tumultueux à ces décisions ignorantes, à ces turlupinades grossières, à ce vain bruit de paroles, qu'on appelait *conversation* dans Babylone. Il avait appris, dans le premier livre de Zoroastre [1], que l'amour-propre est un ballon gonflé de vent, dont il sort des tempêtes quand on lui a fait une piqûre. Zadig surtout ne se vantait pas de mépriser les femmes et de les subjuguer. Il était généreux ; il ne craignait point d'obliger des ingrats, suivant ce grand précepte de Zoroastre : *Quand tu manges, donne à manger aux chiens, dussent-ils te mordre.* Il était aussi sage qu'on peut l'être : car il cherchait à vivre avec des sages. Instruit dans les sciences des anciens Chaldéens, il n'ignorait pas les principes physiques de la nature, tels qu'on les connaissait alors, et savait de la métaphysique ce qu'on en a su dans tous les âges, c'est-à-dire fort peu de chose. Il était fermement persuadé que l'année était de trois cent soixante et cinq jours et un quart, malgré la nouvelle philosophie de son temps, et que le soleil était au centre du monde ; et quand les principaux mages lui disaient, avec une hauteur insultante, qu'il avait de mauvais sentiments, et que c'était être ennemi de l'État que de croire que le soleil tournait

---

1. Ou Zarathoustra : réformateur de la religion iranienne.

◆○ Voir *Au fil du texte*, p. X.

sur lui-même, et que l'année avait douze mois, il se taisait sans colère et sans dédain.

Zadig, avec de grandes richesses, et par conséquent avec des amis, ayant de la santé, une figure aimable, un esprit juste et modéré, un cœur sincère et noble, crut qu'il pouvait être heureux. Il devait se marier à Sémire, que sa beauté, sa naissance, et sa fortune, rendaient le premier parti de Babylone. Il avait pour elle un attachement solide et vertueux, et Sémire l'aimait avec passion. Ils touchaient au moment fortuné qui allait les unir, lorsque, se promenant ensemble vers une porte de Babylone, sous les palmiers qui ornaient le rivage de l'Euphrate, ils virent venir à eux des hommes armés de sabres et de flèches. C'étaient les satellites du jeune Orcan[1], neveu d'un ministre, à qui les courtisans de son oncle avaient fait accroire que tout lui était permis. Il n'avait aucune des grâces ni des vertus de Zadig ; mais, croyant valoir beaucoup mieux, il était désespéré de n'être pas préféré. Cette jalousie, qui ne venait que de sa vanité, lui fit penser qu'il aimait éperdument Sémire. Il voulait l'enlever. Les ravisseurs la saisirent, et dans les emportements de leur violence ils la blessèrent, et firent couler le sang d'une personne dont la vue aurait attendri les tigres du mont Imaüs[2]. Elle perçait le ciel de ses plaintes. Elle s'écriait : « Mon cher époux ! on m'arrache à ce que j'adore. » Elle n'était point occupée de son danger ; elle ne pensait qu'à son cher Zadig. Celui-ci, dans le même temps, la défendait avec toute la force que donnent la valeur et l'amour. Aidé seulement de deux esclaves, il mit les ravisseurs en fuite, et ramena chez elle Sémire, évanouie et sanglante, qui en ouvrant les yeux vit son libérateur. Elle lui dit : « Ô Zadig ! Je vous aimais comme mon époux ; je vous aime comme celui à qui je dois l'honneur et la vie. »

---

1. Faut-il penser au chevalier de Rohan, qui fit bâtonner Voltaire en 1726 ?
2. Nom antique de deux chaînes himalayennes.

Jamais il n'y eut un cœur plus pénétré que celui de Sémire. Jamais bouche plus ravissante n'exprima des sentiments plus touchants par ces paroles de feu qu'inspirent le sentiment du plus grand des bienfaits et le transport le plus tendre de l'amour le plus légitime. Sa blessure était légère ; elle guérit bientôt. Zadig était blessé plus dangereusement ; un coup de flèche reçu près de l'œil lui avait fait une plaie profonde. Sémire ne demandait aux dieux que la guérison de son amant. Ses yeux étaient nuit et jour baignés de larmes : elle attendait le moment où ceux de Zadig pourraient jouir de ses regards ; mais un abcès survenu à l'œil blessé fit tout craindre. On envoya jusqu'à Memphis[1] chercher le grand médecin Hermès, qui vint avec un nombreux cortège. Il visita le malade, et déclara qu'il perdrait l'œil ; il prédit même le jour et l'heure où ce funeste accident devait arriver. « Si c'eût été l'œil droit, dit-il, je l'aurais guéri ; mais les plaies de l'œil gauche sont incurables. » Tout Babylone, en plaignant la destinée de Zadig, admira la profondeur de la science d'Hermès. Deux jours après, l'abcès perça de lui-même ; Zadig fut guéri parfaitement. Hermès écrivit un livre où il lui prouva qu'il n'avait pas dû guérir. Zadig ne le lut point ; mais, dès qu'il put sortir, il se prépara à rendre visite à celle qui faisait l'espérance du bonheur de sa vie, et pour qui seule il voulait avoir des yeux. Sémire était à la campagne depuis trois jours. Il apprit en chemin que cette belle dame, ayant déclaré hautement qu'elle avait une aversion insurmontable pour les borgnes, venait de se marier à Orcan lui-même. À cette nouvelle il tomba sans connaissance ; sa douleur le mit au bord du tombeau ; il fut longtemps malade, mais enfin la raison l'emporta sur son affliction ; et l'atrocité de ce qu'il éprouvait servit même à le consoler.

« Puisque j'ai essuyé, dit-il, un si cruel caprice d'une fille élevée à la cour, il faut que j'épouse une citoyenne. »

---

1. En Égypte.

Il choisit Azora, la plus sage et la mieux née de la ville ; il l'épousa, et vécut un mois avec elle dans les douceurs de l'union la plus tendre. Seulement il remarquait en elle un peu de légèreté, et beaucoup de penchant à trouver toujours que les jeunes gens les mieux faits étaient ceux qui avaient le plus d'esprit et de vertu.

LE NEZ[1]

Un jour, Azora revint d'une promenade, tout en colère et faisant de grandes exclamations. « Qu'avez-vous, lui dit-il, ma chère épouse ? qui vous peut mettre ainsi hors de vous-même ? — Hélas ! dit-elle, vous seriez comme moi, si vous aviez vu le spectacle dont je viens d'être témoin. J'ai été consoler la jeune veuve Cosrou, qui vient d'élever, depuis deux jours, un tombeau à son jeune époux auprès du ruisseau qui borde cette prairie. Elle a promis aux dieux, dans sa douleur, de demeurer auprès de ce tombeau tant que l'eau de ce ruisseau coulerait auprès. — Eh bien ! dit Zadig, voilà une femme estimable qui aimait véritablement son mari ! — Ah ! reprit Azora, si vous saviez à quoi elle s'occupait quand je lui ai rendu visite ! — À quoi donc, belle Azora ? — Elle faisait détourner le ruisseau. » Azora se répandit en des invectives si longues, éclata en reproches si violents contre la jeune veuve, que ce faste de vertu ne plut pas à Zadig.

Il avait un ami, nommé Cador, qui était un de ces jeunes gens à qui sa femme trouvait plus de probité et de mérite qu'aux autres : il le mit dans sa confidence, et s'assura, autant qu'il le pouvait, de sa fidélité par un présent considérable. Azora, ayant passé deux jours chez une de ses amies à la campagne, revint le troisième

---

1. Voltaire réutilise, après La Fontaine, la célèbre histoire antique de la matrone d'Éphèse.

jour à la maison. Des domestiques en pleurs lui annoncèrent que son mari était mort subitement la nuit même, qu'on n'avait pas osé lui porter cette funeste nouvelle, et qu'on venait d'ensevelir Zadig dans le tombeau de ses pères, au bout du jardin. Elle pleura, s'arracha les cheveux, et jura de mourir. Le soir, Cador lui demanda la permission de lui parler, et ils pleurèrent tous deux. Le lendemain ils pleurèrent moins et dînèrent ensemble. Cador lui confia que son ami lui avait laissé la plus grande partie de son bien, et lui fit entendre qu'il mettrait son bonheur à partager sa fortune avec elle. La dame pleura, se fâcha, s'adoucit ; le souper fut plus long que le dîner ; on se parla avec plus de confiance. Azora fit l'éloge du défunt ; mais elle avoua qu'il avait des défauts dont Cador était exempt.

Au milieu du souper, Cador se plaignit d'un mal de rate violent ; la dame, inquiète et empressée, fit apporter toutes les essences dont elle se parfumait pour essayer s'il n'y en avait pas quelqu'une qui fût bonne pour le mal de rate ; elle regretta beaucoup que le grand Hermès ne fût pas encore à Babylone ; elle daigna même toucher le côté où Cador sentait de si vives douleurs. « Êtes-vous sujet à cette cruelle maladie ? lui dit-elle avec compassion. — Elle me met quelquefois au bord du tombeau, lui répondit Cador, et il n'y a qu'un seul remède qui puisse me soulager : c'est de m'appliquer sur le côté le nez d'un homme qui soit mort la veille. — Voilà un étrange remède, dit Azora. — Pas plus étrange, répondit-il, que les sachets du sieur Arnou* contre l'apoplexie. » Cette raison, jointe à l'extrême mérite du jeune homme, détermina enfin la dame. « Après tout, dit-elle, quand mon mari passera du monde d'hier dans le monde du lendemain sur le

---

* Il y avait dans ce temps un Babylonien, nommé Arnou, qui guérissait et prévenait toutes les apoplexies, dans les gazettes, avec un sachet pendu au cou. (V.)

pont Tchinavar, l'ange Asraël[1] lui accordera-t-il moins le passage parce que son nez sera un peu moins long dans la seconde vie que dans la première ? » Elle prit donc un rasoir ; elle alla au tombeau de son époux, l'arrosa de ses larmes, et s'approcha pour couper le nez à Zadig, qu'elle trouva tout étendu dans la tombe. Zadig se relève en tenant son nez d'une main, et arrêtant le rasoir de l'autre. « Madame, lui dit-il, ne criez plus tant contre la jeune Cosrou ; le projet de me couper le nez vaut bien celui de détourner un ruisseau. »

LE CHIEN ET LE CHEVAL

Zadig éprouva que le premier mois du mariage, comme il est écrit dans le livre du *Zend*[2], est la lune du miel, et que le second est la lune de l'absinthe. Il fut quelque temps après obligé de répudier Azora, qui était devenue trop difficile à vivre, et il chercha son bonheur dans l'étude de la nature. « Rien n'est plus heureux, disait-il, qu'un philosophe qui lit dans ce grand livre que Dieu a mis sous nos yeux. Les vérités qu'il découvre sont à lui : il nourrit et il élève son âme, il vit tranquille ; il ne craint rien des hommes, et sa tendre épouse ne vient point lui couper le nez. »

Plein de ces idées, il se retira dans une maison de campagne sur les bords de l'Euphrate. Là il ne s'occupait pas à calculer combien de pouces d'eau coulaient en une seconde sous les arches d'un pont, ou s'il tombait une ligne cube de pluie dans le mois de la souris plus que dans le mois du mouton. Il n'imaginait point de faire de la soie avec des toiles d'araignée, ni de la

---

1. Pont que traversent, dans la religion de Zoroastre, les âmes des justes pour gagner leur paradis. Mais Asraël est un ange musulman.
2. *Zend* signifie explication, commentaire. *Zend (Avesta)* désigne communément le texte sacré des parsis, ou guèbres, adeptes du mazdéisme, ou zoroastrisme.

Voir *Au fil du texte*, p. XII.

porcelaine avec des bouteilles cassées [1], mais il étudia surtout les propriétés des animaux et des plantes, et il acquit bientôt une sagacité qui lui découvrait mille différences où les autres hommes ne voient rien que d'uniforme.

Un jour, se promenant auprès d'un petit bois, il vit accourir à lui un eunuque de la reine, suivi de plusieurs officiers qui paraissaient dans la plus grande inquiétude, et qui couraient çà et là comme des hommes égarés qui cherchent ce qu'ils ont perdu de plus précieux. « Jeune homme, lui dit le premier eunuque, n'avez-vous point vu le chien de la reine ? » Zadig répondit modestement : « C'est une chienne, et non pas un chien. — Vous avez raison, reprit le premier eunuque. — C'est une épagneule très petite, ajouta Zadig ; elle a fait depuis peu des chiens ; elle boite du pied gauche de devant, et elle a les oreilles très longues. — Vous l'avez donc vue ? dit le premier eunuque tout essoufflé. — Non, répondit Zadig, je ne l'ai jamais vue, et je n'ai jamais su si la reine avait une chienne. »

Précisément dans le même temps, par une bizarrerie ordinaire de la fortune, le plus beau cheval de l'écurie du roi s'était échappé des mains d'un palefrenier dans les plaines de Babylone. Le grand veneur et tous les autres officiers couraient après lui avec autant d'inquiétude que le premier eunuque après la chienne. Le grand veneur s'adressa à Zadig, et lui demanda s'il n'avait point vu passer le cheval du roi. « C'est, répondit Zadig, le cheval qui galope le mieux ; il a cinq pieds de haut, le sabot fort petit ; il porte une queue de trois pieds et demi de long ; les bossettes de son mors sont d'or à vingt-trois carats ; ses fers sont d'argent à onze deniers. — Quel chemin a-t-il pris ? Où est-il ? demanda le grand veneur. — Je ne l'ai point vu, répondit Zadig, et je n'en ai jamais entendu parler. »

---

1. Toiles d'araignées et bouteilles cassées font allusion à des recherches de l'époque.

Le grand veneur et le premier eunuque ne doutèrent pas que Zadig n'eût volé le cheval du roi et la chienne de la reine ; ils le firent conduire devant l'assemblée du grand Desterham[1], qui le condamna au knout, et à passer le reste de ses jours en Sibérie. À peine le jugement fut-il rendu qu'on retrouva le cheval et la chienne. Les juges furent dans la douloureuse nécessité de réformer leur arrêt ; mais ils condamnèrent Zadig à payer quatre cents onces d'or pour avoir dit qu'il n'avait point vu ce qu'il avait vu. Il fallut d'abord payer cette amende ; après quoi il fut permis à Zadig de plaider sa cause au conseil du grand Desterham ; il parla en ces termes :

« Étoiles de justice, abîmes de science, miroirs de vérité, qui avez la pesanteur du plomb, la dureté du fer, l'éclat du diamant, et beaucoup d'affinité avec l'or, puisqu'il m'est permis de parler devant cette auguste assemblée, je vous jure par Orosmade[2] que je n'ai jamais vu la chienne respectable de la reine, ni le cheval sacré du roi des rois. Voici ce qui m'est arrivé. Je me promenais vers le petit bois où j'ai rencontré depuis le vénérable eunuque et le très illustre grand veneur. J'ai vu sur le sable les traces d'un animal, et j'ai jugé aisément que c'étaient celles d'un petit chien. Des sillons légers et longs, imprimés sur de petites éminences de sable entre les traces des pattes, m'ont fait connaître que c'était une chienne dont les mamelles étaient pendantes, et qu'ainsi elle avait fait des petits il y a peu de jours. D'autres traces en un sens différent, qui paraissaient toujours avoir rasé la surface du sable à côté des pattes de devant, m'ont appris qu'elle avait les oreilles très longues ; et, comme j'ai remarqué que le sable était toujours moins creusé par une patte que par les trois autres, j'ai compris que la chienne de notre auguste reine était un peu boiteuse, si je l'ose dire.

---

1. Le defterdar tient les rôles de la milice et des finances en Perse et en Turquie.
2. Principe du Bien dans la religion perse.

« À l'égard du cheval du roi des rois, vous saurez que, me promenant dans les routes de ce bois, j'ai aperçu les marques des fers d'un cheval ; elles étaient toutes à égales distances. Voilà, ai-je dit, un cheval qui a un galop parfait. La poussière des arbres, dans une route étroite qui n'a que sept pieds de large, était un peu enlevée à droite et à gauche, à trois pieds et demi du milieu de la route. Ce cheval, ai-je dit, a une queue de trois pieds et demi, qui, par ses mouvements de droite et de gauche, a balayé cette poussière. J'ai vu sous les arbres, qui formaient un berceau de cinq pieds de haut, les feuilles des branches nouvellement tombées ; et j'ai connu que ce cheval y avait touché, et qu'ainsi il avait cinq pieds de haut. Quant à son mors, il doit être d'or à vingt-trois carats : car il en a frotté les bossettes contre une pierre que j'ai reconnue être une pierre de touche, et dont j'ai fait l'essai. J'ai jugé enfin, par les marques que ses fers ont laissées sur des cailloux d'une autre espèce, qu'il était ferré d'argent à onze deniers de fin. »

Tous les juges admirèrent le profond et subtil discernement de Zadig ; la nouvelle en vint jusqu'au roi et à la reine. On ne parlait que de Zadig dans les antichambres, dans la chambre, et dans le cabinet ; et quoique plusieurs mages opinassent qu'on devait le brûler comme sorcier, le roi ordonna qu'on lui rendît l'amende de quatre cents onces d'or à laquelle il avait été condamné. Le greffier, les huissiers, les procureurs, vinrent chez lui en grand appareil lui rapporter ses quatre cents onces ; ils en retinrent seulement trois cent quatre-vingt-dix-huit pour les frais de justice, et leurs valets demandèrent des honoraires.

Zadig vit combien il était dangereux quelquefois d'être trop savant, et se promit bien, à la première occasion, de ne point dire ce qu'il avait vu.

Cette occasion se trouva bientôt. Un prisonnier d'État s'échappa ; il passa sous les fenêtres de sa maison. On interrogea Zadig, il ne répondit rien ; mais on lui prouva qu'il avait regardé par la fenêtre. Il fut condamné pour ce crime à cinq cents onces d'or, et il remercia ses juges de leur indulgence, selon la coutume de Babylone. « Grand Dieu ! dit-il en lui-même, qu'on est à plaindre quand on se promène dans un bois où la chienne de la reine et le cheval du roi ont passé ! qu'il est dangereux de se mettre à la fenêtre ! et qu'il est difficile d'être heureux dans cette vie ! »

L'ENVIEUX

Zadig voulut se consoler, par la philosophie et par l'amitié, des maux que lui avait faits la fortune. Il avait, dans un faubourg de Babylone, une maison ornée avec goût, où il rassemblait tous les arts et tous les plaisirs dignes d'un honnête homme. Le matin, sa bibliothèque était ouverte à tous les savants ; le soir, sa table l'était à la bonne compagnie ; mais il connut bientôt combien les savants sont dangereux ; il s'éleva une grande dispute sur une loi de Zoroastre, qui défendait de manger du griffon [1]. « Comment défendre le griffon, disaient les uns, si cet animal n'existe pas ? — Il faut bien qu'il existe, disaient les autres, puisque Zoroastre ne veut pas qu'on en mange. » Zadig voulut les accorder en leur disant : « S'il y a des griffons, n'en mangeons point ; s'il n'y en a point, nous en mangerons encore moins ; et par là nous obéirons tous à Zoroastre. »

Un savant, qui avait composé treize volumes sur les propriétés du griffon, et qui de plus était grand théurgite, se hâta d'aller accuser Zadig devant un archimage nommé Yébor, le plus sot des Chaldéens, et partant

---

1. Zoroastre ne défend pas de manger du griffon, animal fabuleux, mi-aigle, mi-lion : Voltaire songe à la loi de Moïse, qui interdit l'aigle, le gypaète et le griffon *(Deutéronome).*

le plus fanatique. Cet homme aurait fait empaler Zadig pour la plus grande gloire du soleil, et en aurait récité le bréviaire de Zoroastre d'un ton plus satisfait. L'ami Cador (un ami vaut mieux que cent prêtres) alla trouver le vieux Yébor, et lui dit : « Vivent le soleil et les griffons ! gardez-vous bien de punir Zadig : c'est un saint ; il a des griffons dans sa basse-cour, et il n'en mange point ; et son accusateur est un hérétique qui ose soutenir que les lapins ont le pied fendu, et ne sont point immondes [1]. — Eh bien ! dit Yébor en branlant sa tête chauve, il faut empaler Zadig pour avoir mal pensé des griffons, et l'autre pour avoir mal parlé des lapins. » Cador apaisa l'affaire par le moyen d'une fille d'honneur à laquelle il avait fait un enfant, et qui avait beaucoup de crédit dans le collège des mages. Personne ne fut empalé ; de quoi plusieurs docteurs murmurèrent, et en présagèrent la décadence de Babylone. Zadig s'écria : « À quoi tient le bonheur ! Tout me persécute dans ce monde, jusqu'aux êtres qui n'existent pas. » Il maudit les savants, et ne voulut plus vivre qu'en bonne compagnie.

Il rassemblait chez lui les plus honnêtes gens de Babylone, et les dames les plus aimables ; il donnait des soupers délicats, souvent précédés de concerts, et animés par des conversations charmantes dont il avait su bannir l'empressement de montrer de l'esprit, qui est la plus sûre manière de n'en point avoir, et de gâter la société la plus brillante. Ni le choix de ses amis, ni celui des mets, n'étaient faits par la vanité : car en tout il préférait l'être au paraître, et par là il s'attirait la considération véritable à laquelle il ne prétendait pas.

Vis-à-vis sa maison demeurait Arimaze [2], personnage dont la méchante âme était peinte sur sa grossière physionomie. Il était rongé de fiel et bouffi d'orgueil, et pour comble, c'était un bel esprit ennuyeux. N'ayant

---

1. Le lapin est interdit aux Juifs.
2. Nom formé sur Ahriman, principe du Mal opposé à Orosmade.

jamais pu réussir dans le monde, il se vengeait par en médire. Tout riche qu'il était, il avait de la peine à rassembler chez lui des flatteurs. Le bruit des chars qui entraient le soir chez Zadig l'importunait, le bruit de ses louanges l'irritait davantage. Il allait quelquefois chez Zadig, et se mettait à table sans être prié : il y corrompait toute la joie de la société, comme on dit que les harpies infectent les viandes qu'elles touchent. Il lui arriva un jour de vouloir donner une fête à une dame qui, au lieu de la recevoir, alla souper chez Zadig. Un autre jour, causant avec lui dans le palais, ils abordèrent un ministre qui pria Zadig à souper, et ne pria point Arimaze. Les plus implacables haines n'ont pas souvent des fondements plus importants. Cet homme, qu'on appelait l'Envieux dans Babylone, voulut perdre Zadig parce qu'on l'appelait l'Heureux. L'occasion de faire du mal se trouve cent fois par jour, et celle de faire du bien, une fois dans l'année, comme dit Zoroastre.

L'envieux alla chez Zadig, qui se promenait dans ses jardins avec deux amis et une dame à laquelle il disait souvent des choses galantes, sans autre intention que celle de les dire. La conversation roulait sur une guerre que le roi venait de terminer heureusement contre le prince d'Hyrcanie, son vassal. Zadig, qui avait signalé son courage dans cette courte guerre, louait beaucoup le roi et encore plus la dame. Il prit ses tablettes, et écrivit quatre vers qu'il fit sur-le-champ, et qu'il donna à lire à cette belle personne.

Ses amis le prièrent de leur en faire part : la modestie, ou plutôt un amour-propre bien entendu, l'en empêcha. Il savait que des vers impromptus ne sont jamais bons que pour celle en l'honneur de qui ils sont faits : il brisa en deux la feuille des tablettes sur laquelle il venait d'écrire, et jeta les deux moitiés dans un buisson de roses, où on les chercha inutilement. Une petite pluie survint ; on regagna la maison. L'envieux, qui resta dans le jardin, chercha tant, qu'il trouva un morceau de la feuille. Elle avait été tellement rompue que chaque moitié de vers qui remplissait la ligne faisait un sens, et même un vers d'une plus petite mesure ; mais, par un hasard encore plus étrange, ces petits vers se trouvaient former un sens qui contenait les injures les plus horribles contre le roi ; on y lisait :

> Par les plus grands forfaits
> Sur le trône affermi
> Dans la publique paix
> C'est le seul ennemi.

L'envieux fut heureux pour la première fois de sa vie. Il avait entre les mains de quoi perdre un homme vertueux et aimable. Plein de cette cruelle joie, il fit parvenir jusqu'au roi cette satire écrite de la main de Zadig : on le fit mettre en prison, lui, ses deux amis, et la dame. Son procès lui fut bientôt fait, sans qu'on daignât l'entendre. Lorsqu'il vint recevoir sa sentence, l'envieux se trouva sur son passage et lui dit tout haut que ses vers ne valaient rien. Zadig ne se piquait pas d'être bon poète ; mais il était au désespoir d'être condamné comme criminel de lèse-majesté, et de voir qu'on retînt en prison une belle dame et deux amis pour un crime qu'il n'avait pas fait. On ne lui permit pas de parler, parce que ses tablettes parlaient : telle était la loi de Babylone. On le fit donc aller au supplice à travers une foule de curieux dont aucun n'osait le plaindre, et qui se précipitaient pour examiner son visage et pour voir s'il mourrait avec bonne grâce. Ses parents seulement étaient affligés, car ils n'héritaient pas. Les trois quarts de son bien étaient confisqués au profit du roi, et l'autre quart au profit de l'envieux.

Dans le temps qu'il se préparait à la mort, le perroquet du roi s'envola de son balcon, et s'abattit dans le jardin de Zadig sur un buisson de roses. Une pêche y avait été portée d'un arbre voisin par le vent ; elle était tombée sur un morceau de tablettes à écrire auquel elle s'était collée. L'oiseau enleva la pêche et la tablette, et les porta sur les genoux du monarque. Le prince, curieux, y lut des mots qui ne formaient aucun sens, et qui paraissaient des fins de vers. Il aimait la poésie, et il y a toujours de la ressource avec les princes qui aiment les vers : l'aventure de son perroquet le fit rêver. La reine, qui se souvenait de ce qui avait été écrit sur une pièce de la tablette de Zadig, se la fit apporter. On confronta les deux morceaux, qui s'ajustaient ensemble parfaitement ; on lut alors les vers tels que Zadig les avait faits :

> Par les plus grands forfaits j'ai vu troubler la terre.
> Sur le trône affermi le roi sait tout dompter.
> Dans la publique paix l'amour seul fait la guerre :
> C'est le seul ennemi qui soit à redouter.

Le roi ordonna aussitôt qu'on fît venir Zadig devant lui, et qu'on fît sortir de prison ses deux amis et la belle dame. Zadig se jeta le visage contre terre, aux pieds du roi et de la reine : il leur demanda très humblement pardon d'avoir fait de mauvais vers ; il parla avec tant de grâce, d'esprit, et de raison, que le roi et la reine voulurent le revoir. Il revint, et plut encore davantage. On lui donna tous les biens de l'envieux, qui l'avait injustement accusé : mais Zadig les rendit tous, et l'envieux ne fut touché que du plaisir de ne pas perdre son bien. L'estime du roi s'accrut de jour en jour pour Zadig. Il le mettait de tous ses plaisirs, et le consultait dans toutes ses affaires. La reine le regarda dès lors avec une complaisance qui pouvait devenir dangereuse pour elle, pour le roi son auguste époux, pour Zadig, et pour le royaume. Zadig commençait à croire qu'il n'est pas difficile d'être heureux.

LES GÉNÉREUX

Le temps arriva où l'on célébrait une grande fête qui revenait tous les cinq ans. C'était la coutume à Babylone de déclarer solennellement au bout de cinq années, celui des citoyens qui avait fait l'action la plus généreuse. Les grands et les mages étaient les juges. Le premier satrape, chargé du soin de la ville, exposait les plus belles actions qui s'étaient passées sous son gouvernement. On allait aux voix : le roi prononçait le jugement. On venait à cette solennité des extrémités de la terre. Le vainqueur recevait des mains du monarque une coupe d'or garnie de pierreries, et le roi lui disait ces paroles : « Recevez ce prix de la générosité, et puissent les dieux me donner beaucoup de sujets qui vous ressemblent ! »

Ce jour mémorable venu, le roi parut sur son trône, environné des grands, des mages, et des députés de toutes les nations, qui venaient à ces jeux où la gloire s'acquérait, non par la légèreté des chevaux, non par la force du corps, mais par la vertu. Le premier satrape rapporta à haute voix les actions qui pouvaient mériter à leurs auteurs ce prix inestimable. Il ne parla point de la grandeur d'âme avec laquelle Zadig avait rendu à l'envieux toute sa fortune : ce n'était pas une action qui méritât de disputer le prix.

Il présenta d'abord un juge qui, ayant fait perdre un procès considérable à un citoyen, par une méprise dont il n'était pas même responsable, lui avait donné tout son bien, qui était la valeur de ce que l'autre avait perdu.

Il produisit ensuite un jeune homme qui, étant éperdument épris d'une fille qu'il allait épouser, l'avait cédée à un ami près d'expirer d'amour pour elle, et qui avait encore payé la dot en cédant la fille.

Ensuite il fit paraître un soldat qui, dans la guerre d'Hyrcanie, avait donné encore un plus grand exemple de générosité. Des soldats ennemis lui enlevaient sa maîtresse, et il la défendait contre eux : on vint lui dire que d'autres Hyrcaniens enlevaient sa mère à quelques pas de là ; il quitta en pleurant sa maîtresse, et courut délivrer sa mère ; il retourna ensuite vers celle qu'il aimait, et la trouva expirante. Il voulut se tuer : sa mère lui remontra qu'elle n'avait que lui pour tout secours, et il eut le courage de souffrir la vie.

Les juges penchaient pour ce soldat. Le roi prit la

parole, et dit : « Son action et celle des autres sont belles, mais elles ne m'étonnent point ; hier, Zadig en a fait une qui m'a étonné. J'avais disgracié depuis quelques jours mon ministre et mon favori Coreb. Je me plaignais de lui avec violence, et tous mes courtisans m'assuraient que j'étais trop doux : c'était à qui me dirait le plus de mal de Coreb. Je demandai à Zadig ce qu'il en pensait, et il osa en dire du bien. J'avoue que j'ai vu, dans nos histoires, des exemples qu'on a payé de son bien une erreur, qu'on a cédé sa maîtresse, qu'on a préféré une mère à l'objet de son amour ; mais je n'ai jamais lu qu'un courtisan ait parlé avantageusement d'un ministre disgracié contre qui son souverain était en colère. Je donne vingt mille pièces d'or à chacun de ceux dont on vient de réciter les actions généreuses ; mais je donne la coupe à Zadig.

— Sire, lui dit-il, c'est Votre Majesté seule qui mérite la coupe, c'est elle qui a fait l'action la plus inouïe, puisque, étant roi, vous ne vous êtes point fâché contre votre esclave, lorsqu'il contredisait votre passion. »

On admira le roi et Zadig. Le juge qui avait donné son bien, l'amant qui avait marié sa maîtresse à son ami, le soldat qui avait préféré le salut de sa mère à celui de sa maîtresse, reçurent les présents du monarque : ils virent leurs noms écrits dans le livre des généreux. Zadig eut la coupe. Le roi acquit la réputation d'un bon prince, qu'il ne garda pas longtemps. Ce jour fut consacré par des fêtes plus longues que la loi ne le portait. La mémoire s'en conserve encore dans l'Asie. Zadig disait : « Je suis donc enfin heureux ! » Mais il se trompait.

LE MINISTRE

Le roi avait perdu son premier ministre. Il choisit Zadig pour remplir cette place. Toutes les belles dames de Babylone applaudirent à ce choix ; car depuis la fondation de l'empire il n'y avait jamais eu de ministre si jeune. Tous les courtisans furent fâchés ; l'envieux en eut un crachement de sang, et le nez lui enfla prodigieusement. Zadig, ayant remercié le roi et la reine, alla remercier aussi le perroquet : « Bel oiseau, lui dit-il, c'est vous qui m'avez sauvé la vie, et qui m'avez fait premier ministre : la chienne et le cheval de Leurs Majestés m'avaient fait beaucoup de mal, mais vous m'avez fait du bien. Voilà donc de quoi dépendent les destins des hommes ! Mais, ajouta-t-il, un bonheur si étrange sera peut-être bientôt évanoui. » Le perroquet répondit : « Oui. » Ce mot frappa Zadig. Cependant, comme il était bon physicien, et qu'il ne croyait pas que les perroquets fussent prophètes, il se rassura bientôt et se mit à exercer son ministère de son mieux.

Il fit sentir à tout le monde le pouvoir sacré des lois, et ne fit sentir à personne le poids de sa dignité. Il ne gêna point les voix du divan[1], et chaque vizir pouvait avoir un avis sans lui déplaire. Quand il jugeait une affaire, ce n'était pas lui qui jugeait, c'était la loi ; mais quand elle était trop sévère, il la tempérait ; et quand on manquait de lois, son équité en faisait qu'on aurait prises pour celles de Zoroastre.

C'est de lui que les nations tiennent ce grand principe : qu'il vaut mieux hasarder de sauver un coupable que de condamner un innocent. Il croyait que les lois étaient faites pour secourir les citoyens autant que pour les intimider. Son principal talent était de démêler la vérité, que tous les hommes cherchent à obscurcir. Dès les premiers jours de son administration il mit ce grand talent en usage. Un fameux négociant de Babylone était mort aux Indes ; il avait fait ses héritiers ses deux fils par portions égales, après avoir marié leur sœur, et il laissait un présent de trente mille pièces d'or à celui de ses deux fils qui serait jugé l'aimer davantage. L'aîné lui bâtit un tombeau, le second augmenta d'une partie

---

1. Mot d'origine arabe : conseil, tribunal.

de son héritage la dot de sa sœur ; chacun disait : « C'est l'aîné qui aime le mieux son père, le cadet aime mieux sa sœur ; c'est à l'aîné qu'appartiennent les trente mille pièces. »

Zadig les fit venir tous deux l'un après l'autre. Il dit à l'aîné : « Votre père n'est point mort, il est guéri de sa dernière maladie, il revient à Babylone. — Dieu soit loué, répondit le jeune homme ; mais voilà un tombeau qui m'a coûté bien cher ! » Zadig dit ensuite la même chose au cadet. « Dieu soit loué, répondit-il ; je vais rendre à mon père tout ce que j'ai ; mais je voudrais qu'il laissât à ma sœur ce que je lui ai donné. — Vous ne rendrez rien, dit Zadig, et vous aurez les trente mille pièces : c'est vous qui aimez le mieux votre père. »

Une fille fort riche avait fait une promesse de mariage à deux mages, et, après avoir reçu quelques mois des instructions de l'un et de l'autre, elle se trouva grosse. Ils voulaient tous deux l'épouser. « Je prendrai pour mon mari, dit-elle, celui des deux qui m'a mise en état de donner un citoyen à l'empire. — C'est moi qui ai fait cette bonne œuvre, dit l'un. — C'est moi qui ai eu cet avantage, dit l'autre. — Eh bien ! répondit-elle, je reconnais pour père de l'enfant celui des deux qui lui pourra donner la meilleure éducation. » Elle accoucha d'un fils. Chacun des mages veut l'élever. La cause est portée devant Zadig. Il fait venir les deux mages. « Qu'enseigneras-tu à ton pupille ? dit-il au premier. — Je lui apprendrai, dit le docteur, les huit parties d'oraison, la dialectique, l'astrologie, la démonomanie ; ce que c'est que la substance et l'accident, l'abstrait et le concret, les monades et l'harmonie préétablie. — Moi, dit le second, je tâcherai de le rendre juste et digne d'avoir des amis. » Zadig prononça : « Que tu sois son père ou non, tu épouseras sa mère. »

LES DISPUTES ET LES AUDIENCES

C'est ainsi qu'il montrait tous les jours la subtilité de son génie et la bonté de son âme ; on l'admirait, et cependant on l'aimait. Il passait pour le plus fortuné de tous les hommes, tout l'empire était rempli de son nom ; toutes les femmes le lorgnaient ; tous les citoyens célébraient sa justice ; les savants le regardaient comme leur oracle ; les prêtres même avouaient qu'il en savait plus que le vieux archimage Yébor. On était bien loin alors de lui faire des procès sur les griffons ; on ne croyait que ce qui lui semblait croyable.

Il y avait une grande querelle dans Babylone, qui durait depuis quinze cents années, et qui partageait l'empire en deux sectes opiniâtres : l'une prétendait qu'il ne fallait jamais entrer dans le temple de Mithra[1] que du pied gauche ; l'autre avait cette coutume en abomination, et n'entrait jamais que du pied droit. On attendait le jour de la fête solennelle du feu sacré pour savoir quelle secte serait favorisée par Zadig. L'univers avait les yeux sur ses deux pieds, et toute la ville était en agitation et en suspens. Zadig entra dans le temple en sautant à pieds joints, et il prouva ensuite, par un discours éloquent, que le Dieu du ciel et de la terre, qui n'a acception de personne, ne fait pas plus de cas de la jambe gauche que de la jambe droite.

L'envieux et sa femme prétendirent que dans son discours il n'y avait pas assez de figures, qu'il n'avait pas fait assez danser les montagnes et les collines. « Il est sec et sans génie, disaient-ils ; on ne voit chez lui ni la mer s'enfuir, ni les étoiles tomber, ni le soleil se fondre comme de la cire : il n'a point le bon style oriental[2]. »

---

1. Divinité iranienne. Un des dieux de l'Avesta.
2. C'est-à-dire le style de la Bible.

Voir *Au fil du texte*, p. XIII.

Zadig se contentait d'avoir le style de la raison. Tout le monde fut pour lui, non pas parce qu'il était dans le bon chemin, non pas parce qu'il était raisonnable, non pas parce qu'il était aimable, mais parce qu'il était premier vizir.

Il termina aussi heureusement le grand procès entre les mages blancs et les mages noirs. Les blancs soutenaient que c'était une impiété de se tourner, en priant Dieu, vers l'orient d'hiver ; les noirs assuraient que Dieu avait en horreur les prières des hommes qui se tournaient vers le couchant d'été. Zadig ordonna qu'on se tournât comme on voudrait.

Il trouva ainsi le secret d'expédier, le matin, les affaires particulières et les générales ; le reste du jour, il s'occupait des embellissements de Babylone : il faisait représenter des tragédies où l'on pleurait, et des comédies où l'on riait, ce qui était passé de mode depuis longtemps, et ce qu'il fit renaître parce qu'il avait du goût [1]. Il ne prétendait pas en savoir plus que les artistes ; il les récompensait par des bienfaits et des distinctions, et n'était point jaloux en secret de leurs talents. Le soir, il amusait beaucoup le roi, et surtout la reine. Le roi disait : « Le grand ministre ! » La reine disait : « L'aimable ministre ! » et tous deux ajoutaient : « C'eût été grand dommage qu'il eût été pendu. »

Jamais homme en place ne fut obligé de donner tant d'audiences aux dames. La plupart venaient lui parler des affaires qu'elles n'avaient point, pour en avoir une avec lui. La femme de l'envieux s'y présenta des premières ; elle lui jura par Mithra, par Zenda-Vesta [2], et par le feu sacré, qu'elle avait détesté la conduite de son mari ; elle lui confia ensuite que ce mari était un jaloux, un brutal ; elle lui fit entendre que les dieux le punis-

---

1. Voltaire n'appréciait pas le mélange des genres, mais il ne pense pas ici au drame bourgeois de Diderot, postérieur de dix ans.
2. Il aurait fallu écrire *Zend-Avesta*. Voltaire confond alors le livre avec un Dieu. *Zend* signifie commentaire, et *Avesta* texte sacré.

saient en lui refusant les précieux effets de ce feu sacré par lequel seul l'homme est semblable aux immortels : elle finit par laisser tomber sa jarretière ; Zadig la ramassa avec sa politesse ordinaire ; mais il ne la rattacha point au genou de la dame ; et cette petite faute, si c'en est une, fut la cause des plus horribles infortunes. Zadig n'y pensa pas, et la femme de l'envieux y pensa beaucoup.

D'autres dames se présentaient tous les jours. Les annales secrètes de Babylone prétendent qu'il succomba une fois, mais qu'il fut tout étonné de jouir sans volupté, et d'embrasser son amante avec distraction. Celle à qui il donna, sans presque s'en apercevoir, des marques de sa protection, était une femme de chambre de la reine Astarté. Cette tendre Babylonienne se disait à elle-même pour se consoler : « Il faut que cet homme-là ait prodigieusement d'affaires dans la tête, puisqu'il y songe encore même en faisant l'amour. » Il échappa à Zadig, dans les instants où plusieurs personnes ne disent mot, et où d'autres ne prononcent que des paroles sacrées, de s'écrier tout d'un coup : « La reine ! » La Babylonienne crut qu'enfin il était revenu à lui dans un bon moment, et qu'il lui disait : « Ma reine. » Mais Zadig, toujours très distrait, prononça le nom d'Astarté. La dame, qui dans ces heureuses circonstances interprétait tout à son avantage, s'imagina que cela voulait dire : « Vous êtes plus belle que la reine Astarté. » Elle sortit du sérail de Zadig avec de très beaux présents. Elle alla conter son aventure à l'envieuse, qui était son amie intime ; celle-ci fut cruellement piquée de la préférence. « Il n'a pas daigné seulement, dit-elle, me rattacher cette jarretière que voici, et dont je ne veux plus me servir. — Oh ! oh ! dit la fortunée à l'envieuse, vous portez les mêmes jarretières que la reine ! Vous les prenez donc chez la même faiseuse ? » L'envieuse rêva profondément, ne répondit rien, et alla consulter son mari l'envieux.

Cependant Zadig s'apercevait qu'il avait toujours des distractions quand il donnait des audiences et quand il jugeait ; il ne savait à quoi les attribuer : c'était là sa seule peine.

Il eut un songe : il lui semblait qu'il était couché d'abord sur des herbes sèches, parmi lesquelles il y en avait quelques-unes de piquantes qui l'incommodaient ; et qu'ensuite il reposait mollement sur un lit de roses, dont il sortait un serpent qui le blessait au cœur de sa langue acérée et envenimée. « Hélas ! disait-il, j'ai été longtemps couché sur ces herbes sèches et piquantes, je suis maintenant sur le lit de roses, mais quel sera le serpent ? »

LA JALOUSIE

Le malheur de Zadig vint de son bonheur même, et surtout de son mérite. Il avait tous les jours des entretiens avec le roi et avec Astarté, son auguste épouse. Les charmes de sa conversation redoublaient encore par cette envie de plaire qui est à l'esprit ce que la parure est à la beauté ; sa jeunesse et ses grâces firent insensiblement sur Astarté une impression dont elle ne s'aperçut pas d'abord. Sa passion croissait dans le sein de l'innocence. Astarté se livrait sans scrupule et sans crainte au plaisir de voir et d'entendre un homme cher à son époux et à l'État ; elle ne cessait de le vanter au roi ; elle en parlait à ses femmes, qui enchérissaient encore sur ses louanges ; tout servait à enfoncer dans son cœur le trait qu'elle ne sentait pas. Elle faisait des présents à Zadig, dans lesquels il entrait plus de galanterie qu'elle ne pensait ; elle croyait ne lui parler qu'en reine contente de ses services, et quelquefois ses expressions étaient d'une femme sensible.

Astarté était beaucoup plus belle que cette Sémire qui haïssait tant les borgnes, et que cette autre femme qui avait voulu couper le nez à son époux. La familiarité d'Astarté, ses discours tendres, dont elle commençait à rougir, ses regards, qu'elle voulait détourner, et qui se fixaient sur les siens, allumèrent dans le cœur de Zadig un feu dont il s'étonna. Il combattit ; il appela à son secours la philosophie, qui l'avait toujours secouru ; il n'en tira que des lumières, et n'en reçut aucun soulagement. Le devoir, la reconnaissance, la majesté souveraine violée, se présentaient à ses yeux comme des dieux vengeurs ; il combattait, il triomphait ; mais cette victoire, qu'il fallait remporter à tout moment, lui coûtait des gémissements et des larmes. Il n'osait plus parler à la reine avec cette douce liberté qui avait eu tant de charmes pour tous deux : ses yeux se couvraient d'un nuage ; ses discours étaient contraints et sans suite : il baissait la vue ; et quand, malgré lui, ses regards se tournaient vers Astarté, ils rencontraient ceux de la reine mouillés de pleurs, dont il partait des traits de flamme ; ils semblaient se dire l'un à l'autre : « Nous nous adorons, et nous craignons de nous aimer ; nous brûlons tous deux d'un feu que nous condamnons. »

Zadig sortait d'auprès d'elle égaré, éperdu, le cœur surchargé d'un fardeau qu'il ne pouvait plus porter : dans la violence de ses agitations, il laissa pénétrer son secret à son ami Cador, comme un homme qui, ayant soutenu longtemps les atteintes d'une vive douleur, fait enfin connaître son mal par un cri qu'un redoublement aigu lui arrache, et par la sueur froide qui coule sur son front.

Cador lui dit : « J'ai déjà démêlé les sentiments que vous vouliez vous cacher à vous-même ; les passions ont des signes auxquels on ne peut se méprendre. Jugez, mon cher Zadig, puisque j'ai lu dans votre cœur, si le roi n'y découvrira pas un sentiment qui l'offense. Il n'a d'autre défaut que celui d'être le plus jaloux des hommes. Vous résistez à votre passion avec plus de force que la reine ne combat la sienne, parce que vous êtes philosophe, et parce que vous êtes Zadig. Astarté est femme ; elle laisse parler ses regards avec d'autant plus d'imprudence qu'elle ne se croit pas encore coupable. Malheureusement, rassurée sur son innocence, elle néglige des dehors nécessaires. Je tremblerai pour elle tant qu'elle n'aura rien à se reprocher. Si vous étiez d'accord l'un et l'autre, vous sauriez tromper tous les yeux : une passion naissante et combattue éclate ; un amour satisfait sait se cacher. » Zadig frémit à la proposition de trahir le roi, son bienfaiteur ; et jamais il ne fut plus fidèle à son prince que quand il fut coupable envers lui d'un crime involontaire. Cependant la reine prononçait si souvent le nom de Zadig, son front se couvrait de tant de rougeur en le prononçant, elle était tantôt si animée, tantôt si interdite, quand elle lui parlait en présence du roi ; une rêverie si profonde s'emparait d'elle quand il était sorti, que le roi fut troublé. Il crut tout ce qu'il voyait, et imagina tout ce qu'il ne voyait point. Il remarqua surtout que les babouches de sa femme étaient bleues, et que les babouches de Zadig étaient bleues, que les rubans de sa femme étaient jaunes, et que le bonnet de Zadig était jaune ; c'étaient là de terribles indices pour un prince délicat. Les soupçons se tournèrent en certitude dans son esprit aigri.

Tous les esclaves des rois et des reines sont autant d'espions de leurs cœurs. On pénétra bientôt qu'Astarté était tendre, et que Moabdar était jaloux. L'envieux engagea l'envieuse à envoyer au roi sa jarretière, qui ressemblait à celle de la reine. Pour surcroît de malheur, cette jarretière était bleue. Le monarque ne songea plus qu'à la manière de se venger. Il résolut une nuit d'empoisonner la reine, et de faire mourir Zadig par le cordeau au point du jour. L'ordre en fut donné à un impitoyable eunuque, exécuteur de ses vengeances. Il y avait alors dans la chambre du roi un petit nain qui était muet, mais qui n'était pas sourd. On le souffrait toujours : il était témoin de ce qui se passait de plus secret, comme un animal domestique. Ce petit muet était très attaché à la reine et à Zadig. Il entendit, avec autant de surprise que d'horreur, donner l'ordre de leur mort. Mais comment faire pour prévenir cet ordre effroyable qui allait s'exécuter dans peu d'heures ? Il ne savait pas écrire ; mais il avait appris à peindre, et savait surtout faire ressembler. Il passa une partie de la nuit à crayonner ce qu'il voulait faire entendre à la reine. Son dessin représentait le roi agité de fureur, dans un coin du tableau, donnant des ordres à son eunuque ; un cordeau bleu et un vase sur une table, avec des jarretières bleues et des rubans jaunes ; la reine, dans le milieu du tableau, expirante entre les bras de ses femmes et Zadig étranglé à ses pieds. L'horizon représentait un soleil levant pour marquer que cette horrible exécution devait se faire aux premiers rayons de l'aurore. Dès qu'il eut fini cet ouvrage, il courut chez une femme d'Astarté, la réveilla, et lui fit entendre qu'il fallait dans l'instant même porter ce tableau à la reine.

Cependant, au milieu de la nuit, on vient frapper à la porte de Zadig ; on le réveille ; on lui donne un billet de la reine ; il doute si c'est un songe ; il ouvre la lettre d'une main tremblante. Quelle fut sa surprise, et qui pourrait exprimer la consternation et le désespoir dont il fut accablé quand il lut ces paroles : « Fuyez, dans l'instant même, ou l'on va vous arracher la vie ! Fuyez, Zadig, je vous l'ordonne au nom de notre amour et de mes rubans jaunes. Je n'étais point coupable ; mais je sens que je vais mourir criminelle. »

Zadig eut à peine la force de parler. Il ordonna qu'on fît venir Cador et, sans lui rien dire, il lui donna ce billet. Cador le força d'obéir, et de prendre sur-le-champ la route de Memphis. « Si vous osez aller trouver la reine, lui dit-il, vous hâtez sa mort ; si vous parlez au roi, vous la perdez encore. Je me charge de sa destinée ; suivez la vôtre. Je répandrai le bruit que vous avez pris la route des Indes. Je viendrai bientôt vous trouver, et je vous apprendrai ce qui se sera passé à Babylone. »

Cador, dans le moment même, fit placer deux dromadaires des plus légers à la course vers une porte secrète du palais ; il y fit monter Zadig, qu'il fallut porter, et qui était près de rendre l'âme. Un seul domestique l'accompagna ; et bientôt Cador, plongé dans l'étonnement et dans la douleur, perdit son ami de vue.

Cet illustre fugitif, arrivé sur le bord d'une colline dont on voyait Babylone, tourna la vue sur le palais de la reine, et s'évanouit ; il ne reprit ses sens que pour verser des larmes et pour souhaiter la mort. Enfin, après s'être occupé de la destinée déplorable de la plus aimable des femmes et de la première reine du monde, il fit un moment de retour sur lui-même, et s'écria : « Qu'est-ce donc que la vie humaine ? Ô vertu ! à quoi m'avez-vous servi ? Deux femmes m'ont indignement trompé ; la troisième, qui n'est point coupable, et qui est plus belle que les autres, va mourir ! Tout ce que j'ai fait de bien a toujours été pour moi une source de malédictions, et je n'ai été élevé au comble de la grandeur que pour tomber dans le plus horrible précipice de l'infortune. Si j'eusse été méchant comme tant d'autres, je serais heureux comme eux. » Accablé de ces réflexions funestes, les yeux chargés du voile de la douleur, la pâleur de la mort sur le visage, et l'âme abîmée dans l'excès d'un sombre désespoir, il continuait son voyage vers l'Égypte.

LA FEMME BATTUE

Zadig dirigeait sa route sur les étoiles. La constellation d'Orion et le brillant astre de Sirius le guidaient vers le pôle de Canope[1]. Il admirait ces vastes globes de lumière qui ne paraissent que de faibles étincelles à nos yeux, tandis que la terre, qui n'est en effet qu'un point imperceptible dans la nature, paraît à notre cupidité quelque chose de si grand et de si noble. Il se figurait alors les hommes tels qu'ils sont en effet, des insectes se dévorant les uns les autres sur un petit

---

1. Zadig se dirige vers le sud.

atome de boue. Cette image vraie semblait anéantir ses malheurs, en lui retraçant le néant de son être et celui de Babylone. Son âme s'élançait jusque dans l'infini, et contemplait, détachée de ses sens, l'ordre immuable de l'univers. Mais lorsque ensuite, rendu à lui-même et rentrant dans son cœur, il pensait qu'Astarté était peut-être morte pour lui, l'univers disparaissait à ses yeux, et il ne voyait dans la nature entière qu'Astarté mourante et Zadig infortuné.

Comme il se livrait à ce flux et à ce reflux de philosophie sublime et de douleur accablante, il avançait vers les frontières de l'Égypte ; et déjà son domestique fidèle était dans la première bourgade, où il lui cherchait un logement. Zadig cependant se promenait vers les jardins qui bordaient ce village. Il vit, non loin du grand chemin, une femme éplorée qui appelait le ciel et la terre à son secours, et un homme furieux qui la suivait. Elle était déjà atteinte par lui, elle embrassait ses genoux. Cet homme l'accablait de coups et de reproches. Il jugea, à la violence de l'Égyptien et aux pardons réitérés que lui demandait la dame, que l'un était un jaloux, et l'autre une infidèle ; mais quand il eut considéré cette femme, qui était d'une beauté touchante, et qui même ressemblait un peu à la malheureuse Astarté, il se sentit pénétré de compassion pour elle, et d'horreur pour l'Égyptien. « Secourez-moi, s'écria-t-elle à Zadig avec des sanglots ; tirez-moi des mains du plus barbare des hommes, sauvez-moi la vie ! »

À ces cris, Zadig courut se jeter entre elle et ce barbare. Il avait quelque connaissance de la langue égyptienne. Il lui dit en cette langue : « Si vous avez quelque humanité, je vous conjure de respecter la beauté et la faiblesse. Pouvez-vous outrager ainsi un chef-d'œuvre de la nature, qui est à vos pieds, et qui n'a pour sa défense que des larmes ? — Ah ! ah ! lui dit cet emporté, tu l'aimes donc aussi ! et c'est de toi qu'il faut que je me venge. » En disant ces paroles, il laisse la dame, qu'il tenait d'une main par les cheveux, et, prenant sa lance, il veut en percer l'étranger. Celui-ci, qui était de sang-froid, évita aisément le coup d'un furieux. Il se saisit de la lance près du fer dont elle est armée. L'un veut la retirer, l'autre l'arracher. Elle se brise entre leurs mains. L'Égyptien tire son épée ; Zadig s'arme de la sienne. Ils s'attaquent l'un l'autre. Celui-ci porte cent coups précipités ; celui-là les pare avec adresse. La dame, assise sur un gazon, rajuste sa coiffure et les regarde. L'Égyptien était plus robuste que son adversaire, Zadig était plus adroit. Celui-ci se battait en homme dont la tête conduisait le bras, et celui-là comme un emporté dont une colère aveugle guidait les mouvements au hasard. Zadig passe à lui, et le désarme ; et tandis que l'Égyptien, devenu plus furieux, veut se jeter sur lui, il le saisit, le presse, le fait tomber en lui tenant l'épée sur la poitrine ; il lui offre de lui donner la vie. L'Égyptien, hors de lui, tire son poignard ; il en blesse Zadig dans le temps même que le vainqueur lui pardonnait. Zadig, indigné, lui plonge son épée dans le sein. L'Égyptien jette un cri horrible, et meurt en se débattant. Zadig alors s'avança vers la dame, et lui dit d'une voix soumise : « Il m'a forcé de le tuer : je vous ai vengée ; vous êtes délivrée de l'homme le plus violent que j'aie jamais vu. Que voulez-vous maintenant de moi, madame ? — Que tu meures [1], scélérat, lui répondit-elle, que tu meures ! tu as tué mon amant ; je voudrais pouvoir déchirer ton cœur. — En vérité, madame, vous aviez là un étrange homme pour amant, lui répondit Zadig ; il vous battait de toutes ses forces et il voulait m'arracher la vie parce que vous m'avez conjuré de vous secourir. — Je voudrais qu'il me battît encore, reprit la dame en poussant des cris. Je le méritais bien, je lui avais donné de la jalousie. Plût au ciel qu'il me battît, et que tu fusses à sa place ! » Zadig, plus surpris et plus en colère qu'il ne l'avait été de sa vie, lui dit : « Madame, toute belle que vous êtes, vous mériteriez que je vous battisse à mon

---

1. Parodie d'*Andromaque* (V, 3).

tour, tant vous êtes extravagante ; mais je n'en prendrai pas la peine. » Là-dessus il remonta sur son chameau, et avança vers le bourg. À peine avait-il fait quelques pas qu'il se retourne au bruit que faisaient quatre courriers de Babylone. Ils venaient à toute bride. L'un d'eux, en voyant cette femme, s'écria : « C'est elle-même ! Elle ressemble au portrait qu'on nous en a fait. » Ils ne s'embarrassèrent pas du mort, et se saisirent incontinent de la dame. Elle ne cessait de crier à Zadig : « Secourez-moi encore une fois, étranger généreux ! je vous demande pardon de m'être plainte de vous : secourez-moi, et je suis à vous jusqu'au tombeau ! » L'envie avait passé à Zadig de se battre désormais pour elle. « À d'autres ! répondit-il, vous ne m'y attraperez plus. »

D'ailleurs il était blessé, son sang coulait, il avait besoin de secours ; et la vue des quatre Babyloniens, probablement envoyés par le roi Moabdar, le remplissait d'inquiétude. Il s'avance en hâte vers le village, n'imaginant pas pourquoi quatre courriers de Babylone venaient prendre cette Égyptienne, mais encore plus étonné du caractère de cette dame.

L'ESCLAVAGE

Comme il entrait dans la bourgade égyptienne, il se vit entouré par le peuple. Chacun criait : « Voilà celui qui a enlevé la belle Missouf, et qui vient d'assassiner Clétofis ! — Messieurs, dit-il, Dieu me préserve d'enlever jamais votre belle Missouf ! elle est trop capricieuse ; et, à l'égard de Clétofis, je ne l'ai point assassiné ; je me suis défendu seulement contre lui. Il voulait me tuer, parce que je lui avais demandé très humblement grâce pour la belle Missouf, qu'il battait impitoyablement. Je suis un étranger qui vient chercher un asile dans l'Égypte ; et il n'y a pas d'apparence qu'en venant demander votre protection j'aie commencé par enlever une femme, et par assassiner un homme. »

Les Égyptiens étaient alors justes et humains. Le peuple conduisit Zadig à la maison de ville. On commença par le faire panser de sa blessure, et ensuite, on l'interrogea, lui et son domestique séparément, pour savoir la vérité. On reconnut que Zadig n'était point un assassin ; mais il était coupable du sang d'un homme : la loi le condamnait à être esclave. On vendit au profit de la bourgade ses deux chameaux ; on distribua aux habitants tout l'or qu'il avait apporté ; sa personne fut exposée en vente dans la place publique, ainsi que celle de son compagnon de voyage. Un marchand arabe, nommé Sétoc, y mit l'enchère; mais le valet, plus propre à la fatigue, fut vendu bien plus chèrement que le maître. On ne faisait pas de comparaison entre ces deux hommes. Zadig fut donc esclave subordonné à son valet : on les attacha ensemble avec une chaîne qu'on leur passa aux pieds, et en cet état ils suivirent le marchand arabe dans sa maison. Zadig, en chemin, consolait son domestique, et l'exhortait à la patience ; mais, selon sa coutume, il faisait des réflexions sur la vie humaine. « Je vois, lui disait-il, que les malheurs de ma destinée se répandent sur la tienne. Tout m'a tourné jusqu'ici d'une façon bien étrange. J'ai été condamné à l'amende pour avoir vu passer une chienne ; j'ai pensé être empalé pour un griffon ; j'ai été envoyé au supplice parce que j'avais fait des vers à la louange du roi ; j'ai été sur le point d'être étranglé parce que la reine avait des rubans jaunes, et me voici esclave avec toi parce qu'un brutal a battu sa maîtresse. Allons, ne perdons point courage ; tout ceci finira peut-être ; il faut bien que les marchands arabes aient des esclaves ; et pourquoi ne le serais-je pas comme un autre, puisque je suis un homme comme un autre ? Ce marchand ne sera pas impitoyable ; il faut qu'il traite bien ses esclaves, s'il en veut tirer des services. » Il parlait ainsi, et dans le fond de son cœur il était occupé du sort de la reine de Babylone.

Sétoc, le marchand, partit deux jours après pour

l'Arabie déserte avec ses esclaves et ses chameaux. Sa tribu habitait vers le désert d'Horeb. Le chemin fut long et pénible. Sétoc, dans la route, faisait bien plus de cas du valet que du maître, parce que le premier chargeait bien mieux les chameaux ; et toutes les petites distinctions furent pour lui.

Un chameau mourut à deux journées d'Horeb : on répartit sa charge sur le dos de chacun des serviteurs ; Zadig en eut sa part. Sétoc se mit à rire en voyant tous ses esclaves marcher courbés. Zadig prit la liberté de lui en expliquer la raison, et lui apprit les lois de l'équilibre. Le marchand, étonné, commença à le regarder d'un autre œil. Zadig, voyant qu'il avait excité sa curiosité, la redoubla en lui apprenant beaucoup de choses qui n'étaient point étrangères à son commerce ; les pesanteurs spécifiques des métaux et des denrées sous un volume égal ; les propriétés de plusieurs animaux utiles ; le moyen de rendre tels ceux qui ne l'étaient pas ; enfin il lui parut un sage. Sétoc lui donna la préférence sur son camarade, qu'il avait tant estimé. Il le traita bien, et n'eut pas sujet de s'en repentir.

Arrivé dans sa tribu, Sétoc commença par redemander cinq cents onces d'argent à un Hébreu auquel il les avait prêtées en présence de deux témoins ; mais ces deux témoins étaient morts, et l'Hébreu, ne pouvant être convaincu, s'appropriait l'argent du marchand, en remerciant Dieu de ce qu'il lui avait donné le moyen de tromper un Arabe. Sétoc confia sa peine à Zadig, qui était devenu son conseil. « En quel endroit, demanda Zadig, prêtâtes-vous vos cinq cents onces à cet infidèle ? — Sur une large pierre, répondit le marchand, qui est auprès du mont Horeb. — Quel est le caractère de votre débiteur ? dit Zadig. — Celui d'un fripon, reprit Sétoc. — Mais je vous demande si c'est un homme vif ou flegmatique, avisé ou imprudent. — C'est de tous les mauvais payeurs, dit Sétoc, le plus vif que je connaisse. — Eh bien ! insista Zadig, permettez que je plaide votre cause devant le juge. » En effet il cita l'Hébreu au tribunal, et il parla ainsi au juge :

« Oreiller du trône d'équité, je viens redemander à cet homme, au nom de mon maître, cinq cents onces d'argent qu'il ne veut pas rendre. — Avez-vous des témoins ? dit le juge. — Non, ils sont morts ; mais il reste une large pierre sur laquelle l'argent fut compté ; et s'il plaît à Votre Grandeur d'ordonner qu'on aille chercher la pierre, j'espère qu'elle portera témoignage ; nous resterons ici, l'Hébreu et moi, en attendant que la pierre vienne ; je l'enverrai chercher aux dépens de Sétoc, mon maître. — Très volontiers », répondit le juge ; et il se mit à expédier d'autres affaires.

À la fin de l'audience : « Eh bien ! dit-il à Zadig, votre pierre n'est pas encore venue ? » L'Hébreu, en riant, répondit : « Votre Grandeur resterait ici jusqu'à demain que la pierre ne serait pas encore arrivée ; elle est à plus de six milles d'ici, et il faudrait quinze hommes pour la remuer. — Eh bien ! s'écria Zadig, je vous avais bien dit que la pierre porterait témoignage ; puisque cet homme sait où elle est, il avoue donc que c'est sur elle que l'argent fut compté. » L'Hébreu, déconcerté, fut bientôt contraint de tout avouer. Le juge ordonna qu'il serait lié à la pierre, sans boire ni manger, jusqu'à ce qu'il eût rendu les cinq cents onces, qui furent bientôt payées.

L'esclave Zadig et la pierre furent en grande recommandation dans l'Arabie.

LE BÛCHER

Sétoc, enchanté, fit de son esclave son ami intime. Il ne pouvait pas plus se passer de lui qu'avait fait le roi de Babylone ; et Zadig fut heureux que Sétoc n'eût point de femme. Il découvrait dans son maître un naturel porté au bien, beaucoup de droiture et de bon sens. Il fut fâché de voir qu'il adorait l'armée céleste, c'est-à-dire le soleil, la lune, et les étoiles, selon l'ancien usage d'Arabie. Il lui en parlait quelquefois avec beaucoup de discrétion. Enfin il lui dit que c'étaient des corps comme les autres, qui ne méritaient pas plus son hommage qu'un arbre ou un rocher. « Mais, disait Sétoc, ce sont des êtres éternels dont nous tirons tous nos avantages ; ils animent la nature ; ils règlent les saisons ; ils sont d'ailleurs si loin de nous qu'on ne peut pas s'empêcher de les révérer. — Vous recevez plus d'avantages, répondit Zadig, des eaux de la mer Rouge, qui porte vos marchandises aux Indes. Pourquoi ne serait-elle pas aussi ancienne que les étoiles ? Et si vous adorez ce qui est éloigné de vous, vous devez adorer la terre des Gangarides, qui est aux extrémités du monde. — Non, disait Sétoc, les étoiles sont trop brillantes pour que je ne les adore pas. » Le soir venu, Zadig alluma un grand nombre de flambeaux dans la tente où il devait souper avec Sétoc ; et dès que son patron parut, il se jeta à genoux devant ces cires allumées, et leur dit : « Éternelles et brillantes clartés, soyez-moi toujours propices ! » Ayant proféré ces paroles, il se mit à table sans regarder Sétoc. « Que faites-vous donc ? lui dit Sétoc étonné. — Je fais comme vous, répondit Zadig ; j'adore ces chandelles, et je néglige leur maître et le mien. » Sétoc comprit le sens profond de cet apologue. La sagesse de son esclave entra dans son âme ; il ne prodigua plus son encens aux créatures, et adora l'Être éternel qui les a faites.

Il y avait alors dans l'Arabie une coutume affreuse, venue originairement de Scythie, et qui, s'étant établie dans les Indes par le crédit des bracmanes, menaçait d'envahir tout l'Orient. Lorsqu'un homme marié était mort, et que sa femme bien-aimée voulait être sainte, elle se brûlait en public sur le corps de son mari. C'était une fête solennelle qui s'appelait *le bûcher du veuvage*. La tribu dans laquelle il y avait eu le plus de femmes brûlées était la plus considérée. Un Arabe de la tribu de Sétoc étant mort, sa veuve, nommée Almona, qui était fort dévote, fit savoir le jour et l'heure où elle se jetterait dans le feu au son des tambours et des trompettes. Zadig remontra à Sétoc combien cette horrible coutume était contraire au bien du genre humain ;

qu'on laissait brûler tous les jours de jeunes veuves qui pouvaient donner des enfants à l'État, ou du moins élever les leurs ; et il le fit convenir qu'il fallait, si on pouvait, abolir un usage si barbare. Sétoc répondit : « Il y a plus de mille ans que les femmes sont en possession de se brûler. Qui de nous osera changer une loi que le temps a consacrée ? Y a-t-il rien de plus respectable qu'un ancien abus ? — La raison est plus ancienne, reprit Zadig. Parlez aux chefs des tribus, et je vais trouver la jeune veuve. »

Il se fit présenter à elle ; et après s'être insinué dans son esprit par des louanges sur sa beauté, après lui avoir dit combien c'était dommage de mettre au feu tant de charmes, il la loua encore sur sa constance et sur son courage. « Vous aimiez donc prodigieusement votre mari ? lui dit-il. — Moi ? point du tout, répondit la dame arabe. C'était un brutal, un jaloux, un homme insupportable ; mais je suis fermement résolue de me jeter sur son bûcher. — Il faut, dit Zadig, qu'il y ait apparemment un plaisir bien délicieux à être brûlée vive. — Ah ! cela fait frémir la nature, dit la dame ; mais il faut en passer par là. Je suis dévote ; je serais perdue de réputation, et tout le monde se moquerait de moi si je ne me brûlais pas. » Zadig, l'ayant fait convenir qu'elle se brûlait pour les autres et par vanité, lui parla longtemps d'une manière à lui faire aimer un peu la vie, et parvint même à lui inspirer quelque bienveillance pour celui qui lui parlait. « Que feriez-vous enfin, lui dit-il, si la vanité de vous brûler ne vous tenait pas ? — Hélas ! dit la dame, je crois que je vous prierais de m'épouser. »

Zadig était trop rempli de l'idée d'Astarté pour ne pas éluder cette déclaration ; mais il alla dans l'instant trouver les chefs des tribus, leur dit ce qui s'était passé, et leur conseilla de faire une loi par laquelle il ne serait permis à une veuve de se brûler qu'après avoir entretenu un jeune homme tête à tête pendant une heure entière. Depuis ce temps, aucune dame ne se brûla en Arabie. On eut au seul Zadig l'obligation d'avoir détruit en un jour une coutume si cruelle, qui durait depuis tant de siècles. Il était donc le bienfaiteur de l'Arabie.

LE SOUPER

Sétoc, qui ne pouvait se séparer de cet homme en qui habitait la sagesse, le mena à la grande foire de Balzora[1], où devaient se rendre les plus grands négociants de la terre habitable. Ce fut pour Zadig une consolation sensible de voir tant d'hommes de diverses contrées réunis dans la même place. Il lui paraissait que l'univers était une grande famille qui se rassemblait à Balzora. Il se trouva à table, dès le second jour, avec un Égyptien, un Indien gangaride, un habitant du Cathay, un Grec, un Celte, et plusieurs autres étrangers qui, dans leurs fréquents voyages vers le golfe Arabique, avaient appris assez d'arabe pour se faire entendre. L'Égyptien paraissait fort en colère. « Quel abominable pays que Balzora ! disait-il ; on m'y refuse mille onces d'or sur le meilleur effet du monde. — Comment donc, dit Sétoc ; sur quel effet vous a-t-on refusé cette somme ? — Sur le corps de ma tante, répondit l'Égyptien ; c'était la plus brave femme d'Égypte. Elle m'accompagnait toujours ; elle est morte en chemin : j'en ai fait une des plus belles momies que nous ayons ; et je trouverais dans mon pays tout ce que je voudrais en la mettant en gage. Il est bien étrange qu'on ne veuille pas seulement me donner ici mille onces d'or sur un effet si solide[2]. » Tout en se courrouçant,

---

1. Ou Bassorah, sur le golfe Persique, port souvent mentionné dans *Les Mille et Une Nuits*.
2. Voltaire avait lu qu'une loi égyptienne obligeait un emprunteur à gager son emprunt sur la momie d'un parent, et à être privé de sépulture s'il ne remboursait pas.

◆◆ Voir *Au fil du texte*, p. XV.

il était près de manger d'une excellente poule bouillie, quand l'Indien, le prenant par la main, s'écria avec douleur : « Ah ! qu'allez-vous faire ? — Manger de cette poule, dit l'homme à la momie. — Gardez-vous-en bien, dit le Gangaride[1], il se pourrait faire que l'âme de la défunte fût passée dans le corps de cette poule, et vous ne voudriez pas vous exposer à manger votre tante. Faire cuire des poules, c'est outrager manifestement la nature. — Que voulez-vous dire avec votre nature et vos poules ? reprit le colérique Égyptien ; nous adorons un bœuf, et nous en mangeons bien. — Vous adorez un bœuf ! est-il possible ? dit l'homme du Gange. — Il n'y a rien de si possible, repartit l'autre ; il y a cent trente-cinq mille ans que nous en usons ainsi, et personne parmi nous n'y trouve à redire. — Ah ! cent trente-cinq mille ans ! dit l'Indien, ce compte est un peu exagéré ; il n'y en a que quatre-vingt mille que l'Inde est peuplée, et assurément nous sommes vos anciens, et Brama nous avait défendu de manger des bœufs avant que vous vous fussiez avisés de les mettre sur les autels et à la broche. — Voilà un plaisant animal que votre Brama, pour le comparer à Apis ! dit l'Égyptien ; qu'a donc fait votre Brama de si beau ? » Le bramin répondit : « C'est lui qui a appris aux hommes à lire et à écrire, et à qui toute la terre doit le jeu des échecs. — Vous vous trompez, dit un Chaldéen qui était auprès de lui ; c'est le poisson Oannès[2] à qui on doit de si grands bienfaits, et il est juste de ne rendre qu'à lui ses hommages. Tout le monde vous dira que c'était un être divin, qu'il avait la queue dorée, avec une belle tête d'homme, et qu'il sortait de l'eau pour venir prêcher à terre trois heures par jour. Il eut plusieurs enfants qui furent rois, comme chacun

---

1. De la plaine du Gange.
2. Dieu chaldéen, mi-poisson, mi-homme, sorti de la mer Rouge pour enseigner aux hommes les sciences et les arts.

sait. J'ai son portrait chez moi, que je révère comme je le dois. On peut manger du bœuf tant qu'on veut ; mais c'est assurément une très grande impiété de faire cuire du poisson ; d'ailleurs vous êtes tous deux d'une origine trop peu noble et trop récente pour me rien disputer. La nation égyptienne ne compte que cent trente-cinq mille ans, et les Indiens ne se vantent que de quatre-vingt mille, tandis que nous avons des almanachs de quatre mille siècles. Croyez-moi, renoncez à vos folies, et je vous donnerai à chacun un beau portrait d'Oannès. »

L'homme de Cambalu [1], prenant la parole, dit : « Je respecte fort les Égyptiens, les Chaldéens, les Grecs, les Celtes, Brama, le bœuf Apis, le beau poisson Oannès ; mais peut-être que le Li ou le Tien*, comme on voudra l'appeler, vaut bien les bœufs et les poissons. Je ne dirai rien de mon pays ; il est aussi grand que la terre d'Égypte, la Chaldée et les Indes ensemble. Je ne dispute pas d'antiquité, parce qu'il suffit d'être heureux, et que c'est fort peu de chose d'être ancien ; mais, s'il fallait parler d'almanachs, je dirais que toute l'Asie prend les nôtres, et que nous en avions de fort bons avant qu'on sût l'arithmétique en Chaldée.

— Vous êtes de grands ignorants tous tant que vous êtes ! s'écria le Grec ; est-ce que vous ne savez pas que le chaos est le père de tout, et que la forme et la matière ont mis le monde dans l'état où il est ? » Ce Grec parla longtemps ; mais il fut enfin interrompu par le Celte, qui, ayant beaucoup bu pendant qu'on disputait, se crut alors plus savant que tous les autres, et dit en jurant qu'il n'y avait que Teutath [2] et le gui de chêne qui valussent la peine qu'on en parlât ; que, pour lui, il

---

1. Cambalu et Cathay : noms désuets mais non inventés, pour Pékin et la Chine.
* Mots chinois qui signifient proprement : *Li,* la lumière naturelle, la raison ; et *Tien,* le ciel ; et qui signifient aussi Dieu. (V.)
2. Dieu des druides, auquel on sacrifiait des hommes.

avait toujours du gui dans sa poche ; que les Scythes, ses ancêtres, étaient les seules gens de bien qui eussent jamais été au monde ; qu'ils avaient, à la vérité, quelquefois mangé des hommes, mais que cela n'empêchait pas qu'on ne dût avoir beaucoup de respect pour sa nation ; et qu'enfin, si quelqu'un parlait mal de Teutath, il lui apprendrait à vivre. La querelle s'échauffa pour lors, et Sétoc vit le moment où la table allait être ensanglantée. Zadig, qui avait gardé le silence pendant toute la dispute, se leva enfin : il s'adressa d'abord au Celte, comme au plus furieux ; il lui dit qu'il avait raison, et lui demanda du gui ; il loua le Grec sur son éloquence, et adoucit tous les esprits échauffés. Il ne dit que très peu de chose à l'homme du Cathay, parce qu'il avait été le plus raisonnable de tous. Ensuite il leur dit : « Mes amis, vous alliez vous quereller pour rien, car vous êtes tous du même avis. » À ce mot, ils se récrièrent tous. « N'est-il pas vrai, dit-il au Celte, que vous n'adorez pas ce gui, mais celui qui a fait le gui et le chêne ? — Assurément, répondit le Celte. — Et vous, monsieur l'Égyptien, vous révérez apparemment dans un certain bœuf celui qui vous a donné les bœufs ? — Oui, dit l'Égyptien. — Le poisson Oannès, continua-t-il, doit céder à celui qui a fait la mer et les poissons. — D'accord, dit le Chaldéen. — L'Indien, ajouta-t-il, et le Cathayen, reconnaissent comme vous un premier principe ; je n'ai pas trop bien compris les choses admirables que le Grec a dites, mais je suis sûr qu'il admet aussi un Être supérieur, de qui la forme et la matière dépendent. » Le Grec, qu'on admirait, dit que Zadig avait très bien pris sa pensée. « Vous êtes donc tous de même avis, répliqua Zadig, et il n'y a pas là de quoi se quereller. » Tout le monde l'embrassa. Sétoc, après avoir vendu fort cher ses denrées, reconduisit son ami Zadig dans sa tribu. Zadig apprit en arrivant qu'on lui avait fait son procès en son absence, et qu'il allait être brûlé à petit feu.

LES RENDEZ-VOUS

Pendant son voyage à Balzora, les prêtres des étoiles avaient résolu de le punir. Les pierreries et les ornements des jeunes veuves qu'ils envoyaient au bûcher leur appartenaient de droit[1] ; c'était bien le moins qu'ils fissent brûler Zadig pour le mauvais tour qu'il leur avait joué. Ils accusèrent donc Zadig d'avoir des sentiments erronés sur l'armée céleste ; ils déposèrent contre lui, et jurèrent qu'ils lui avaient entendu dire que les étoiles ne se couchaient pas dans la mer. Ce blasphème effroyable fit frémir les juges ; ils furent prêts de déchirer leurs vêtements, quand ils ouïrent ces paroles impies, et ils l'auraient fait, sans doute, si Zadig avait eu de quoi les payer. Mais, dans l'excès de leur douleur, ils se contentèrent de le condamner à être brûlé à petit feu. Sétoc, désespéré, employa en vain son crédit pour sauver son ami ; il fut bientôt obligé de se taire. La jeune veuve Almona, qui avait pris beaucoup de goût à la vie, et qui en avait obligation à Zadig, résolut de le tirer du bûcher, dont il lui avait fait connaître l'abus. Elle roula son dessein dans sa tête, sans en parler à personne. Zadig devait être exécuté le lendemain ; elle n'avait que la nuit pour le sauver : voici comme elle s'y prit en femme charitable et prudente.

Elle se parfuma, elle releva sa beauté par l'ajustement le plus riche et le plus galant, et alla demander une audience secrète au chef des prêtres des étoiles. Quand elle fut devant ce vieillard vénérable, elle lui parla en ces termes : « Fils aîné de la grande Ourse, frère du Taureau, cousin du grand Chien (c'étaient les titres de ce pontife), je viens vous confier mes scrupules. J'ai bien peur d'avoir commis un péché énorme en

---

1. Voltaire emprunte ce détail à des récits de voyage.

ne me brûlant pas dans le bûcher de mon cher mari. En effet, qu'avais-je à conserver ? une chair périssable, et qui est déjà toute flétrie. » En disant ces paroles, elle tira de ses longues manches de soie ses bras nus, d'une forme admirable et d'une blancheur éblouissante. « Vous voyez, dit-elle, le peu que cela vaut. » Le pontife trouva dans son cœur que cela valait beaucoup. Ses yeux le dirent, et sa bouche le confirma : il jura qu'il n'avait vu de sa vie de si beaux bras. « Hélas ! lui dit la veuve, les bras peuvent être un peu moins mal que le reste ; mais vous m'avouerez que la gorge n'était pas digne de mes attentions. » Alors elle laissa voir le sein le plus charmant que la nature eût jamais formé. Un bouton de rose sur une pomme d'ivoire n'eût paru auprès que de la garance sur du buis, et les agneaux sortant du lavoir auraient semblé d'un jaune brun. Cette gorge, ses grands yeux noirs qui languissaient en brillant doucement d'un feu tendre, ses joues animées de la plus belle pourpre mêlée au blanc de lait le plus pur ; son nez, qui n'était pas comme la tour du mont Liban ; ses lèvres, qui étaient comme deux bordures de corail renfermant les plus belles perles de la mer d'Arabie, tout cela ensemble fit croire au vieillard qu'il avait vingt ans. Il fit en bégayant une déclaration tendre. Almona, le voyant enflammé, lui demanda la grâce de Zadig. « Hélas ! dit-il, ma belle dame, quand je vous accorderais sa grâce, mon indulgence ne servirait de rien ; il faut qu'elle soit signée de trois autres de mes confrères. — Signez toujours, dit Almona. — Volontiers, dit le prêtre, à condition que vos faveurs seront le prix de ma facilité. — Vous me faites trop d'honneur, dit Almona ; ayez seulement pour agréable de venir dans ma chambre après que le soleil sera couché, et dès que la brillante étoile *Sheat* sera sur l'horizon, vous me trouverez sur un sofa couleur de rose, et vous en userez comme vous pourrez avec votre servante. » Elle sortit alors, emportant avec elle la signature, et laissa le vieillard plein d'amour et de défiance de ses forces. Il employa le reste du jour à se baigner ; il but une liqueur composée de la cannelle de Ceylan, et des précieuses épices de Tidor et de Ternate [1], et attendit avec impatience que l'étoile *Sheat* vînt à paraître.

Cependant la belle Almona alla trouver le second pontife. Celui-ci l'assura que le soleil, la lune, et tous les feux du firmament, n'étaient que des feux follets en comparaison de ses charmes. Elle lui demanda la même grâce, et on lui proposa d'en donner le prix. Elle se laissa vaincre, et donna rendez-vous au second pontife au lever de l'étoile *Algénib* [2]. De là elle passa chez le troisième et chez le quatrième prêtre, prenant toujours une signature, et donnant un rendez-vous d'étoile en étoile. Alors elle fit avertir les juges de venir chez elle pour une affaire importante. Ils s'y rendirent : elle leur montra les quatre noms, et leur dit à quel prix les prêtres avaient vendu la grâce de Zadig. Chacun d'eux arriva à l'heure prescrite ; chacun fut bien étonné d'y trouver ses confrères, et plus encore d'y trouver les juges, devant qui leur honte fut manifestée. Zadig fut sauvé. Sétoc fut si charmé de l'habileté d'Almona, qu'il en fit sa femme.

Zadig partit après s'être jeté aux pieds de sa belle libératrice. Sétoc et lui se quittèrent en pleurant, en se jurant une amitié éternelle, et en se promettant que le premier des deux qui ferait une grande fortune en ferait part à l'autre.

Zadig marcha du côté de la Syrie, toujours pensant à la malheureuse Astarté, et toujours réfléchissant sur le sort qui s'obstinait à se jouer de lui et à le persécuter. « Quoi ! disait-il, quatre cents onces d'or pour avoir vu passer une chienne ! condamné à être décapité pour quatre mauvais vers à la louange du roi ! prêt à être étranglé parce que la reine avait des babouches de la couleur de mon bonnet ! réduit en esclavage pour avoir secouru une femme qu'on battait ; et sur le point

---

1. Villes de l'archipel des Moluques.
2. Étoile de la constellation de Pégase.

d'être brûlé pour avoir sauvé la vie à toutes les jeunes veuves arabes ! »

LE BRIGAND

En arrivant aux frontières qui séparent l'Arabie Pétrée de la Syrie, comme il passait près d'un château assez fort, des Arabes armés en sortirent. Il se vit entouré ; on lui criait : « Tout ce que vous avez nous appartient, et votre personne appartient à notre maître. » Zadig, pour réponse, tira son épée ; son valet, qui avait du courage, en fit autant. Ils renversèrent morts les premiers Arabes qui mirent la main sur eux ; le nombre redoubla : ils ne s'étonnèrent point, et résolurent de périr en combattant. On voyait deux hommes se défendre contre une multitude ; un tel combat ne pouvait durer longtemps. Le maître du château, nommé Arbogad, ayant vu d'une fenêtre les prodiges de valeur que faisait Zadig, conçut de l'estime pour lui. Il descendit en hâte, et vint lui-même écarter ses gens, et délivrer les deux voyageurs. « Tout ce qui passe sur mes terres est à moi, dit-il, aussi bien que ce que je trouve sur les terres des autres ; mais vous me paraissez un si brave homme que je vous exempte de la loi commune. » Il le fit entrer dans son château, ordonnant à ses gens de le bien traiter, et le soir, Arbogad voulut souper avec Zadig.

Le seigneur du château était un de ces Arabes qu'on appelle *voleurs*[1] ; mais il faisait quelquefois de bonnes actions parmi une foule de mauvaises ; il volait avec une rapacité furieuse, et donnait libéralement : intrépide dans l'action, assez doux dans le commerce, débauché à table, gai dans la débauche, et surtout plein de franchise. Zadig lui plut beaucoup ; sa conversation,

---

1. Des brigands renommés étaient parvenus à de hautes charges.

qui s'anima, fit durer le repas ; enfin Arbogad lui dit :
« Je vous conseille de vous enrôler sous moi, vous ne sauriez mieux faire ; ce métier-ci n'est pas mauvais ; vous pourrez un jour devenir ce que je suis. — Puis-je vous demander, dit Zadig, depuis quel temps vous exercez cette noble profession ? — Dès ma plus tendre jeunesse, reprit le seigneur. J'étais valet d'un Arabe assez habile ; ma situation m'était insupportable. J'étais au désespoir de voir que, dans toute la terre qui appartient également aux hommes, la destinée ne m'eût pas réservé ma portion. Je confiai mes peines à un vieil Arabe, qui me dit : ''Mon fils, ne désespérez pas ; il y avait autrefois un grain de sable qui se lamentait d'être un atome ignoré dans les déserts ; au bout de quelques années il devint diamant, et il est à présent le plus bel ornement de la couronne du roi des Indes.'' Ce discours me fit impression ; j'étais le grain de sable, je résolus de devenir diamant. Je commençai par voler deux chevaux ; je m'associai des camarades ; je me mis en état de voler de petites caravanes : ainsi je fis cesser peu à peu la disproportion qui était d'abord entre les hommes et moi. J'eus ma part aux biens de ce monde, et je fus même dédommagé avec usure : on me considéra beaucoup : je devins seigneur brigand ; j'acquis ce château par voie de fait. Le satrape de Syrie voulut m'en déposséder ; mais j'étais déjà trop riche pour avoir rien à craindre ; je donnai de l'argent au satrape, moyennant quoi je conservai ce château, et j'agrandis mes domaines ; il me nomma même trésorier des tributs que l'Arabie Pétrée payait au roi des rois. Je fis ma charge de receveur, et point du tout celle de payeur.

« Le grand desterham de Babylone envoya ici, au nom du roi Moabdar, un petit satrape pour me faire étrangler. Cet homme arriva avec son ordre : j'étais instruit de tout ; je fis étrangler en sa présence les quatre personnes qu'il avait amenées avec lui pour serrer le lacet ; après quoi je lui demandai ce que pouvait lui valoir la commission de m'étrangler. Il me répondit que ses honoraires pouvaient aller à trois cents pièces d'or.

Je lui fis voir clair qu'il y aurait plus à gagner avec moi. Je le fis sous-brigand ; il est aujourd'hui un de mes meilleurs officiers, et des plus riches. Si vous m'en croyez, vous réussirez comme lui. Jamais la saison de voler n'a été meilleure, depuis que Moabdar est tué, et que tout est en confusion dans Babylone.

— Moabdar est tué ! dit Zadig ; et qu'est devenue la reine Astarté ? — Je n'en sais rien, reprit Arbogad ; tout ce que je sais, c'est que Moabdar est devenu fou, qu'il a été tué, que Babylone est un grand coupe-gorge, que tout l'empire est désolé, qu'il y a de beaux coups à faire encore, et que pour ma part, j'en ai fait d'admirables. — Mais la reine ? dit Zadig ; de grâce, ne savez-vous rien de la destinée de la reine ? — On m'a parlé d'un prince d'Hyrcanie, reprit-il ; elle est probablement parmi ses concubines, si elle n'a pas été tuée dans le tumulte ; mais je suis plus curieux de butin que de nouvelles. J'ai pris plusieurs femmes dans mes courses, je n'en garde aucune ; je les vends cher quand elles sont belles, sans m'informer de ce qu'elles sont. On n'achète point le rang ; une reine qui serait laide ne trouverait pas marchand : peut-être ai-je vendu la reine Astarté, peut-être est-elle morte ; mais peu m'importe, et je pense que vous ne devez pas vous en soucier plus que moi. » En parlant ainsi il buvait avec tant de courage, il confondait tellement toutes les idées, que Zadig n'en put tirer aucun éclaircissement.

Il restait interdit, accablé, immobile. Arbogad buvait toujours, faisait des contes, répétait sans cesse qu'il était le plus heureux de tous les hommes, exhortant Zadig à se rendre aussi heureux que lui. Enfin, doucement assoupi par les fumées du vin, il alla dormir d'un sommeil tranquille. Zadig passa la nuit dans l'agitation la plus violente. « Quoi, disait-il, le roi est devenu fou ! il est tué ! Je ne puis m'empêcher de le plaindre. L'empire est déchiré, et ce brigand est heureux : ô fortune ! ô destinée ! un voleur est heureux, et ce que la nature a fait de plus aimable a péri peut-être d'une manière affreuse, ou vit dans un état pire que la mort. Ô Astarté ! qu'êtes-vous devenue ? »

Dès le point du jour il interrogea tous ceux qu'il rencontrait dans le château ; mais tout le monde était occupé, personne ne lui répondit : on avait fait pendant la nuit de nouvelles conquêtes, on partageait les dépouilles. Tout ce qu'il put obtenir dans cette confusion tumultueuse, ce fut la permission de partir. Il en profita sans tarder, plus abîmé que jamais dans ses réflexions douloureuses.

Zadig marchait inquiet, agité, l'esprit tout occupé de la malheureuse Astarté, du roi de Babylone, de son fidèle Cador, de l'heureux brigand Arbogad, de cette femme si capricieuse que des Babyloniens avaient enlevée sur les confins de l'Égypte, enfin de tous les contretemps et de toutes les infortunes qu'il avait éprouvés.

LE PÊCHEUR

À quelques lieues du château d'Arbogad, il se trouva sur le bord d'une petite rivière, toujours déplorant sa destinée, et se regardant comme le modèle du malheur. Il vit un pêcheur couché sur la rive, tenant à peine d'une main languissante son filet, qu'il semblait abandonner, et levant les yeux vers le ciel.

« Je suis certainement le plus malheureux de tous les hommes, disait le pêcheur. J'ai été, de l'aveu de tout le monde, le plus célèbre marchand de fromages à la crème dans Babylone, et j'ai été ruiné. J'avais la plus jolie femme qu'homme de ma sorte pût posséder, et j'en ai été trahi. Il me restait une chétive maison, je l'ai vue pillée et détruite. Réfugié dans une cabane, je n'ai de ressource que ma pêche, et je ne prends pas un poisson. Ô mon filet ! je ne te jetterai plus dans l'eau, c'est à moi de m'y jeter. » En disant ces mots il se lève, et s'avance dans l'attitude d'un homme qui allait se précipiter et finir sa vie.

« Eh quoi ! se dit Zadig à lui-même, il y a donc des hommes aussi malheureux que moi ! » L'ardeur de sauver la vie au pêcheur fut aussi prompte que cette réflexion. Il court à lui, il l'arrête, il l'interroge d'un air attendri et consolant. On prétend qu'on en est moins malheureux quand on ne l'est pas seul ; mais, selon Zoroastre[1], ce n'est pas par malignité, c'est par besoin. On se sent alors entraîné vers un infortuné comme vers son semblable. La joie d'un homme heureux serait une insulte ; mais deux malheureux sont comme deux arbrisseaux faibles qui, s'appuyant l'un sur l'autre, se fortifient contre l'orage.

« Pourquoi succombez-vous à vos malheurs ? dit Zadig au pêcheur. — C'est, répondit-il, parce que je n'y vois pas de ressource. J'ai été le plus considéré du village de Derlback[2] auprès de Babylone, et je faisais, avec l'aide de ma femme, les meilleurs fromages à la crème de l'empire. La reine Astarté et le fameux ministre Zadig les aimaient passionnément. J'avais fourni à leurs maisons six cents fromages. J'allai un jour à la ville pour être payé ; j'appris en arrivant dans Babylone que la reine et Zadig avaient disparu. Je courus chez le seigneur Zadig, que je n'avais jamais vu ; je trouvai les archers du grand desterham, qui, munis d'un papier royal, pillaient sa maison loyalement et avec ordre. Je volai aux cuisines de la reine ; quelques-uns des seigneurs de la bouche me dirent qu'elle était morte ; d'autres dirent qu'elle était en prison ; d'autres prétendirent qu'elle avait pris la fuite ; mais tous m'assurèrent qu'on ne me payerait point mes fromages. J'allai avec ma femme chez le seigneur Orcan, qui était une de mes pratiques : nous lui demandâmes sa protection dans notre disgrâce. Il l'accorda à ma femme, et me la refusa. Elle était plus blanche que ces fromages à la crème qui commencèrent mon malheur ;

---

1. Attribution fantaisiste.
2. Nom apparemment inventé.

et l'éclat de la pourpre de Tyr n'était pas plus brillant que l'incarnat qui animait cette blancheur. C'est ce qui fit qu'Orcan la retint, et me chassa de sa maison. J'écrivis à ma chère femme la lettre d'un désespéré. Elle dit au porteur : "Ah, ah ! oui ! je sais quel est l'homme qui m'écrit, j'en ai entendu parler : on dit qu'il fait des fromages à la crème excellents ; qu'on m'en apporte, et qu'on les lui paye."

« Dans mon malheur, je voulus m'adresser à la justice. Il me restait six onces d'or : il fallut en donner deux onces à l'homme de loi que je consultai, deux au procureur qui entreprit mon affaire, deux au secrétaire du premier juge. Quand tout cela fut fait, mon procès n'était pas encore commencé, et j'avais déjà dépensé plus d'argent que mes fromages et ma femme ne valaient. Je retournai à mon village dans l'intention de vendre ma maison pour avoir ma femme.

« Ma maison valait bien soixante onces d'or ; mais on me voyait pauvre et pressé de vendre. Le premier à qui je m'adressai m'en offrit trente onces ; le second, vingt ; et le troisième, dix. J'étais prêt enfin de conclure, tant j'étais aveuglé, lorsqu'un prince d'Hyrcanie vint à Babylone, et ravagea tout sur son passage. Ma maison fut d'abord saccagée, et ensuite brûlée.

« Ayant ainsi perdu mon argent, ma femme et ma maison, je me suis retiré dans ce pays où vous me voyez ; j'ai tâché de subsister du métier de pêcheur. Les poissons se moquent de moi comme les hommes : je ne prends rien, je meurs de faim ; et sans vous, auguste consolateur, j'allais mourir dans la rivière. »

Le pêcheur ne fit point ce récit tout de suite ; car à tout moment Zadig, ému et transporté, lui disait ; « Quoi ! vous ne savez rien de la destinée de la reine ? — Non, seigneur, répondait le pêcheur ; mais je sais que la reine et Zadig ne m'ont point payé mes fromages à la crème, qu'on a pris ma femme, et que je suis au désespoir. — Je me flatte, dit Zadig, que vous ne perdrez pas tout votre argent. J'ai entendu parler de ce Zadig ; il est honnête homme ; et s'il retourne à Babylone, comme il l'espère, il vous donnera plus qu'il ne vous doit ; mais pour votre femme, qui n'est pas si honnête, je vous conseille de ne pas chercher à la reprendre. Croyez-moi, allez à Babylone ; j'y serai avant vous, parce que je suis à cheval et que vous êtes à pied. Adressez-vous à l'illustre Cador ; dites-lui que vous avez rencontré son ami ; attendez-moi chez lui. Allez ; peut-être ne serez-vous pas toujours malheureux.

« Ô puissant Orosmade ! continua-t-il, vous vous servez de moi pour consoler cet homme ; de qui vous servirez-vous pour me consoler ? » En parlant ainsi il donnait au pêcheur la moitié de tout l'argent qu'il avait apporté d'Arabie, et le pêcheur, confondu et ravi, baisait les pieds de l'ami de Cador, et disait : « Vous êtes un ange sauveur. »

Cependant Zadig demandait toujours des nouvelles, et versait des larmes. « Quoi ! seigneur, s'écria le pêcheur, vous seriez donc aussi malheureux, vous qui faites du bien ? — Plus malheureux que toi cent fois, répondait Zadig. — Mais comment se peut-il faire, disait le bonhomme, que celui qui donne soit plus à plaindre que celui qui reçoit ? — C'est que ton plus grand malheur, reprit Zadig, était le besoin, et que je suis infortuné par le cœur. — Orcan vous aurait-il pris votre femme ? dit le pêcheur. » Ce mot rappela dans l'esprit de Zadig toutes ses aventures ; il répétait la liste de ses infortunes, à commencer depuis la chienne de la reine jusqu'à son arrivée chez le brigand Arbogad. « Ah ! dit-il au pêcheur, Orcan mérite d'être puni. Mais d'ordinaire ce sont ces gens-là qui sont les favoris de la destinée. Quoi qu'il en soit, va chez le seigneur Cador, et attends-moi. » Ils se séparèrent : le pêcheur marcha en remerciant son destin, et Zadig courut en accusant toujours le sien.

LE BASILIC[1]

Arrivé dans une belle prairie, il y vit plusieurs femmes qui cherchaient quelque chose avec beaucoup d'application. Il prit la liberté de s'approcher de l'une d'elles, et de lui demander s'il pouvait avoir l'honneur de les aider dans leurs recherches. « Gardez-vous-en bien, répondit la Syrienne ; ce que nous cherchons ne peut être touché que par des femmes. — Voilà qui est bien étrange, dit Zadig ; oserai-je vous prier de m'apprendre ce que c'est qu'il n'est permis qu'aux femmes de toucher ? — C'est un basilic, dit-elle. — Un basilic, madame ! et pour quelle raison, s'il vous plaît, cherchez-vous un basilic ? — C'est pour notre seigneur et maître Ogul, dont vous voyez le château sur le bord de cette rivière, au bout de la prairie. Nous sommes ses très humbles esclaves ; le seigneur Ogul est malade ; son médecin lui a ordonné de manger un basilic cuit dans l'eau rose ; et comme c'est un animal fort rare, et qui ne se laisse jamais prendre que par des femmes, le seigneur Ogul a promis de choisir pour sa femme bien-aimée celle de nous qui lui apporterait un basilic : laissez-moi chercher, s'il vous plaît, car vous voyez ce qu'il m'en coûterait si j'étais prévenue par mes compagnes. »

Zadig laissa cette Syrienne et les autres chercher leur basilic, et continua de marcher dans la prairie. Quand il fut au bord d'un petit ruisseau, il y trouva une autre dame couchée sur le gazon, et qui ne cherchait rien. Sa taille paraissait majestueuse, mais son visage était couvert d'un voile. Elle était penchée vers le ruisseau ; de profonds soupirs sortaient de sa bouche. Elle tenait en main une petite baguette, avec laquelle elle traçait des caractères sur un sable fin qui se trouvait entre le

---

1. Serpent fabuleux au regard mortel — sauf pour les femmes.

gazon et le ruisseau. Zadig eut la curiosité de voir ce que cette femme écrivait ; il s'approcha, il vit la lettre Z, puis un A : il fut étonné ; puis parut un D : il tressaillit. Jamais surprise ne fut égale à la sienne quand il vit les deux dernières lettres de son nom. Il demeura quelque temps immobile ; enfin, rompant le silence d'une voix entrecoupée : « Ô généreuse dame ! pardonnez à un étranger, à un infortuné, d'oser vous demander par quelle aventure étonnante je trouve ici le nom de ZADIG tracé de votre main divine ? » À cette voix, à ces paroles, la dame releva son voile d'une main tremblante, regarda Zadig, jeta un cri d'attendrissement, de surprise et de joie, et succombant sous tous les mouvements divers qui assaillaient à la fois son âme, elle tomba évanouie entre ses bras. C'était Astarté elle-même, c'était la reine de Babylone, c'était celle que Zadig adorait, et qu'il se reprochait d'adorer, c'était celle dont il avait tant pleuré et tant craint la destinée. Il fut un moment privé de l'usage de ses sens ; et quand il eut attaché ses regards sur les yeux d'Astarté, qui se rouvraient avec une langueur mêlée de confusion et de tendresse : « Ô puissances immortelles ! s'écria-t-il, qui présidez aux destins des faibles humains, me rendez-vous Astarté ? En quel temps, en quels lieux, en quel état la revois-je ? » Il se jeta à genoux devant Astarté, et il attacha son front à la poussière de ses pieds. La reine de Babylone le relève, et le fait asseoir auprès d'elle sur le bord de ce ruisseau ; elle essuyait à plusieurs reprises ses yeux, dont les larmes recommençaient toujours à couler. Elle reprenait vingt fois des discours que ses gémissements interrompaient ; elle l'interrogeait sur le hasard qui les rassemblait, et prévenait soudain ses réponses par d'autres questions. Elle entamait le récit de ses malheurs, et voulait savoir ceux de Zadig. Enfin tous deux ayant un peu apaisé le tumulte de leurs âmes, Zadig lui conta en peu de mots par quelle aventure il se trouvait dans cette prairie. « Mais, ô malheureuse et respectable reine ! comment vous retrouvé-je en ce lieu écarté, vêtue en esclave, et accompagnée d'autres femmes esclaves qui cherchent un basilic pour le faire cuire dans de l'eau rose par ordonnance du médecin ?

— Pendant qu'elles cherchent leur basilic, dit la belle Astarté, je vais vous apprendre tout ce que j'ai souffert, et tout ce que je pardonne au ciel depuis que je vous revois. Vous savez que le roi mon mari trouva mauvais que vous fussiez le plus aimable de tous les hommes ; et ce fut pour cette raison qu'il prit une nuit la résolution de vous faire étrangler et de m'empoisonner. Vous savez comme le ciel permit que mon petit muet m'avertît de l'ordre de sa Sublime Majesté. À peine le fidèle Cador vous eut-il forcé de m'obéir et de partir, qu'il osa entrer chez moi au milieu de la nuit par une issue secrète. Il m'enleva, et me conduisit dans le temple d'Orosmade, où le mage, son frère, m'enferma dans une statue colossale dont la base touche aux fondements du temple, et dont la tête atteint la voûte. Je fus là comme ensevelie, mais servie par le mage, et ne manquant d'aucune chose nécessaire. Cependant, au point du jour, l'apothicaire de Sa Majesté entra dans ma chambre avec une potion mêlée de jusquiame, d'opium, de ciguë, d'ellébore noir et d'aconit ; et un autre officier alla chez vous avec un lacet de soie bleue. On ne trouva personne. Cador, pour mieux tromper le roi, feignit de venir nous accuser tous deux. Il dit que vous aviez pris la route des Indes, et moi celle de Memphis : on envoya des satellites après vous et après moi.

« Les courriers qui me cherchaient ne me connaissaient pas. Je n'avais presque jamais montré mon visage qu'à vous seul, en présence et par ordre de mon époux. Ils coururent à ma poursuite, sur le portrait qu'on leur faisait de ma personne : une femme de la même taille que moi, et qui peut-être avait plus de charmes, s'offrit à leurs regards sur les frontières de l'Égypte. Elle était éplorée, errante. Ils ne doutèrent pas que cette femme ne fût la reine de Babylone ; ils la menèrent à Moabdar. Leur méprise fit entrer d'abord le roi dans une violente colère ; mais bientôt, ayant considéré de plus près cette femme, il la trouva très belle, et fut consolé. On l'appelait Missouf. On m'a dit depuis que ce nom signifie en langue égyptienne *la belle capricieuse*. Elle l'était en effet ; mais elle avait autant d'art que de caprice. Elle plut à Moabdar. Elle le subjugua au point de se faire déclarer sa femme. Alors son caractère se développa tout entier : elle se livra sans crainte à toutes les folies de son imagination. Elle voulut obliger le chef des mages, qui était vieux et goutteux, de danser devant elle ; et sur le refus du mage, elle le persécuta violemment. Elle ordonna à son grand-écuyer de lui faire une tourte de confitures. Le grand-écuyer eut beau lui représenter qu'il n'était point pâtissier, il fallut qu'il fît la tourte ; et on le chassa, parce qu'elle était trop brûlée. Elle donna la charge de grand-écuyer à son nain, et la place de chancelier à un page. C'est ainsi qu'elle gouverna Babylone. Tout le monde me regrettait. Le roi, qui avait été assez honnête homme jusqu'au moment où il avait voulu m'empoisonner et vous faire étrangler, semblait avoir noyé ses vertus dans l'amour prodigieux qu'il avait pour la belle capricieuse. Il vint au temple le grand jour du feu sacré. Je le vis implorer les dieux pour Missouf au pied de la statue où j'étais renfermée. J'élevai la voix ; je lui criai : "Les dieux refusent les vœux d'un roi devenu tyran, qui a voulu faire mourir une femme raisonnable pour épouser une extravagante." Moabdar fut confondu de ces paroles au point que sa tête se troubla. L'oracle que j'avais rendu, et la tyrannie de Missouf, suffisaient pour lui faire perdre le jugement. Il devint fou en peu de jours.

« Sa folie, qui parut un châtiment du ciel, fut le signal de la révolte. On se souleva, on courut aux armes. Babylone, si longtemps plongée dans une mollesse oisive, devint le théâtre d'une guerre civile affreuse. On me tira du creux de ma statue, et on me mit à la tête d'un parti. Cador courut à Memphis, pour vous ramener à Babylone. Le prince d'Hyrcanie, apprenant ces funestes nouvelles, revint avec son armée faire un troisième parti dans la Chaldée. Il attaqua le roi, qui courut au-devant de lui avec son extravagante Égyptienne. Moabdar mourut percé de coups. Missouf tomba aux mains du vainqueur. Mon malheur voulut que je fusse prise moi-même par un parti hyrcanien, et qu'on me menât devant le prince précisément dans le temps qu'on lui amenait Missouf. Vous serez flatté, sans doute, en apprenant que le prince me trouva plus belle que l'Égyptienne ; mais vous serez fâché d'apprendre qu'il me destina à son sérail. Il me dit fort résolument que, dès qu'il aurait fini une expédition militaire qu'il allait exécuter, il viendrait à moi. Jugez de ma douleur. Mes liens avec Moabdar étaient rompus, je pouvais être à Zadig ; et je tombais dans les chaînes de ce barbare. Je lui répondis avec toute la fierté que me donnaient mon rang et mes sentiments. J'avais toujours entendu dire que le ciel attachait aux personnes de ma sorte un caractère de grandeur qui, d'un mot et d'un coup d'œil, faisait rentrer dans l'abaissement du plus profond respect les téméraires qui osaient s'en écarter. Je parlai en reine, mais je fus traitée en demoiselle suivante. L'Hyrcanien, sans daigner seulement m'adresser la parole, dit à son eunuque noir que j'étais une impertinente, mais qu'il me trouvait jolie. Il lui ordonna d'avoir soin de moi et de me mettre au régime des favorites, afin de me rafraîchir le teint, et de me rendre plus digne de ses faveurs pour le jour où il aurait la commodité de m'en honorer. Je lui dis que je me tuerais : il répliqua, en riant, qu'on ne se tuait point, qu'il était fait à ces façons-là, et me quitta comme un homme qui vient de mettre un perroquet dans sa ménagerie. Quel état pour la première reine de l'univers, et, je dirai plus, pour un cœur qui était à Zadig ! »

À ces paroles il se jeta à ses genoux et les baigna de larmes. Astarté le releva tendrement, et elle continua ainsi : « Je me voyais au pouvoir d'un barbare, et rivale d'une folle avec qui j'étais renfermée. Elle me raconta son aventure d'Égypte. Je jugeai par les traits dont elle vous peignait, par le temps, par le dromadaire sur lequel vous étiez monté, par toutes les circonstances, que c'était Zadig qui avait combattu pour elle. Je ne doutai pas que vous ne fussiez à Memphis ; je pris la résolution de m'y retirer. ''Belle Missouf, lui dis-je, vous êtes beaucoup plus plaisante que moi, vous divertirez bien mieux que moi le prince d'Hyrcanie. Facilitez-moi les moyens de me sauver ; vous régnerez seule ; vous me rendrez heureuse, en vous débarrassant d'une rivale.'' Missouf concerta avec moi les moyens de ma fuite. Je partis donc secrètement avec une esclave égyptienne.

« J'étais déjà près de l'Arabie, lorsqu'un fameux voleur, nommé Arbogad, m'enleva, et me vendit à des marchands qui m'ont amenée dans ce château, où demeure le seigneur Ogul. Il m'a achetée sans savoir qui j'étais. C'est un homme voluptueux qui ne cherche qu'à faire grande chère et qui croit que Dieu l'a mis au monde pour tenir table. Il est d'un embonpoint excessif, qui est toujours prêt à le suffoquer. Son médecin, qui n'a que peu de crédit auprès de lui quand il digère bien, le gouverne despotiquement quand il a trop mangé. Il lui a persuadé qu'il le guérirait avec un basilic cuit dans de l'eau rose. Le seigneur Ogul a promis sa main à celle de ses esclaves qui lui apporterait un basilic. Vous voyez que je les laisse s'empresser à mériter cet honneur, et je n'ai jamais eu moins d'envie de trouver ce basilic que depuis que le ciel a permis que je vous revisse. »

Alors Astarté et Zadig se dirent tout ce que des sentiments longtemps retenus, tout ce que leurs malheurs et leurs amours pouvaient inspirer aux cœurs les plus nobles et les plus passionnés ; et les génies qui président à l'amour portèrent leurs paroles jusqu'à la sphère de Vénus.

Les femmes rentrèrent chez Ogul sans avoir rien trouvé. Zadig se fit présenter à lui, et lui parla en ces termes : « Que la santé immortelle descende du ciel pour avoir soin de tous vos jours ! Je suis médecin, j'ai accouru vers vous sur le bruit de votre maladie, et je vous ai apporté un basilic cuit dans de l'eau rose. Ce n'est pas que je prétende vous épouser : je ne vous demande que la liberté d'une jeune esclave de Babylone que vous avez depuis quelques jours ; et je consens de rester en esclavage à sa place si je n'ai pas le bonheur de guérir le magnifique seigneur Ogul. »

La proposition fut acceptée. Astarté partit pour Babylone avec le domestique de Zadig, en lui promettant de lui envoyer incessamment un courrier pour l'instruire de tout ce qui se serait passé. Leurs adieux furent aussi tendres que l'avait été leur reconnaissance. Le moment où l'on se retrouve, et celui où l'on se sépare, sont les deux plus grandes époques de la vie, comme dit le grand livre du Zend. Zadig aimait la reine autant qu'il le jurait, et la reine aimait Zadig plus qu'elle ne lui disait.

Cependant Zadig parla ainsi à Ogul : « Seigneur, on ne mange point mon basilic, toute sa vertu doit entrer chez vous par les pores. Je l'ai mis dans un petit outre bien enflé et couvert d'une peau fine : il faut que vous poussiez cet outre de toute votre force, et que je vous le renvoie à plusieurs reprises ; et en peu de jours de régime vous verrez ce que peut mon art. » Ogul, dès le premier jour, fut tout essoufflé, et crut qu'il mourrait de fatigue. Le second, il fut moins fatigué, et dormit mieux. En huit jours il recouvra toute la force, la santé, la légèreté et la gaieté de ses plus brillantes années. « Vous avez joué au ballon, et vous avez été sobre, lui dit Zadig : apprenez qu'il n'y a point de basilic dans la nature, qu'on se porte toujours bien avec de la sobriété et de l'exercice, et que l'art de faire subsister ensemble l'intempérance et la santé est un art aussi chimérique que la pierre philosophale, l'astrologie judiciaire [1] et la théologie des mages. »

Le premier médecin d'Ogul, sentant combien cet

---

1. L'astrologie judiciaire prédit caractère et destin d'après la conjonction des astres à la naissance.

homme était dangereux pour la médecine, s'unit avec l'apothicaire du corps pour envoyer Zadig chercher des basilics dans l'autre monde. Ainsi, après avoir été toujours puni pour avoir bien fait, il était près de périr pour avoir guéri un seigneur gourmand. On l'invita à un excellent dîner. Il devait être empoisonné au second service ; mais il reçut un courrier de la belle Astarté au premier. Il quitta la table, et partit. Quand on est aimé d'une belle femme, dit le grand Zoroastre, on se tire toujours d'affaire dans ce monde.

LES COMBATS

La reine avait été reçue à Babylone avec les transports qu'on a toujours pour une belle princesse qui a été malheureuse. Babylone alors paraissait être plus tranquille. Le prince d'Hyrcanie avait été tué dans un combat. Les Babyloniens, vainqueurs, déclarèrent qu'Astarté épouserait celui qu'on choisirait pour souverain. On ne voulut point que la première place du monde, qui serait celle de mari d'Astarté et de roi de Babylone, dépendît des intrigues et des cabales. On jura de reconnaître pour roi le plus vaillant et le plus sage. Une grande lice, bordée d'amphithéâtres magnifiquement ornés, fut formée à quelques lieues de la ville. Les combattants devaient s'y rendre armés de toutes pièces. Chacun d'eux avait derrière les amphithéâtres un appartement séparé, où il ne devait être vu ni connu de personne. Il fallait courir quatre lances. Ceux qui seraient assez heureux pour vaincre quatre chevaliers devaient combattre ensuite les uns contre les autres ; de façon que celui qui resterait le dernier maître du champ serait proclamé le vainqueur des jeux. Il devait revenir quatre jours après avec les mêmes armes, et expliquer les énigmes proposées par les mages. S'il n'expliquait point les énigmes, il n'était point roi, et il fallait recommencer à courir des lances, jusqu'à ce qu'on trouvât un homme qui fût vainqueur dans ces deux combats : car on voulait absolument pour roi le plus vaillant et le plus sage. La reine, pendant tout ce temps, devait être étroitement gardée : on lui permettait seulement d'assister aux jeux, couverte d'un voile ; mais on ne souffrait pas qu'elle parlât à aucun des prétendants, afin qu'il n'y eût ni faveur ni injustice.

Voilà ce qu'Astarté faisait savoir à son amant, espérant qu'il montrerait pour elle plus de valeur et d'esprit que personne. Il partit, et pria Vénus de fortifier son courage et d'éclairer son esprit. Il arriva sur le rivage de l'Euphrate la veille de ce grand jour. Il fit inscrire sa devise parmi celles des combattants, en cachant son visage et son nom, comme la loi l'ordonnait, et alla se reposer dans l'appartement qui lui échut par le sort. Son ami Cador, qui était revenu à Babylone, après l'avoir inutilement cherché en Égypte, fit porter dans sa loge une armure complète que la reine lui envoyait. Il lui fit amener aussi de sa part le plus beau cheval de Perse. Zadig reconnut Astarté à ces présents : son courage et son amour en prirent de nouvelles forces et de nouvelles espérances.

Le lendemain, la reine étant venue se placer sous un dais de pierreries, et les amphithéâtres étant remplis de toutes les dames et de tous les ordres de Babylone, les combattants parurent dans le cirque. Chacun d'eux vint mettre sa devise aux pieds du grand mage. On tira au sort les devises ; celle de Zadig fut la dernière. Le premier qui s'avança était un seigneur très riche, nommé Itobad, fort vain, peu courageux, très maladroit, et sans esprit. Ses domestiques l'avaient persuadé qu'un homme comme lui devait être roi ; il leur avait répondu : « Un homme comme moi doit régner. » Ainsi on l'avait armé de pied en cap. Il portait une armure d'or émaillée de vert, un panache vert, une lance ornée de rubans verts. On s'aperçut d'abord, à la manière dont Itobad gouvernait son cheval, que ce n'était pas un homme comme lui à qui le ciel réservait le sceptre de Babylone. Le premier cavalier qui courut contre lui le désarçonna ; le second le renversa sur la croupe de son cheval, les deux jambes en l'air et les bras étendus. Itobad se remit, mais de si mauvaise grâce que tout l'amphithéâtre se mit à rire. Un troisième ne daigna pas se servir de sa lance ; mais, en lui faisant une passe, il le prit par la jambe droite, et lui faisant faire un demi-tour, il le fit tomber sur le sable : les écuyers des jeux accoururent à lui en riant, et le remirent en selle. Le quatrième combattant le prend par la jambe gauche, et le fait tomber de l'autre côté. On le conduisit avec des huées à sa loge, où il devait passer la nuit selon la loi ; et il disait en marchant à peine : « Quelle aventure pour un homme comme moi ! »

Les autres chevaliers s'acquittèrent mieux de leur devoir. Il y en eut qui vainquirent deux combattants de suite ; quelques-uns allèrent jusqu'à trois. Il n'y eut que le prince Otame qui en vainquit quatre. Enfin Zadig combattit à son tour ; il désarçonna quatre cavaliers de suite avec toute la grâce possible. Il fallut donc voir qui serait vainqueur d'Otame ou de Zadig. Le premier portait des armes bleues et or, avec un panache de même ; celles de Zadig étaient blanches. Tous les vœux se partageaient entre le cavalier bleu et le cavalier blanc. La reine, à qui le cœur palpitait, faisait des prières au ciel pour la couleur blanche.

Les deux champions firent des passes et des voltes avec tant d'agilité, ils se donnèrent de si beaux coups de lance, ils étaient si fermes sur leurs arçons, que tout le monde, hors la reine, souhaitait qu'il y eût deux rois dans Babylone. Enfin, leurs chevaux étant lassés et leurs lances rompues, Zadig usa de cette adresse : il passe derrière le prince bleu, s'élance sur la croupe de son cheval, le prend par le milieu du corps, le jette à terre, se met en selle à sa place, et caracole autour d'Otame étendu sur la place. Tout l'amphithéâtre crie : « Victoire au cavalier blanc ! » Otame, indigné, se relève, tire son épée ; Zadig saute de cheval, le sabre à la main. Les voilà tous deux sur l'arène, livrant un nouveau combat où la force et l'agilité triomphent tour à tour.

Les plumes de leur casque, les clous de leurs brassards, les mailles de leur armure sautent au loin sous mille coups précipités. Ils frappent de pointe et de taille, à droite, à gauche, sur la tête, sur la poitrine ; ils reculent, ils avancent, ils se mesurent, ils se rejoignent, ils se saisissent, ils se replient comme des serpents, ils s'attaquent comme des lions ; le feu jaillit à tout moment des coups qu'ils se portent. Enfin Zadig, ayant un moment repris ses esprits, s'arrête, fait une feinte, passe sur Otame, le fait tomber, le désarme, et Otame s'écrie : « Ô chevalier blanc ! c'est vous qui devez régner sur Babylone. » La reine était au comble de la joie. On reconduisit le chevalier bleu et le chevalier blanc chacun à leur loge, ainsi que tous les autres, selon ce qui était porté par la loi. Des muets vinrent les servir et leur apporter à manger. On peut juger si le petit muet de la reine ne fut pas celui qui servit Zadig. Ensuite on les laissa dormir seuls jusqu'au lendemain matin, temps où le vainqueur devait apporter sa devise au grand mage, pour la confronter et se faire reconnaître.

Zadig dormit, quoique amoureux, tant il était fatigué. Itobad, qui était couché auprès de lui, ne dormit point. Il se leva pendant la nuit, entra dans sa loge, prit les armes blanches de Zadig avec sa devise, et mit son armure verte à la place. Le point du jour étant venu, il alla fièrement au grand mage déclarer qu'un homme comme lui était vainqueur. On ne s'y attendait pas ; mais il fut proclamé pendant que Zadig dormait encore. Astarté, surprise, et le désespoir dans le cœur, s'en retourna dans Babylone. Tout l'amphithéâtre était déjà presque vide lorsque Zadig s'éveilla ; il chercha ses armes, et ne trouva que cette armure verte. Il était obligé de s'en couvrir, n'ayant rien autre chose auprès de lui. Étonné et indigné, il les endosse avec fureur, il avance dans cet équipage.

Tout ce qui était encore sur l'amphithéâtre et dans le cirque le reçut avec des huées. On l'entourait ; on lui insultait en face. Jamais homme n'essuya des mortifications si humiliantes. La patience lui échappa ; il écarta à coups de sabre la populace qui osait l'outrager ; mais il ne savait quel parti prendre. Il ne pouvait voir la reine ; il ne pouvait réclamer l'armure blanche qu'elle lui avait envoyée ; c'eût été la compromettre ; ainsi, tandis qu'elle était plongée dans la douleur, il était pénétré de fureur et d'inquiétude. Il se promenait sur les bords de l'Euphrate, persuadé que son étoile le destinait à être malheureux sans ressource, repassant dans son esprit toutes ses disgrâces depuis l'aventure de la femme qui haïssait les borgnes, jusqu'à celle de son armure. « Voilà ce que c'est, disait-il, de m'être éveillé trop tard ; si j'avais moins dormi, je serais roi de Babylone, je posséderais Astarté. Les sciences, les mœurs, le courage, n'ont donc jamais servi qu'à mon infortune. » Il lui échappa enfin de murmurer contre la Providence, et il fut tenté de croire que tout était gouverné par une destinée cruelle qui opprimait les bons et qui faisait prospérer les chevaliers verts. Un de ses chagrins était de porter cette armure verte qui lui avait attiré tant de huées. Un marchand passa, il la lui vendit à vil prix, et prit du marchand une robe et un bonnet long. Dans cet équipage, il côtoyait l'Euphrate, rempli de désespoir et accusant en secret la Providence, qui le persécutait toujours.

L'ERMITE

Il rencontra en marchant un ermite, dont la barbe blanche et vénérable lui descendait jusqu'à la ceinture. Il tenait en main un livre qu'il lisait attentivement. Zadig s'arrêta, et lui fit une profonde inclination. L'ermite le salua d'un air si noble et si doux que Zadig eut la curiosité de l'entretenir. Il lui demanda quel livre il lisait. « C'est le livre des destinées, dit l'ermite ; voulez-vous en lire quelque chose ? » Il mit le livre dans les mains de Zadig, qui, tout instruit qu'il était dans plusieurs langues, ne put déchiffrer un seul caractère du livre. Cela redoubla encore sa curiosité. « Vous me paraissez bien chagrin, lui dit ce bon père. — Hélas ! que j'en ai sujet ! dit Zadig. — Si vous permettez que je vous accompagne, repartit le vieillard, peut-être vous serai-je utile : j'ai quelquefois répandu des sentiments de consolation dans l'âme des malheureux. » Zadig se sentit du respect pour l'air, pour la barbe, et pour le livre de l'ermite. Il lui trouva dans la conversation des lumières supérieures. L'ermite parlait de la destinée, de la justice, de la morale, du souverain bien, de la faiblesse humaine, des vertus et des vices, avec une éloquence si vive et si touchante que Zadig se sentit entraîné vers lui par un charme invincible. Il le pria avec instance de ne le point quitter, jusqu'à ce qu'ils fussent de retour à Babylone. « Je vous demande moi-même cette grâce, lui dit le vieillard ; jurez-moi par Orosmade que vous ne vous séparerez point de moi d'ici à quelques jours, quelque chose que je fasse. » Zadig jura, et ils partirent ensemble.

Les deux voyageurs arrivèrent le soir à un château superbe. L'ermite demanda l'hospitalité pour lui et pour le jeune homme qui l'accompagnait. Le portier, qu'on aurait pris pour un grand seigneur, les introduisit avec une espèce de bonté dédaigneuse. On les présenta à un principal domestique, qui leur fit voir les appartements magnifiques du maître. Ils furent admis à sa table au bas bout, sans que le seigneur du château les honorât d'un regard ; mais ils furent servis comme les autres avec délicatesse et profusion. On leur donna ensuite à laver dans un bassin d'or garni d'émeraudes et de rubis. On les mena coucher dans un bel appartement, et le lendemain matin un domestique leur apporta à chacun une pièce d'or, après quoi on les congédia.

« Le maître de la maison, dit Zadig en chemin, me paraît être un homme généreux, quoique un peu fier ; il exerce noblement l'hospitalité. » En disant ces paroles, il aperçut qu'une espèce de poche très large que portait l'ermite paraissait tendue et enflée : il y vit le bassin d'or garni de pierreries, que celui-ci avait volé. Il n'osa d'abord en rien témoigner ; mais il était dans une étrange surprise.

Vers le midi, l'ermite se présenta à la porte d'une maison très petite, où logeait un riche avare ; il y demanda l'hospitalité pour quelques heures. Un vieux valet mal habillé le reçut d'un ton rude, et fit entrer l'ermite et Zadig dans l'écurie, où on leur donna quelques olives pourries, de mauvais pain, et de la bière gâtée. L'ermite but et mangea d'un air aussi content que la veille ; puis s'adressant à ce vieux valet qui les observait tous deux pour voir s'ils ne volaient rien, et qui les pressait de partir, il lui donna les deux pièces d'or qu'il avait reçues le matin, et le remercia de toutes ses attentions. « Je vous prie, ajouta-t-il, faites-moi parler à votre maître. » Le valet, étonné, introduisit les deux voyageurs. « Magnifique seigneur, dit l'ermite, je ne puis que vous rendre de très humbles grâces de la manière noble dont vous nous avez reçus : daignez accepter ce bassin d'or comme un faible gage de ma reconnaissance. » L'avare fut près de tomber à la renverse. L'ermite ne lui donna pas le temps de revenir de son saisissement ; il partit au plus vite avec son jeune voyageur. « Mon père, lui dit Zadig, qu'est-ce que tout ce que je vois ? Vous ne me paraissez ressembler en rien aux autres hommes : vous volez un bassin d'or garni de pierreries à un seigneur qui vous reçoit magnifiquement, et vous le donnez à un avare qui vous traite avec indignité. — Mon fils, répondit le vieillard, cet homme magnifique, qui ne reçoit les étrangers que par vanité, et pour faire admirer ses richesses, deviendra plus sage ; l'avare apprendra à exercer l'hospitalité : ne vous étonnez de rien, et suivez-moi. » Zadig ne savait encore s'il avait affaire au plus fou ou au plus sage de tous les hommes ; mais l'ermite parlait avec tant d'ascendant que Zadig, lié d'ailleurs par son serment, ne put s'empêcher de le suivre.

Ils arrivèrent le soir à une maison agréablement bâtie, mais simple, où rien ne sentait ni la prodigalité ni l'avarice. Le maître était un philosophe retiré du monde, qui cultivait en paix la sagesse et la vertu, et qui cependant ne s'ennuyait pas. Il s'était plu à bâtir cette retraite dans laquelle il recevait les étrangers avec une noblesse qui n'avait rien de l'ostentation. Il alla lui-même au-devant des deux voyageurs, qu'il fit reposer d'abord dans un appartement commode. Quelque temps après, il les vint prendre lui-même pour les inviter à un repas propre et bien entendu, pendant lequel il parla avec discrétion des dernières révolutions de Babylone. Il parut sincèrement attaché à la reine, et souhaita que Zadig eût paru dans la lice pour disputer la couronne. « Mais les hommes, ajouta-t-il, ne méritent pas d'avoir un roi comme Zadig. » Celui-ci rougissait, et sentait redoubler ses douleurs. On convint dans la conversation que les choses de ce monde n'allaient pas toujours au gré des plus sages. L'ermite soutint toujours qu'on ne connaissait pas les voies de la Providence, et que les hommes avaient tort de juger d'un tout dont ils n'apercevaient que la plus petite partie.

On parla des passions. « Ah ! qu'elles sont funestes ! disait Zadig. — Ce sont les vents qui enflent les voiles du vaisseau, repartit l'ermite : elles le submergent quelquefois ; mais sans elles il ne pourrait voguer. La bile rend colère et malade ; mais sans la bile l'homme ne saurait vivre. Tout est dangereux ici-bas, et tout est nécessaire. »

On parla de plaisir, et l'ermite prouva que c'est un présent de la Divinité ; « car, dit-il, l'homme ne peut se donner ni sensation ni idées, il reçoit tout ; la peine et le plaisir lui viennent d'ailleurs comme son être ».

Zadig admirait comment un homme qui avait fait des choses si extravagantes pouvait raisonner si bien. Enfin, après un entretien aussi instructif qu'agréable, l'hôte reconduisit ses deux voyageurs dans leur appartement, en bénissant le Ciel qui lui avait envoyé deux hommes si sages et si vertueux. Il leur offrit de l'argent d'une manière aisée et noble qui ne pouvait déplaire. L'ermite le refusa, et lui dit qu'il prenait congé de lui, comptant partir pour Babylone avant le jour. Leur séparation fut tendre, Zadig surtout se sentait plein d'estime et d'inclination pour un homme si aimable.

Quand l'ermite et lui furent dans leur appartement, ils firent longtemps l'éloge de leur hôte. Le vieillard au point du jour éveilla son camarade. « Il faut partir, dit-il ; mais tandis que tout le monde dort encore, je veux laisser à cet homme un témoignage de mon estime et de mon affection. » En disant ces mots, il prit un flambeau, et mit le feu à la maison. Zadig, épouvanté, jeta des cris, et voulut l'empêcher de commettre une action si affreuse. L'ermite l'entraînait par une force supérieure ; la maison était enflammée. L'ermite, qui était déjà assez loin avec son compagnon, la regardait brûler tranquillement. « Dieu merci ! dit-il, voilà la maison de mon cher hôte détruite de fond en comble ! L'heureux homme ! » À ces mots Zadig fut tenté à la fois d'éclater de rire, de dire des injures au révérend père, de le battre, et de s'enfuir ; mais il ne fit rien de tout cela, et, toujours subjugué par l'ascendant de l'ermite, il le suivit malgré lui à la dernière couchée.

Ce fut chez une veuve charitable et vertueuse qui avait un neveu de quatorze ans, plein d'agréments et son unique espérance. Elle fit du mieux qu'elle put les honneurs de sa maison. Le lendemain, elle ordonna à son neveu d'accompagner les voyageurs jusqu'à un pont qui, étant rompu depuis peu, était devenu un passage dangereux. Le jeune homme, empressé, marche au-devant d'eux. Quand ils furent sur le pont : « Venez, dit l'ermite au jeune homme, il faut que je marque ma reconnaissance à votre tante. » Il le prend alors par les cheveux, et le jette dans la rivière. L'enfant tombe, reparaît un moment sur l'eau, et est engouffré dans le torrent. « Ô monstre ! ô le plus scélérat de tous les hommes ! s'écria Zadig. — Vous m'aviez promis plus de patience, lui dit l'ermite en l'interrompant ; apprenez que sous les ruines de cette maison où la Providence a mis le feu, le maître a trouvé un trésor immense ; apprenez que ce jeune homme dont la Providence a tordu le cou aurait assassiné sa tante dans un an, et vous dans deux. — Qui te l'a dit, barbare ? cria Zadig ; et quand tu aurais lu cet événement dans ton livre des destinées, t'est-il permis de noyer un enfant qui ne t'a point fait de mal ? »

Tandis que le Babylonien parlait, il aperçut que le vieillard n'avait plus de barbe, que son visage prenait les traits de la jeunesse. Son habit d'ermite disparut ; quatre belles ailes couvraient un corps majestueux et resplendissant de lumière. « Ô envoyé du ciel ! ô ange divin ! s'écria Zadig en se prosternant, tu es donc descendu de l'empyrée pour apprendre à un faible mortel à se soumettre aux ordres éternels ? — Les hommes, dit l'ange Jesrad, jugent de tout sans rien connaître : tu étais celui de tous les hommes qui méritait le plus d'être éclairé. » Zadig lui demanda la permission de parler. « Je me défie de moi-même, dit-il ; mais oserai-je te prier de m'éclaircir un doute ; ne vaudrait-il pas mieux avoir corrigé cet enfant, et l'avoir rendu vertueux, que de le noyer ? » Jesrad reprit : « S'il avait été vertueux, et s'il eût vécu, son destin était d'être assassiné lui-même avec la femme qu'il devait épouser, et le fils qui en devait naître. — Mais quoi ! dit Zadig, il est donc nécessaire qu'il y ait des crimes et des malheurs ? et les malheurs tombent sur les gens de bien ! — Les méchants, répondit Jesrad, sont toujours malheureux : ils servent à éprouver un petit nombre de justes répandus sur la terre, et il n'y a point de mal dont il ne naisse un bien. — Mais, dit Zadig, s'il n'y avait que du bien, et point de mal ? — Alors, reprit Jesrad, cette terre serait une autre terre, l'enchaînement des événements serait un autre ordre de sagesse ; et cet autre ordre, qui serait parfait, ne peut être que dans la demeure éternelle de l'Être suprême, de qui le mal ne peut approcher. Il a créé des millions de mondes dont aucun ne peut ressembler à l'autre. Cette immense variété est un attribut de sa puissance immense. Il n'y a ni deux feuilles d'arbre sur la terre, ni deux globes dans les champs infinis du ciel, qui soient semblables, et tout ce que tu vois sur le petit atome où tu es né devait être dans sa place et dans son temps fixe, selon les ordres immuables de celui qui embrasse tout. Les hommes pensent que cet enfant qui vient de périr est tombé dans l'eau par hasard, que c'est par un même hasard que cette maison est brûlée ; mais il n'y a point de hasard : tout est épreuve, ou punition, ou récompense, ou prévoyance. Souviens-toi de ce pêcheur qui se croyait le plus malheureux de tous les hommes. Orosmade t'a envoyé pour changer sa destinée. Faible mortel ! cesse de disputer contre ce qu'il faut adorer. — Mais, dit Zadig... » Comme il disait *mais*, l'ange prenait déjà son vol vers la dixième sphère. Zadig, à genoux, adora la Providence, et se soumit. L'ange lui cria du haut des airs : « Prends ton chemin vers Babylone. »

LES ÉNIGMES

Zadig, hors de lui-même et comme un homme auprès de qui est tombé le tonnerre, marchait au hasard. Il entra dans Babylone le jour où ceux qui avaient combattu dans la lice étaient déjà assemblés dans le grand vestibule du palais pour expliquer les énigmes, et pour répondre aux questions du grand mage. Tous les chevaliers étaient arrivés, excepté l'armure verte. Dès que Zadig parut dans la ville, le peuple s'assembla autour de lui ; les yeux ne se rassasiaient point de le voir, les bouches de le bénir, les cœurs de lui souhaiter l'empire. L'envieux le vit passer, frémit, et se détourna ; le peuple le porta jusqu'au lieu de l'assemblée. La reine, à qui on apprit son arrivée, fut en proie à l'agitation de la crainte et de l'espérance ; l'inquiétude la dévorait : elle ne pouvait comprendre ni pourquoi Zadig était sans armes, ni comment Itobad portait l'armure blanche. Un murmure confus s'éleva à la vue de Zadig. On était surpris et charmé de le revoir ; mais il n'était permis qu'aux chevaliers qui avaient combattu de paraître dans l'assemblée.

« J'ai combattu comme un autre, dit-il ; mais un autre porte ici mes armes ; et, en attendant que j'aie l'honneur de le prouver, je demande la permission de me présenter pour expliquer les énigmes. » On alla aux voix : sa réputation de probité était encore si fortement imprimée dans les esprits qu'on ne balança pas à l'admettre.

Le grand mage proposa d'abord cette question : « Quelle est de toutes les choses du monde la plus longue et la plus courte, la plus prompte et la plus lente, la plus divisible et la plus étendue, la plus négligée et la plus regrettée, sans qui rien ne se peut faire, qui dévore tout ce qui est petit, et qui vivifie tout ce qui est grand ? »

C'était à Itobad à parler. Il répondit qu'un homme comme lui n'entendait rien aux énigmes, et qu'il lui suffisait d'avoir vaincu à grands coups de lance. Les uns dirent que le mot de l'énigme était la fortune, d'autres la terre, d'autres la lumière. Zadig dit que c'était le temps : « Rien n'est plus long, ajouta-t-il, puisqu'il est la mesure de l'éternité ; rien n'est plus court, puisqu'il manque à tous nos projets ; rien n'est plus lent pour qui attend ; rien de plus rapide pour qui jouit ; il s'étend jusqu'à l'infini en grand ; il se divise jusque dans l'infini en petit ; tous les hommes le négligent, tous en regrettent la perte ; rien ne se fait sans lui ; il fait oublier tout ce qui est indigne de la postérité, et il immortalise les grandes choses. » L'assemblée convint que Zadig avait raison.

On demanda ensuite : « Quelle est la chose qu'on reçoit sans remercier, dont on jouit sans savoir comment, qu'on donne aux autres quand on ne sait où l'on en est, et qu'on perd sans s'en apercevoir ? »

Chacun dit son mot : Zadig devina seul que c'était la vie. Il expliqua toutes les autres énigmes avec la même facilité. Itobad disait toujours que rien n'était plus aisé, et qu'il en serait venu à bout tout aussi facilement s'il avait voulu s'en donner la peine. On proposa des questions sur la justice, sur le souverain bien, sur l'art de régner. Les réponses de Zadig furent jugées les plus solides. « C'est bien dommage, disait-on, qu'un si bon esprit soit un si mauvais cavalier.

— Illustres seigneurs, dit Zadig, j'ai eu l'honneur de vaincre dans la lice. C'est à moi qu'appartient l'armure blanche. Le seigneur Itobad s'en empara pendant mon sommeil : il jugea apparemment qu'elle lui siérait mieux que la verte. Je suis prêt de lui prouver d'abord devant vous, avec ma robe et mon épée, contre toute cette belle armure blanche qu'il m'a prise, que c'est moi qui ai eu l'honneur de vaincre le brave Otame. »

Itobad accepta le défi avec la plus grande confiance. Il ne doutait pas qu'étant casqué, cuirassé, brassardé, il ne vînt aisément à bout d'un champion en bonnet de nuit et en robe de chambre. Zadig tira son épée, en saluant la reine, qui le regardait, pénétrée de joie et de crainte. Itobad tira la sienne, en ne saluant personne. Il s'avança sur Zadig comme un homme qui n'avait rien à craindre. Il était prêt à lui fendre la tête : Zadig sut parer le coup, en opposant ce qu'on appelle le fort de l'épée au faible de son adversaire, de façon que l'épée d'Itobad se rompit. Alors Zadig, saisissant son ennemi au corps, le renversa par terre ; et lui portant la pointe de son épée au défaut de la cuirasse : « Laissez-vous désarmer, dit-il, ou je vous tue. » Itobad, toujours surpris des disgrâces qui arrivaient à un homme comme lui, laissa faire Zadig, qui lui ôta paisiblement son magnifique casque, sa superbe cuirasse, ses beaux brassards, ses brillants cuissards, s'en revêtit, et courut dans cet équipage se jeter aux genoux d'Astarté. Cador prouva aisément que l'armure appartenait à Zadig. Il fut reconnu roi d'un consentement unanime, et surtout de celui d'Astarté, qui goûtait, après tant d'adversités, la douceur de voir son amant digne aux yeux de l'univers d'être son époux. Itobad alla se faire appeler monseigneur dans sa maison. Zadig fut roi, et fut heureux. Il avait présent à l'esprit ce que lui avait dit l'ange

Jesrad. Il se souvenait même du grain de sable devenu diamant. La reine et lui adorèrent la Providence. Zadig laissa la belle capricieuse Missouf courir le monde. Il envoya chercher le brigand Arbogad, auquel il donna un grade honorable dans son armée, avec promesse de l'avancer aux premières dignités s'il se comportait en vrai guerrier, et de le faire pendre s'il faisait le métier de brigand.

Sétoc fut appelé du fond de l'Arabie, avec la belle Almona, pour être à la tête du commerce de Babylone. Cador fut placé et chéri selon ses services ; il fut l'ami du roi, et le roi fut alors le seul monarque de la terre qui eût un ami. Le petit muet ne fut pas oublié. On donna une belle maison au pêcheur. Orcan fut condamné à lui payer une grosse somme, et à lui rendre sa femme ; mais le pêcheur, devenu sage, ne prit que l'argent.

Ni la belle Sémire ne se consolait d'avoir cru que Zadig serait borgne, ni Azora ne cessait de pleurer d'avoir voulu lui couper le nez. Il adoucit leurs douleurs par des présents. L'envieux mourut de rage et de honte. L'empire jouit de la paix, de la gloire et de l'abondance ; ce fut le plus beau siècle de la terre : elle était gouvernée par la justice et par l'amour. On bénissait Zadig, et Zadig bénissait le ciel.

APPENDICE [1]

LA DANSE

Sétoc devait aller, pour les affaires de son commerce, dans l'île de Serendib [2], mais le premier mois de son mariage qui est, comme on sait, la lune du miel, ne lui permettait ni de quitter sa femme, ni de croire qu'il pût jamais la quitter : il pria son ami Zadig de faire pour lui le voyage. « Hélas ! disait Zadig, faut-il que je mette encore un plus vaste espace entre la belle Astarté et moi ? Mais il faut servir mes bienfaiteurs. » Il dit, il pleura, et il partit.

Il ne fut pas longtemps dans l'île de Serendib sans y être regardé comme un homme extraordinaire. Il devint l'arbitre de tous les différends entre les négociants, l'ami des sages, le conseil du petit nombre de gens qui prennent conseil. Le roi voulut le voir et l'entendre. Il connut bientôt tout ce que valait Zadig ; il eut confiance en sa sagesse, et en fit son ami. La familiarité et l'estime du roi fit trembler Zadig. Il était, nuit et jour, pénétré du malheur que lui avaient attiré les

---

1. Nous donnons dans cet appendice deux chapitres posthumes qui parurent pour la première fois dans l'édition de Kehl où ils avaient été insérés entre le chapitre des Rendez-vous et celui du Brigand.
2. Ceylan, ou Sumatra. Fréquemment cité dans les contes orientaux.

bontés de Moabdar. « Je plais au roi, disait-il, ne serai-je pas perdu ? » Cependant il ne pouvait se dérober aux caresses de Sa Majesté : car il faut avouer que Nabussan, roi de Serendib, fils de Nussanab, fils de Nabassun, fils de Sanbusna, était un des meilleurs princes de l'Asie ; et que, quand on lui parlait, il était difficile de ne le pas aimer.

Ce bon prince était toujours loué, trompé et volé : c'était à qui pillerait ses trésors. Le receveur général de l'île de Serendib donnait toujours cet exemple, fidèlement suivi par les autres. Le roi le savait ; il avait changé de trésorier plusieurs fois ; mais il n'avait pu changer la mode établie de partager les revenus du roi en deux moitiés inégales, dont la plus petite revenait toujours à Sa Majesté, et la plus grosse aux administrateurs.

Le roi Nabussan confia sa peine au sage Zadig. « Vous qui savez tant de belles choses, lui dit-il, ne sauriez-vous point le moyen de me faire trouver un trésorier qui ne me vole point ? — Assurément, répondit Zadig, je sais une façon infaillible de vous donner un homme qui ait les mains nettes. » Le roi, charmé, lui demanda, en l'embrassant, comment il fallait s'y prendre. « Il n'y a, dit Zadig, qu'à faire danser tous ceux qui se présenteront pour la dignité de trésorier, et celui qui dansera avec le plus de légèreté sera infailliblement le plus honnête homme. — Vous vous moquez, dit le roi ; voilà une plaisante façon de choisir un receveur de mes finances ! Quoi, vous prétendez que celui qui fera le mieux un entrechat sera le financier le plus intègre et le plus habile ! — Je ne vous réponds pas qu'il sera le plus habile, repartit Zadig ; mais je vous assure que ce sera indubitablement le plus honnête homme[1]. » Zadig parlait avec tant de confiance que le roi crut qu'il avait quelque secret surnaturel pour

---

1. Souvenir de Swift, *Voyage de Lilliput*, chap. III.

connaître les financiers. « Je n'aime pas le surnaturel, dit Zadig, les gens et les livres à prodiges m'ont toujours déplu : si Votre Majesté veut me laisser faire l'épreuve que je lui propose, elle sera bien convaincue que mon secret est la chose la plus simple et la plus aisée. » Nabussan, roi de Serendib, fut bien plus étonné d'entendre que ce secret était simple, que si on le lui avait donné pour un miracle : « Or bien, dit-il, faites comme vous l'entendrez. — Laissez-moi faire, dit Zadig, vous gagnerez à cette épreuve plus que vous ne pensez. » Le jour même il fit publier, au nom du roi, que tous ceux qui prétendaient à l'emploi de haut receveur des deniers de Sa Gracieuse Majesté Nabussan, fils de Nussanab, eussent à se rendre, en habits de soie légère, le premier de la lune du crocodile, dans l'antichambre du roi. Ils s'y rendirent au nombre de soixante et quatre. On avait fait venir des violons dans un salon voisin ; tout était préparé pour le bal ; mais la porte de ce salon était fermée, et il fallait, pour y entrer, passer par une petite galerie assez obscure. Un huissier vint chercher et introduire chaque candidat, l'un après l'autre, par ce passage dans lequel on le laissait seul quelques minutes. Le roi, qui avait le mot, avait étalé tous ses trésors dans cette galerie. Lorsque tous les prétendants furent arrivés dans le salon, Sa Majesté ordonna qu'on les fît danser. Jamais on ne dansa plus pesamment et avec moins de grâce ; ils avaient tous la tête baissée, les reins courbés, les mains collées à leurs côtés. « Quels fripons ! » disait tout bas Zadig. Un seul d'entre eux formait des pas avec agilité, la tête haute, le regard assuré, les bras étendus, le corps droit, le jarret ferme. « Ah ! l'honnête homme ! le brave homme ! » disait Zadig. Le roi embrassa ce bon danseur, le déclara trésorier, et tous les autres furent punis et taxés avec la plus grande justice du monde : car chacun, dans le temps qu'il avait été dans la galerie, avait rempli ses poches, et pouvait à peine marcher. Le roi fut fâché pour la nature humaine que de ces soixante et quatre danseurs il y eût soixante et trois filous. La galerie obscure fut appelée *le corridor de la tentation*. On aurait en Perse empalé ces soixante et trois seigneurs ; en d'autres pays on eût fait une chambre de justice qui eût consommé en frais le triple de l'argent volé, et qui n'eût rien remis dans les coffres du souverain ; dans un autre royaume, ils se seraient pleinement justifiés, et auraient fait disgracier ce danseur si léger : à Serendib, ils ne furent condamnés qu'à augmenter le trésor public, car Nabussan était fort indulgent.

Il était aussi fort reconnaissant ; il donna à Zadig une somme d'argent plus considérable qu'aucun trésorier n'en avait jamais volé au roi son maître. Zadig s'en servit pour envoyer des exprès à Babylone, qui devaient l'informer de la destinée d'Astarté. Sa voix trembla en donnant cet ordre, son sang reflua vers son cœur, ses yeux se couvrirent de ténèbres, son âme fut prête à l'abandonner. Le courrier partit, Zadig le vit embarquer ; il rentra chez le roi, ne voyant personne, croyant être dans sa chambre, et prononçant le nom d'amour. « Ah ! l'amour, dit le roi ; c'est précisément ce dont il s'agit ; vous avez deviné ce qui fait ma peine. Que vous êtes un grand homme ! J'espère que vous m'apprendrez à connaître une femme à toute épreuve, comme vous m'avez fait trouver un trésorier désintéressé. » Zadig, ayant repris ses sens, lui promit de le servir en amour comme en finance, quoique la chose parût plus difficile encore.

LES YEUX BLEUS

« Le corps et le cœur... », dit le roi à Zadig. À ces mots, le Babylonien ne put s'empêcher d'interrompre Sa Majesté. « Que je vous sais bon gré, dit-il, de n'avoir point dit *l'esprit et le cœur*[1] ! Car on n'entend que ces

---

1. Cliché de l'époque.

mots dans les conversations de Babylone ; on ne voit que des livres où il est question du cœur et de l'esprit, composés par des gens qui n'ont ni de l'un ni de l'autre ; mais, de grâce, sire, poursuivez. » Nabussan continua ainsi : « Le corps et le cœur sont chez moi destinés à aimer ; la première de ces deux puissances a tout lieu d'être satisfaite. J'ai ici cent femmes à mon service, toutes belles, complaisantes, prévenantes, voluptueuses même, ou feignant de l'être avec moi. Mon cœur n'est pas à beaucoup près si heureux. Je n'ai que trop éprouvé qu'on caresse beaucoup le roi de Serendib, et qu'on se soucie fort peu de Nabussan. Ce n'est pas que je croie mes femmes infidèles ; mais je voudrais trouver une âme qui fût à moi ; je donnerais pour un pareil trésor les cent beautés dont je possède les charmes : voyez si, sur ces cent sultanes, vous pouvez m'en trouver une dont je sois sûr d'être aimé. »

Zadig lui répondit comme il avait fait sur l'article des financiers : « Sire, laissez-moi faire ; mais permettez d'abord que je dispose de ce que vous aviez étalé dans la galerie de la tentation ; je vous en rendrai bon compte, et vous n'y perdrez rien. » Le roi le laissa le maître absolu. Il choisit dans Serendib trente-trois petits bossus des plus vilains qu'il put trouver, trente-trois pages des plus beaux, et trente-trois bonzes des plus éloquents et des plus robustes. Il leur laissa à tous la liberté d'entrer dans les cellules des sultanes ; chaque petit bossu eut quatre mille pièces d'or à donner ; et dès le premier jour tous les bossus furent heureux. Les pages, qui n'avaient rien à donner qu'eux-mêmes, ne triomphèrent qu'au bout de deux ou trois jours. Les bonzes eurent un peu plus de peine ; mais enfin trente-trois dévotes se rendirent à eux. Le roi, par des jalousies qui avaient vue sur toutes les cellules, vit toutes ces épreuves, et fut émerveillé. De ses cent femmes, quatre-vingt-dix-neuf succombèrent à ses yeux. Il en restait une toute jeune, toute neuve, de qui Sa Majesté n'avait jamais approché. On lui détacha, un, deux, trois bossus, qui lui offrirent jusqu'à vingt mille pièces ; elle fut incorruptible, et ne put s'empêcher de rire de l'idée qu'avaient ces bossus de croire que de l'argent les rendrait mieux faits. On lui présenta les deux plus beaux pages ; elle dit qu'elle trouvait le roi encore plus beau. On lui lâcha le plus éloquent des bonzes, et ensuite le plus intrépide ; elle trouva le premier un bavard, et ne daigna pas même soupçonner le mérite du second. « Le cœur fait tout, disait-elle ; je ne céderai jamais ni à l'or d'un bossu, ni aux grâces d'un jeune homme, ni aux séductions d'un bonze : j'aimerai uniquement Nabussan, fils de Nussanab, et j'attendrai qu'il daigne m'aimer. » Le roi fut transporté de joie, d'étonnement et de tendresse. Il reprit tout l'argent qui avait fait réussir les bossus, et en fit présent à la belle Falide : c'était le nom de cette jeune personne. Il lui donna son cœur : elle le méritait bien. Jamais la fleur de la jeunesse ne fut si brillante ; jamais les charmes de la beauté ne furent si enchanteurs. La vérité de l'histoire ne permet pas de taire qu'elle faisait mal la révérence ; mais elle dansait comme les fées, chantait comme les sirènes, et parlait comme les Grâces : elle était pleine de talents et de vertus.

Nabussan, aimé, l'adora ; mais elle avait les yeux bleus, et ce fut la source des plus grands malheurs. Il y avait une ancienne loi qui défendait aux rois d'aimer une de ces femmes que les Grecs ont appelées depuis boopies[1]. Le chef des bonzes avait établi cette loi il y avait plus de cinq mille ans ; c'était pour s'approprier la maîtresse du premier roi de l'île de Serendib que ce premier bonze avait fait passer l'anathème des yeux bleus en constitution fondamentale d'État. Tous les ordres de l'empire vinrent faire à Nabussan des remontrances. On disait publiquement que les derniers jours du royaume étaient arrivés, que l'abomination était à son comble, que toute la nature était menacée d'un évé-

---

1. Épithète homérique qui convient assez mal ici (« aux yeux de vache, aux grands yeux »).

nement sinistre ; qu'en un mot Nabussan, fils de Nussanab, aimait deux grands yeux bleus. Les bossus, les financiers, les bonzes, et les brunes, remplirent le royaume de leurs plaintes.

Les peuples sauvages qui habitent le nord de Serendib profitèrent de ce mécontentement général. Ils firent une irruption dans les États du bon Nabussan. Il demanda des subsides à ses sujets ; les bonzes, qui possédaient la moitié des revenus de l'État, se contentèrent de lever les mains au ciel, et refusèrent de les mettre dans leurs coffres pour aider le roi. Ils firent de belles prières en musique, et laissèrent l'État en proie aux barbares.

« Ô mon cher Zadig, me tireras-tu encore de cet horrible embarras ? s'écria douloureusement Nabussan. — Très volontiers, répondit Zadig ; vous aurez de l'argent des bonzes tant que vous en voudrez. Laissez à l'abandon les terres où sont situés leurs châteaux, et défendez seulement les vôtres. » Nabussan n'y manqua pas : les bonzes vinrent se jeter aux pieds du roi, et implorer son assistance. Le roi leur répondit par une belle musique dont les paroles étaient des prières au ciel pour la conservation de leurs terres. Les bonzes enfin donnèrent de l'argent, et le roi finit heureusement la guerre. Ainsi Zadig, par ses conseils sages et heureux, et par les plus grands services, s'était attiré l'irréconciliable inimitié des hommes les plus puissants de l'État ; les bonzes et les brunes jurèrent sa perte ; les financiers et les bossus ne l'épargnèrent pas ; on le rendit suspect au bon Nabussan. Les services rendus restent souvent dans l'antichambre, et les soupçons entrent dans le cabinet, selon la sentence de Zoroastre : c'était tous les jours de nouvelles accusations ; la première est repoussée, la seconde effleure, la troisième blesse, la quatrième tue.

Zadig, intimidé, qui avait bien fait les affaires de son ami Sétoc, et qui lui avait fait tenir son argent, ne songea plus qu'à partir de l'île, et résolut d'aller lui-même chercher des nouvelles d'Astarté. « Car, disait-il, si je reste dans Serendib, les bonzes me feront empaler ; mais où aller ? je serai esclave en Égypte, brûlé selon toutes les apparences en Arabie, étranglé à Babylone. Cependant il faut savoir ce qu'Astarté est devenue : partons, et voyons à quoi me réserve ma triste destinée. »

LE MONDE COMME IL VA,

VISION DE BABOUC

ÉCRITE PAR LUI-MÊME

CHAPITRE I

Parmi les génies qui président aux empires du monde, Ituriel tient un des premiers rangs, et il a le département de la haute Asie. Il descendit un matin dans la demeure du Scythe Babouc [1], sur le rivage de l'Oxus, et lui dit : « Babouc, les folies et les excès des Perses ont attiré notre colère : il s'est tenu hier une assemblée des génies de la haute Asie pour savoir si on châtierait Persépolis, ou si on la détruirait. Va dans cette ville, examine tout ; tu reviendras m'en rendre un compte fidèle, et je me déterminerai, sur ton rapport, à corriger la ville ou à l'exterminer. — Mais, seigneur, dit humblement Babouc, je n'ai jamais été en Perse ; je n'y connais personne. — Tant mieux, dit l'ange, tu ne seras point partial ; tu as reçu du Ciel le discernement

---

1. Nom biblique. Mais on trouve aussi un Babouc dans *Les Mille et Une Nuits*, et un Babouc dans *Pantagruel* (v, 43).

et j'y ajoute le don d'inspirer la confiance ; marche, regarde, écoute, observe, et ne crains rien ; tu seras partout bien reçu. »

Babouc monta sur son chameau et partit avec ses serviteurs. Au bout de quelques journées, il rencontra vers les plaines de Sennaar[1] l'armée persane, qui allait combattre l'armée indienne. Il s'adressa d'abord à un soldat qu'il trouva écarté. Il lui parla, et lui demanda quel était le sujet de la guerre. « Par tous les dieux, dit le soldat, je n'en sais rien. Ce n'est pas mon affaire : mon métier est de tuer et d'être tué pour gagner ma vie ; il n'importe qui je serve. Je pourrais bien même dès demain passer dans le camp des Indiens : car on dit qu'ils donnent près d'une demi-drachme de cuivre par jour à leurs soldats de plus que nous n'en avons dans ce maudit service de Perse. Si vous voulez savoir pourquoi on se bat, parlez à mon capitaine. »

Babouc ayant fait un petit présent au soldat entra dans le camp. Il fit bientôt connaissance avec le capitaine, et lui demanda le sujet de la guerre. « Comment voulez-vous que je le sache ? dit le capitaine, et que m'importe ce beau sujet ? J'habite à deux cents lieues de Persépolis ; j'entends dire que la guerre est déclarée ; j'abandonne aussitôt ma famille, et je vais chercher, selon notre coutume, la fortune ou la mort, attendu que je n'ai rien à faire. — Mais vos camarades, dit Babouc, ne sont-ils pas un peu plus instruits que vous ? — Non, dit l'officier ; il n'y a guère que nos principaux satrapes qui savent bien précisément pourquoi on s'égorge. »

Babouc, étonné, s'introduisit chez les généraux ; il entra dans leur familiarité. L'un d'eux lui dit enfin : « La cause de cette guerre, qui désole depuis vingt ans l'Asie, vient originairement d'une querelle entre un eunuque d'une femme du grand roi de Perse, et un commis d'un bureau du grand roi des Indes. Il s'agissait

---

1. Nom biblique de la Babylonie.

d'un droit qui revenait à peu près à la trentième partie d'une darique. Le premier ministre des Indes et le nôtre soutinrent dignement les droits de leurs maîtres. La querelle s'échauffa. On mit de part et d'autre en campagne une armée d'un million de soldats. Il faut recruter cette armée tous les ans de plus de quatre cent mille hommes. Les meurtres, les incendies, les ruines, les dévastations, se multiplient ; l'univers souffre, et l'acharnement continue. Notre premier ministre et celui des Indes protestent souvent qu'ils n'agissent que pour le bonheur du genre humain ; et à chaque protestation il y a toujours quelque ville détruite et quelques provinces ravagées. »

Le lendemain, sur un bruit qui se répandit que la paix allait être conclue, le général persan et le général indien s'empressèrent de donner bataille ; elle fut sanglante. Babouc en vit toutes les fautes et toutes les abominations ; il fut témoin des manœuvres des principaux satrapes, qui firent ce qu'ils purent pour faire battre leur chef. Il vit des officiers tués par leurs propres troupes ; il vit des soldats qui achevaient d'égorger leurs camarades expirants pour leur arracher quelques lambeaux sanglants, déchirés et couverts de fange. Il entra dans les hôpitaux où l'on transportait les blessés, dont la plupart expiraient par la négligence inhumaine de ceux mêmes que le roi de Perse payait chèrement pour les secourir. « Sont-ce là des hommes, s'écria Babouc, ou des bêtes féroces ? Ah ! je vois bien que Persépolis sera détruite. »

Occupé de cette pensée, il passa dans le camp des Indiens : il y fut aussi bien reçu que dans celui des Perses, selon ce qui lui avait été prédit ; mais il y vit tous les mêmes excès qui l'avaient saisi d'horreur. « Oh, oh ! dit-il en lui-même, si l'ange Ituriel veut exterminer les Perses, il faut donc que l'ange des Indes détruise aussi les Indiens. » S'étant ensuite informé plus en détail de ce qui s'était passé dans l'une et l'autre armée, il apprit des actions de générosité, de grandeur d'âme, d'humanité, qui l'étonnèrent et le ravirent.

« Inexplicables humains, s'écria-t-il, comment pouvez-vous réunir tant de bassesse et de grandeur, tant de vertus et de crimes ? »

Cependant la paix fut déclarée. Les chefs des deux armées, dont aucun n'avait remporté la victoire, mais qui, pour leur seul intérêt, avaient fait verser le sang de tant d'hommes, leurs semblables, allèrent briguer dans leurs cours des récompenses. On célébra la paix dans des écrits publics qui n'annonçaient que le retour de la vertu et de la félicité sur la terre. « Dieu soit loué ! dit Babouc ; Persépolis sera le séjour de l'innocence épurée ; elle ne sera point détruite comme le voulaient ces vilains génies : courons sans tarder dans cette capitale de l'Asie. »

CHAPITRE II

Il arriva dans cette ville immense par l'ancienne entrée[1], qui était toute barbare, et dont la rusticité dégoûtante offensait les yeux. Toute cette partie de la ville se ressentait du temps où elle avait été bâtie : car, malgré l'opiniâtreté des hommes à louer l'antique aux dépens du moderne, il faut avouer qu'en tout genre les premiers essais sont toujours grossiers.

Babouc se mêla dans la foule d'un peuple composé de ce qu'il y avait de plus sale et de plus laid dans les deux sexes. Cette foule se précipitait d'un air hébété dans un enclos vaste et sombre. Au bourdonnement continuel, au mouvement qu'il y remarqua, à l'argent que quelques personnes donnaient à d'autres pour avoir droit de s'asseoir, il crut être dans un marché où l'on vendait des chaises de paille ; mais bientôt, voyant que plusieurs femmes se mettaient à genoux, en faisant semblant de regarder fixement devant elles, et en regardant

---

1. Le faubourg Saint-Marceau.

les hommes de côté, il s'aperçut qu'il était dans un temple. Des voix aigres, rauques, sauvages, discordantes, faisaient retentir la voûte de sons mal articulés qui faisaient le même effet que les voix des onagres[1] quand elles répondent, dans les plaines des Pictaves, au cornet à bouquin[2] qui les appelle. Il se bouchait les oreilles ; mais il fut près de se boucher encore les yeux et le nez quand il vit entrer dans ce temple des ouvriers avec des pinces et des pelles. Ils remuèrent une large pierre, et jetèrent à droite et à gauche une terre dont s'exhalait une odeur empestée ; ensuite on vint poser un mort dans cette ouverture, et on remit la pierre par-dessus.

« Quoi ! s'écria Babouc, ces peuples enterrent leurs morts dans les mêmes lieux où ils adorent la Divinité ! Quoi ! leurs temples sont pavés de cadavres ! Je ne m'étonne plus de ces maladies pestilentielles qui désolent souvent Persépolis. La pourriture des morts, et celle de tant de vivants rassemblés et pressés dans le même lieu, est capable d'empoisonner le globe terrestre. Ah ! la vilaine ville que Persépolis ! Apparemment que les anges veulent la détruire pour en rebâtir une plus belle, et pour la peupler d'habitants moins malpropres, et qui chantent mieux. La Providence peut avoir ses raisons ; laissons-la faire. »

CHAPITRE III

Cependant le soleil approchait du haut de sa carrière. Babouc devait aller dîner à l'autre bout de la ville, chez une dame pour laquelle son mari, officier de l'armée, lui avait donné des lettres. Il fit d'abord plusieurs tours dans Persépolis ; il vit d'autres temples mieux bâtis et mieux ornés, remplis d'un peuple poli, et retentissant

---

1. Animal proche de l'âne.
2. Instrument à vent très ancien.

d'une musique harmonieuse ; il remarqua des fontaines publiques[1], lesquelles, quoique mal placées, frappaient les yeux par leur beauté ; des places où semblaient respirer en bronze les meilleurs rois qui avaient gouverné la Perse ; d'autres places où il entendait le peuple s'écrier : « Quand verrons-nous ici le maître que nous chérissons ? » Il admira les ponts magnifiques élevés sur le fleuve, les quais superbes et commodes, les palais bâtis à droite et à gauche, une maison immense où des milliers de vieux soldats blessés et vainqueurs rendaient chaque jour grâces au Dieu des armées[2]. Il entra enfin chez la dame, qui l'attendait à dîner avec une compagnie d'honnêtes gens. La maison était propre et ornée, le repas délicieux, la dame jeune, belle, spirituelle, engageante, la compagnie digne d'elle ; et Babouc disait en lui-même à tout moment : « L'ange Ituriel se moque du monde de vouloir détruire une ville si charmante. »

CHAPITRE IV

Cependant il s'aperçut que la dame, qui avait commencé par lui demander tendrement des nouvelles de son mari, parlait plus tendrement encore, sur la fin du repas, à un jeune mage[3]. Il vit un magistrat qui, en présence de sa femme, pressait avec vivacité une veuve ; et cette veuve indulgente avait une main passée autour du cou du magistrat, tandis qu'elle tendait l'autre à un jeune citoyen très beau et très modeste. La femme du magistrat se leva de table la première pour aller entretenir dans un cabinet voisin son directeur[4], qui arri-

---

1. Bouchardon venait de construire, entre 1736 et 1739, la fontaine des Quatre-Saisons.
2. Les Invalides.
3. Un abbé.
4. Un directeur de conscience.

vait trop tard et qu'on avait attendu à dîner ; et le directeur, homme éloquent, lui parla dans ce cabinet avec tant de véhémence et d'onction que la dame avait, quand elle revint, les yeux humides, les joues enflammées, la démarche mal assurée, la parole tremblante.

Alors Babouc commença à craindre que le génie Ituriel n'eût raison. Le talent qu'il avait d'attirer la confiance le mit dès le jour même dans les secrets de la dame : elle lui confia son goût pour le jeune mage, et l'assura que dans toutes les maisons de Persépolis il trouverait l'équivalent de ce qu'il avait vu dans la sienne. Babouc conclut qu'une telle société ne pouvait subsister ; que la jalousie, la discorde, la vengeance, devaient désoler toutes les maisons ; que les larmes et le sang devaient couler tous les jours ; que certainement les maris tueraient les galants de leurs femmes, ou en seraient tués ; et qu'enfin Ituriel faisait fort bien de détruire tout d'un coup une ville abandonnée à de continuels désordres.

CHAPITRE V

Il était plongé dans ces idées funestes, quand il se présenta à la porte un homme grave, en manteau noir, qui demanda humblement à parler au jeune magistrat. Celui-ci, sans se lever, sans le regarder, lui donna fièrement, et d'un air distrait, quelques papiers, et le congédia. Babouc demanda quel était cet homme. La maîtresse de la maison lui dit tout bas : « C'est un des meilleurs avocats de la ville ; il y a cinquante ans qu'il étudie les lois. Monsieur, qui n'a que vingt-cinq ans, et qui est satrape de loi depuis deux jours, lui donne à faire l'extrait d'un procès qu'il doit juger, qu'il n'a pas encore examiné. — Ce jeune étourdi fait sagement, dit Babouc, de demander conseil à un vieillard ; mais pourquoi n'est-ce pas ce vieillard qui est juge ? — Vous vous moquez, lui dit-on ; jamais ceux qui ont veilli dans les emplois laborieux et subalternes ne parviennent aux dignités. Ce jeune homme a une grande charge, parce que son père est riche, et qu'ici le droit de rendre la justice s'achète comme une métairie. — Ô mœurs ! ô malheureuse ville ! s'écria Babouc ; voilà le comble du désordre ; sans doute, ceux qui ont ainsi acheté le droit de juger vendent leurs jugements : je ne vois ici que des abîmes d'iniquité[1]. »

Comme il marquait ainsi sa douleur et sa surprise, un jeune guerrier, qui était revenu ce jour même de l'armée, lui dit : « Pourquoi ne voulez-vous pas qu'on achète les emplois de la robe ? J'ai bien acheté, moi, le droit d'affronter la mort à la tête de deux mille hommes, que je commande ; il m'en a coûté quarante mille dariques d'or, cette année, pour coucher sur la terre trente nuits de suite en habit rouge, et pour recevoir ensuite deux bons coups de flèches dont je me sens encore. Si je me ruine pour servir l'empereur persan, que je n'ai jamais vu, Mr. le satrape de robe peut bien payer quelque chose pour avoir le plaisir de donner audience à des plaideurs. » Babouc, indigné, ne put s'empêcher de condamner dans son cœur un pays où l'on mettait à l'encan les dignités de la paix et de la guerre ; il conclut précipitamment que l'on y devait ignorer absolument la guerre et les lois, et que, quand même Ituriel n'exterminerait pas ces peuples, ils périraient par leur détestable administration.

Sa mauvaise opinion augmenta encore à l'arrivée d'un gros homme qui, ayant salué très familièrement toute la compagnie, s'approcha du jeune officier, et lui dit : « Je ne peux vous prêter que cinquante mille dariques d'or, car, en vérité, les douanes de l'empire ne m'en ont rapporté que trois cent mille cette année. » Babouc s'informa quel était cet homme qui se plaignait de gagner si peu ; il apprit qu'il y avait dans Persé-

---

[1]. Contrairement à Montesquieu, Voltaire était opposé à la vénalité des charges.

polis quarante rois plébéiens qui tenaient à bail l'empire de Perse, et qui en rendaient quelque chose au monarque[1].

CHAPITRE VI

Après dîner, il alla dans un des plus superbes temples de la ville ; il s'assit au milieu d'une troupe de femmes et d'hommes qui étaient venus là pour passer le temps. Un mage parut dans une machine élevée, qui parla longtemps du vice et de la vertu. Ce mage divisa en plusieurs parties ce qui n'avait pas besoin d'être divisé ; il prouva méthodiquement tout ce qui était clair ; il enseigna tout ce qu'on savait. Il se passionna froidement, et sortit suant et hors d'haleine. Toute l'assemblée alors se réveilla, et crut avoir assisté à une instruction. Babouc dit : « Voilà un homme qui a fait de son mieux pour ennuyer deux ou trois cents de ses concitoyens ; mais son intention était bonne, et il n'y a pas là de quoi détruire Persépolis. »

Au sortir de cette assemblée, on le mena voir une fête publique qu'on donnait tous les jours de l'année : c'était dans une espèce de basilique, au fond de laquelle on voyait un palais. Les plus belles citoyennes de Persépolis, les plus considérables satrapes, rangés avec ordre, formaient un spectacle si beau que Babouc crut d'abord que c'était là toute la fête. Deux ou trois personnes, qui paraissaient des rois et des reines, parurent bientôt dans le vestibule de ce palais ; leur langage était très différent de celui du peuple ; il était mesuré, harmonieux, et sublime. Personne ne dormait, on écoutait dans un profond silence, qui n'était interrompu que par les témoignages de la sensibilité et de l'admiration

---

[1]. Allusion aux Fermiers généraux, qui achetaient le droit de collecter les impôts.

publique. Le devoir des rois, l'amour de la vertu, les dangers des passions, étaient exprimés par des traits si vifs et si touchants que Babouc versa des larmes. Il ne douta pas que ces héros et ces héroïnes, ces rois et ces reines qu'il venait d'entendre, ne fussent les prédicateurs de l'empire ; il se proposa même d'engager Ituriel à les venir entendre, bien sûr qu'un tel spectacle le réconcilierait pour jamais avec la ville.

Dès que cette fête fut finie, il voulut voir la principale reine qui avait débité dans ce beau palais une morale si noble et si pure ; il se fit introduire chez Sa Majesté ; on le mena par un petit escalier, au second étage, dans un appartement mal meublé, où il trouva une femme mal vêtue qui lui dit, d'un air noble et pathétique : « Ce métier-ci ne me donne pas de quoi vivre ; un des princes que vous avez vus m'a fait un enfant ; j'accoucherai bientôt ; je manque d'argent et sans argent on n'accouche point. » Babouc lui donna cent dariques d'or, en disant : « S'il n'y avait que ce mal-là dans la ville, Ituriel aurait tort de se tant fâcher. »

De là il alla passer sa soirée chez des marchands de magnificences inutiles. Un homme intelligent, avec lequel il avait fait connaissance, l'y mena ; il acheta ce qui lui plut, et on le lui vendit avec politesse beaucoup plus qu'il ne valait. Son ami, de retour chez lui, lui fit voir combien on le trompait. Babouc mit sur ses tablettes le nom du marchand, pour le faire distinguer par Ituriel au jour de la punition de la ville. Comme il écrivait, on frappa à sa porte ; c'était le marchand lui-même qui venait lui rapporter sa bourse, que Babouc avait laissée par mégarde sur son comptoir. « Comment se peut-il, s'écria Babouc, que vous soyez si fidèle et si généreux, après n'avoir pas eu de honte de me vendre des colifichets quatre fois au-dessus de leur valeur ? — Il n'y a aucun négociant un peu connu dans cette ville, lui répondit le marchand, qui ne fût venu vous rapporter votre bourse ; mais on vous a trompé quand on vous a dit que je vous avais vendu ce que vous avez pris chez moi quatre fois plus qu'il ne vaut : je vous l'ai vendu dix fois davantage, et cela est si vrai que, si dans un mois vous voulez le revendre, vous n'en aurez pas même ce dixième. Mais rien n'est plus juste ; c'est la fantaisie des hommes qui met le prix à ces choses frivoles ; c'est cette fantaisie qui fait vivre cent ouvriers que j'emploie ; c'est elle qui me donne une belle maison, un char commode, des chevaux ; c'est elle qui excite l'industrie, qui entretient le goût, la circulation, et l'abondance. Je vends aux nations voisines les mêmes bagatelles plus chèrement qu'à vous, et par là je suis utile à l'empire. » Babouc, après avoir un peu rêvé, le raya de ses tablettes.

CHAPITRE VII

Babouc, fort incertain sur ce qu'il devait penser de Persépolis, résolut de voir les mages et les lettrés : car les uns étudient la sagesse, et les autres la religion ; et il se flatta que ceux-là obtiendraient grâce pour le reste du peuple. Dès le lendemain matin il se transporta dans un collège de mages. L'archimandrite lui avoua qu'il avait cent mille écus de rente pour avoir fait vœu de pauvreté, et qu'il exerçait un empire assez étendu en vertu de son vœu d'humilité ; après quoi il laissa Babouc entre les mains d'un petit frère qui lui fit les honneurs.

Tandis que ce frère lui montrait les magnificences de cette maison de pénitence, un bruit se répandit qu'il était venu pour réformer toutes ces maisons. Aussitôt il reçut des mémoires de chacune d'elles ; et les mémoires disaient tous en substance : « Conservez-nous, et détruisez toutes les autres. » À entendre leurs apologies, ces sociétés étaient toutes nécessaires ; à entendre leurs accusations réciproques, elles méritaient toutes d'être anéanties. Il admirait comme il n'y en avait aucune d'elles qui, pour édifier l'univers, ne voulût en avoir l'empire. Alors il se présenta un petit homme qui était un demi-mage, et qui lui dit : « Je vois bien que l'œuvre va s'accomplir, car Zerdust est revenu sur la terre ; les petites filles prophétisent en se faisant donner des coups de pincettes par-devant et le fouet par-derrière [1]. Ainsi nous vous demandons votre protection contre le Grand-Lama [2]. — Comment ! dit Babouc, contre ce pontife-roi qui réside au Thibet ? — Contre lui-même. — Vous lui faites donc la guerre, et vous levez contre lui des armées ? — Non ; mais il dit que l'homme est libre et nous n'en croyons rien ; nous écrivons contre lui de petits livres qu'il ne lit pas : à peine a-t-il entendu parler de nous ; il nous a seulement fait condamner, comme un maître ordonne qu'on échenille les arbres de ses jardins. » Babouc frémit de la folie de ces hommes qui faisaient profession de sagesse, des intrigues de ceux qui avaient renoncé au monde, de l'ambition et de la convoitise orgueilleuse de ceux qui enseignaient l'humilité et le désintéressement ; il conclut qu'Ituriel avait de bonnes raisons pour détruire toute cette engeance.

CHAPITRE VIII

Retiré chez lui, il envoya chercher des livres nouveaux pour adoucir son chagrin, et il pria quelques lettrés à dîner pour se réjouir. Il en vint deux fois plus qu'il n'en avait demandé, comme les guêpes que le miel attire. Ces parasites se pressaient de manger et de parler ; ils louaient deux sortes de personnes, les morts et eux-mêmes, et jamais leurs contemporains, excepté le maître de la maison. Si quelqu'un d'eux disait un bon mot,

---

1. Les convulsionnaires jansénistes s'infligeaient ces épreuves en séances collectives.
2. Le pape.

les autres baissaient les yeux et se mordaient les lèvres de douleur de ne l'avoir pas dit. Ils avaient moins de dissimulation que les mages, parce qu'ils n'avaient pas de si grands objets d'ambition. Chacun d'eux briguait une place de valet et une réputation de grand homme ; ils se disaient en face des choses insultantes, qu'ils croyaient des traits d'esprit. Ils avaient eu quelque connaissance de la mission de Babouc. L'un d'eux le pria tout bas d'exterminer un auteur qui ne l'avait pas assez loué il y avait cinq ans ; un autre demanda la perte d'un citoyen qui n'avait jamais ri à ses comédies ; un troisième demanda l'extinction de l'Académie, parce qu'il n'avait jamais pu parvenir à y être admis. Le repas fini, chacun d'eux s'en alla seul, car il n'y avait pas dans toute la troupe deux hommes qui pussent se souffrir, ni même se parler ailleurs que chez les riches qui les invitaient à leur table. Babouc jugea qu'il n'y aurait pas grand mal quand cette vermine périrait dans la destruction générale.

CHAPITRE IX

Dès qu'il se fut défait d'eux, il se mit à lire quelques livres nouveaux. Il y reconnut l'esprit de ses convives. Il vit surtout avec indignation ces gazettes de la médisance, ces archives du mauvais goût, que l'envie, la bassesse et la faim ont dictées ; ces lâches satires où l'on ménage le vautour et où l'on déchire la colombe ; ces romans dénués d'imagination, où l'on voit tant de portraits de femmes que l'auteur ne connaît pas.

Il jeta au feu tous ces détestables écrits, et sortit pour aller le soir à la promenade. On le présenta à un vieux lettré qui n'était point venu grossir le nombre de ses parasites. Ce lettré fuyait toujours la foule, connaissait les hommes, en faisait usage, et se communiquait avec discrétion. Babouc lui parla avec douleur de ce qu'il avait lu et de ce qu'il avait vu.

« Vous avez lu des choses bien méprisables, lui dit le sage lettré ; mais dans tous les temps, et dans tous les pays, et dans tous les genres, le mauvais fourmille, et le bon est rare. Vous avez reçu chez vous le rebut de la pédanterie, parce que, dans toutes les professions, ce qu'il y a de plus indigne de paraître est toujours ce qui se présente avec le plus d'impudence. Les véritables sages vivent entre eux retirés et tranquilles ; il y a encore parmi nous des hommes et des livres dignes de votre attention. » Dans le temps qu'il parlait ainsi, un autre lettré les joignit ; leurs discours furent si agréables et si instructifs, si élevés au-dessus des préjugés et si conformes à la vertu, que Babouc avoua n'avoir jamais rien entendu de pareil. « Voilà des hommes, disait-il tout bas, à qui l'ange Ituriel n'osera toucher, ou il sera bien impitoyable. »

Accommodé avec les lettrés, il était toujours en colère contre le reste de la nation. « Vous êtes étranger, lui dit l'homme judicieux qui lui parlait ; les abus se présentent à vos yeux en foule, et le bien, qui est caché et qui résulte quelquefois de ces abus mêmes, vous échappe. » Alors il apprit que parmi les lettrés il y en avait quelques-uns qui n'étaient pas envieux, et que parmi les mages même il y en avait de vertueux. Il conçut à la fin que ces grands corps, qui semblaient en se choquant préparer leurs communes ruines, étaient au fond des institutions salutaires ; que chaque société de mages était un frein à ses rivales ; que si ces émules différaient dans quelques opinions, ils enseignaient tous la même morale, qu'ils instruisaient le peuple, et qu'ils vivaient soumis aux lois, semblables aux précepteurs qui veillent sur le fils de la maison, tandis que le maître veille sur eux-mêmes. Il en pratiqua plusieurs, et vit des âmes célestes. Il apprit même que parmi les fous qui prétendaient faire la guerre au Grand-Lama, il y avait eu de très grands hommes. Il soupçonna enfin qu'il pourrait bien en être des mœurs de Persépolis comme des édifices, dont les uns lui avaient paru dignes de pitié, et les autres l'avaient ravi en admiration.

CHAPITRE X

Il dit à son lettré : « Je connais très bien que ces mages, que j'avais crus si dangereux, sont en effet très utiles, surtout quand un gouvernement sage les empêche de se rendre trop nécessaires ; mais vous m'avouerez au moins que vos jeunes magistrats, qui achètent une charge de juge dès qu'ils ont appris à monter à cheval, doivent étaler dans les tribunaux tout ce que l'impertinence a de plus ridicule, et tout ce que l'iniquité a de plus pervers ; il vaudrait mieux sans doute donner ces places gratuitement à ces vieux jurisconsultes qui ont passé toute leur vie à peser le pour et le contre. »
Le lettré lui répliqua : « Vous avez vu notre armée avant d'arriver à Persépolis ; vous savez que nos jeunes officiers se battent très bien, quoiqu'ils aient acheté leurs charges : peut-être verrez-vous que nos jeunes magistrats ne jugent pas mal, quoiqu'ils aient payé pour juger. »
Il le mena le lendemain au grand tribunal, où l'on devait rendre un arrêt important. La cause était connue de tout le monde. Tous ces vieux avocats qui en parlaient étaient flottants dans leurs opinions ; ils alléguaient cent lois, dont aucune n'était applicable au fond de la question ; ils regardaient l'affaire par cent côtés, dont aucun n'était dans son vrai jour ; les juges décidèrent plus vite que les avocats ne doutèrent. Leur jugement fut presque unanime ; ils jugèrent bien, parce qu'ils suivaient les lumières de la raison ; et les autres avaient opiné mal, parce qu'ils n'avaient consulté que leurs livres.
Babouc conclut qu'il y avait souvent de très bonnes choses dans les abus. Il vit dès le jour même que les richesses des financiers, qui l'avaient tant révolté, pouvaient produire un effet excellent ; car, l'empereur

ayant eu besoin d'argent, il trouva en une heure, par leur moyen, ce qu'il n'aurait pas eu en six mois par les voies ordinaires ; il vit que ces gros nuages, enflés de la rosée de la terre, lui rendaient en pluie ce qu'ils en recevaient. D'ailleurs, les enfants de ces hommes nouveaux, souvent mieux élevés que ceux des familles plus anciennes, valaient quelquefois beaucoup mieux ; car rien n'empêche qu'on ne soit un bon juge, un brave guerrier, un homme d'État habile, quand on a eu un père bon calculateur.

CHAPITRE XI

Insensiblement Babouc faisait grâce à l'avidité du financier, qui n'est pas au fond plus avide que les autres hommes, et qui est nécessaire. Il excusait la folie de se ruiner pour juger et pour se battre, folie qui produit de grands magistrats et des héros. Il pardonnait à l'envie des lettrés, parmi lesquels il se trouvait des hommes qui éclairaient le monde ; il se réconciliait avec les mages ambitieux et intrigants, chez lesquels il y avait plus de grandes vertus encore que de petits vices ; mais il lui restait bien des griefs, et surtout les galanteries des dames, et les désolations qui en devaient être la suite le remplissaient d'inquiétude et d'effroi.

Comme il voulait pénétrer dans toutes les conditions humaines, il se fit mener chez un ministre ; mais il tremblait toujours en chemin que quelque femme ne fût assassinée en sa présence par son mari. Arrivé chez l'homme d'État, il resta deux heures dans l'antichambre sans être annoncé, et deux heures encore après l'avoir été. Il se promettait bien dans cet intervalle de recommander à l'ange Ituriel et le ministre et ses insolents huissiers. L'antichambre était remplie de dames de tout étage, de mages de toutes couleurs, de juges, de marchands, d'officiers, de pédants ; tous se plaignaient du ministre. L'avare et l'usurier disaient :

« Sans doute cet homme-là pille les provinces » ; le capricieux lui reprochait d'être bizarre ; le voluptueux disait : « Il ne songe qu'à ses plaisirs » ; l'intrigant se flattait de le voir bientôt perdu par une cabale ; les femmes espéraient qu'on leur donnerait bientôt un ministre plus jeune.

Babouc entendait leurs discours ; il ne put s'empêcher de dire : « Voilà un homme bien heureux, il a tous ses ennemis dans son antichambre ; il écrase de son pouvoir ceux qui l'envient ; il voit à ses pieds ceux qui le détestent. » Il entra enfin ; il vit un petit vieillard courbé sous le poids des années et des affaires, mais encore vif et plein d'esprit [1].

Babouc lui plut, et il parut à Babouc un homme estimable. La conversation devint intéressante. Le ministre lui avoua qu'il était un homme très malheureux, qu'il passait pour riche, et qu'il était pauvre ; qu'on le croyait tout-puissant, et qu'il était toujours contredit ; qu'il n'avait guère obligé que des ingrats, et que dans un travail continuel de quarante années il avait eu à peine un moment de consolation. Babouc en fut touché, et pensa que, si cet homme avait fait des fautes, et si l'ange Ituriel voulait le punir, il ne fallait pas l'exterminer, mais seulement lui laisser sa place.

CHAPITRE XII

Tandis qu'il parlait au ministre, entre brusquement la belle dame chez qui Babouc avait dîné. On voyait dans ses yeux et sur son front les symptômes de la douleur et de la colère. Elle éclata en reproches contre l'homme d'État, elle versa des larmes ; elle se plaignit avec amertume de ce qu'on avait refusé à son mari une place où sa naissance lui permettait d'aspirer, et que

---

1. Le cardinal de Fleury, mort en 1743 ?

ses services et ses blessures méritaient ; elle s'exprima avec tant de force, elle mit tant de grâces dans ses plaintes, elle détruisit les objections avec tant d'adresse, elle fit valoir les raisons avec tant d'éloquence, qu'elle ne sortit point de la chambre sans avoir fait la fortune de son mari.

Babouc lui donna la main : « Est-il possible, madame, lui dit-il, que vous vous soyez donné toute cette peine pour un homme que vous n'aimez point, et dont vous avez tout à craindre ? — Un homme que je n'aime point ! s'écria-t-elle. Sachez que mon mari est le meilleur ami que j'aie au monde, qu'il n'y a rien que je ne lui sacrifie, hors mon amant ; et qu'il ferait tout pour moi, hors de quitter sa maîtresse. Je veux vous la faire connaître ; c'est une femme charmante, pleine d'esprit, et du meilleur caractère du monde ; nous soupons ensemble ce soir avec mon mari et mon petit mage, venez partager notre joie. »

La dame mena Babouc chez elle. Le mari, qui était enfin arrivé plongé dans la douleur, revit sa femme avec des transports d'allégresse et de reconnaissance ; il embrassait tour à tour sa femme, sa maîtresse, le petit mage, et Babouc. L'union, la gaieté, l'esprit, et les grâces, furent l'âme de ce repas. « Apprenez, lui dit la belle dame chez laquelle il soupait, que celles qu'on appelle quelquefois de malhonnêtes femmes ont presque toujours le mérite d'un très honnête homme ; et pour vous en convaincre, venez demain dîner avec moi chez la belle Téone. Il y a quelques vieilles vestales qui la déchirent ; mais elle fait plus de bien qu'elles toutes ensemble. Elle ne commettrait pas une légère injustice pour le plus grand intérêt ; elle ne donne à son amant que des conseils généreux ; elle n'est occupée que de sa gloire ; il rougirait devant elle s'il avait laissé échapper une occasion de faire du bien, car rien n'encourage plus aux actions vertueuses que d'avoir pour témoin et pour juge de sa conduite une maîtresse dont on veut mériter l'estime. »

Babouc ne manqua pas au rendez-vous. Il vit une

maison où régnaient tous les plaisirs. Téone régnait sur eux ; elle savait parler à chacun son langage. Son esprit naturel mettait à son aise celui des autres ; elle plaisait sans presque le vouloir ; elle était aussi aimable que bienfaisante ; et, ce qui augmentait le prix de toutes ses bonnes qualités, elle était belle.

Babouc, tout Scythe et tout envoyé qu'il était d'un génie, s'aperçut que, s'il restait encore à Persépolis, il oublierait Ituriel pour Téone. Il s'affectionnait à la ville, dont le peuple était poli, doux et bienfaisant, quoique léger, médisant, et plein de vanité. Il craignait que Persépolis ne fût condamnée ; il craignait même le compte qu'il allait rendre.

Voici comme il s'y prit pour rendre ce compte. Il fit faire par le meilleur fondeur de la ville une petite statue composée de tous les métaux, des terres et des pierres les plus précieuses et les plus viles ; il la porta à Ituriel : « Casserez-vous, dit-il, cette jolie statue parce que tout n'y est pas or et diamants ? » Ituriel entendit à demi-mot ; il résolut de ne pas même songer à corriger Persépolis, et de laisser aller *le monde comme il va* « car, dit-il, *si tout n'est pas bien, tout est passable* ». On laissa donc subsister Persépolis, et Babouc fut bien loin de se plaindre, comme Jonas, qui se fâcha de ce qu'on ne détruisait pas Ninive. Mais quand on a été trois jours dans le corps d'une baleine, on n'est pas de si bonne humeur que quand on a été à l'opéra, à la comédie, et qu'on a soupé en bonne compagnie.

MEMNON

OU

LA SAGESSE HUMAINE

Memnon conçut un jour le projet insensé d'être parfaitement sage. Il n'y a guère d'hommes à qui cette folie n'ait quelquefois passé par la tête. Memnon se dit à lui-même : « Pour être très sage, et par conséquent très heureux, il n'y a qu'à être sans passions ; et rien n'est plus aisé, comme on sait. Premièrement, je n'aimerai jamais de femme ; car, en voyant une beauté parfaite, je me dirai à moi-même : ces joues-là se rideront un jour ; ces beaux yeux seront bordés de rouge ; cette gorge ronde deviendra plate et pendante ; cette belle tête deviendra chauve. Or je n'ai qu'à la voir à présent des mêmes yeux dont je la verrai alors, et assurément cette tête ne fera pas tourner la mienne.

« En second lieu, je serai toujours sobre ; j'aurai beau être tenté par la bonne chère, par des vins délicieux, par la séduction de la société ; je n'aurai qu'à me représenter les suites des excès, une tête pesante, un estomac embarrassé, la perte de la raison, de la santé et du temps, je ne mangerai alors que pour le besoin ; ma santé sera toujours égale, mes idées toujours pures et lumineuses. Tout cela est si facile qu'il n'y a aucun mérite à y parvenir.

« Ensuite, disait Memnon, il faut penser un peu à ma fortune ; mes désirs sont modérés ; mon bien est solidement placé sur le receveur général des finances de Ninive ; j'ai de quoi vivre dans l'indépendance : c'est là le plus grand des biens. Je ne serai jamais dans la cruelle nécessité de faire ma cour ; je n'envierai personne, et personne ne m'enviera. Voilà qui est encore très aisé. J'ai des amis, continuait-il, je les conserverai, puisqu'ils n'auront rien à me disputer. Je n'aurai jamais d'humeur avec eux, ni eux avec moi ; cela est sans difficulté. »

Ayant fait ainsi son petit plan de sagesse dans sa chambre, Memnon mit la tête à la fenêtre. Il vit deux femmes qui se promenaient sous des platanes auprès de sa maison. L'une était vieille, et paraissait ne songer à rien ; l'autre était jeune, jolie, et semblait fort occupée. Elle soupirait, elle pleurait, et n'en avait que plus de grâces. Notre sage fut touché, non pas de la beauté de la dame (il était bien sûr de ne pas sentir une telle faiblesse), mais de l'affliction où il la voyait. Il descendit ; il aborda la jeune Ninivienne dans le dessein de la consoler avec sagesse. Cette belle personne lui conta, de l'air le plus naïf et le plus touchant, tout le mal que lui faisait un oncle qu'elle n'avait point ; avec quels artifices il lui avait enlevé un bien qu'elle n'avait jamais possédé et tout ce qu'elle avait à craindre de sa violence. « Vous me paraissez un homme de si bon conseil, lui dit-elle, que si vous aviez la condescendance de venir jusque chez moi, et d'examiner mes affaires, je suis sûre que vous me tireriez du cruel embarras où je suis. » Memnon n'hésita pas à la suivre, pour examiner sagement ses affaires, et pour lui donner un bon conseil.

La dame affligée le mena dans une chambre parfumée, et le fit asseoir avec elle poliment sur un large sofa, où ils se tenaient tous deux les jambes croisées vis-à-vis l'un de l'autre. La dame parla en baissant les yeux, dont il échappait quelquefois des larmes, et qui en se relevant rencontraient toujours les regards du sage Memnon. Ses discours étaient pleins d'un attendrissement qui redoublait toutes les fois qu'ils se regardaient. Memnon prenait ses affaires extrêmement à cœur, et se sentait de moment en moment la plus grande envie d'obliger une personne si honnête et si malheureuse. Ils cessèrent insensiblement, dans la chaleur de la conversation, d'être vis-à-vis l'un de l'autre. Leurs jambes ne furent plus croisées. Memnon la conseilla de si près, et lui donna des avis si tendres, qu'ils ne pouvaient ni l'un ni l'autre parler d'affaires, et qu'ils ne savaient plus où ils en étaient.

Comme ils en étaient là, arrive l'oncle, ainsi qu'on peut bien le penser : il était armé de la tête aux pieds ; et la première chose qu'il dit fut qu'il allait tuer, comme de raison, le sage Memnon et sa nièce ; la dernière qui lui échappa fut qu'il pouvait pardonner pour beaucoup d'argent. Memnon fut obligé de donner tout ce qu'il avait. On était heureux dans ce temps-là d'en être quitte à si bon marché ; l'Amérique n'était pas encore découverte, et les dames affligées n'étaient pas à beaucoup près si dangereuses qu'elles le sont aujourd'hui [1].

Memnon, honteux et désespéré, rentra chez lui : il y trouva un billet qui l'invitait à dîner avec quelques-uns de ses intimes amis. « Si je reste seul chez moi, dit-il, j'aurai l'esprit occupé de ma triste aventure, je ne mangerai point ; je tomberai malade : il vaut mieux aller faire avec mes amis intimes un repas frugal. J'oublierai, dans la douceur de leur société, la sottise que j'ai faite ce matin. » Il va au rendez-vous ; on le trouve un peu chagrin. On le fait boire pour dissiper sa tristesse. Un peu de vin pris modérément est un remède pour l'âme et pour le corps. C'est ainsi que pense le sage Memnon ; et il s'enivre. On lui propose de jouer après le repas. Un jeu réglé avec des amis

---

1. Allusion à la vérole.

est un passe-temps honnête. Il joue ; on lui gagne tout ce qu'il a dans sa bourse, et quatre fois autant sur sa parole. Une dispute s'élève sur le jeu, on s'échauffe : l'un de ses amis intimes lui jette à la tête un cornet, et lui crève un œil. On rapporte chez lui le sage Memnon ivre, sans argent, et ayant un œil de moins.

Il cuve un peu son vin, et dès qu'il a la tête plus libre, il envoie son valet chercher de l'argent chez le receveur général des finances de Ninive pour payer ses intimes amis : on lui dit que son débiteur a fait le matin une banqueroute frauduleuse qui met en alarme cent familles. Memnon, outré, va à la cour avec un emplâtre sur l'œil et un placet à la main pour demander justice au roi contre le banqueroutier. Il rencontre dans un salon plusieurs dames qui portaient toutes d'un air aisé des cerceaux de vingt-quatre pieds de circonférence. L'une d'elles, qui le connaissait un peu, dit en le regardant de côté : « Ah ! l'horreur ! » Une autre, qui le connaissait davantage, lui dit : « Bonsoir, monsieur Memnon ; mais vraiment, monsieur Memnon, je suis fort aise de vous voir ; à propos, monsieur Memnon, pourquoi avez-vous perdu un œil ? » Et elle passa sans attendre sa réponse. Memnon se cacha dans un coin, et attendit le moment où il pût se jeter aux pieds du monarque. Ce moment arriva. Il baisa trois fois la terre, et présenta son placet. Sa gracieuse Majesté le reçut très favorablement, et donna le mémoire à un de ses satrapes pour lui en rendre compte. Le satrape tire Memnon à part, et lui dit d'un air de hauteur, en ricanant amèrement : « Je vous trouve un plaisant borgne de vous adresser au roi plutôt qu'à moi, et encore plus plaisant d'oser demander justice contre un honnête banqueroutier que j'honore de ma protection, et qui est le neveu d'une femme de chambre de ma maîtresse. Abandonnez cette affaire-là, mon ami, si vous voulez conserver l'œil qui vous reste. »

Memnon, ayant ainsi renoncé le matin aux femmes, aux excès de table, au jeu, à toute querelle, et surtout à la cour, avait été avant la nuit trompé et volé par une belle dame, s'était enivré, avait joué, avait eu une querelle, s'était fait crever un œil, et avait été à la cour, où l'on s'était moqué de lui.

Pétrifié d'étonnement et navré de douleur, il s'en retourne la mort dans le cœur. Il veut rentrer chez lui ; il y trouve des huissiers qui démeublaient sa maison de la part de ses créanciers. Il reste presque évanoui sous un platane ; il y rencontre la belle dame du matin, qui se promenait avec son cher oncle, et qui éclata de rire en voyant Memnon avec son emplâtre. La nuit vint ; Memnon se coucha sur de la paille auprès des murs de sa maison. La fièvre le saisit ; il s'endormit dans l'accès, et un esprit céleste lui apparut en songe.

Il était tout resplendissant de lumière. Il avait six belles ailes, mais ni pieds, ni tête, ni queue, et ne ressemblait à rien. « Qui es-tu ? lui dit Memnon. — Ton bon génie, lui répondit l'autre. — Rends-moi donc mon œil, ma santé, mon bien, ma sagesse, lui dit Memnon. » Ensuite il lui conta comment il avait perdu tout cela en un jour. « Voilà des aventures qui ne nous arrivent jamais dans le monde que nous habitons, dit l'esprit. — Et quel monde habitez-vous ? dit l'homme affligé. — Ma patrie, répondit-il, est à cinq cents millions de lieues du soleil, dans une petite étoile auprès de Sirius, que tu vois d'ici. — Le beau pays ! dit Memnon ; quoi ! vous n'avez point chez vous de coquines qui trompent un pauvre homme, point d'amis intimes qui lui gagnent son argent et qui lui crèvent un œil, point de banqueroutiers, point de satrapes qui se moquent de vous en vous refusant justice ? — Non, dit l'habitant de l'étoile, rien de tout cela. Nous ne sommes jamais trompés par les femmes, parce que nous n'en avons point ; nous ne faisons point d'excès de table, parce que nous ne mangeons point ; nous n'avons point de banqueroutiers, parce qu'il n'y a chez nous ni or ni argent ; on ne peut pas nous crever les yeux, parce que nous n'avons point de corps à la façon des vôtres ; et les satrapes ne nous font jamais d'injustice, parce que dans notre petite étoile tout le monde est égal. »

Memnon lui dit alors : « Monseigneur, sans femme et sans dîner, à quoi passez-vous votre temps ? — À veiller, dit le génie, sur les autres globes qui nous sont confiés ; et je viens pour te consoler. — Hélas ! reprit Memnon, que ne veniez-vous la nuit passée pour m'empêcher de faire tant de folies ? — J'étais auprès d'Assan, ton frère aîné, dit l'être céleste. Il est plus à plaindre que toi. Sa gracieuse Majesté le roi des Indes, à la cour duquel il a l'honneur d'être, lui a fait crever les deux yeux pour une petite indiscrétion, et il est actuellement dans un cachot, les fers aux pieds et aux mains. — C'est bien la peine, dit Memnon, d'avoir un bon génie dans une famille pour que, de deux frères, l'un soit borgne, l'autre aveugle ; l'un couché sur la paille, l'autre en prison. — Ton sort changera, reprit l'animal de l'étoile. Il est vrai que tu seras toujours borgne ; mais, à cela près, tu seras assez heureux, pourvu que tu ne fasses jamais le sot projet d'être parfaitement sage. — C'est donc une chose à laquelle il est impossible de parvenir ? s'écria Memnon en soupirant. — Aussi impossible, lui répliqua l'autre, que d'être parfaitement habile, parfaitement fort, parfaitement puissant, parfaitement heureux. Nous-mêmes, nous en sommes bien loin. Il y a un globe où tout cela se trouve ; mais dans les cent mille millions de mondes qui sont dispersés dans l'étendue tout se suit par degrés. On a moins de sagesse et de plaisir dans le second que dans le premier, moins dans le troisième que dans le second, ainsi du reste jusqu'au dernier, où tout le monde est complètement fou. — J'ai bien peur, dit Memnon, que notre petit globe terraqué ne soit précisément les petites-maisons de l'univers dont vous me faites l'honneur de me parler. — Pas tout à fait, dit l'esprit ; mais il en approche : il faut que tout soit en sa place. — Eh mais ! dit Memnon, certains poètes, certains philosophes, ont donc grand tort de dire que *tout est bien ?* — Ils ont grande raison, dit le philosophe de là-haut, en considérant l'arrangement de l'univers entier. — Ah ! je ne croirai cela, répliqua le pauvre Memnon, que quand je ne serai plus borgne. »

LETTRE D'UN TURC

SUR LES FAKIRS

ET SUR SON AMI BABABEC

Lorsque j'étais dans la ville de Bénarès sur le rivage du Gange, ancienne patrie des bracmanes, je tâchai de m'instruire. J'entendais passablement l'indien ; j'écoutais beaucoup et remarquais tout. J'étais logé chez mon correspondant Omri ; c'était le plus digne homme que j'aie jamais connu. Il était de la religion des bramins, j'ai l'honneur d'être musulman : jamais nous n'avons eu une parole plus haute que l'autre au sujet de Mahomet et de Brama. Nous faisions nos ablutions chacun de notre côté, nous buvions de la même limonade, nous mangions du même riz, comme deux frères.

Un jour, nous allâmes ensemble à la pagode de Gavani. Nous y vîmes plusieurs bandes de fakirs, dont les uns étaient des janguis, c'est-à-dire des fakirs contemplatifs, et les autres des disciples des anciens gymnosophistes, qui menaient une vie active. Ils ont, comme on sait, une langue savante, qui est celle des plus anciens bracmanes, et, dans cette langue, un livre qu'ils appellent le *Veidam*[1]. C'est assurément le plus ancien livre de toute l'Asie, sans en excepter le *Zend-Vesta*[2].

Je passai devant un fakir qui lisait ce livre. « Ah ! malheureux infidèle ! s'écria-t-il, tu m'as fait perdre le nombre des voyelles que je comptais ; et de cette affaire-là mon âme passera dans le corps d'un lièvre, au lieu d'aller dans celui d'un perroquet, comme j'avais tout lieu de m'en flatter. » Je lui donnai une roupie pour le consoler. À quelques pas de là, ayant eu le malheur d'éternuer, le bruit que je fis réveilla un fakir qui était en extase. « Où suis-je ? dit-il ; quelle horrible chute ! je ne vois plus le bout de mon nez : la lumière céleste est disparue*. — Si je suis cause, lui dis-je, que vous voyez enfin plus loin que le bout de votre nez, voilà une roupie pour réparer le mal que j'ai fait ; reprenez votre lumière céleste. »

M'étant ainsi tiré d'affaire discrètement, je passai aux autres gymnosophistes : il y en eut plusieurs qui m'apportèrent de petits clous fort jolis, pour m'enfoncer dans les bras et dans les cuisses en l'honneur de Brama. J'achetai leurs clous, dont j'ai fait clouer mes tapis. D'autres dansaient sur les mains ; d'autres voltigeaient sur la corde lâche ; d'autres allaient toujours à cloche-pied. Il y en avait qui portaient des chaînes, d'autres un bât ; quelques-uns avaient leur tête dans un boisseau ; au demeurant les meilleures gens du monde. Mon ami Omri me mena dans la cellule d'un des plus fameux ; il s'appelait Bababec : il était nu comme un singe, et avait au cou une grosse chaîne qui pesait plus de soixante livres. Il était assis sur une chaise de bois, proprement garnie de petites pointes de clous

---

1. Livre sacré des Indes. Voltaire n'en connaît pas le texte authentique.

2. Zend-Vesta : Voltaire sait maintenant qu'il s'agit d'un livre (voir *Zadig*, p. 44, note 2).

* Quand les fakirs veulent voir la lumière céleste, ce qui est très commun parmi eux, ils tournent les yeux vers le bout de leur nez. (V.)

qui lui entraient dans les fesses, et on aurait cru qu'il était sur un lit de satin. Beaucoup de femmes venaient le consulter ; il était l'oracle des familles, et on peut dire qu'il jouissait d'une très grande réputation. Je fus témoin du long entretien qu'Omri eut avec lui. « Croyez-vous, lui dit-il, mon père, qu'après avoir passé par l'épreuve des sept métempsycoses, je puisse parvenir à la demeure de Brama ? — C'est selon, dit le fakir ; comment vivez-vous ? — Je tâche, dit Omri, d'être bon citoyen, bon mari, bon père, bon ami ; je prête de l'argent sans intérêt aux riches dans l'occasion, j'en donne aux pauvres ; j'entretiens la paix parmi mes voisins. — Vous mettez-vous quelquefois des clous dans le cul ? demanda le bramin. — Jamais, mon révérend père. — J'en suis fâché, répliqua le fakir, vous n'irez certainement que dans le dix-neuvième ciel ; et c'est dommage. — Comment, dit Omri, cela est fort honnête ; je suis très content de mon lot : que m'importe du dix-neuvième ou du vingtième, pourvu que je fasse mon devoir dans mon pèlerinage, et que je sois bien reçu au dernier gîte ? N'est-ce pas assez d'être honnête homme dans ce pays-ci, et d'être ensuite heureux au pays de Brama ? Dans quel ciel prétendez-vous donc aller, vous, monsieur Bababec, avec vos clous et vos chaînes ? — Dans le trente-cinquième, dit Bababec. — Je vous trouve plaisant, répliqua Omri, de prétendre être logé plus haut que moi ; ce ne peut être assurément que l'effet d'une excessive ambition. Vous condamnez ceux qui recherchent les honneurs dans cette vie, pourquoi en voulez-vous de si grands dans l'autre ? Et sur quoi d'ailleurs prétendez-vous être mieux traité que moi ? Sachez que je donne plus en aumônes en dix jours que ne vous coûtent en dix ans tous les clous que vous vous enfoncez dans le derrière. Brama a bien à faire que vous passiez la journée tout nu, avec une chaîne au cou ; vous rendez là un beau service à la patrie. Je fais cent fois plus de cas d'un homme qui sème des légumes, ou qui plante des arbres, que de tous vos camarades, qui regardent le bout de leur nez, ou

qui portent un bât par excès de noblesse d'âme. »
Ayant parlé ainsi, Omri se radoucit, le caressa, le persuada, l'engagea enfin à laisser là ses clous et sa chaîne, et à venir chez lui mener une vie honnête. On le décrassa, on le frotta d'essences parfumées ; on l'habilla décemment ; il vécut quinze jours d'une manière fort sage, et avoua qu'il était cent fois plus heureux qu'auparavant. Mais il perdait son crédit dans le peuple ; les femmes ne venaient plus le consulter ; il quitta Omri, et reprit ses clous pour avoir de la considération.

HISTOIRE D'UN BONBRAMIN

Je rencontrai dans mes voyages un vieux bramin, homme fort sage, plein d'esprit, et très savant ; de plus, il était riche, et, partant, il en était plus sage encore : car, ne manquant de rien, il n'avait besoin de tromper personne. Sa famille était très bien gouvernée par trois belles femmes qui s'étudiaient à lui plaire ; et, quand il ne s'amusait pas avec ses femmes, il s'occupait à philosopher.

Près de sa maison, qui était belle, ornée et accompagnée de jardins charmants, demeurait une vieille Indienne, bigote, imbécile, et assez pauvre.

Le bramin me dit un jour : « Je voudrais n'être jamais né. » Je lui demandai pourquoi. Il me répondit : « J'étudie depuis quarante ans, ce sont quarante années de perdues : j'enseigne les autres, et j'ignore tout ; cet état porte dans mon âme tant d'humiliation et de dégoût que la vie m'est insupportable. Je suis né, je vis dans le temps, et je ne sais pas ce que c'est que le temps ; je me trouve dans un point entre deux éternités, comme disent nos sages, et je n'ai nulle idée de l'éternité. Je suis composé de matière ; je pense, je n'ai jamais pu m'instruire de ce qui produit la pensée ; j'ignore si mon entendement est en moi une simple faculté, comme celle de marcher, de digérer, et si je pense avec ma tête comme je prends avec mes mains. Non seulement le principe de ma pensée m'est inconnu, mais le principe de mes mouvements m'est également caché : je ne sais pourquoi j'existe. Cependant on me fait chaque jour des questions sur tous ces points ; il faut répondre ; je n'ai rien de bon à dire ; je parle beaucoup, et je demeure confus et honteux de moi-même après avoir parlé.

« C'est bien pis quand on me demande si Brama a été produit par Vitsnou[1], ou s'ils sont tous deux éternels. Dieu m'est témoin que je n'en sais pas un mot, et il y paraît bien à mes réponses. « Ah ! mon révérend père, me dit-on, apprenez-nous comment le mal inonde toute la terre. » Je suis aussi en peine que ceux qui me font cette question. Je leur dis quelquefois que tout est le mieux du monde ; mais ceux qui ont été ruinés et mutilés à la guerre n'en croient rien, ni moi non plus ; je me retire chez moi accablé de ma curiosité et de mon ignorance. Je lis nos anciens livres, et ils redoublent mes ténèbres. Je parle à mes compagnons : les uns me répondent qu'il faut jouir de la vie, et se moquer des hommes ; les autres croient savoir quelque chose, et se perdent dans des idées extravagantes ; tout augmente le sentiment douloureux que j'éprouve. Je suis prêt quelquefois de tomber dans le désespoir, quand je songe qu'après toutes mes recherches je ne sais ni d'où je viens, ni ce que je suis, ni où j'irai, ni ce que je deviendrai[2]. »

L'état de ce bon homme me fit une vraie peine : personne n'était ni plus raisonnable ni de meilleure foi que lui. Je conçus que plus il avait de lumières dans son entendement et de sensibilité dans son cœur, plus il était malheureux.

Je vis le même jour la vieille femme qui demeurait dans son voisinage : je lui demandai si elle avait jamais été affligée de ne savoir pas comment son âme était faite. Elle ne comprit seulement pas ma question : elle

---

1. Ou Vichnou.
2. Pastiche de Pascal (*Pensées*, Lafuma, 11).

n'avait jamais réfléchi un seul moment de sa vie sur un seul des points qui tourmentaient le bramin ; elle croyait aux métamorphoses de Vitsnou de tout son cœur, et pourvu qu'elle pût avoir quelquefois de l'eau du Gange pour se laver, elle se croyait la plus heureuse des femmes.

Frappé du bonheur de cette pauvre créature, je revins à mon philosophe, et je lui dis : « N'êtes-vous pas honteux d'être malheureux, dans le temps qu'à votre porte il y a un vieil automate qui ne pense à rien, et qui vit content ? — Vous avez raison, me répondit-il ; je me suis dit cent fois que je serais heureux si j'étais aussi sot que ma voisine, et cependant je ne voudrais pas d'un tel bonheur. »

Cette réponse de mon bramin me fit une plus grande impression que tout le reste ; je m'examinai moi-même, et je vis qu'en effet je n'aurais pas voulu être heureux à condition d'être imbécile.

Je proposai la chose à des philosophes, et ils furent de mon avis. « Il y a pourtant, disais-je, une furieuse contradiction dans cette façon de penser : car enfin de quoi s'agit-il ? D'être heureux. Qu'importe d'avoir de l'esprit ou d'être sot ? Il y a bien plus : ceux qui sont contents de leur être sont bien sûrs d'être contents ; ceux qui raisonnent ne sont pas si sûrs de bien raisonner. Il est donc clair, disais-je, qu'il faudrait choisir de n'avoir pas le sens commun, pour peu que ce sens commun contribue à notre mal-être. » Tout le monde fut de mon avis, et cependant je ne trouvai personne qui voulût accepter le marché de devenir imbécile pour devenir content. De là je conclus que, si nous faisons cas du bonheur, nous faisons encore plus de cas de la raison.

Mais après y avoir réfléchi, il paraît que de préférer la raison à la félicité, c'est être très insensé. Comment donc cette contradiction peut-elle s'expliquer ? Comme toutes les autres. Il y a là de quoi parler beaucoup.

LE BLANC ET LE NOIR

Tout le monde dans la province de Candahar[1] connaît l'aventure du jeune Rustan[2]. Il était fils unique d'un mirza du pays : c'est comme qui dirait marquis parmi nous, ou baron chez les Allemands[3]. Le mirza son père avait un bien honnête. On devait marier le jeune Rustan à une demoiselle, ou mirzasse de sa sorte. Les deux familles le désiraient passionnément. Il devait faire la consolation de ses parents, rendre sa femme heureuse, et l'être avec elle.

Mais par malheur il avait vu la princesse de Cachemire à la foire de Kaboul, qui est la foire la plus considérable du monde, et incomparablement plus fréquentée que celles de Bassora et d'Astracan ; et voici pourquoi le vieux prince de Cachemire était venu à la foire avec sa fille.

Il avait perdu les deux plus rares pièces de son trésor : l'une était un diamant gros comme le pouce, sur lequel sa fille était gravée par un art que les Indiens possédaient alors, et qui s'est perdu depuis ; l'autre était un javelot qui allait de lui-même où l'on voulait ; ce

---

1. Capitale d'une province de l'hindoustan.
2. Nom d'un héros légendaire perse.
3. Mirza est donc un titre dévalué.

qui n'est pas une chose bien extraordinaire parmi nous, mais qui l'était à Cachemire.

Un faquir de Son Altesse lui vola ces deux bijoux ; il les porta à la princesse. « Gardez soigneusement ces deux pièces, lui dit-il ; votre destinée en dépend. » Il partit alors, et on ne le revit plus. Le duc de Cachemire, au désespoir, résolut d'aller voir, à la foire de Kaboul, si de tous les marchands qui s'y rendent des quatre coins du monde, il n'y en aurait pas un qui eût son diamant et son arme. Il menait sa fille avec lui dans tous ses voyages. Elle porta son diamant bien enfermé dans sa ceinture ; mais pour le javelot, qu'elle ne pouvait si bien cacher, elle l'avait enfermé soigneusement à Cachemire dans son grand coffre de la Chine.

Rustan et elle se virent à Kaboul ; ils s'aimèrent avec toute la bonne foi de leur âge, et toute la tendresse de leur pays. La princesse, pour gage de son amour, lui donna son diamant, et Rustan lui promit à son départ de l'aller voir secrètement à Cachemire.

Le jeune mirza avait deux favoris qui lui servaient de secrétaires, d'écuyers, de maîtres d'hôtel et de valets de chambre. L'un s'appelait Topaze : il était beau, bien fait, blanc comme une Circassienne, doux et serviable comme un Arménien, sage comme un Guèbre. L'autre se nommait Ébène : c'était un nègre fort joli, plus empressé, plus industrieux que Topaze, et qui ne trouvait rien de difficile. Il leur communiqua le projet de son voyage. Topaze tâcha de l'en détourner avec le zèle circonspect d'un serviteur qui ne voulait pas lui déplaire ; il lui représenta tout ce qu'il hasardait. Comment laisser deux familles au désespoir ? comment mettre le couteau dans le cœur de ses parents ? Il ébranla Rustan ; mais Ébène le raffermit et leva tous ses scrupules.

Le jeune homme manquait d'argent pour un si long voyage. Le sage Topaze ne lui en aurait pas fait prêter ; Ébène y pourvut. Il prit adroitement le diamant de son maître, en fit faire un faux tout semblable, qu'il remit à sa place, et donna le véritable en gage à un Arménien pour quelques milliers de roupies.

Quand le marquis eut ses roupies, tout fut prêt pour le départ. On chargea un éléphant de son bagage, on monta à cheval. Topaze dit à son maître : « J'ai pris la liberté de vous faire des remontrances sur votre entreprise ; mais, après avoir remontré, il faut obéir, je suis à vous, je vous aime, je vous suivrai jusqu'au bout du monde ; mais consultons en chemin l'oracle qui est à deux parasanges[1] d'ici. » Rustan y consentit. L'oracle répondit : « Si tu vas à l'orient, tu seras à l'occident. » Rustan ne comprit rien à cette réponse. Topaze soutint qu'elle ne contenait rien de bon. Ébène, toujours complaisant, lui persuada qu'elle était très favorable.

Il y avait encore un autre oracle dans Kaboul ; ils y allèrent. L'oracle de Kaboul répondit en ces mots : « Si tu possèdes, tu ne posséderas pas ; si tu es vainqueur, tu ne vaincras pas ; si tu es Rustan, tu ne le seras pas. » Cet oracle parut encore plus inintelligible que l'autre. « Prenez garde à vous, disait Topaze. — Ne redoutez rien », disait Ébène ; et ce ministre, comme on peut le croire, avait toujours raison auprès de son maître, dont il encourageait la passion et l'espérance.

Au sortir de Kaboul, on marcha par une grande forêt, on s'assit sur l'herbe pour manger, on laissa les chevaux paître. On se préparait à décharger l'éléphant qui portait le dîner et le service, lorsqu'on s'aperçut que Topaze et Ébène n'étaient plus avec la petite caravane. On les appelle ; la forêt retentit des noms d'Ébène et de Topaze. Les valets les cherchent de tous côtés, et remplissent la forêt de leurs cris ; ils reviennent sans avoir rien vu, sans qu'on leur ait répondu. « Nous n'avons trouvé, dirent-ils à Rustan, qu'un vautour qui se battait avec un aigle, et qui lui ôtait toutes ses plumes. » Le récit de ce combat piqua la curiosité de Rustan ; il alla à pied sur le lieu, il n'aperçut ni vautour

---

1. Mesure perse ancienne : 5 220 ou 5 400 mètres.

ni aigle ; mais il vit son éléphant, encore tout chargé de son bagage, qui était assailli par un gros rhinocéros. L'un frappait de sa corne, l'autre de sa trompe. Le rhinocéros lâcha prise à la vue de Rustan ; on ramena son éléphant, mais on ne trouva plus les chevaux. « Il arrive d'étranges choses dans les forêts quand on voyage ! » s'écriait Rustan. Les valets étaient consternés, et le maître au désespoir d'avoir perdu à la fois ses chevaux, son cher nègre, et le sage Topaze, pour lequel il avait toujours de l'amitié, quoiqu'il ne fût jamais de son avis.

L'espérance d'être bientôt aux pieds de la belle princesse de Cachemire le consolait, quand il rencontra un grand âne rayé, à qui un rustre vigoureux et terrible donnait cent coups de bâton. Rien n'est si beau, ni si rare, ni si léger à la course que les ânes de cette espèce. Celui-ci répondait aux coups redoublés du vilain par des ruades qui auraient pu déraciner un chêne. Le jeune mirza prit, comme de raison, le parti de l'âne, qui était une créature charmante. Le rustre s'enfuit en disant à l'âne : « Tu me le payeras. » L'âne remercia son libérateur en son langage, s'approcha, se laissa caresser, et caressa. Rustan monte dessus après avoir dîné, et prend le chemin de Cachemire avec ses domestiques, qui suivent, les uns à pied, les autres montés sur l'éléphant.

À peine était-il sur son âne que cet animal tourne vers Kaboul, au lieu de suivre la route de Cachemire. Son maître a beau tourner la bride, donner des saccades, serrer les genoux, appuyer des éperons, rendre la bride, tirer à lui, fouetter à droite et à gauche, l'animal opiniâtre courait toujours vers Kaboul.

Rustan suait, se démenait, se désespérait, quand il rencontra un marchand de chameaux qui lui dit : « Maître, vous avez là un âne bien malin qui vous mène où vous ne voulez pas aller ; si vous voulez me le céder, je vous donnerai quatre de mes chameaux à choisir. » Rustan remercia la Providence de lui avoir procuré un si bon marché. « Topaze avait grand tort, dit-il, de me dire que mon voyage serait malheureux. » Il monte sur le plus beau chameau, les trois autres suivent ; il rejoint sa caravane, et se voit dans le chemin de son bonheur.

À peine a-t-il marché quatre parasanges qu'il est arrêté par un torrent profond, large et impétueux, qui roulait des rochers blanchis d'écume. Les deux rivages étaient des précipices affreux qui éblouissaient la vue et glaçaient le courage ; nul moyen de passer, nul d'aller à droite ou à gauche. « Je commence à craindre, dit Rustan, que Topaze n'ait eu raison de blâmer mon voyage, et moi grand tort de l'entreprendre ; encore, s'il était ici, il me pourrait donner quelques bons avis. Si j'avais Ébène, il me consolerait, et il trouverait des expédients ; mais tout me manque. » Son embarras était augmenté par la consternation de sa troupe : la nuit était noire, on la passa à se lamenter. Enfin la fatigue et l'abattement endormirent l'amoureux voyageur. Il se réveille au point du jour, et voit un beau pont de marbre élevé sur le torrent d'une rive à l'autre.

Ce furent des exclamations, des cris d'étonnement et de joie. « Est-il possible ? est-ce un songe ? quel prodige ! quel enchantement ! oserons-nous passer ? » Toute la troupe se mettait à genoux, se relevait, allait au pont, baisait la terre, regardait le ciel, étendait les mains, posait le pied en tremblant, allait, revenait, était en extase ; et Rustan disait : « Pour le coup le ciel me favorise. Topaze ne savait ce qu'il disait ; les oracles étaient en ma faveur ; Ébène avait raison ; mais pourquoi n'est-il pas ici ? »

À peine la troupe fut-elle au-delà du torrent que voilà le pont qui s'abîme dans l'eau avec un fracas épouvantable. « Tant mieux ! tant mieux ! s'écria Rustan ; Dieu soit loué ! le ciel soit béni ! il ne veut pas que je retourne dans mon pays, où je n'aurais été qu'un simple gentilhomme ; il veut que j'épouse ce que j'aime. Je serai prince de Cachemire ; c'est ainsi qu'en *possédant* ma maîtresse, je ne *posséderai* pas mon petit marquisat à Candahar. *Je serai Rustan, et je ne le serai pas,* puisque je deviendrai un grand prince : voilà une grande partie de l'oracle expliquée nettement en ma faveur, le reste s'expliquera de même ; je suis trop heureux. Mais pourquoi Ébène n'est-il pas auprès de moi ? je le regrette mille fois plus que Topaze. »

Il avança encore quelques parasanges avec la plus grande allégresse ; mais, sur la fin du jour, une enceinte de montagnes plus roides qu'une contrescarpe et plus hautes que n'aurait été la tour de Babel si elle avait été achevée, barra entièrement la caravane saisie de crainte.

Tout le monde s'écria : « Dieu veut que nous périssions ici ! il n'a brisé le pont que pour nous ôter tout espoir de retour ; il n'a élevé la montagne que pour nous priver de tout moyen d'avancer. Ô Rustan ! ô malheureux marquis ! nous ne verrons jamais Cachemire, nous ne rentrerons jamais dans la terre de Candahar. »

La plus cuisante douleur, l'abattement le plus accablant, succédaient dans l'âme de Rustan à la joie immodérée qu'il avait ressentie, aux espérances dont il s'était enivré. Il était bien loin d'interpréter les prophéties à son avantage. « Ô ciel ! ô Dieu paternel ! faut-il que j'aie perdu mon ami Topaze ! »

Comme il prononçait ces paroles en poussant de profonds soupirs et en versant des larmes au milieu de ses suivants désespérés, voilà la base de la montagne qui s'ouvre, une longue galerie en voûte, éclairée de cent mille flambeaux, se présente aux yeux éblouis ; et Rustan de s'écrier, et ses gens de se jeter à genoux, et de tomber d'étonnement à la renverse, et de crier miracle ! et de dire : « Rustan est le favori de Vitsnou, le bien-aimé de Brama ; il sera le maître du monde. » Rustan le croyait, il était hors de lui, élevé au-dessus de lui-même. « Ah ! Ébène, mon cher Ébène ! où êtes-vous ? que n'êtes-vous témoin de toutes ces merveilles ! comment vous ai-je perdu ? belle princesse de Cachemire, quand reverrai-je vos charmes ? »

Il avance avec ses domestiques, son éléphant, ses chameaux, sous la voûte de la montagne, au bout de laquelle il entre dans une prairie émaillée de fleurs et bordée de ruisseaux ; et au bout de la prairie ce sont des allées d'arbres à perte de vue ; et au bout de ces allées, une rivière, le long de laquelle sont mille maisons de plaisance, avec des jardins délicieux. Il entend partout des concerts de voix et d'instruments ; il voit des danses ; il se hâte de passer un des ponts de la rivière ; il demande au premier homme qu'il rencontre : « Quel est ce beau pays ? »

Celui auquel il s'adressait lui répondit : « Vous êtes dans la province de Cachemire ; vous voyez les habitants dans la joie et dans les plaisirs ; nous célébrons les noces de notre belle princesse, qui va se marier avec le seigneur Barbabou, à qui son père l'a promise ; que Dieu perpétue leur félicité ! » À ces paroles Rustan tomba évanoui, et le seigneur cachemirien crut qu'il était sujet à l'épilepsie ; il le fit porter dans sa maison, où il fut longtemps sans connaissance. On alla chercher les deux plus habiles médecins du canton ; ils tâtèrent le pouls du malade, qui, ayant repris un peu ses esprits, poussait des sanglots, roulait des yeux, et s'écriait de temps en temps : « Topaze, Topaze, vous aviez bien raison ! »

L'un des deux médecins dit au seigneur cachemirien : « Je vois à son accent que c'est un jeune homme de Candahar, à qui l'air de ce pays ne vaut rien ; il faut le renvoyer chez lui ; je vois à ses yeux qu'il est devenu fou ; confiez-le-moi, je le ramènerai dans sa patrie, et je le guérirai. » L'autre médecin assura qu'il n'était malade que de chagrin, qu'il fallait le mener aux noces de la princesse, et le faire danser. Pendant qu'ils consultaient, le malade reprit ses forces ; les deux médecins furent congédiés, et Rustan demeura tête à tête avec son hôte.

« Seigneur, lui dit-il, je vous demande pardon de m'être évanoui devant vous, je sais que cela n'est pas poli ; je vous supplie de vouloir bien accepter mon éléphant en reconnaissance des bontés dont vous m'avez honoré. » Il lui conta ensuite toutes ses aventures, en se gardant bien de lui parler de l'objet de son voyage.

« Mais, au nom de Vitsnou et de Brama, lui dit-il, apprenez-moi quel est cet heureux Barbabou qui épouse la princesse de Cachemire ; pourquoi son père l'a choisi pour gendre, et pourquoi la princesse l'a accepté pour son époux. — Seigneur, lui dit le Cachemirien, la princesse n'a point du tout accepté Barbabou ; au contraire, elle est dans les pleurs, tandis que toute la province célèbre avec joie son mariage ; elle s'est enfermée dans la tour de son palais ; elle ne veut voir aucune des réjouissances qu'on fait pour elle. » Rustan, en entendant ces paroles, se sentit renaître ; l'éclat de ses couleurs, que la douleur avait flétries, reparut sur son visage. « Dites-moi, je vous prie, continua-t-il, pourquoi le prince de Cachemire s'obstine à donner sa fille à un Barbabou dont elle ne veut pas.

— Voici le fait, répondit le Cachemirien. Savez-vous que notre auguste prince avait perdu un gros diamant et un javelot qui lui tenaient fort au cœur ? — Ah ! je le sais très bien, dit Rustan. — Apprenez donc, dit l'hôte, que notre prince, au désespoir de n'avoir point de nouvelles de ses deux bijoux, après les avoir fait longtemps chercher par toute la terre, a promis sa fille à quiconque lui rapporterait l'un ou l'autre. Il est venu un seigneur Barbabou qui était muni du diamant, et il épouse demain la princesse. »

Rustan pâlit, bégaya un compliment, prit congé de son hôte, et courut sur son dromadaire à la ville capitale où se devait faire la cérémonie. Il arrive au palais du prince ; il dit qu'il a des choses importantes à lui communiquer ; il demande une audience ; on lui répond que le prince est occupé des préparatifs de la noce : « C'est pour cela même, dit-il, que je veux lui parler. » Il presse tant qu'il est introduit. « Monseigneur, dit-il, que Dieu couronne tous vos jours de gloire et de magnificence ! votre gendre est un fripon.

— Comment un fripon ! qu'osez-vous dire ? est-ce ainsi qu'on parle à un duc de Cachemire du gendre qu'il a choisi ? — Oui, un fripon, reprit Rustan ; et pour le prouver à Votre Altesse, c'est que voici votre diamant que je vous rapporte. »

Le duc, tout étonné, confronta les deux diamants, et comme il ne s'y connaissait guère, il ne put dire quel était le véritable. « Voilà deux diamants, dit-il, et je n'ai qu'une fille ; me voilà dans un étrange embarras ! » Il fit venir Barbabou, et lui demanda s'il ne l'avait point trompé. Barbabou jura qu'il avait acheté son diamant d'un Arménien ; l'autre ne disait pas de qui il tenait le sien, mais il proposa un expédient : ce fut qu'il plût à Son Altesse de le faire combattre sur-le-champ contre son rival. « Ce n'est pas assez que votre gendre donne un diamant, disait-il ; il faut aussi qu'il donne des preuves de valeur. Ne trouvez-vous pas bon que celui qui tuera l'autre épouse la princesse ? — Très bon, répondit le prince, ce sera un fort beau spectacle pour la cour ; battez-vous vite tous deux : le vainqueur prendra les armes du vaincu, selon l'usage de Cachemire, et il épousera ma fille. »

Les deux prétendants descendent aussitôt dans la cour. Il y avait sur l'escalier une pie et un corbeau. Le corbeau criait : « Battez-vous, battez-vous » ; la pie : « Ne vous battez pas. » Cela fit rire le prince ; les deux rivaux y prirent garde à peine : ils commencent le combat ; tous les courtisans faisaient un cercle autour d'eux. La princesse, se tenant toujours renfermée dans sa tour, ne voulut point assister à ce spectacle ; elle était bien loin de se douter que son amant fût à Cachemire, et elle avait tant d'horreur pour Barbabou qu'elle ne voulait rien voir. Le combat se passa le mieux du monde ; Barbabou fut tué roide, et le peuple en fut charmé, parce qu'il était laid, et que Rustan était fort joli : c'est presque toujours ce qui décide de la faveur publique.

Le vainqueur revêtit la cotte de mailles, l'écharpe, et le casque du vaincu, et vint, suivi de toute la cour, au son des fanfares, se présenter sous les fenêtres de sa maîtresse. Tout le monde criait : « Belle princesse, venez voir votre beau mari qui a tué son vilain rival » ;

ses femmes répétaient ces paroles. La princesse mit par malheur la tête à la fenêtre, et voyant l'armure d'un homme qu'elle abhorrait, elle courut en désespérée à son coffre de la Chine, et tira le javelot fatal qui alla percer son cher Rustan au défaut de la cuirasse ; il jeta un grand cri, et à ce cri la princesse crut reconnaître la voix de son malheureux amant.

Elle descend échevelée, la mort dans les yeux et dans le cœur. Rustan était déjà tombé tout sanglant dans les bras de son père. Elle le voit : ô moment ! ô vue ! ô reconnaissance dont on ne peut exprimer ni la douleur, ni la tendresse, ni l'horreur ! Elle se jette sur lui, elle l'embrasse : « Tu reçois, lui dit-elle, les premiers et les derniers baisers de ton amante et de ta meurtrière. » Elle retire le dard de la plaie, l'enfonce dans son cœur, et meurt sur l'amant qu'elle adore. Le père, épouvanté, éperdu, prêt à mourir comme elle, tâche en vain de la rappeler à la vie ; elle n'était plus ; il maudit ce dard fatal, le brise en morceaux, jette au loin ses deux diamants funestes ; et, tandis qu'on prépare les funérailles de sa fille au lieu de son mariage, il fait transporter dans son palais Rustan ensanglanté, qui avait encore un reste de vie.

On le porte dans un lit. La première chose qu'il voit aux deux côtés de ce lit de mort, c'est Topaze et Ébène. Sa surprise lui rendit un peu de force. « Ah ! cruels, dit-il, pourquoi m'avez-vous abandonné ? Peut-être la princesse vivrait encore, si vous aviez été près du malheureux Rustan. — Je ne vous ai pas abandonné un seul moment, dit Topaze. — J'ai toujours été près de vous, dit Ébène. — Ah ! que dites-vous ? pourquoi insulter à mes derniers moments ? répondit Rustan d'une voix languissante. — Vous pouvez m'en croire, dit Topaze ; vous savez que je n'approuvai jamais ce fatal voyage dont je prévoyais les horribles suites. C'est moi qui étais l'aigle qui a combattu contre le vautour, et qu'il a déplumé ; j'étais l'éléphant qui emportait le bagage pour vous forcer à retourner dans votre patrie ; j'étais l'âne rayé qui vous ramenait malgré vous chez votre père ; c'est moi qui ai égaré vos chevaux ; c'est moi qui ai formé le torrent qui vous empêchait de passer ; c'est moi qui ai élevé la montagne qui vous fermait un chemin si funeste ; j'étais le médecin qui vous conseillait l'air natal ; j'étais la pie qui vous criait de ne point combattre. — Et moi, dit Ébène, j'étais le vautour qui a déplumé l'aigle ; le rhinocéros qui donnait des coups de corne à l'éléphant, le vilain qui battait l'âne rayé ; le marchand qui vous donnait des chameaux pour courir à votre perte ; j'ai bâti le pont sur lequel vous avez passé ; j'ai creusé la caverne que vous avez traversée ; je suis le médecin qui vous encourageait à marcher ; le corbeau qui vous criait de vous battre.

— Hélas ! souviens-toi des oracles, dit Topaze : *Si tu vas à l'orient, tu seras à l'occident*. — Oui, dit Ébène, on ensevelit ici les morts le visage tourné à l'occident : l'oracle était clair, que ne l'as-tu compris ? *Tu as possédé, et tu ne possédais pas* : car tu avais le diamant, mais il était faux, et tu n'en savais rien. Tu es vainqueur, et tu meurs ; tu es Rustan, et tu cesses de l'être : tout a été accompli. »

Comme il parlait ainsi, quatre ailes blanches couvrirent le corps de Topaze, et quatre ailes noires celui d'Ébène. « Que vois-je ? » s'écria Rustan. Topaze et Ébène répondirent ensemble : « Tu vois tes deux génies. — Eh ! messieurs, leur dit le malheureux Rustan, de quoi vous mêliez-vous ? et pourquoi deux génies pour un pauvre homme ? — C'est la loi, dit Topaze ; chaque homme a ses deux génies, c'est Platon qui l'a dit le premier, et d'autres l'ont répété ensuite ; tu vois que rien n'est plus véritable : moi qui te parle, je suis ton bon génie, et ma charge était de veiller auprès de toi jusqu'au dernier moment de ta vie ; et je m'en suis fidèlement acquitté. — Mais, dit le mourant, si ton emploi était de me servir, je suis donc d'une nature fort supérieure à la tienne ; et puis comment oses-tu dire que tu es mon bon génie, quand tu m'as laissé tromper dans tout ce que j'ai entrepris, et que tu me laisses mourir, moi et ma maîtresse, misérablement ? — Hélas ! c'était ta destinée, dit Topaze. — Si c'est la destinée qui fait tout, dit le mourant, à quoi un génie est-il bon ? Et toi, Ébène, avec tes quatre ailes noires, tu es apparemment mon mauvais génie ? — Vous l'avez dit, répondit Ébène. — Mais tu étais donc aussi le mauvais génie de ma princesse ? — Non, elle avait le sien, et je l'ai parfaitement secondé. — Ah ! maudit Ébène, si tu es si méchant, tu n'appartiens donc pas au même maître que Topaze ? vous avez été formés tous deux par deux principes différents, dont l'un est bon, et l'autre méchant de sa nature ? — Ce n'est pas une conséquence, dit Ébène, mais c'est une grande difficulté. — Il n'est pas possible, reprit l'agonisant, qu'un être favorable ait fait un génie si funeste. — Possible ou non possible, repartit Ébène, la chose est comme je te le dis. — Hélas ! dit Topaze, mon pauvre ami, ne vois-tu pas que ce coquin-là a encore la malice de te faire disputer pour allumer ton sang et précipiter l'heure de ta mort ? — Va, je ne suis guère plus content de toi que de lui, dit le triste Rustan : il avoue du moins qu'il a voulu me faire du mal ; et toi, qui prétendais me défendre, tu ne m'as servi à rien. — J'en suis bien fâché, dit le bon génie. — Et moi aussi, dit le mourant ; il y a quelque chose là-dessous que je ne comprends pas. — Ni moi non plus, dit le pauvre bon génie. — J'en serai instruit dans un moment, dit Rustan. — C'est ce que nous verrons, dit Topaze. » Alors tout disparut. Rustan se retrouva dans la maison de son père, dont il n'était pas sorti, et dans son lit, où il avait dormi une heure.

Il se réveille en sursaut, tout en sueur, tout égaré ; il se tâte, il appelle, il crie, il sonne. Son valet de chambre Topaze accourt en bonnet de nuit, et tout en bâillant. « Suis-je mort, suis-je en vie ? s'écria Rustan ; la belle princesse de Cachemire en réchappera-t-elle ?... — Monseigneur rêve-t-il ? répondit froidement Topaze.

— Ah ! s'écriait Rustan, qu'est donc devenu ce barbare Ébène avec ses quatre ailes noires ? c'est lui qui me fait mourir d'une mort si cruelle. — Monseigneur, je l'ai laissé là-haut qui ronfle : voulez-vous qu'on le fasse descendre ? — Le scélérat ! il y a six mois entiers qu'il me persécute ; c'est lui qui me mena à cette fatale foire de Kaboul ; c'est lui qui m'escamota le diamant que m'avait donné la princesse ; il est seul la cause de mon voyage, de la mort de ma princesse, et du coup de javelot dont je meurs à la fleur de mon âge.

— Rassurez-vous, dit Topaze ; vous n'avez jamais été à Kaboul ; il n'y a point de princesse de Cachemire ; son père n'a jamais eu que deux garçons qui sont actuellement au collège. Vous n'avez jamais eu de diamant ; la princesse ne peut être morte, puisqu'elle n'est pas née ; et vous vous portez à merveille.

— Comment ! il n'est pas vrai que tu m'assistais à la mort dans le lit du prince de Cachemire ? Ne m'as-tu pas avoué que, pour me garantir de tant de malheurs, tu avais été aigle, éléphant, âne rayé, médecin, et pie ? — Monseigneur, vous avez rêvé tout cela : nos idées ne dépendent pas plus de nous dans le sommeil que dans la veille. Dieu a voulu que cette file d'idées vous ait passé par la tête, pour vous donner apparemment quelque instruction dont vous ferez votre profit.

— Tu te moques de moi, reprit Rustan; combien de temps ai-je dormi ? — Monseigneur, vous n'avez encore dormi qu'une heure. — Eh bien ! maudit raisonneur, comment veux-tu qu'en une heure de temps j'aie été à la foire de Kaboul il y a six mois, que j'en sois revenu, que j'aie fait le voyage de Cachemire, et que nous soyons morts, Barbabou, la princesse, et moi ? — Monseigneur, il n'y a rien de plus aisé et de plus ordinaire, et vous auriez pu réellement faire le tour du monde, et avoir beaucoup plus d'aventures en bien moins de temps.

« N'est-il pas vrai que vous pouvez lire en une heure l'abrégé de l'histoire des Perses, écrite par Zoroastre ? cependant cet abrégé contient huit cent mille années. Tous ces événements passent sous vos yeux l'un après l'autre en une heure ; or vous m'avouerez qu'il est aussi aisé à Brama de les resserrer tous dans l'espace d'une heure que de les étendre dans l'espace de huit cent mille années ; c'est précisément la même chose. Figurez-vous que le temps tourne sur une roue dont le diamètre est infini. Sous cette roue immense sont une multitude innombrable de roues les unes dans les autres ; celle du centre est imperceptible et fait un nombre infini de tours précisément dans le même temps que la grande roue n'en achève qu'un. Il est clair que tous les événements, depuis le commencement du monde jusqu'à sa fin, peuvent arriver successivement en beaucoup moins de temps que la cent millième partie d'une seconde ; et on peut dire même que la chose est ainsi.

— Je n'y entends rien, dit Rustan. — Si vous voulez, dit Topaze, j'ai un perroquet qui vous le fera aisément comprendre. Il est né quelque temps avant le déluge, il a été dans l'arche ; il a beaucoup vu ; cependant il n'a encore qu'un an et demi : il vous contera son histoire, qui est fort intéressante.

— Allez vite chercher votre perroquet, dit Rustan ; il m'amusera jusqu'à ce que je puisse me rendormir. — Il est chez ma sœur la religieuse, dit Topaze ; je vais le chercher, vous en serez content ; sa mémoire est fidèle, il conte simplement, sans chercher à montrer de l'esprit à tout propos, et sans faire des phrases. — Tant mieux, dit Rustan, voilà comme j'aime les contes. » On lui amena le perroquet, lequel parla ainsi.

N.B. Mademoiselle Catherine Vadé n'a jamais pu trouver l'histoire du perroquet dans le portefeuille de feu son cousin Antoine Vadé, auteur de ce conte. C'est grand dommage, vu le temps auquel vivait ce perroquet.

AVENTURE INDIENNE,

TRADUITE PAR L'IGNORANT

Pythagore, dans son séjour aux Indes, apprit, comme tout le monde sait, à l'école des gymnosophistes, le langage des bêtes et celui des plantes. Se promenant un jour dans une prairie assez près du rivage de la mer, il entendit ces paroles : « Que je suis malheureuse d'être née herbe ! à peine suis-je parvenue à deux pouces de hauteur que voilà un monstre dévorant, un animal horrible, qui me foule sous ses larges pieds ; sa gueule est armée d'une rangée de faux tranchantes, avec laquelle il me coupe, me déchire et m'engloutit. Les hommes nomment ce monstre un *mouton*. Je ne crois pas qu'il y ait au monde une plus abominable créature. »

Pythagore avança quelques pas ; il trouva une huître qui bâillait sur un petit rocher ; il n'avait point encore embrassé cette admirable loi par laquelle il est défendu de manger les animaux nos semblables. Il allait avaler l'huître, lorsqu'elle prononça ces mots attendrissants : « Ô nature ! que l'herbe, qui est comme moi ton ouvrage, est heureuse ! Quand on l'a coupée, elle renaît, elle est immortelle ; et nous, pauvres huîtres, en vain sommes-nous défendues par une double cuirasse ; des scélérats nous mangent par douzaines à leur déjeuner, et c'en est fait pour jamais. Quelle épouvantable destinée que celle d'une huître, et que les hommes sont barbares ! »

Pythagore tressaillit ; il sentit l'énormité du crime qu'il allait commettre : il demanda pardon à l'huître en pleurant, et la remit bien proprement sur son rocher.

Comme il rêvait profondément à cette aventure en retournant à la ville, il vit des araignées qui mangeaient des mouches, des hirondelles qui mangeaient des araignées, des éperviers qui mangeaient des hirondelles. « Tous ces gens-là, dit-il, ne sont pas philosophes. »

Pythagore, en entrant, fut heurté, froissé, renversé par une multitude de gredins et de gredines qui couraient en criant : « C'est bien fait, c'est bien fait, ils l'ont bien mérité ! — Qui ? quoi ? » dit Pythagore en se relevant ; et les gens couraient toujours en disant ; « Ah ! que nous aurons de plaisir de les voir cuire ! »

Pythagore crut qu'on parlait des lentilles ou de quelques autres légumes ; point du tout, c'était de deux pauvres Indiens. « Ah ! sans doute, dit Pythagore, ce sont deux grands philosophes qui sont las de la vie ; ils sont bien aises de renaître sous une autre forme ; il y a du plaisir à changer de maison, quoiqu'on soit toujours mal logé ; il ne faut pas disputer des goûts. »

Il avança avec la foule jusqu'à la place publique, et ce fut là qu'il vit un grand bûcher allumé, et vis-à-vis de ce bûcher un banc qu'on appelait un *tribunal*, et sur ce banc des juges, et ces juges tenaient tous une queue de vache à la main, et ils avaient sur la tête un bonnet ressemblant parfaitement aux oreilles de l'animal qui porta Silène quand il vint autrefois au pays avec Bacchus, après avoir traversé la mer Érythrée à pied sec, et avoir arrêté le soleil et la lune, comme on le raconte fidèlement dans les *Orphiques*.

Il y avait parmi ces juges un honnête homme fort connu de Pythagore. Le sage de l'Inde expliqua au sage de Samos de quoi il était question dans la fête qu'on allait donner au peuple indou.

« Les deux Indiens, dit-il, n'ont nulle envie d'être

brûlés ; mes graves confrères les ont condamnés à ce supplice, l'un pour avoir dit que la substance de Xaca n'est pas la substance de Brama ; et l'autre, pour avoir soupçonné qu'on pouvait plaire à l'Être suprême par la vertu, sans tenir en mourant une vache par la queue ; parce que, disait-il, on peut être vertueux en tout temps, et qu'on ne trouve pas toujours une vache à point nommé. Les bonnes femmes de la ville ont été si effrayées de ces deux propositions hérétiques qu'elles n'ont point donné de repos aux juges jusqu'à ce qu'ils aient ordonné le supplice de ces deux infortunés. »

Pythagore jugea que depuis l'herbe jusqu'à l'homme il y avait bien des sujets de chagrin. Il fit pourtant entendre raison aux juges, et même aux dévotes ; et c'est ce qui n'est arrivé que cette seule fois.

Ensuite il alla prêcher la tolérance à Crotone ; mais un intolérant mit le feu à sa maison : il fut brûlé, lui qui avait tiré deux Indous des flammes. *Sauve qui peut*[1] *!*

---

1. 1766 est l'année du supplice du jeune chevalier de La Barre, condamné à mort, malgré Voltaire, pour des espiègleries sacrilèges.

LA PRINCESSE DE BABYLONE

I

Le vieux Bélus, roi de Babylone, se croyait le premier homme de la terre ; car tous ses courtisans le lui disaient, et ses historiographes le lui prouvaient. Ce qui pouvait excuser en lui ce ridicule, c'est qu'en effet ses prédécesseurs avaient bâti Babylone plus de trente mille ans avant lui, et qu'il l'avait embellie. On sait que son palais et son parc, situés à quelques parasanges de Babylone, s'étendaient entre l'Euphrate et le Tigre, qui baignaient ces rivages enchantés. Sa vaste maison, de trois mille pas de façade, s'élevait jusqu'aux nues. La plate-forme était entourée d'une balustrade de marbre blanc de cinquante pieds de hauteur, qui portait les statues colossales de tous les rois et de tous les grands hommes de l'empire. Cette plate-forme, composée de deux rangs de briques couvertes d'une épaisse surface de plomb d'une extrémité à l'autre, était chargée de douze pieds de terre, et sur cette terre on avait élevé des forêts d'oliviers, d'orangers, de citronniers, de palmiers, de gérofliers, de cocotiers, de cannelliers, qui formaient des allées impénétrables aux rayons du soleil.

Les eaux de l'Euphrate, élevées par des pompes dans cent colonnes creusées, venaient dans ces jardins remplir de vastes bassins de marbre, et, retombant ensuite par d'autres canaux, allaient former dans le parc des cascades de six mille pieds de longueur, et cent mille jets d'eau dont la hauteur pouvait à peine être aperçue : elles retournaient ensuite dans l'Euphrate, dont elles étaient parties. Les jardins de Sémiramis, qui étonnèrent l'Asie plusieurs siècles après, n'étaient qu'une faible imitation de ces antiques merveilles ; car, du temps de Sémiramis, tout commençait à dégénérer chez les hommes et chez les femmes.

Mais ce qu'il y avait de plus admirable à Babylone, ce qui éclipsait tout le reste, était la fille unique du roi, nommée Formosante[1]. Ce fut d'après ses portraits et ses statues que dans la suite des siècles Praxitèle sculpta son Aphrodite, et celle qu'on nomme *la Vénus aux belles fesses*. Quelle différence, ô ciel ! de l'original aux copies ! Aussi Bélus était plus fier de sa fille que de son royaume. Elle avait dix-huit ans : il lui fallait un époux digne d'elle ; mais où le trouver ? Un ancien oracle avait ordonné que Formosante ne pourrait appartenir qu'à celui qui tendrait l'arc de Nembrod[2]. Ce Nembrod, le fort chasseur devant le Seigneur, avait laissé un arc de sept pieds babyloniques de haut, d'un bois d'ébène plus dur que le fer du mont Caucase, qu'on travaille dans les forges de Derbent[3] ; et nul mortel, depuis Nembrod, n'avait pu bander cet arc merveilleux.

Il était dit encore que le bras qui aurait tendu cet arc tuerait le lion le plus terrible et le plus dangereux qui serait lâché dans le cirque de Babylone. Ce n'était pas tout : le bandeur de l'arc, le vainqueur du lion devait terrasser tous ses rivaux ; mais il devait surtout avoir beaucoup d'esprit, être le plus magnifique des hommes, le plus vertueux, et posséder la chose la plus rare qui fût dans l'univers entier.

---

1. Sur le latin *formosa*, belle.
2. Ou Nemrod (*Genèse*, x, 9).
3. Ville du Caucase.

Il se présenta trois rois qui osèrent disputer Formosante : le pharaon d'Égypte, le scha des Indes, et le grand kan des Scythes. Bélus assigna le jour, et le lieu du combat à l'extrémité de son parc, dans le vaste espace bordé par les eaux de l'Euphrate et du Tigre réunies. On dressa autour de la lice un amphithéâtre de marbre qui pouvait contenir cinq cent mille spectateurs. Vis-à-vis l'amphithéâtre était le trône du roi, qui devait paraître avec Formosante, accompagnée de toute la cour ; et à droite et à gauche entre le trône et l'amphithéâtre, étaient d'autres trônes et d'autres sièges pour les trois rois et pour tous les autres souverains qui seraient curieux de venir voir cette auguste cérémonie.

Le roi d'Égypte arriva le premier, monté sur le bœuf Apis, et tenant en main le sistre d'Isis. Il était suivi de deux mille prêtres vêtus de robes de lin plus blanches que la neige, de deux mille eunuques, de deux mille magiciens, et de deux mille guerriers.

Le roi des Indes arriva bientôt après dans un char traîné par douze éléphants. Il avait une suite encore plus nombreuse et plus brillante que le pharaon d'Égypte.

Le dernier qui parut était le roi des Scythes. Il n'avait auprès de lui que des guerriers choisis, armés d'arcs et de flèches. Sa monture était un tigre superbe qu'il avait dompté, et qui était aussi haut que les plus beaux chevaux de Perse. La taille de ce monarque, imposante et majestueuse, effaçait celle de ses rivaux ; ses bras nus, aussi nerveux que blancs, semblaient déjà tendre l'arc de Nembrod.

Les trois princes se prosternèrent d'abord devant Bélus et Formosante. Le roi d'Égypte offrit à la princesse les deux plus beaux crocodiles du Nil, deux hippopotames, deux zèbres, deux rats d'Égypte, et deux momies, avec les livres du grand Hermès[1], qu'il croyait être ce qu'il y avait de plus rare sur la terre.

---

1. Nom grec du dieu égyptien Thot. Les Grecs lui attribuaient des livres mystérieux.

Le roi des Indes lui offrit cent éléphants qui portaient chacun une tour de bois doré, et mit à ses pieds le *Veidam*[1], écrit de la main de Xaca[2] lui-même.

Le roi des Scythes, qui ne savait ni lire ni écrire, présenta cent chevaux de bataille couverts de housses de peaux de renards noirs.

La princesse baissa les yeux devant ses amants, et s'inclina avec des grâces aussi modestes que nobles.

Bélus fit conduire ces monarques sur les trônes qui leur étaient préparés. « Que n'ai-je trois filles ! leur dit-il, je rendrais aujourd'hui six personnes heureuses. » Ensuite il fit tirer au sort à qui essayerait le premier l'arc de Nembrod. On mit dans un casque d'or les noms des trois prétendants. Celui du roi d'Égypte sortit le premier ; ensuite parut le nom du roi des Indes. Le roi Scythe, en regardant l'arc et ses rivaux, ne se plaignit point d'être le troisième.

Tandis qu'on préparait ces brillantes épreuves, vingt mille pages et vingt mille jeunes filles distribuaient sans confusion des rafraîchissements aux spectateurs entre les rangs des sièges. Tout le monde avouait que les dieux n'avaient établi les rois que pour donner tous les jours des fêtes, pourvu qu'elles fussent diversifiées ; que la vie est trop courte pour en user autrement ; que les procès, les intrigues, la guerre, les disputes des prêtres, qui consument la vie humaine, sont des choses absurdes et horribles ; que l'homme n'est né que pour la joie ; qu'il n'aimerait pas les plaisirs passionnément et continuellement s'il n'était pas formé pour eux ; que l'essence de la nature humaine est de se réjouir, et que tout le reste est folie. Cette excellente morale n'a jamais été démentie que par les faits.

Comme on allait commencer ces essais, qui devaient décider de la destinée de Formosante, un jeune inconnu monté sur une licorne, accompagné de son valet monté

---

1. Voir *Lettres d'un Turc* (p. 130, note 1).
2. Çâkya, c'est-à-dire Bouddha.

de même, et portant sur le poing un gros oiseau, se présente à la barrière. Les gardes furent surpris de voir en cet équipage une figure qui avait l'air de la divinité. C'était, comme on a dit depuis, le visage d'Adonis sur le corps d'Hercule ; c'était la majesté avec les grâces. Ses sourcils noirs et ses longs cheveux blonds, mélange de beauté inconnu à Babylone, charmèrent l'assemblée : tout l'amphithéâtre se leva pour le mieux regarder ; toutes les femmes de la cour fixèrent sur lui des regards étonnés. Formosante elle-même, qui baissait toujours les yeux, les releva et rougit ; les trois rois pâlirent ; tous les spectateurs, en comparant Formosante avec l'inconnu, s'écriaient : « Il n'y a dans le monde que ce jeune homme qui soit aussi beau que la princesse. »

Les huissiers, saisis d'étonnement, lui demandèrent s'il était roi. L'étranger répondit qu'il n'avait pas cet honneur, mais qu'il était venu de fort loin par curiosité pour voir s'il y avait des rois qui fussent dignes de Formosante. On l'introduisit dans le premier rang de l'amphithéâtre, lui, son valet, ses deux licornes, et son oiseau. Il salua profondément Bélus, sa fille, les trois rois, et toute l'assemblée. Puis il prit place en rougissant. Ses deux licornes se couchèrent à ses pieds, son oiseau se percha sur son épaule, et son valet, qui portait un petit sac, se mit à côté de lui.

Les épreuves commencèrent. On tira de son étui d'or l'arc de Nembrod. Le grand maître des cérémonies, suivi de cinquante pages et précédé de vingt trompettes, le présenta au roi d'Égypte, qui le fit bénir par ses prêtres ; et, l'ayant posé sur la tête du bœuf Apis, il ne douta pas de remporter cette première victoire. Il descend au milieu de l'arène, il essaie, il épuise ses forces, il fait des contorsions qui excitent le rire de l'amphithéâtre, et qui font même sourire Formosante.

Son grand aumônier s'approcha de lui : « Que Votre Majesté, lui dit-il, renonce à ce vain honneur, qui n'est que celui des muscles et des nerfs ; vous triompherez dans tout le reste. Vous vaincrez le lion, puisque vous avez le sabre d'Osiris. La princesse de Babylone doit appartenir au prince qui a le plus d'esprit, et vous avez deviné des énigmes. Elle doit épouser le plus vertueux, vous l'êtes, puisque vous avez été élevé par les prêtres d'Égypte. Le plus généreux doit l'emporter, et vous avez donné les deux plus beaux crocodiles et les deux plus beaux rats qui soient dans le Delta. Vous possédez le bœuf Apis et les livres d'Hermès, qui sont la chose la plus rare de l'univers. Personne ne peut vous disputer Formosante. — Vous avez raison, dit le roi d'Égypte », et il se remit sur son trône.

On alla mettre l'arc entre les mains du roi des Indes. Il en eut des ampoules pour quinze jours, et se consola en présumant que le roi des Scythes ne serait pas plus heureux que lui.

Le Scythe mania l'arc à son tour. Il joignait l'adresse à la force : l'arc parut prendre quelque élasticité entre ses mains ; il le fit un peu plier, mais jamais il ne put venir à bout de le tendre. L'amphithéâtre, à qui la bonne mine de ce prince inspirait des inclinations favorables, gémit de son peu de succès, et jugea que la belle princesse ne serait jamais mariée.

Alors le jeune inconnu descendit d'un saut dans l'arène, et, s'adressant au roi des Scythes : « Que Votre Majesté, lui dit-il, ne s'étonne point de n'avoir pas entièrement réussi. Ces arcs d'ébène se font dans mon pays ; il n'y a qu'un certain tour à donner. Vous avez beaucoup plus de mérite à l'avoir fait plier que je n'en peux avoir à le tendre. » Aussitôt il prit une flèche, l'ajusta sur la corde, tendit l'arc de Nembrod, et fit voler la flèche bien au-delà des barrières. Un million de mains applaudit à ce prodige. Babylone retentit d'acclamations, et toutes les femmes disaient : « Quel bonheur qu'un si beau garçon ait tant de force ! »

Il tira ensuite de sa poche une petite lame d'ivoire, écrivit sur cette lame avec une aiguille d'or, attacha la tablette d'ivoire à l'arc, et présenta le tout à la princesse avec une grâce qui ravissait tous les assistants. Puis il alla modestement se remettre à sa place entre son oiseau et son valet. Babylone entière était dans la surprise ; les trois rois étaient confondus, et l'inconnu ne paraissait pas s'en apercevoir.

Formosante fut encore plus étonnée en lisant sur la tablette d'ivoire attachée à l'arc ces petits vers en beau langage chaldéen :

> L'arc de Nembrod est celui de la guerre ;
> L'arc de l'amour est celui du bonheur ;
> Vous le portez. Par vous ce dieu vainqueur
> Est devenu le maître de la terre.
> Trois rois puissants, trois rivaux aujourd'hui,
> Osent prétendre à l'honneur de vous plaire :
> Je ne sais pas qui votre cœur préfère,
> Mais l'univers sera jaloux de lui.

Ce petit madrigal ne fâcha point la princesse. Il fut critiqué par quelques seigneurs de la vieille cour, qui dirent qu'autrefois dans le bon temps on aurait comparé Bélus au soleil, et Formosante à la lune, son cou à une tour, et sa gorge à un boisseau de froment. Ils dirent que l'étranger n'avait point d'imagination, et qu'il s'écartait des règles de la véritable poésie ; mais toutes les dames trouvèrent les vers fort galants. Elles s'émerveillèrent qu'un homme qui bandait si bien un arc eût tant d'esprit. La dame d'honneur de la princesse lui dit : « Madame, voilà bien des talents en pure perte. De quoi servira à ce jeune homme son esprit et l'arc de Bélus ? — À le faire admirer, répondit Formosante. — Ah ! dit la dame d'honneur entre ses dents, encore un madrigal, et il pourrait bien être aimé. »

Cependant Bélus, ayant consulté ses mages, déclara qu'aucun des trois rois n'ayant pu bander l'arc de Nembrod, il n'en fallait pas moins marier sa fille, et qu'elle appartiendrait à celui qui viendrait à bout d'abattre le grand lion qu'on nourrissait exprès dans sa ménagerie. Le roi d'Égypte, qui avait été élevé dans toute la sagesse de son pays, trouva qu'il était fort ridicule d'exposer un roi aux bêtes pour le marier. Il avouait que la possession de Formosante était d'un grand prix ; mais il prétendait que, si le lion l'étranglait, il ne pourrait jamais épouser cette belle Babylonienne. Le roi des Indes entra dans les sentiments de l'Égyptien ; tous deux conclurent que le roi de Babylone se moquait d'eux ; qu'il fallait faire venir des armées pour le punir ; qu'ils avaient assez de sujets qui se tiendraient fort honorés de mourir au service de leurs maîtres, sans qu'il en coûtât un cheveu à leurs têtes sacrées ; qu'ils détrôneraient aisément le roi de Babylone, et qu'ensuite ils tireraient au sort la belle Formosante.

Cet accord étant fait, les deux rois dépêchèrent chacun dans leur pays un ordre exprès d'assembler une armée de trois cent mille hommes pour enlever Formosante.

Cependant le roi des Scythes descendit seul dans l'arène, le cimeterre à la main. Il n'était pas éperdument épris des charmes de Formosante ; la gloire avait été jusque-là sa seule passion ; elle l'avait conduit à Babylone. Il voulait faire voir que si les rois de l'Inde et de l'Égypte étaient assez prudents pour ne se pas compromettre avec des lions, il était assez courageux pour ne pas dédaigner ce combat, et qu'il réparerait l'honneur du diadème. Sa rare valeur ne lui permit pas seulement de se servir du secours de son tigre. Il s'avance seul, légèrement armé, couvert d'un casque d'acier garni d'or, ombragé de trois queues de cheval blanches comme la neige.

On lâche contre lui le plus énorme lion qui ait jamais été nourri dans les montagnes de l'Anti-Liban. Ses terribles griffes semblaient capables de déchirer les trois rois à la fois, et sa vaste gueule de les dévorer. Ses affreux rugissements faisaient retentir l'amphithéâtre. Les deux fiers champions se précipitent l'un contre l'autre d'une course rapide. Le courageux Scythe enfonce son épée dans le gosier du lion, mais la pointe, rencontrant une de ces épaisses dents que rien ne peut percer, se brise en éclats, et le monstre des forêts, furieux de sa blessure, imprimait déjà ses ongles sanglants dans les flancs du monarque.

Le jeune inconnu, touché du péril d'un si brave

prince, se jette dans l'arène plus prompt qu'un éclair ; il coupe la tête du lion avec la même dextérité qu'on a vu depuis dans nos carrousels de jeunes chevaliers adroits enlever des têtes de maures ou des bagues.

Puis, tirant une petite boîte, il la présente au roi scythe, en lui disant : « Votre Majesté trouvera dans cette petite boîte le véritable dictame qui croît dans mon pays. Vos glorieuses blessures seront guéries en un moment. Le hasard seul vous a empêché de triompher du lion ; votre valeur n'en est pas moins admirable. »

Le roi scythe, plus sensible à la reconnaissance qu'à la jalousie, remercia son libérateur, et, après l'avoir tendrement embrassé, rentra dans son quartier pour appliquer le dictame sur ses blessures.

L'inconnu donna la tête du lion à son valet ; celui-ci, après l'avoir lavée à la grande fontaine qui était au-dessous de l'amphithéâtre, et en avoir fait écouler tout le sang, tira un fer de son petit sac, arracha les quarante dents du lion, et mit à leur place quarante diamants d'une égale grosseur.

Son maître, avec sa modestie ordinaire, se remit à sa place ; il donna la tête du lion à son oiseau : « Bel oiseau, dit-il, allez porter aux pieds de Formosante ce faible hommage. » L'oiseau part, tenant dans une de ses serres le terrible trophée ; il le présente à la princesse en baissant humblement le cou, et en s'aplatissant devant elle. Les quarante brillants éblouirent tous les yeux. On ne connaissait pas encore cette magnificence dans la superbe Babylone : l'émeraude, la topaze, le saphir, et le pyrope, étaient regardés encore comme les plus précieux ornements. Bélus et toute la cour étaient saisis d'admiration. L'oiseau qui offrait ce présent les surprit encore davantage. Il était de la taille d'un aigle, mais ses yeux étaient aussi doux et aussi tendres que ceux de l'aigle sont fiers et menaçants. Son bec était couleur de rose, et semblait tenir quelque chose de la belle bouche de Formosante. Son cou rassemblait toutes les couleurs de l'iris, mais plus vives et plus brillantes. L'or en mille nuances éclatait sur son plumage. Ses pieds paraissaient un mélange d'argent et de pourpre ; et la queue des beaux oiseaux qu'on attela depuis au char de Junon n'approchait pas de la sienne.

L'attention, la curiosité, l'étonnement, l'extase de toute la cour, se partageaient entre les quarante diamants et l'oiseau. Il s'était perché sur la balustrade, entre Bélus et sa fille Formosante ; elle le flattait, le caressait, le baisait. Il semblait recevoir ses caresses avec un plaisir mêlé de respect. Quand la princesse lui donnait des baisers, il les rendait, et la regardait ensuite avec des yeux attendris. Il recevait d'elle des biscuits et des pistaches, qu'il prenait de sa patte purpurine et argentée, et qu'il portait à son bec avec des grâces inexprimables.

Bélus, qui avait considéré les diamants avec attention, jugeait qu'une de ses provinces pouvait à peine payer un présent si riche. Il ordonna qu'on préparât pour l'inconnu des dons encore plus magnifiques que ceux qui étaient destinés aux trois monarques. « Ce jeune homme, disait-il, est sans doute le fils du roi de la Chine, ou de cette partie du monde qu'on nomme *Europe*. dont j'ai entendu parler, ou de l'Afrique, qui est, dit-on, voisine du royaume d'Égypte. »

Il envoya sur-le-champ son grand écuyer complimenter l'inconnu, et lui demander s'il était souverain d'un de ces empires, et pourquoi, possédant de si étonnants trésors, il était venu avec un valet et un petit sac.

Tandis que le grand écuyer avançait vers l'amphithéâtre pour s'acquitter de sa commission, arriva un autre valet sur une licorne. Ce valet, adressant la parole au jeune homme, lui dit : « Ormar, votre père touche à l'extrémité de sa vie, et je suis venu vous en avertir. » L'inconnu leva les yeux au ciel, versa des larmes, et ne répondit que par ce mot : « Partons. »

Le grand écuyer, après avoir fait les compliments de Bélus au vainqueur du lion, au donneur des quarante diamants, au maître du bel oiseau, demanda au valet de quel royaume était souverain le père de ce jeune héros. Le valet répondit : « Son père est un vieux berger qui est fort aimé dans le canton. »

Pendant ce court entretien l'inconnu était déjà monté sur sa licorne. Il dit au grand écuyer : « Seigneur, daignez me mettre aux pieds de Bélus et de sa fille. J'ose la supplier d'avoir grand soin de l'oiseau que je lui laisse ; il est unique comme elle. » En achevant ces mots, il partit comme un éclair ; les deux valets le suivirent, et on les perdit de vue.

Formosante ne put s'empêcher de jeter un grand cri. L'oiseau, se retournant vers l'amphithéâtre où son maître avait été assis, parut très affligé de ne le plus voir. Puis regardant fixement la princesse, et frottant doucement sa belle main de son bec, il sembla se vouer à son service.

Bélus, plus étonné que jamais, apprenant que ce jeune homme si extraordinaire était le fils d'un berger, ne put le croire. Il fit courir après lui ; mais bientôt on lui rapporta que les licornes sur lesquelles ces trois hommes couraient ne pouvaient être atteintes, et qu'au galop dont elles allaient elles devaient faire cent lieues par jour.

II

Tout le monde raisonnait sur cette aventure étrange et s'épuisait en vaines conjectures. Comment le fils d'un berger peut-il donner quarante gros diamants ? Pourquoi est-il monté sur une licorne ? On s'y perdait, et Formosante, en caressant son oiseau, était plongée dans une rêverie profonde.

La princesse Aldée, sa cousine issue de germaine, très bien faite, et presque aussi belle que Formosante, lui dit : « Ma cousine, je ne sais pas si ce jeune demi-dieu est le fils d'un berger ; mais il me semble qu'il a rempli toutes les conditions attachées à votre mariage. Il a bandé l'arc de Nembrod, il a vaincu le lion, il a beaucoup d'esprit puisqu'il a fait pour vous un assez joli impromptu. Après les quarante énormes diamants qu'il vous a donnés, vous ne pouvez nier qu'il ne soit le plus généreux des hommes. Il possédait dans son oiseau ce qu'il y a de plus rare sur la terre. Sa vertu n'a point d'égale, puisque, pouvant demeurer auprès de vous, il est parti sans délibérer dès qu'il a su que son père était malade. L'oracle est accompli dans tous ses points, excepté dans celui qui exige qu'il terrasse ses rivaux ; mais il a fait plus, il a sauvé la vie du seul concurrent qu'il pouvait craindre ; et, quand il s'agira de battre les deux autres, je crois que vous ne doutez pas qu'il n'en vienne à bout aisément.

— Tout ce que vous dites est bien vrai, répondit Formosante ; mais est-il possible que le plus grand des hommes, et peut-être même le plus aimable, soit le fils d'un berger ? »

La dame d'honneur, se mêlant de la conversation, dit que très souvent ce mot de berger était appliqué aux rois ; qu'on les appelait *bergers*, parce qu'ils tondent de fort près leur troupeau ; que c'était sans doute une mauvaise plaisanterie de son valet ; que ce jeune héros n'était venu si mal accompagné que pour faire voir combien son seul mérite était au-dessus du faste des rois, et pour ne devoir Formosante qu'à lui-même. La princesse ne répondit qu'en donnant à son oiseau mille tendres baisers.

On préparait cependant un grand festin pour les trois rois et pour tous les princes qui étaient venus à la fête. La fille et la nièce du roi devaient en faire les honneurs. On portait chez les rois des présents dignes de la magnificence de Babylone. Bélus, en attendant qu'on servît, assembla son conseil sur le mariage de la belle Formosante, et voici comme il parla en grand politique :

« Je suis vieux, je ne sais plus que faire, ni à qui donner ma fille. Celui qui la méritait n'est qu'un vil berger, le roi des Indes et celui d'Égypte sont des poltrons ; le roi des Scythes me conviendrait assez, mais il n'a rempli aucune des conditions imposées. Je vais encore consulter l'oracle. En attendant, délibérez, et nous conclurons suivant ce que l'oracle aura dit ; car un roi ne doit se conduire que par l'ordre exprès des dieux immortels. »

Alors il va dans sa chapelle ; l'oracle lui répond en peu de mots, suivant sa coutume : « Ta fille ne sera mariée que quand elle aura couru le monde. » Bélus, étonné, revient au conseil, et rapporte cette réponse.

Tous les ministres avaient un profond respect pour les oracles ; tous convenaient ou feignaient de convenir qu'ils étaient le fondement de la religion ; que la raison doit se taire devant eux ; que c'est par eux que les rois règnent sur les peuples, et les mages sur les rois ; que sans les oracles il n'y aurait ni vertu ni repos sur la terre. Enfin, après avoir témoigné la plus profonde vénération pour eux, presque tous conclurent que celui-ci était impertinent, qu'il ne fallait pas lui obéir ; que rien n'était plus indécent pour une fille, et surtout pour celle du grand roi de Babylone, que d'aller courir sans savoir où ; que c'était le vrai moyen de n'être point mariée, ou de faire un mariage clandestin, honteux et ridicule ; qu'en un mot cet oracle n'avait pas le sens commun.

Le plus jeune des ministres, nommé Onadase, qui avait plus d'esprit qu'eux, dit que l'oracle entendait sans doute quelque pèlerinage de dévotion, et qu'il s'offrait à être le conducteur de la princesse. Le conseil revint à son avis, mais chacun voulut servir d'écuyer. Le roi décida que la princesse pourrait aller à trois cents parasanges sur le chemin de l'Arabie, à un temple dont le saint avait la réputation de procurer d'heureux mariages aux filles, et que ce serait le doyen du conseil qui l'accompagnerait. Après cette décision on alla souper.

III

Au milieu des jardins, entre deux cascades, s'élevait un salon ovale de trois cents pieds de diamètre, dont la voûte d'azur semée d'étoiles d'or représentait toutes les constellations avec les planètes, chacune à leur véritable place, et cette voûte tournait, ainsi que le ciel, par des machines aussi invisibles que le sont celles qui dirigent les mouvements célestes. Cent mille flambeaux enfermés dans des cylindres de cristal de roche éclairaient les dehors et l'intérieur de la salle à manger. Un buffet en gradins portait vingt mille vases ou plats d'or ; et vis-à-vis le buffet d'autres gradins étaient remplis de musiciens. Deux autres amphithéâtres étaient chargés, l'un, des fruits de toutes les saisons ; l'autre, d'amphores de cristal où brillaient tous les vins de la terre.

Les convives prirent leurs places autour d'une table de compartiments qui figuraient des fleurs et des fruits, tous en pierres précieuses. La belle Formosante fut placée entre le roi des Indes et celui d'Égypte, la belle Aldée auprès du roi des Scythes. Il y avait une trentaine de princes, et chacun d'eux était à côté d'une des plus belles dames du palais. Le roi de Babylone au milieu, vis-à-vis de sa fille, paraissait partagé entre le chagrin de n'avoir pu la marier et le plaisir de la garder encore. Formosante lui demanda la permission de mettre son oiseau sur la table à côté d'elle. Le roi le trouva très bon.

La musique, qui se fit entendre, donna une pleine liberté à chaque prince d'entretenir sa voisine. Le festin parut aussi agréable que magnifique. On avait servi devant Formosante un ragoût que le roi son père aimait beaucoup. La princesse dit qu'il fallait le porter devant Sa Majesté ; aussitôt l'oiseau se saisit du plat avec une dextérité merveilleuse et va le présenter au roi. Jamais on ne fut plus étonné à souper. Bélus lui fit autant de caresses que sa fille. L'oiseau reprit ensuite son vol pour retourner auprès d'elle. Il déployait en volant une si belle queue, ses ailes étendues étalaient tant de brillantes couleurs, l'or de son plumage jetait un éclat si éblouissant, que tous les yeux ne regardaient que lui. Tous les concertants cessèrent leur musique et devinrent immobiles. Personne ne mangeait, personne ne parlait, on n'entendait qu'un murmure d'admiration. La princesse de Babylone le baisa pendant tout le souper, sans songer seulement s'il y avait des rois dans le monde. Ceux des Indes et d'Égypte sentirent redoubler leur dépit et leur indignation, et chacun d'eux se promit bien de hâter la marche de ses trois cent mille hommes pour se venger.

Pour le roi des Scythes, il était occupé à entretenir la belle Aldée : son cœur altier, méprisant sans dépit les inattentions de Formosante, avait conçu pour elle plus d'indifférence que de colère. « Elle est belle, disait-il, je l'avoue ; mais elle me paraît de ces femmes qui ne sont occupées que de leur beauté, et qui pensent que le genre humain doit leur être bien obligé quand elles daignent se laisser voir en public. On n'adore point des idoles dans mon pays. J'aimerais mieux une laideron complaisante et attentive que cette belle statue. Vous avez, madame, autant de charmes qu'elle, et vous daignez au moins faire conversation avec les étrangers. Je vous avoue, avec la franchise d'un Scythe, que je vous donne la préférence sur votre cousine. » Il se trompait pourtant sur le caractère de Formosante : elle n'était pas si dédaigneuse qu'elle le paraissait ; mais son compliment fut très bien reçu de la princesse Aldée. Leur entretien devint fort intéressant : ils étaient très contents, et déjà sûrs l'un de l'autre avant qu'on sortît de table.

Après le souper, on alla se promener dans les bosquets. Le roi des Scythes et Aldée ne manquèrent pas de chercher un cabinet solitaire. Aldée, qui était la franchise même, parla ainsi à ce prince :

« Je ne hais point ma cousine, quoiqu'elle soit plus

belle que moi, et qu'elle soit destinée au trône de Babylone : l'honneur de vous plaire me tient lieu d'attraits. Je préfère la Scythie avec vous à la couronne de Babylone sans vous ; mais cette couronne m'appartient de droit, s'il y a des droits dans le monde : car je suis de la branche aînée de Nembrod, et Formosante n'est que de la cadette. Son grand-père détrôna le mien, et le fit mourir.

— Telle est donc la force du sang dans la maison de Babylone ! dit le Scythe. Comment s'appelait votre grand-père ? — Il se nommait Aldée, comme moi. Mon père avait le même nom : il fut relégué au fond de l'empire avec ma mère ; et Bélus, après leur mort, ne craignant rien de moi, voulut m'élever auprès de sa fille ; mais il a décidé que je ne serais jamais mariée.

— Je veux venger votre père, et votre grand-père, et vous, dit le roi des Scythes. Je vous réponds que vous serez mariée ; je vous enlèverai après-demain de grand matin, car il faut dîner demain avec le roi de Babylone, et je reviendrai soutenir vos droits avec une armée de trois cent mille hommes. — Je le veux bien », dit la belle Aldée ; et, après s'être donné leur parole d'honneur, ils se séparèrent.

Il y avait longtemps que l'incomparable Formosante s'était allée coucher. Elle avait fait placer à côté de son lit un petit oranger dans une caisse d'argent pour y faire reposer son oiseau. Ses rideaux étaient fermés, mais elle n'avait nulle envie de dormir. Son cœur et son imagination étaient trop éveillés. Le charmant inconnu était devant ses yeux ; elle le voyait tirant une flèche avec l'arc de Nembrod ; elle le contemplait coupant la tête du lion ; elle récitait son madrigal ; enfin elle le voyait s'échapper de la foule, monté sur sa licorne ; alors elle éclatait en sanglots ; elle s'écriait en larmes : « Je ne le reverrai donc plus ; il ne reviendra pas.

— Il reviendra, madame, lui répondit l'oiseau du haut de son oranger ; peut-on vous avoir vue, et ne pas vous revoir ?

— Ô ciel ! ô puissances éternelles ! mon oiseau parle

le pur chaldéen ! » En disant ces mots, elle tire ses rideaux, lui tend les bras, se met à genoux sur son lit : « Êtes-vous un dieu descendu sur la terre ? êtes-vous le grand Orosmade caché sous ce beau plumage ? Si vous êtes un dieu, rendez-moi ce beau jeune homme.

— Je ne suis qu'un volatile, répliqua l'autre ; mais je naquis dans le temps que toutes les bêtes parlaient encore, et que les oiseaux, les serpents, les ânesses, les chevaux, et les griffons, s'entretenaient familièrement avec les hommes. Je n'ai pas voulu parler devant le monde, de peur que vos dames d'honneur ne me prissent pour un sorcier : je ne veux me découvrir qu'à vous. »

Formosante, interdite, égarée, enivrée de tant de merveilles, agitée de l'empressement de faire cent questions à la fois, lui demanda d'abord quel âge il avait. « Vingt-sept mille neuf cents ans et six mois, madame ; je suis de l'âge de la petite révolution du ciel que vos mages appellent *la précession des équinoxes* et qui s'accomplit en près de vingt-huit mille de vos années. Il y a des révolutions infiniment plus longues, aussi nous avons des êtres beaucoup plus vieux que moi. Il y a vingt-deux mille ans que j'appris le chaldéen dans un de mes voyages. J'ai toujours conservé beaucoup de goût pour la langue chaldéenne ; mais les autres animaux mes confrères ont renoncé à parler dans vos climats. — Et pourquoi cela, mon divin oiseau ? — Hélas ! c'est parce que les hommes ont pris enfin l'habitude de nous manger, au lieu de converser et de s'instruire avec nous. Les barbares ! ne devaient-ils pas être convaincus qu'ayant les mêmes organes qu'eux, les mêmes sentiments, les mêmes besoins, les mêmes désirs, nous avions ce qui s'appelle *une âme* tout comme eux ; que nous étions leurs frères, et qu'il ne fallait cuire et manger que les méchants ? Nous sommes tellement vos frères que le grand Être, l'Être éternel et formateur, ayant fait un pacte avec les hommes*, nous comprit expres-

---

* Voir le chap. 9 de la *Genèse* ; et les chap. 3, 18 et 19 de l'*Ecclésiaste*. (V.)

sément dans le traité. Il vous défendit de vous nourrir de notre sang, et à nous, de sucer le vôtre.

« Les fables de votre ancien Locman[1], traduites en tant de langues, seront un témoignage éternellement subsistant de l'heureux commerce que vous avez eu autrefois avec nous. Elles commencent toutes par ces mots : *Du temps que les bêtes parlaient.* Il est vrai qu'il y a beaucoup de femmes parmi vous qui parlent toujours à leurs chiens ; mais ils ont résolu de ne point répondre depuis qu'on les a forcés à coups de fouet d'aller à la chasse, et d'être les complices du meurtre de nos anciens amis communs, les cerfs, les daims, les lièvres et les perdrix.

« Vous avez encore d'anciens poèmes dans lesquels les chevaux parlent, et vos cochers leur adressent la parole tous les jours ; mais c'est avec tant de grossièreté, et en prononçant des mots si infâmes, que les chevaux, qui vous aimaient tant autrefois, vous détestent aujourd'hui.

« Le pays où demeure votre charmant inconnu, le plus parfait des hommes, est demeuré le seul où votre espèce sache encore aimer la nôtre et lui parler ; et c'est la seule contrée de la terre où les hommes soient justes.

— Et où est-il ce pays de mon cher inconnu ? quel est le nom de ce héros ? comment se nomme son empire ? car je ne croirai pas plus qu'il est un berger que je ne crois que vous êtes une chauve-souris.

— Son pays, madame, est celui des Gangarides, peuple vertueux et invincible qui habite la rive orientale du Gange. Le nom de mon ami est Amazan. Il n'est pas roi, et je ne sais même s'il voudrait s'abaisser à l'être ; il aime trop ses compatriotes : il est berger comme eux. Mais n'allez pas vous imaginer que ces bergers ressemblent aux vôtres, qui, couverts à peine de lambeaux déchirés, gardent des moutons infiniment

---

[1]. Roi légendaire antérieur à l'islam, auquel on attribuait 41 fables d'Ésope traduites en arabe.

mieux habillés qu'eux ; qui gémissent sous le fardeau de la pauvreté, et qui payent à un exacteur la moitié des gages chétifs qu'ils reçoivent de leurs maîtres. Les bergers gangarides, nés tous égaux, sont les maîtres des troupeaux innombrables qui couvrent leurs prés éternellement fleuris. On ne les tue jamais : c'est un crime horrible vers le Gange de tuer et de manger son semblable. Leur laine, plus fine et plus brillante que la plus belle soie, est le plus grand commerce de l'Orient. D'ailleurs la terre des Gangarides produit tout ce qui peut flatter les désirs de l'homme. Ces gros diamants qu'Amazan a eu l'honneur de vous offrir sont d'une mine qui lui appartient. Cette licorne que vous l'avez vu monter est la monture ordinaire des Gangarides. C'est le plus bel animal, le plus fier, le plus terrible, et le plus doux qui orne la terre. Il suffirait de cent Gangarides et de cent licornes pour dissiper des armées innombrables. Il y a environ deux siècles qu'un roi des Indes fut assez fou pour vouloir conquérir cette nation : il se présenta suivi de dix mille éléphants et d'un million de guerriers. Les licornes percèrent les éléphants, comme j'ai vu sur votre table des mauviettes enfilées dans des brochettes d'or. Les guerriers tombaient sous le sabre des Gangarides comme les moissons de riz sont coupées par les mains des peuples de l'Orient. On prit le roi prisonnier avec plus de six cent mille hommes. On le baigna dans les eaux salutaires du Gange ; on le mit au régime du pays, qui consiste à ne se nourrir que de végétaux prodigués par la nature pour nourrir tout ce qui respire. Les hommes alimentés de carnage et abreuvés de liqueurs fortes ont tous un sang aigri et aduste qui les rend fous en cent manières différentes. Leur principale démence est la fureur de verser le sang de leurs frères, et de dévaster des plaines fertiles pour régner sur des cimetières. On employa six mois entiers à guérir le roi des Indes de sa maladie. Quand les médecins eurent enfin jugé qu'il avait le pouls plus tranquille et l'esprit plus rassis, ils en donnèrent le certificat au conseil des Gangarides. Ce conseil, ayant pris l'avis des licornes, renvoya humainement le roi des Indes, sa sotte cour et ses imbéciles guerriers dans leur pays. Cette leçon les rendit sages, et, depuis ce temps, les Indiens respectèrent les Gangarides, comme les ignorants qui voudraient s'instruire respectent parmi vous les philosophes chaldéens, qu'ils ne peuvent égaler. — À propos, mon cher oiseau, lui dit la princesse, y a-t-il une religion chez les Gangarides ? — S'il y en a une ? Madame, nous nous assemblons pour rendre grâces à Dieu, les jours de la pleine lune, les hommes dans un grand temple de cèdre, les femmes dans un autre, de peur des distractions ; tous les oiseaux dans un bocage, les quadrupèdes sur une belle pelouse. Nous remercions Dieu de tous les biens qu'il nous a faits. Nous avons surtout des perroquets qui prêchent à merveille.

« Telle est la patrie de mon cher Amazan ; c'est là que je demeure ; j'ai autant d'amitié pour lui qu'il vous a inspiré d'amour. Si vous m'en croyez, nous partirons ensemble, et vous irez lui rendre sa visite.

— Vraiment, mon oiseau, vous faites là un joli métier, répondit en souriant la princesse, qui brûlait d'envie de faire le voyage, et qui n'osait le dire. — Je sers mon ami, dit l'oiseau ; et, après le bonheur de vous aimer, le plus grand est celui de servir vos amours. »

Formosante ne savait plus où elle en était ; elle se croyait transportée hors de la terre. Tout ce qu'elle avait vu dans cette journée, tout ce qu'elle voyait, tout ce qu'elle entendait, et surtout ce qu'elle sentait dans son cœur, la plongeait dans un ravissement qui passait de bien loin celui qu'éprouvent aujourd'hui les fortunés musulmans quand, dégagés de leurs liens terrestres, ils se voient dans le neuvième ciel entre les bras de leurs houris, environnés et pénétrés de la gloire et de la félicité célestes.

IV

Elle passa toute la nuit à parler d'Amazan. Elle ne l'appelait plus que son *berger* ; et c'est depuis ce temps-là que les noms de *berger* et d'*amant* sont toujours employés l'un pour l'autre chez quelques nations.

Tantôt elle demandait à l'oiseau si Amazan avait eu d'autres maîtresses. Il répondait que non, et elle était au comble de la joie. Tantôt elle voulait savoir à quoi il passait sa vie ; et elle apprenait avec transport qu'il l'employait à faire du bien, à cultiver les arts, à pénétrer les secrets de la nature, à perfectionner son être. Tantôt elle voulait savoir si l'âme de son oiseau était de la même nature que celle de son amant ; pourquoi il avait vécu près de vingt-huit mille ans, tandis que son amant n'en avait que dix-huit ou dix-neuf. Elle faisait cent questions pareilles, auxquelles l'oiseau répondait avec une discrétion qui irritait sa curiosité. Enfin, le sommeil ferma leurs yeux, et livra Formosante à la douce illusion des songes envoyés par les dieux, qui surpassent quelquefois la réalité même, et que toute la philosophie des Chaldéens a bien de la peine à expliquer.

Formosante ne s'éveilla que très tard. Il était petit jour chez elle quand le roi son père entra dans sa chambre. L'oiseau reçut Sa Majesté avec une politesse respectueuse, alla au-devant de lui, battit des ailes, allongea son cou, et se remit sur son oranger. Le roi s'assit sur le lit de sa fille, que ses rêves avaient encore embellie. Sa grande barbe s'approcha de ce beau visage, et après lui avoir donné deux baisers, il lui parla en ces mots :

« Ma chère fille, vous n'avez pu trouver hier un mari, comme je l'espérais ; il vous en faut un pourtant : le salut de mon empire l'exige. J'ai consulté l'oracle, qui, comme vous savez, ne ment jamais, et qui dirige toute ma conduite. Il m'a ordonné de vous faire courir le monde. Il faut que vous voyagiez. — Ah ! chez les

Gangarides sans doute », dit la princesse ; et en prononçant ces mots, qui lui échappaient, elle sentit bien qu'elle disait une sottise. Le roi, qui ne savait pas un mot de géographie, lui demanda ce qu'elle entendait par des Gangarides. Elle trouva aisément une défaite[1]. Le roi lui apprit qu'il fallait faire un pèlerinage ; qu'il avait nommé les personnes de sa suite, le doyen des conseillers d'État, le grand aumônier, une dame d'honneur, un médecin, un apothicaire, et son oiseau, avec tous les domestiques convenables.

Formosante, qui n'était jamais sortie du palais du roi son père, et qui jusqu'à la journée des trois rois et d'Amazan n'avait mené qu'une vie très insipide dans l'étiquette du faste et dans l'apparence des plaisirs, fut ravie d'avoir un pèlerinage à faire. « Qui sait, disait-elle tout bas à son cœur, si les dieux n'inspireront pas à mon cher Gangaride le même désir d'aller à la même chapelle, et si je n'aurai pas le bonheur de revoir le pèlerin ? » Elle remercia tendrement son père, en lui disant qu'elle avait eu toujours une secrète dévotion pour le saint chez lequel on l'envoyait.

Bélus donna un excellent dîner à ses hôtes ; il n'y avait que des hommes. C'étaient tous gens fort mal assortis : rois, princes, ministres, pontifes, tous jaloux les uns des autres, tous pesant leurs paroles, tous embarrassés de leurs voisins et d'eux-mêmes. Le repas fut triste, quoiqu'on y bût beaucoup. Les princesses restèrent dans leurs appartements, occupées chacune de leur départ. Elles mangèrent à leur petit couvert[2]. Formosante ensuite alla se promener dans les jardins avec son cher oiseau, qui, pour l'amuser, vola d'arbre en arbre en étalant sa superbe queue et son divin plumage.

Le roi d'Égypte, qui était chaud de vin, pour ne pas dire ivre, demanda un arc et des flèches à un de ses

---

1. Une échappatoire.
2. Repas sans cérémonie des rois et des princes.

pages. Ce prince était à la vérité l'archer le plus maladroit de son royaume. Quand il tirait au blanc[1], la place où l'on était le plus en sûreté était le but où il visait. Mais le bel oiseau, en volant aussi rapidement que la flèche, se présenta lui-même au coup, et tomba tout sanglant entre les bras de Formosante. L'Égyptien, en riant d'un sot rire, se retira dans son quartier. La princesse perça le ciel de ses cris, fondit en larmes, se meurtrit les joues et la poitrine. L'oiseau mourant lui dit tout bas : « Brûlez-moi, et ne manquez pas de porter mes cendres vers l'Arabie Heureuse, à l'orient de l'ancienne ville d'Aden ou d'Eden, et de les exposer au soleil sur un petit bûcher de gérofle et de cannelle. » Après avoir proféré ces paroles, il expira. Formosante resta longtemps évanouie et ne revit le jour que pour éclater en sanglots. Son père, partageant sa douleur et faisant des imprécations contre le roi d'Égypte, ne douta pas que cette aventure n'annonçât un avenir sinistre. Il alla vite consulter l'oracle de sa chapelle. L'oracle répondit : « Mélange de tout ; mort vivant, infidélité et constance, perte et gain, calamités et bonheur. » Ni lui ni son conseil n'y purent rien comprendre ; mais enfin il était satisfait d'avoir rempli ses devoirs de dévotion.

Sa fille, éplorée, pendant qu'il consultait l'oracle, fit rendre à l'oiseau les honneurs funèbres qu'il avait ordonnés, et résolut de le porter en Arabie au péril de ses jours. Il fut brûlé dans du lin incombustible avec l'oranger sur lequel il avait couché ; elle en recueillit la cendre dans un petit vase d'or tout entouré d'escarboucles et des diamants qu'on ôta de la gueule du lion. Que ne pût-elle, au lieu d'accomplir ce devoir funeste, brûler tout en vie le détestable roi d'Égypte ! C'était là tout son désir. Elle fit tuer, dans son dépit, les deux crocodiles, ses deux hippopotames, ses deux zèbres, ses deux rats, et fit jeter ses deux momies dans l'Euphrate ;

---

1. Dans le centre blanc de la cible.

si elle avait tenu son bœuf Apis, elle ne l'aurait pas épargné.

Le roi d'Égypte, outré de cet affront, partit sur-le-champ pour faire avancer ses trois cent mille hommes. Le roi des Indes, voyant partir son allié, s'en retourna le jour même, dans le ferme dessein de joindre ses trois cent mille Indiens à l'armée égyptienne. Le roi de Scythie délogea dans la nuit avec la princesse Aldée, bien résolu de venir combattre pour elle à la tête de trois cent mille Scythes, et de lui rendre l'héritage de Babylone, qui lui était dû, puisqu'elle descendait de la branche aînée.

De son côté la belle Formosante se mit en route à trois heures du matin avec sa caravane de pèlerins, se flattant bien qu'elle pourrait aller en Arabie exécuter les dernières volontés de son oiseau, et que la justice des dieux immortels lui rendrait son cher Amazan sans qui elle ne pouvait plus vivre.

Ainsi, à son réveil, le roi de Babylone ne trouva plus personne. « Comme les grandes fêtes se terminent, disait-il, et comme elles laissent un vide étonnant dans l'âme, quand le fracas est passé. » Mais il fut transporté d'une colère vraiment royale lorsqu'il apprit qu'on avait enlevé la princesse Aldée. Il donna ordre qu'on éveillât tous ses ministres, et qu'on assemblât le conseil. En attendant qu'ils vinssent, il ne manqua pas de consulter son oracle ; mais il ne put jamais en tirer que ces paroles si célèbres depuis dans tout l'univers : *Quand on ne marie pas les filles, elles se marient elles-mêmes.*

Aussitôt l'ordre fut donné de faire marcher trois cent mille hommes contre le roi des Scythes. Voilà donc la guerre la plus terrible allumée de tous les côtés, et elle fut produite par les plaisirs de la plus belle fête qu'on ait jamais donnée sur la terre. L'Asie allait être désolée par quatre armées de trois cent mille combattants chacune. On sent bien que la guerre de Troie, qui étonna le monde quelques siècles après, n'était qu'un jeu d'enfants en comparaison ; mais aussi on doit considérer que dans la querelle des Troyens il ne s'agissait que d'une vieille femme fort libertine qui s'était fait enlever deux fois [1], au lieu qu'ici il s'agissait de deux filles et d'un oiseau.

Le roi des Indes allait attendre son armée sur le grand et magnifique chemin qui conduisait alors en droiture de Babylone à Cachemire. Le roi des Scythes courait avec Aldée par la belle route qui menait au mont Immaüs. Tous ces chemins ont disparu dans la suite par le mauvais gouvernement. Le roi d'Égypte avait marché à l'occident, et côtoyait la petite mer Méditerranée, que les ignorants Hébreux ont depuis nommée *la Grande Mer*.

À l'égard de la belle Formosante, elle suivait le chemin de Bassora, planté de hauts palmiers qui fournissaient un ombrage éternel et des fruits dans toutes les saisons. Le temple où elle allait en pèlerinage était dans Bassora même. Le saint à qui ce temple avait été dédié était à peu près dans le goût de celui qu'on adora depuis à Lampsaque [2]. Non seulement il procurait des maris aux filles, mais il tenait lieu souvent de mari. C'était le saint le plus fêté de toute l'Asie.

Formosante ne se souciait point du tout du saint de Bassora : elle n'invoquait que son cher berger gangaride, son bel Amazan. Elle comptait s'embarquer à Bassora, et entrer dans l'Arabie Heureuse pour faire ce que l'oiseau mort avait ordonné.

À la troisième couchée, à peine était-elle entrée dans une hôtellerie où ses fourriers avaient tout préparé pour elle, qu'elle apprit que le roi d'Égypte y entrait aussi. Instruit de la marche de la princesse par ses espions, il avait sur-le-champ changé de route, suivi d'une nombreuse escorte. Il arrive ; il fait placer des sentinelles à toutes les portes ; il monte dans la chambre de la belle Formosante, et lui dit : « Mademoiselle, c'est vous

---

1. Hélène avait été enlevée par Thésée, puis par Pâris.
2. Ville sur l'Hellespont, où l'on adorait un dieu priapique.

précisément que je cherchais ; vous avez fait très peu de cas de moi lorsque j'étais à Babylone ; il est juste de punir les dédaigneuses et les capricieuses : vous aurez, s'il vous plaît, la bonté de souper avec moi ce soir ; vous n'aurez point d'autre lit que le mien, et je me conduirai avec vous selon que j'en serai content. »

Formosante vit bien qu'elle n'était pas la plus forte ; elle savait que le bon esprit consiste à se conformer à sa situation ; elle prit le parti de se délivrer du roi d'Égypte par une innocente adresse ; elle le regarda du coin de l'œil, ce qui plusieurs siècles après s'est appelé *lorgner* ; et voici comme elle lui parla avec une modestie, une grâce, une douceur, un embarras, et une foule de charmes qui auraient rendu fou le plus sage des hommes, et aveuglé le plus clairvoyant :

« Je vous avoue, monsieur, que je baissai toujours les yeux devant vous quand vous fîtes l'honneur au roi mon père de venir chez lui. Je craignais mon cœur, je craignais ma simplicité trop naïve : je tremblais que mon père et vos rivaux ne s'aperçussent de la préférence que je vous donnais, et que vous méritez si bien. Je puis à présent me livrer à mes sentiments. Je jure par le bœuf Apis, qui est, après vous, tout ce que je respecte le plus au monde, que vos propositions m'ont enchantée. J'ai déjà soupé avec vous chez le roi mon père ; j'y souperai encore bien ici sans qu'il soit de la partie ; tout ce que je vous demande, c'est que votre grand aumônier boive avec nous, il m'a paru à Babylone un très bon convive ; j'ai d'excellent vin de Chiraz, je veux vous en faire goûter à tous deux. À l'égard de votre seconde proposition, elle est très engageante ; mais il ne convient pas à une fille bien née d'en parler : qu'il vous suffise de savoir que je vous regarde comme le plus grand des rois et le plus aimable des hommes. »

Ce discours fit tourner la tête au roi d'Égypte ; il voulut bien que l'aumônier fût en tiers. « J'ai encore une grâce à vous demander, lui dit la princesse ; c'est de permettre que mon apothicaire vienne me parler ; les filles ont toujours de certaines petites incommodités qui demandent de certains soins, comme vapeurs de tête, battements de cœur, coliques, étouffements, auxquels il faut mettre un certain ordre dans de certaines circonstances ; en un mot, j'ai un besoin pressant de mon apothicaire, et j'espère que vous ne me refuserez pas cette légère marque d'amour.

— Mademoiselle, lui répondit le roi d'Égypte, quoiqu'un apothicaire ait des vues précisément opposées aux miennes, et que les objets de son art soient le contraire de ceux du mien, je sais trop bien vivre pour vous refuser une demande si juste : je vais ordonner qu'il vienne vous parler en attendant le souper ; je conçois que vous devez être un peu fatiguée du voyage ; vous devez aussi avoir besoin d'une femme de chambre, vous pourrez faire venir celle qui vous agréera davantage ; j'attendrai ensuite vos ordres et votre commodité. » Il se retira ; l'apothicaire et la femme de chambre nommée Irla arrivèrent. La princesse avait en elle une entière confiance ; elle lui ordonna de faire apporter six bouteilles de vin de Chiraz pour le souper, et d'en faire boire de pareil à tous les sentinelles qui tenaient ses officiers aux arrêts ; puis elle recommanda à l'apothicaire de faire mettre dans toutes les bouteilles certaines drogues de sa pharmacie qui faisaient dormir les gens vingt-quatre heures, et dont il était toujours pourvu. Elle fut ponctuellement obéie. Le roi revint avec le grand aumônier au bout d'une demi-heure : le souper fut très gai ; le roi et le prêtre vidèrent les six bouteilles, et avouèrent qu'il n'y avait pas de si bon vin en Égypte ; la femme de chambre eut soin d'en faire boire aux domestiques qui avaient servi. Pour la princesse, elle eut grande attention de n'en point boire, disant que son médecin l'avait mise au régime. Tout fut bientôt endormi.

L'aumônier du roi d'Égypte avait la plus belle barbe que pût porter un homme de sa sorte. Formosante la coupa très adroitement ; puis, l'ayant fait coudre à un petit ruban, elle l'attacha à son menton. Elle s'affubla de la robe du prêtre et de toutes les marques de sa dignité, habilla sa femme de chambre en sacristain de la déesse Isis ; enfin, s'étant munie de son urne et de ses pierreries, elle sortit de l'hôtellerie à travers les sentinelles, qui dormaient comme leur maître. La suivante avait eu soin de faire tenir à la porte deux chevaux prêts. La princesse ne pouvait mener avec elle aucun des officiers de sa suite : ils auraient été arrêtés par les grandes gardes.

Formosante et Irla passèrent à travers des haies de soldats qui, prenant la princesse pour le grand prêtre, l'appelaient *mon révérendissime père en Dieu*, et lui demandaient sa bénédiction. Les deux fugitives arrivent en vingt-quatre heures à Bassora, avant que le roi fût éveillé. Elles quittèrent alors leur déguisement, qui eût pu donner des soupçons. Elles frétèrent au plus vite un vaisseau qui les porta, par le détroit d'Ormus, au beau rivage d'Eden, dans l'Arabie Heureuse. C'est cet Eden dont les jardins furent si renommés qu'on en fit depuis la demeure des justes ; ils furent le modèle des Champs Élysées, des jardins des Hespérides, et de ceux des îles Fortunées ; car, dans ces climats chauds, les hommes n'imaginèrent point de plus grande béatitude que les ombrages et les murmures des eaux. Vivre éternellement dans les cieux avec l'Être suprême, ou aller se promener dans le jardin, dans le paradis, fut la même chose pour les hommes, qui parlent toujours sans s'entendre, et qui n'ont pu guère avoir encore d'idées nettes ni d'expressions justes.

Dès que la princesse se vit dans cette terre, son premier soin fut de rendre à son cher oiseau les honneurs funèbres qu'il avait exigés d'elle. Ses belles mains dressèrent un petit bûcher de gérofle et de cannelle. Quelle fut sa surprise lorsqu'ayant répandu les cendres de l'oiseau sur ce bûcher, elle le vit s'enflammer de lui-même ! Tout fut bientôt consumé. Il ne parut, à la place des cendres, qu'un gros œuf dont elle vit sortir son oiseau plus brillant qu'il ne l'avait jamais été. Ce fut le plus beau des moments que la princesse eût éprouvés dans toute sa vie ; il n'y en avait qu'un qui pût lui être plus cher : elle le désirait, mais elle ne l'espérait pas.

« Je vois bien, dit-elle à l'oiseau, que vous êtes le phénix dont on m'avait tant parlé. Je suis prête à mourir d'étonnement et de joie. Je ne croyais point à la résurrection ; mais mon bonheur m'en a convaincue. — La résurrection, madame, lui dit le phénix, est la chose du monde la plus simple. Il n'est pas plus surprenant de naître deux fois qu'une. Tout est résurrection dans ce monde ; les chenilles ressuscitent en papillons ; un noyau mis en terre ressuscite en arbre ; tous les animaux ensevelis dans la terre ressuscitent en herbes, en plantes, et nourrissent d'autres animaux dont ils font bientôt une partie de la substance : toutes les particules qui composaient les corps sont changées en différents êtres. Il est vrai que je suis le seul à qui le puissant Orosmade ait fait la grâce de ressusciter dans sa propre nature. »

Formosante, qui, depuis le jour qu'elle vit Amazan et le phénix pour la première fois, avait passé toutes ses heures à s'étonner, lui dit : « Je conçois bien que le grand Être ait pu former de vos cendres un phénix à peu près semblable à vous ; mais que vous soyez précisément la même personne, que vous ayez la même âme, j'avoue que je ne le comprends pas bien clairement. Qu'est devenue votre âme pendant que je vous portais dans ma poche après votre mort ?

— Eh ! mon Dieu ! madame, n'est-il pas aussi facile au grand Orosmade de continuer son action sur une petite étincelle de moi-même que de commencer cette action ? Il m'avait accordé auparavant le sentiment, la mémoire et la pensée : il me les accorde encore ; qu'il ait attaché cette faveur à un atome de feu élémentaire caché dans moi, ou à l'assemblage de mes organes, cela ne fait rien au fond : les phénix et les hommes ignoreront toujours comment la chose se passe ; mais la plus grande grâce que l'Être suprême m'ait accordée est de me faire renaître pour vous. Que ne puis-je passer les vingt-huit mille ans que j'ai encore à vivre jusqu'à ma prochaine résurrection entre vous et mon cher Amazan !

— Mon phénix, lui repartit la princesse, songez que les premières paroles que vous me dîtes à Babylone, et que je n'oublierai jamais, me flattèrent de l'espérance de revoir ce cher berger que j'idolâtre : il faut absolument que nous allions ensemble chez les Gangarides, et que je le ramène à Babylone. — C'est bien mon dessein, dit le phénix ; il n'y a pas un moment à perdre. Il faut aller trouver Amazan par le plus court chemin, c'est-à-dire par les airs. Il y a dans l'Arabie Heureuse deux griffons, mes amis intimes, qui ne demeurent qu'à cent cinquante milles d'ici : je vais leur écrire par la poste aux pigeons ; ils viendront avant la nuit. Nous aurons tout le temps de vous faire travailler un petit canapé commode avec des tiroirs où l'on mettra vos provisions de bouche. Vous serez très à votre aise dans cette voiture avec votre demoiselle. Les deux griffons sont les plus vigoureux de leur espèce ; chacun d'eux tiendra un des bras du canapé entre ses griffes ; mais, encore une fois, les moments sont chers. » Il alla sur-le-champ avec Formosante commander le canapé à un tapissier de sa connaissance. Il fut achevé en quatre heures. On mit dans les tiroirs des petits pains à la reine [1], des biscuits meilleurs que ceux de Babylone, des poncires, des ananas, des cocos, des pistaches, et du vin d'Eden, qui l'emporte sur le vin de Chiras autant que celui de Chiras est au-dessus de celui de Suresnes.

Le canapé était aussi léger que commode et solide. Les deux griffons arrivèrent dans Eden à point nommé. Formosante et Irla se placèrent dans la voiture. Les deux griffons l'enlevèrent comme une plume. Le phénix tantôt volait auprès, tantôt se perchait sur le dossier. Les deux griffons cinglèrent vers le Gange avec

---

[1]. Petits pains de luxe, qui auraient beaucoup plu à la reine Marie de Médicis.

la rapidité d'une flèche qui fend les airs. On ne se reposait que la nuit pendant quelques moments pour manger, et pour faire boire un coup aux deux voituriers.

On arriva enfin chez les Gangarides. Le cœur de la princesse palpitait d'espérance, d'amour et de joie. Le phénix fit arrêter la voiture devant la maison d'Amazan : il demande à lui parler ; mais il y avait trois heures qu'il en était parti, sans qu'on sût où il était allé.

Il n'y a point de termes dans la langue même des Gangarides qui puissent exprimer le désespoir dont Formosante fut accablée. « Hélas ! voilà ce que j'avais craint, dit le phénix ; les trois heures que vous avez passées dans votre hôtellerie sur le chemin de Bassora avec ce malheureux roi d'Égypte vous ont enlevé peut-être pour jamais le bonheur de votre vie : j'ai bien peur que nous n'ayons perdu Amazan sans retour. »

Alors il demanda aux domestiques si on pouvait saluer madame sa mère. Ils répondirent que son mari était mort l'avant-veille et qu'elle ne voyait personne. Le phénix, qui avait du crédit dans la maison, ne laissa pas de faire entrer la princesse de Babylone dans un salon dont les murs étaient revêtus de bois d'oranger à filets d'ivoire ; les sous-bergers et sous-bergères, en longues robes blanches ceintes de garnitures aurore, lui servirent dans cent corbeilles de simple porcelaine cent mets délicieux, parmi lesquels on ne voyait aucun cadavre déguisé : c'était du riz, du sagou[1], de la semoule, du vermicelle, des macaronis, des omelettes, des œufs au lait, des fromages à la crème, des pâtisseries de toute espèce, des légumes, des fruits d'un parfum et d'un goût dont on n'a point d'idée dans les autres climats ; c'était une profusion de liqueurs rafraîchissantes, supérieures aux meilleurs vins.

Pendant que la princesse mangeait, couchée sur un

---

1. Substance qu'on retire de certains palmiers. Sagou blanc : le tapioca.

lit de roses, quatre pavons, ou paons, ou pans, heureusement muets, l'éventaient de leurs brillantes ailes ; deux cents oiseaux, cent bergers et cent bergères, lui donnèrent un concert à deux chœurs ; les rossignols, les serins, les fauvettes, les pinsons, chantaient le dessus avec les bergères ; les bergers faisaient la haute-contre et la basse : c'était en tout la belle et simple nature. La princesse avoua que, s'il y avait plus de magnificence à Babylone, la nature était mille fois plus agréable chez les Gangarides ; mais, pendant qu'on lui donnait cette musique si consolante et si voluptueuse, elle versait des larmes ; elle disait à la jeune Irla sa compagne : « Ces bergers et ces bergères, ces rossignols et ces serins font l'amour, et moi, je suis privée du héros gangaride, digne objet de mes très tendres et très impatients désirs. »

Pendant qu'elle faisait ainsi cette collation, qu'elle admirait et qu'elle pleurait, le phénix disait à la mère d'Amazan : « Madame, vous ne pouvez vous dispenser de voir la princesse de Babylone ; vous savez... — Je sais tout, dit-elle, jusqu'à son aventure dans l'hôtellerie sur le chemin de Bassora ; un merle m'a tout conté ce matin ; et ce cruel merle est cause que mon fils, au désespoir, est devenu fou, et a quitté la maison paternelle. — Vous ne savez donc pas, reprit le phénix, que la princesse m'a ressuscité ? — Non, mon cher enfant ; je savais par le merle que vous étiez mort, et j'en étais inconsolable. J'étais si affligée de cette perte, de la mort de mon mari, et du départ précipité de mon fils, que j'avais fait défendre ma porte. Mais puisque la princesse de Babylone me fait l'honneur de me venir voir, faites-la entrer au plus vite ; j'ai des choses de la dernière conséquence à lui dire, et je veux que vous y soyez présent. » Elle alla aussitôt dans un autre salon au-devant de la princesse. Elle ne marchait pas facilement : c'était une dame d'environ trois cents années ; mais elle avait encore de beaux restes, et on voyait bien que vers les deux cent trente à quarante ans elle avait été charmante[1]. Elle reçut Formosante avec une noblesse respectueuse, mêlée d'un air d'intérêt et de douleur qui fit sur la princesse une vive impression.

Formosante lui fit d'abord ses tristes compliments sur la mort de son mari. « Hélas ! dit la veuve, vous devez vous intéresser à sa perte plus que vous ne pensez. — J'en suis touchée sans doute, dit Formosante ; il était le père de... » À ces mots elle pleura. « Je n'étais venue que pour lui et à travers bien des dangers. J'ai quitté pour lui mon père et la plus brillante cour de l'univers ; j'ai été enlevée par un roi d'Égypte, que je déteste. Échappée à ce ravisseur, j'ai traversé les airs pour venir voir ce que j'aime ; j'arrive, et il me fuit ! » Les pleurs et les sanglots l'empêchèrent d'en dire davantage.

La mère lui dit alors : « Madame, lorsque le roi d'Égypte vous ravissait, lorsque vous soupiez avec lui dans un cabaret sur le chemin de Bassora, lorsque vos belles mains lui versaient du vin de Chiraz, vous souvenez-vous d'avoir vu un merle qui voltigeait dans la chambre ? — Vraiment oui, vous m'en rappelez la mémoire ; je n'y avais pas fait d'attention ; mais, en recueillant mes idées, je me souviens très bien qu'au moment que le roi d'Égypte se leva de table pour me donner un baiser, le merle s'envola par la fenêtre en jetant un grand cri, et ne reparut plus.

— Hélas ! madame, reprit la mère d'Amazan, voilà ce qui fait précisément le sujet de nos malheurs ; mon fils avait envoyé ce merle s'informer de l'état de votre santé et de tout ce qui se passait à Babylone ; il comptait revenir bientôt se mettre à vos pieds et vous consacrer sa vie. Vous ne savez pas à quel excès il vous adore. Tous les Gangarides sont amoureux et fidèles ; mais mon fils est le plus passionné et le plus constant de

---

1. Voltaire croyait fermement, sur la foi des récits de voyage, à la longévité des habitants des Indes, riches selon lui en « vieillards de six-vingt ans ».

tous. Le merle vous rencontra dans un cabaret ; vous buviez très gaiement avec le roi d'Égypte et un vilain prêtre ; il vous vit enfin donner un tendre baiser à ce monarque qui avait tué le phénix, et pour qui mon fils conserve une horreur invincible. Le merle à cette vue fut saisi d'une juste indignation ; il s'envola en maudissant vos funestes amours ; il est revenu aujourd'hui, il a tout conté ; mais dans quels moments, juste ciel ! dans le temps où mon fils pleurait avec moi la mort de son père et celle du phénix ; dans le temps qu'il apprenait de moi qu'il est votre cousin issu de germain !

— Ô ciel ! mon cousin ! madame, est-il possible ? par quelle aventure ? comment ? quoi ! je serais heureuse à ce point ! et je serais en même temps assez infortunée pour l'avoir offensé !

— Mon fils est votre cousin, vous dis-je, reprit la mère, et je vais bientôt vous en donner la preuve ; mais en devenant ma parente vous m'arrachez mon fils ; il ne pourra survivre à la douleur que lui a causée votre baiser donné au roi d'Égypte.

— Ah ! ma tante, s'écria la belle Formosante, je jure par lui et par le puissant Orosmade que ce baiser funeste, loin d'être criminel, était la plus forte preuve d'amour que je pusse donner à votre fils. Je désobéissais à mon père pour lui. J'allais pour lui de l'Euphrate au Gange. Tombée entre les mains de l'indigne pharaon d'Égypte, je ne pouvais lui échapper qu'en le trompant. J'en atteste les cendres et l'âme du phénix, qui étaient alors dans ma poche ; il peut me rendre justice ; mais comment votre fils, né sur les bords du Gange, peut-il être mon cousin, moi dont la famille règne sur les bords de l'Euphrate depuis tant de siècles ?

— Vous savez, lui dit la vénérable Gangaride, que votre grand-oncle Aldée était roi de Babylone, et qu'il fut détrôné par le père de Bélus. — Oui, madame. — Vous savez que son fils Aldée avait eu de son mariage la princesse Aldée, élevée dans votre cour. C'est ce prince, qui, étant persécuté par votre père, vint se réfugier dans notre heureuse contrée, sous un autre nom ; c'est lui qui m'épousa ; j'en ai eu le jeune prince Aldée-Amazan, le plus beau, le plus fort, le plus courageux, le plus vertueux des mortels, et aujourd'hui le plus fou. Il alla aux fêtes de Babylone sur la réputation de votre beauté : depuis ce temps-là il vous idolâtre, et peut-être je ne reverrai jamais mon cher fils. »

Alors elle fit déployer devant la princesse tous les titres de la maison des Aldées ; à peine Formosante daigna les regarder. « Ah ! madame, s'écria-t-elle, examine-t-on ce qu'on désire ? Mon cœur vous en croit assez. Mais où est Aldée-Amazan ? où est mon parent, mon amant, mon roi ? où est ma vie ? quel chemin a-t-il pris ? J'irais le chercher dans tous les globes que l'Éternel a formés, et dont il est le plus bel ornement. J'irais dans l'étoile Canope, dans Sheat, dans Aldébaran ; j'irais le convaincre de mon amour et de mon innocence. »

Le phénix justifia la princesse du crime que lui imputait le merle d'avoir donné par amour un baiser au roi d'Égypte ; mais il fallait détromper Amazan et le ramener. Il envoie des oiseaux sur tous les chemins ; il met en campagne les licornes : on lui rapporte enfin qu'Amazan a pris la route de la Chine. « Eh bien ! allons à la Chine, s'écria la princesse ; le voyage n'est pas long ; j'espère bien vous ramener votre fils dans quinze jours au plus tard. » À ces mots, que de larmes de tendresse versèrent la mère gangaride et la princesse de Babylone ! que d'embrassements ! que d'effusion de cœur !

Le phénix commanda sur-le-champ un carrosse à six licornes. La mère fournit deux cents cavaliers, et fit présent à la princesse, sa nièce, de quelques milliers des plus beaux diamants du pays. Le phénix, affligé du mal que l'indiscrétion du merle avait causé, fit ordonner à tous les merles de vider le pays ; et c'est depuis ce temps qu'il ne s'en trouve plus sur les bords du Gange.

V

Les licornes, en moins de huit jours, amenèrent Formosante, Irla, et le phénix, à Cambalu, capitale de la Chine. C'était une ville plus grande que Babylone, et d'une espèce de magnificence toute différente. Ces nouveaux objets, ces mœurs nouvelles, auraient amusé Formosante si elle avait pu être occupée d'autre chose que d'Amazan.

Dès que l'empereur de la Chine eut appris que la princesse de Babylone était à une porte de la ville, il lui dépêcha quatre mille mandarins en robes de cérémonie ; tous se prosternèrent devant elle, et lui présentèrent chacun un compliment écrit en lettres d'or sur une feuille de soie pourpre. Formosante leur dit que si elle avait quatre mille langues, elle ne manquerait pas de répondre sur-le-champ à chaque mandarin ; mais que, n'en ayant qu'une, elle les priait de trouver bon qu'elle s'en servît pour les remercier tous en général. Ils la conduisirent respectueusement chez l'empereur.

C'était le monarque de la terre le plus juste, le plus poli, et le plus sage. Ce fut lui qui, le premier, laboura un petit champ de ses mains impériales, pour rendre l'agriculture respectable à son peuple. Il établit, le premier, des prix pour la vertu. Les lois, partout ailleurs, étaient honteusement bornées à punir les crimes. Cet empereur venait de chasser de ses États une troupe de bonzes étrangers qui étaient venus du fond de l'Occident, dans l'espoir insensé de forcer toute la Chine à penser comme eux, et qui, sous prétexte d'annoncer des vérités, avaient acquis déjà des richesses et des honneurs. Il leur avait dit, en les chassant, ces propres paroles enregistrées dans les annales de l'empire :

« Vous pourriez faire ici autant de mal que vous en avez fait ailleurs : vous êtes venus prêcher des dogmes d'intolérance chez la nation la plus tolérante de la terre. Je vous renvoie pour n'être jamais forcé de vous punir.

Vous serez reconduits honorablement sur mes frontières ; on vous fournira tout pour retourner aux bornes de l'hémisphère dont vous êtes partis. Allez en paix si vous pouvez être en paix, et ne revenez plus[1]. »

La princesse de Babylone apprit avec joie ce jugement et ce discours ; elle en était plus sûre d'être bien reçue à la cour, puisqu'elle était très éloignée d'avoir des dogmes intolérants. L'empereur de la Chine, en dînant avec elle tête à tête, eut la politesse de bannir l'embarras de toute étiquette gênante ; elle lui présenta le phénix, qui fut très caressé de l'empereur, et qui se percha sur son fauteuil. Formosante, sur la fin du repas, lui confia ingénument le sujet de son voyage, et le pria de faire chercher dans Cambalu le bel Amazan, dont elle lui conta l'aventure, sans lui rien cacher de la fatale passion dont son cœur était enflammé pour ce jeune héros. « À qui en parlez-vous ? lui dit l'empereur de la Chine ; il m'a fait le plaisir de venir dans ma cour ; il m'a enchanté, cet aimable Amazan ; il est vrai qu'il est profondément affligé ; mais ses grâces n'en sont que plus touchantes ; aucun de mes favoris n'a plus d'esprit que lui ; nul mandarin de robe n'a de plus vastes connaissances ; nul mandarin d'épée n'a l'air plus martial et plus héroïque ; son extrême jeunesse donne un nouveau prix à tous ses talents ; si j'étais assez malheureux, assez abandonné du Tien et du Changti[2] pour vouloir être conquérant, je prierais Amazan de se mettre à la tête de mes armées, et je serais sûr de triompher de l'univers entier. C'est bien dommage que son chagrin lui dérange quelquefois l'esprit.

— Ah ! monsieur, lui dit Formosante avec un air enflammé et un ton de douleur, de saisissement et de reproche, pourquoi ne m'avez-vous pas fait dîner avec

---

1. Allusion à l'expulsion des jésuites de Chine, par un arrêt du 10 janvier 1724. Les propos ici prêtés à l'empereur sont apocryphes.
2. Les missionnaires chrétiens en Chine différaient sur l'interprétation de ces deux mots, censés désigner Dieu.

lui ? Vous me faites mourir ; envoyez-le prier tout à l'heure. — Madame il est parti ce matin, et il n'a point dit dans quelle contrée il portait ses pas. » Formosante se tourna vers le phénix : « Eh bien, dit-elle, phénix, avez-vous jamais vu une fille plus malheureuse que moi ? Mais, monsieur, continua-t-elle, comment, pourquoi a-t-il pu quitter si brusquement une cour aussi polie que la vôtre, dans laquelle il me semble qu'on voudrait passer sa vie ?

— Voici, madame, ce qui est arrivé. Une princesse du sang, des plus aimables, s'est éprise de passion pour lui, et lui a donné un rendez-vous chez elle à midi ; il est parti au point du jour, et il a laissé ce billet, qui a coûté bien des larmes à ma parente.

"Belle princesse du sang de la Chine, vous méritez un cœur qui n'ait jamais été qu'à vous ; j'ai juré aux dieux immortels de n'aimer jamais que Formosante, princesse de Babylone, et de lui apprendre comment on peut dompter ses désirs dans ses voyages ; elle a eu le malheur de succomber avec un indigne roi d'Égypte : je suis le plus malheureux des hommes ; j'ai perdu mon père et le phénix, et l'espérance d'être aimé de Formosante ; j'ai quitté ma mère affligée, ma patrie, ne pouvant vivre un moment dans les lieux où j'ai appris que Formosante en aimait un autre que moi ; j'ai juré de parcourir la terre et d'être fidèle. Vous me mépriseriez, et les dieux me puniraient, si je violais mon serment ; prenez un amant, madame, et soyez aussi fidèle que moi."

— Ah ! laissez-moi cette étonnante lettre, dit la belle Formosante, elle fera ma consolation ; je suis heureuse dans mon infortune. Amazan m'aime ; Amazan renonce pour moi à la possession des princesses de la Chine ; il n'y a que lui sur la terre capable de remporter une telle victoire ; il me donne un grand exemple ; le phénix sait que je n'en avais pas besoin ; il est bien cruel d'être privée de son amant pour le plus innocent des baisers donné par pure fidélité. Mais enfin où est-il allé ? quel chemin a-t-il pris ? daignez me l'enseigner, et je pars. »

L'empereur de la Chine lui répondit qu'il croyait, sur les rapports qu'on lui avait faits, que son amant avait suivi une route qui menait en Scythie[1]. Aussitôt les licornes furent attelées, et la princesse, après les plus tendres compliments, prit congé de l'empereur avec le phénix, sa femme de chambre Irla, et toute sa suite.

Dès qu'elle fut en Scythie, elle vit plus que jamais combien les hommes et les gouvernements diffèrent, et différeront toujours jusqu'au temps où quelque peuple plus éclairé que les autres communiquera la lumière de proche en proche après mille siècles de ténèbres, et qu'il se trouvera dans des climats barbares des âmes héroïques qui auront la force et la persévérance de changer les brutes en hommes. Point de villes en Scythie, par conséquent point d'arts agréables. On ne voyait que de vastes prairies et des nations entières sous des tentes et sur des chars. Cet aspect imprimait la terreur. Formosante demanda dans quelle tente ou dans quelle charrette logeait le roi. On lui dit que depuis huit jours il s'était mis en marche à la tête de trois cent mille hommes de cavalerie pour aller à la rencontre du roi de Babylone, dont il avait enlevé la nièce, la belle princesse Aldée. « Il a enlevé ma cousine ! s'écria Formosante ; je ne m'attendais pas à cette nouvelle aventure. Quoi ! ma cousine, qui était trop heureuse de me faire la cour, est devenue reine, et je ne suis pas encore mariée. » Elle se fit conduire incontinent aux tentes de la reine.

Leur réunion inespérée dans ces climats lointains, les choses singulières qu'elles avaient mutuellement à s'apprendre, mirent dans leur entrevue un charme qui leur fit oublier qu'elles ne s'étaient jamais aimées ; elles se revirent avec transport ; une douce illusion se mit à la place de la vraie tendresse ; elles s'embrassèrent

---

1. En gros, la Tartarie.

en pleurant, et il y eut même entre elles de la cordialité et de la franchise, attendu que l'entrevue ne se faisait pas dans un palais.

Aldée reconnut le phénix et la confidente Irla ; elle donna des fourrures de zibeline à sa cousine, qui lui donna des diamants. On parla de la guerre que les deux rois entreprenaient ; on déplora la condition des hommes, que des monarques envoient par fantaisie s'égorger pour des différends que deux honnêtes gens pourraient concilier en une heure ; mais surtout on s'entretint du bel étranger vainqueur des lions, donneur des plus gros diamants de l'univers, faiseur de madrigaux, possesseur du phénix, devenu le plus malheureux des hommes sur le rapport d'un merle. « C'est mon cher frère, disait Aldée. — C'est mon amant ! s'écriait Formosante ; vous l'avez vu sans doute, il est peut-être encore ici ; car, ma cousine, il sait qu'il est votre frère ; il ne vous aura pas quittée brusquement comme il a quitté le roi de la Chine.

— Si je l'ai vu, grands dieux ! reprit Aldée ; il a passé quatre jours entiers avec moi. Ah ! ma cousine, que mon frère est à plaindre ! Un faux rapport l'a rendu absolument fou ; il court le monde sans savoir où il va. Figurez-vous qu'il a poussé la démence jusqu'à refuser les faveurs de la plus belle Scythe de toute la Scythie. Il partit hier après lui avoir écrit une lettre dont elle a été désespérée. Pour lui, il est allé chez les Cimmériens. — Dieu soit loué ! s'écria Formosante ; encore un refus en ma faveur ! mon bonheur a passé mon espoir, comme mon malheur a surpassé toutes mes craintes. Faites-moi donner cette lettre charmante, que je parte, que je le suive, les mains pleines de ses sacrifices. Adieu, ma cousine ; Amazan est chez les Cimmériens : j'y vole. »

Aldée trouva que la princesse sa cousine était encore plus folle que son frère Amazan. Mais comme elle avait senti elle-même les atteintes de cette épidémie, comme elle avait quitté les délices et la magnificence de Babylone pour le roi des Scythes, comme les femmes s'intéressent toujours aux folies dont l'amour est cause, elle s'attendrit véritablement pour Formosante, lui souhaita un heureux voyage, et lui promit de servir sa passion si jamais elle était assez heureuse pour revoir son frère.

VI

Bientôt la princesse de Babylone et le phénix arrivèrent dans l'empire des Cimmériens, bien moins peuplé, à la vérité, que la Chine, mais deux fois plus étendu ; autrefois semblable à la Scythie, et devenu depuis quelque temps aussi florissant que les royaumes qui se vantaient d'instruire les autres États.

Après quelques jours de marche on entra dans une très grande ville que l'impératrice régnante faisait embellir ; mais elle n'y était pas : elle voyageait alors des frontières de l'Europe à celles de l'Asie pour connaître ses États par ses yeux, pour juger des maux et porter les remèdes, pour accroître les avantages, pour semer l'instruction [1].

Un des principaux officiers de cette ancienne capitale, instruit de l'arrivée de la Babylonienne et du phénix, s'empressa de rendre ses hommages à la princesse, et de lui faire les honneurs du pays, bien sûr que sa maîtresse, qui était la plus polie et la plus magnifique des reines, lui saurait gré d'avoir reçu une si grande dame avec les mêmes égards qu'elle aurait prodigués elle-même.

On logea Formosante au palais, dont on écarta une foule importune de peuple ; on lui donna des fêtes ingénieuses. Le seigneur cimmérien, qui était un grand naturaliste [2], s'entretint beaucoup avec le phénix dans les

---

1. Allusion à un voyage de Catherine II dans ses États, dont elle informe Voltaire par une lettre du 6 avril 1767.
2. Schouvalov, en correspondance avec Voltaire ?

Voir *Au fil du texte*, p. XVIII.

temps où la princesse était retirée dans son appartement. Le phénix lui avoua qu'il avait autrefois voyagé chez les Cimmériens, et qu'il ne reconnaissait plus le pays. Comment de si prodigieux changements, disait-il, ont-ils pu être opérés dans un temps si court ? Il n'y a pas trois cents ans que je vis ici la nature sauvage dans toute son horreur ; j'y trouve aujourd'hui les arts, la splendeur, la gloire et la politesse. — Un seul homme [1] a commencé ce grand ouvrage, répondit le Cimmérien ; une femme l'a perfectionné ; une femme a été meilleure législatrice que l'Isis des Égyptiens et la Cérès des Grecs. La plupart des législateurs ont eu un génie étroit et despotique qui a resserré leurs vues dans le pays qu'ils ont gouverné ; chacun a regardé son peuple comme étant seul sur la terre, ou comme devant être l'ennemi du reste de la terre. Ils ont formé des institutions pour ce seul peuple, introduit des usages pour lui seul, établi une religion pour lui seul. C'est ainsi que les Égyptiens, si fameux par des monceaux de pierres, se sont abrutis et déshonorés par leurs superstitions barbares. Ils croient les autres nations profanes, ils ne communiquent point avec elles ; et, excepté la cour, qui s'élève quelquefois au-dessus des préjugés vulgaires, il n'y a pas un Égyptien qui voulût manger dans un plat dont un étranger se serait servi. Leurs prêtres sont cruels et absurdes. Il vaudrait mieux n'avoir point de lois, et n'écouter que la nature, qui a gravé dans nos cœurs les caractères du juste et de l'injuste, que de soumettre la société à des lois si insociables.

« Notre impératrice embrasse des projets entièrement opposés : elle considère son vaste État, sur lequel tous les méridiens viennent se joindre, comme devant correspondre à tous les peuples qui habitent sous ces différents méridiens. La première de ses lois a été la tolérance de toutes les religions, et la compassion pour toutes les erreurs. Son puissant génie a connu que si

---

1. Pierre le Grand.

les cultes sont différents, la morale est partout la même ; par ce principe elle a lié sa nation à toutes les nations du monde, et les Cimmériens vont regarder le Scandinavien et le Chinois comme leurs frères. Elle a fait plus : elle a voulu que cette précieuse tolérance, le premier lien des hommes, s'établît chez ses voisins ; ainsi elle a mérité le titre de mère de la patrie, et elle aura celui de bienfaitrice du genre humain, si elle persévère.

« Avant elle, des hommes malheureusement puissants envoyaient des troupes de meurtriers ravir à des peuplades inconnues et arroser de leur sang les héritages de leurs pères : on appelait ces assassins des héros ; leur brigandage était de la gloire. Notre souveraine a une autre gloire : elle a fait marcher des armées pour apporter la paix, pour empêcher les hommes de se nuire, pour les forcer à se supporter les uns les autres ; et ses étendards ont été ceux de la concorde publique. »

Le phénix, enchanté de tout ce que lui apprenait ce seigneur, lui dit : « Monsieur, il y a vingt-sept mille neuf cents années et sept mois que je suis au monde ; je n'ai encore rien vu de comparable à ce que vous me faites entendre. » Il lui demanda des nouvelles de son ami Amazan ; le Cimmérien lui conta les mêmes choses qu'on avait dites à la princesse chez les Chinois et chez les Scythes. Amazan s'enfuyait de toutes les cours qu'il visitait sitôt qu'une dame lui avait donné un rendez-vous auquel il craignait de succomber. Le phénix instruisit bientôt Formosante de cette nouvelle marque de fidélité qu'Amazan lui donnait, fidélité d'autant plus étonnante qu'il ne pouvait pas soupçonner que sa princesse en fût jamais informée.

Il était parti pour la Scandinavie. Ce fut dans ces climats que des spectacles nouveaux frappèrent encore ses yeux. Ici la royauté et la liberté subsistaient ensemble par un accord qui paraît impossible dans d'autres États ; les agriculteurs avaient part à la législation, aussi bien que les grands du royaume ; et un jeune prince ¹ donnait les plus grandes espérances d'être digne de commander à une nation libre. Là c'était quelque chose de plus étrange : le seul roi qui fût despotique de droit sur la terre par un contrat formel avec son peuple était en même temps le plus jeune et le plus juste des rois ².

Chez les Sarmates, Amazan vit un philosophe sur le trône : on pouvait l'appeler *le roi de l'anarchie,* car il était le chef de cent mille petits rois dont un seul pouvait d'un mot anéantir les résolutions de tous les autres. Éole n'avait pas plus de peine à contenir tous les vents qui se combattent sans cesse, que ce monarque n'en avait à concilier les esprits : c'était un pilote environné d'un éternel orage ; et cependant le vaisseau ne se brisait pas, car le prince était un excellent pilote ³.

En parcourant tous ces pays si différents de sa patrie, Amazan refusait constamment toutes les bonnes fortunes qui se présentaient à lui, toujours désespéré du baiser que Formosante avait donné au roi d'Égypte, toujours affermi dans son inconcevable résolution de donner à Formosante l'exemple d'une fidélité unique et inébranlable.

La princesse de Babylone avec le phénix le suivait partout à la piste, et ne le manquait jamais que d'un jour ou deux, sans que l'un se lassât de courir, et sans que l'autre perdît un moment à le suivre.

Ils traversèrent ainsi toute la Germanie ; ils admirèrent les progrès que la raison et la philosophie faisaient dans le Nord : tous les princes y étaient instruits, tous

---

1. Le futur Gustave III de Suède, qui s'appropria en 1772 un pouvoir jusqu'alors détenu par le Sénat.
3. Christian VII, « despote » légal depuis la constitution de 1665. Le 13 juin 1768, Voltaire écrit : « On dit que le despotisme en fait d'assez bonnes en Danemark, et la liberté de meilleures en Suède. »
3. Stanislas-Auguste Poniatowski, roi électif de Pologne. Les « cent mille petits rois » sont les électeurs de la noblesse à la Diète de Varsovie, où un seul veto paralyse toute décision. Le premier partage de la Pologne aura lieu en 1772.

autorisaient la liberté de penser ; leur éducation n'avait point été confiée à des hommes qui eussent intérêt de les tromper, ou qui fussent trompés eux-mêmes : on les avait élevés dans la connaissance de la morale universelle, et dans le mépris des superstitions ; on avait banni dans tous ces États un usage insensé, qui énervait et dépeuplait plusieurs pays méridionaux : cette coutume était d'enterrer tout vivants, dans de vastes cachots, un nombre infini des deux sexes éternellement séparés l'un de l'autre, et de leur faire jurer de n'avoir jamais de communication ensemble. Cet excès de démence, accrédité pendant des siècles, avait dévasté la terre autant que les guerres les plus cruelles.

Les princes du Nord avaient à la fin compris que, si on voulait avoir des haras, il ne fallait pas séparer les plus forts chevaux des cavales. Ils avaient détruit aussi des erreurs non moins bizarres et non moins pernicieuses. Enfin les hommes osaient être raisonnables dans ces vastes pays, tandis qu'ailleurs on croyait encore qu'on ne peut les gouverner qu'autant qu'ils sont imbéciles[1].

VII

Amazan arriva chez les Bataves ; son cœur éprouva une douce satisfaction dans son chagrin d'y retrouver quelque faible image du pays des heureux Gangarides : la liberté, l'égalité, la propreté, l'abondance, la tolérance[2] ; mais les dames du pays étaient si froides qu'aucune ne lui fit d'avances comme on lui en avait fait partout ailleurs ; il n'eut pas la peine de résister. S'il avait voulu attaquer ces dames, il les aurait toutes

---

1. On voit que Voltaire escamote un éloge spécifique de la Prusse de Frédéric II ! La plaie du séjour berlinois saigne encore.
2. Jugement flatteur habituel chez Voltaire.

subjuguées l'une après l'autre, sans être aimé d'aucune ; mais il était bien éloigné de songer à faire des conquêtes.

Formosante fut sur le point de l'attraper chez cette nation insipide : il ne s'en fallut que d'un moment.

Amazan avait entendu parler chez les Bataves avec tant d'éloges d'une certaine île, nommée Albion, qu'il s'était déterminé à s'embarquer, lui et ses licornes, sur un vaisseau qui, par un vent d'orient favorable, l'avait porté en quatre heures au rivage de cette terre plus célèbre que Tyr et que l'île Atlantide.

La belle Formosante, qui l'avait suivi au bord de la Duina, de la Vistule, de l'Elbe, du Véser, arrive enfin aux bouches du Rhin, qui portait alors ses eaux rapides dans la mer Germanique.

Elle apprend que son cher amant a vogué aux côtes d'Albion ; elle croit voir son vaisseau ; elle pousse des cris de joie dont toutes les dames bataves furent surprises, n'imaginant pas qu'un jeune homme pût causer tant de joie ; et à l'égard du phénix, elles n'en firent pas grand cas, parce qu'elles jugèrent que ses plumes ne pourraient probablement se vendre aussi bien que celles des canards et des oisons de leurs marais. La princesse de Babylone loua ou nolisa[1] deux vaisseaux pour la transporter avec tout son monde dans cette bienheureuse île, qui allait posséder l'unique objet de tous ses désirs, l'âme de sa vie, le dieu de son cœur.

Un vent funeste d'occident s'éleva tout à coup dans le moment même où le fidèle et malheureux Amazan mettait pied à terre en Albion : les vaisseaux de la princesse de Babylone ne purent démarrer[2]. Un serrement de cœur, une douleur amère, une mélancolie profonde, saisirent Formosante ; elle se mit au lit, dans sa douleur, en attendant que le vent changeât ; mais il souffla huit jours entiers avec une violence désespérante. La

---

1. Affréta.
2. Lever les amarres.

princesse, pendant ce siècle de huit jours, se faisait lire par Irla des romans : ce n'est pas que les Bataves en sussent faire ; mais, comme ils étaient les facteurs[1] de l'univers, ils vendaient l'esprit des autres nations, ainsi que leurs denrées. La princesse fit acheter chez Marc-Michel Rey[2] tous les contes que l'on avait écrits chez les Ausoniens et chez les Velches[3], et dont le débit était défendu sagement chez ces peuples pour enrichir les Bataves ; elle espérait qu'elle trouverait dans ces histoires quelque aventure qui ressemblerait à la sienne, et qui charmerait sa douleur. Irla lisait, le phénix disait son avis, et la princesse ne trouvait rien dans *la Paysanne parvenue*, ni dans *le Sopha*, ni dans *les Quatre Facardins*[4], qui eût le moindre rapport à ses aventures ; elle interrompait à tout moment la lecture pour demander de quel côté venait le vent.

VIII

Cependant Amazan était déjà sur le chemin de la capitale d'Albion, dans son carrosse à six licornes, et rêvait à sa princesse. Il aperçut un équipage versé dans un fossé ; les domestiques s'étaient écartés pour aller chercher du secours ; le maître de l'équipage restait tranquillement dans sa voiture, ne témoignant pas la plus légère impatience, et s'amusant à fumer, car on fumait alors : il se nommait milord *What-then*, ce qui signifie à peu près milord *Qu'importe* en la langue dans laquelle je traduis ces mémoires.

Amazan se précipita pour lui rendre service ; il releva tout seul la voiture, tant sa force était supérieure à celle

---

1. Terme de commerce : les représentants.
2. Célèbre éditeur d'Amsterdam.
3. Les Italiens et les Français.
4. Respectivement, un roman de Mouhy, de Crébillon, un conte d'Hamilton.

des autres hommes. Milord Qu'importe se contenta de dire : « Voilà un homme bien vigoureux. » Des rustres du voisinage, étant accourus, se mirent en colère de ce qu'on les avait fait venir inutilement, et s'en prirent à l'étranger ; ils le menacèrent en l'appelant *chien d'étranger*, et ils voulurent le battre [1].

Amazan en saisit deux de chaque main, et les jeta à vingt pas ; les autres le respectèrent, le saluèrent, lui demandèrent pour boire : il leur donna plus d'argent qu'ils n'en avaient jamais vu. Milord Qu'importe lui dit : « Je vous estime ; venez dîner avec moi dans ma maison de campagne, qui n'est qu'à trois milles » ; il monta dans la voiture d'Amazan, parce que la sienne était dérangée par la secousse.

Après un quart d'heure de silence, il regarda un moment Amazan, et lui dit : *How dye do ?* à la lettre : *Comment faites-vous faire ?* et dans la langue du traducteur : *Comment vous portez-vous ?* ce qui ne veut rien dire du tout en aucune langue ; puis il ajouta : « Vous avez là six jolies licornes » ; et il se remit à fumer.

Le voyageur lui dit que ses licornes étaient à son service ; qu'il venait avec elles du pays des Gangarides ; et il en prit occasion de lui parler de la princesse de Babylone, et du fatal baiser qu'elle avait donné au roi d'Égypte ; à quoi l'autre ne répliqua rien du tout, se souciant très peu qu'il y eût dans le monde un roi d'Égypte et une princesse de Babylone. Il fut encore un quart d'heure sans parler ; après quoi il redemanda à son compagnon *comment il faisait faire*, et si on mangeait du bon *roast-beef* dans le pays des Gangarides. Le voyageur lui répondit avec sa politesse ordinaire qu'on ne mangeait point ses frères sur les bords du Gange. Il lui expliqua le système qui fut, après tant de siècles, celui de Pythagore, de Porphyre, de Iamblique.

---

1. Les Anglais du peuple passaient pour xénophobes.

Sur quoi milord s'endormit, et ne fit qu'un somme jusqu'à ce qu'on fût arrivé à sa maison.

Il avait une femme jeune et charmante, à qui la nature avait donné une âme aussi vive et aussi sensible que celle de son mari était indifférente. Plusieurs seigneurs albioniens étaient venus ce jour-là pour dîner avec elle. Il y avait des caractères de toutes les espèces ; car le pays n'ayant presque jamais été gouverné que par des étrangers, les familles venues avec ces princes avaient toutes apporté des mœurs différentes. Il se trouva dans la compagnie des gens très aimables, d'autres d'un esprit supérieur, quelques-uns d'une science profonde.

La maîtresse de la maison n'avait rien de cet air emprunté et gauche, de cette roideur, de cette mauvaise honte qu'on reprochait alors aux jeunes femmes d'Albion ; elle ne cachait point, par un maintien dédaigneux et par un silence affecté, la stérilité de ses idées et l'embarras humiliant de n'avoir rien à dire : nulle femme n'était plus engageante. Elle reçut Amazan avec la politesse et les grâces qui lui étaient naturelles. L'extrême beauté de ce jeune étranger, et la comparaison soudaine qu'elle fit entre lui et son mari, la frappèrent d'abord sensiblement.

On servit. Elle fit asseoir Amazan à côté d'elle, et lui fit manger des poudings de toute espèce, ayant su de lui que les Gangarides ne se nourrissaient de rien qui eût reçu des dieux le don céleste de la vie. Sa beauté, sa force, les mœurs des Gangarides, les progrès des arts, la religion et le gouvernement, furent le sujet d'une conversation aussi agréable qu'instructive pendant le repas, qui dura jusqu'à la nuit, et pendant lequel milord Qu'importe but beaucoup et ne dit mot.

Après le dîner, pendant que milady versait du thé et qu'elle dévorait des yeux le jeune homme, il s'entretenait avec un membre du parlement ; car chacun sait que dès lors il y avait un parlement, et qu'il s'appelait *wittenagemoth*, ce qui signifie *l'assemblée des gens d'esprit*. Amazan s'informait de la constitution, des mœurs, des lois, des forces, des usages, des arts, qui rendaient ce pays si recommandable ; et ce seigneur lui parlait en ces termes :

« Nous avons longtemps marché tout nus, quoique le climat ne soit pas chaud. Nous avons été longtemps traités en esclaves par des gens venus de l'antique terre de Saturne, arrosée des eaux du Tibre ; mais nous nous sommes fait nous-mêmes beaucoup plus de maux que nous n'en avions essuyé de nos premiers vainqueurs. Un de nos rois[1] poussa la bassesse jusqu'à se déclarer sujet d'un prêtre qui demeurait aussi sur les bords du Tibre, et qu'on appelait *le Vieux des sept montagnes*[2] : tant la destinée de ces sept montagnes a été longtemps de dominer sur une grande partie de l'Europe habitée alors par des brutes !

« Après ces temps d'avilissement sont venus des siècles de férocité et d'anarchie. Notre terre, plus orageuse que les mers qui l'environnent, a été saccagée et ensanglantée par nos discordes. Plusieurs têtes couronnées ont péri par le dernier supplice. Plus de cent princes du sang des rois ont fini leurs jours sur l'échafaud ; on a arraché le cœur de tous leurs adhérents, et on en a battu leurs joues. C'était au bourreau qu'il appartenait d'écrire l'histoire de notre île, puisque c'était lui qui avait terminé toutes les grandes affaires.

« Il n'y a pas longtemps que, pour comble d'horreur, quelques personnes portant un manteau noir, et d'autres qui mettaient une chemise blanche par-dessus leur jaquette, ayant été mordues par des chiens enragés communiquèrent la rage à la nation entière. Tous les citoyens furent ou meurtriers ou égorgés, ou bourreaux ou suppliciés, ou déprédateurs esclaves, au nom du ciel et en cherchant le Seigneur[3].

« Qui croirait que de cet abîme épouvantable, de ce

---

1. Jean sans Terre.
2. La pape, qui règne sur les sept collines de Rome.
3. Allusion aux guerres civiles sous Charles Ier. Les manteaux noirs désignent les Puritains, les chemises blanches les prêtres anglicans.

chaos de dissensions, d'atrocités, d'ignorance et de fanatisme, il est enfin résulté le plus parfait gouvernement peut-être qui soit aujourd'hui dans le monde ? Un roi honoré et riche, tout-puissant pour faire le bien, impuissant pour faire le mal, est à la tête d'une nation libre, guerrière, commerçante et éclairée. Les grands d'un côté, et les représentants des villes de l'autre, partagent la législation avec le monarque [1].

« On avait vu, par une fatalité singulière, le désordre, les guerres civiles, l'anarchie et la pauvreté, désoler le pays quand les rois affectaient le pouvoir arbitraire. La tranquillité, la richesse, la félicité publique, n'ont régné chez nous que quand les rois ont reconnu qu'ils n'étaient pas absolus [2]. Tout était subverti quand on disputait sur des choses inintelligibles ; tout a été dans l'ordre quand on les a méprisées. Nos flottes victorieuses portent notre gloire sur toutes les mers ; et les lois mettent en sûreté nos fortunes ; jamais un juge ne peut les expliquer arbitrairement ; jamais on ne rend un arrêt qui ne soit motivé. Nous punirions comme des assassins des juges qui oseraient envoyer à la mort un citoyen sans manifester les témoignages qui l'accusent et la loi qui le condamne.

« Il est vrai qu'il y a toujours chez nous deux partis qui se combattent avec la plume et avec des intrigues ; mais aussi ils se réunissent toujours quand il s'agit de prendre les armes pour défendre la patrie et la liberté. Ces deux partis veillent l'un sur l'autre ; ils s'empêchent mutuellement de violer le dépôt sacré des lois ; ils se haïssent, mais ils aiment l'État : ce sont des amants jaloux qui servent à l'envi la même maîtresse [3].

« Du même fonds d'esprit qui nous a fait connaître et soutenir les droits de la nature humaine nous avons porté les sciences au plus haut point où elles puissent parvenir chez les hommes. Vos Égyptiens, qui passent

---

1. La Chambre des lords et celle des communes.
2. À partir de la *Glorious Revolution* de 1688.
3. Les whigs et les tories.

pour de si grands mécaniciens ; vos Indiens, qu'on croit de si grands philosophes ; vos Babyloniens, qui se vantent d'avoir observé les astres pendant quatre cent trente mille années ; les Grecs, qui ont écrit tant de phrases et si peu de choses, ne savent précisément rien en comparaison de nos moindres écoliers, qui ont étudié les découvertes de nos grands maîtres. Nous avons arraché plus de secrets à la nature dans l'espace de cent années que le genre humain n'en avait découvert dans la multitude des siècles.

« Voilà au vrai l'état où nous sommes. Je ne vous ai caché ni le bien, ni le mal, ni nos opprobres, ni notre gloire ; et je n'ai rien exagéré. »

Amazan, à ce discours, se sentit pénétré du désir de s'instruire dans ces sciences sublimes dont on lui parlait ; et si sa passion pour la princesse de Babylone, son respect filial pour sa mère, qu'il avait quittée, et l'amour de sa patrie, n'eussent fortement parlé à son cœur déchiré, il aurait voulu passer sa vie dans l'île d'Albion ; mais ce malheureux baiser donné par sa princesse au roi d'Égypte ne lui laissait pas assez de liberté dans l'esprit pour étudier les hautes sciences.

« Je vous avoue, dit-il, que m'ayant imposé la loi de courir le monde et de m'éviter moi-même, je serais curieux de voir cette antique terre de Saturne, ce peuple du Tibre et des sept montagnes à qui vous avez obéi autrefois ; il faut, sans doute, que ce soit le premier peuple de la terre. — Je vous conseille de faire ce voyage [1], lui répondit l'Albionien, pour peu que vous aimiez la musique et la peinture. Nous allons très souvent nous-mêmes porter quelquefois notre ennui vers les sept montagnes. Mais vous serez bien étonné en voyant les descendants de nos vainqueurs. »

Cette conversation fut longue. Quoique le bel Amazan eût la cervelle un peu attaquée, il parlait avec tant

---

1. Allusion aux voyages des Anglais en Europe, notamment en Italie.

d'agréments, sa voix était si touchante, son maintien si noble et si doux, que la maîtresse de la maison ne put s'empêcher de l'entretenir à son tour tête à tête. Elle lui serra tendrement la main en lui parlant, et en le regardant avec des yeux humides et étincelants qui portaient les désirs dans tous les ressorts de la vie. Elle le retint à souper et à coucher. Chaque instant, chaque parole, chaque regard, enflammèrent sa passion. Dès que tout le monde fut retiré, elle lui écrivit un petit billet, ne doutant pas qu'il ne vînt lui faire la cour dans son lit, tandis que milord Qu'importe dormait dans le sien. Amazan eut encore le courage de résister : tant un grain de folie produit d'effets miraculeux dans une âme forte et profondément blessée.

Amazan, selon la coutume, fit à la dame une réponse respectueuse, par laquelle il lui représentait la sainteté de son serment, et l'obligation étroite où il était d'apprendre à la princesse de Babylone à dompter ses passions ; après quoi il fit atteler ses licornes, et repartit pour la Batavie, laissant toute la compagnie émerveillée de lui, et la dame du logis désespérée. Dans l'excès de sa douleur, elle laissa traîner la lettre d'Amazan ; milord Qu'importe la lut le lendemain matin. « Voilà, dit-il en levant les épaules, de bien plates niaiseries » ; et il alla chasser au renard avec quelques ivrognes du voisinage.

Amazan voguait déjà sur la mer, muni d'une carte géographique dont lui avait fait présent le savant Albionien qui s'était entretenu avec lui chez milord Qu'importe. Il voyait avec surprise une grande partie de la terre sur une feuille de papier.

Ses yeux et son imagination s'égaraient dans ce petit espace ; il regardait le Rhin, le Danube, les Alpes du Tyrol, marqués alors par d'autres noms, et tous les pays par où il devait passer avant d'arriver à la ville des sept montagnes ; mais surtout il jetait les yeux sur la contrée des Gangarides, sur Babylone, où il avait vu sa chère princesse, et sur le fatal pays de Bassora, où elle avait donné un baiser au roi d'Égypte. Il soupirait, il versait des larmes ; mais il convenait que l'Albionien, qui lui avait fait présent de l'univers en raccourci, n'avait pas eu tort en disant qu'on était mille fois plus instruit sur les bords de la Tamise que sur ceux du Nil, de l'Euphrate, et du Gange.

Comme il retournait en Batavie, Formosante volait vers Albion avec ses deux vaisseaux, qui cinglaient à pleines voiles ; celui d'Amazan et celui de la princesse se croisèrent, se touchèrent presque : les deux amants étaient près l'un de l'autre, et ne pouvaient s'en douter. Ah, s'ils l'avaient su ! Mais l'impérieuse destinée ne le permit pas.

IX

Sitôt qu'Amazan fut débarqué sur le terrain égal et fangeux de la Batavie, il partit comme un éclair pour la ville aux sept montagnes. Il fallut traverser la partie méridionale de la Germanie. De quatre milles en quatre milles on trouvait un prince et une princesse, des filles d'honneur, et des gueux[1]. Il était étonné des coquetteries que ces dames et ces filles d'honneur lui faisaient partout avec la bonne foi germanique, et il n'y répondait que par de modestes refus. Après avoir franchi les Alpes, il s'embarqua sur la mer de Dalmatie, et aborda dans une ville qui ne ressemblait à rien du tout de ce qu'il avait vu jusqu'alors. La mer formait les rues, les maisons étaient bâties dans l'eau. Le peu de places publiques qui ornaient cette ville était couvert d'hommes et de femmes qui avaient un double visage, celui que la nature leur avait donné, et une face de carton mal peint, qu'ils appliquaient par-dessus : en sorte que la nation semblait composée de spectres. Les étrangers qui venaient dans cette contrée commençaient par acheter

---

1. L'Allemagne ne sera unifiée qu'au XIXe siècle.

un visage, comme on se pourvoit ailleurs de bonnets et de souliers. Amazan dédaigna cette mode contre nature ; il se présenta tel qu'il était. Il y avait dans la ville douze mille filles enregistrées dans le grand livre de la république : filles utiles à l'État, chargées du commerce le plus avantageux et le plus agréable qui ait jamais enrichi une nation[1]. Les négociants ordinaires envoyaient à grands frais et à grands risques des étoffes dans l'Orient ; ces belles négociantes faisaient sans aucun risque un trafic toujours renaissant de leurs attraits. Elles vinrent toutes se présenter au bel Amazan, et lui offrir le choix. Il s'enfuit au plus vite en prononçant le nom de l'incomparable princesse de Babylone, et en jurant par les dieux immortels qu'elle était plus belle que toutes les douze mille filles vénitiennes. « Sublime friponne, s'écriait-il dans ses transports, je vous apprendrai à être fidèle ! »

Enfin les ondes jaunes du Tibre, des marais empestés, des habitants hâves, décharnés et rares, couverts de vieux manteaux troués qui laissaient voir leur peau sèche et tannée, se présentèrent à ses yeux, et lui annoncèrent qu'il était à la porte de la ville aux sept montagnes, de cette ville de héros et de législateurs qui avaient conquis et policé une grande partie du globe.

Il s'était imaginé qu'il verrait à la porte triomphale cinq cents bataillons commandés par des héros, et dans le sénat, une assemblée de demi-dieux donnant des lois à la terre ; il trouva, pour toute armée, une trentaine de gredins montant la garde avec un parasol, de peur du soleil. Ayant pénétré jusqu'à un temple qui lui parut très beau, mais moins que celui de Babylone, il fut assez surpris d'y entendre une musique exécutée par des hommes qui avaient des voix de femmes.

« Voilà, dit-il, un plaisant pays que cette antique terre de Saturne ! J'ai vu une ville où personne n'avait

---

[1]. On recensait à Venise, dès le XVIe siècle, plus de 10 000 prostituées pour 130 000 habitants.

son visage ; en voici une autre où les hommes n'ont ni leur voix ni leur barbe. » On lui dit que ces chantres n'étaient plus hommes, qu'on les avait dépouillés de leur virilité afin qu'ils chantassent plus agréablement les louanges d'une prodigieuse quantité de gens de mérite. Amazan ne comprit rien à ce discours. Ces messieurs le prièrent de chanter ; il chanta un air gangaride avec sa grâce ordinaire.

Sa voix était une très belle haute-contre. « Ah ! monsignor, lui dirent-ils, quel charmant soprano vous auriez ! Ah ! si... — Comment, si ? Que prétendez-vous dire ? — Ah ! monsignor !... — Eh bien ? — Si vous n'aviez point de barbe ! » Alors ils lui expliquèrent très plaisamment et avec des gestes fort comiques, selon leur coutume, de quoi il était question. Amazan demeura tout confondu. « J'ai voyagé, dit-il, et jamais je n'ai entendu parler d'une telle fantaisie. »

Lorsqu'on eut bien chanté, le *Vieux des sept montagnes* alla en grand cortège à la porte du temple ; il coupa l'air en quatre avec le pouce élevé, deux doigts étendus et deux autres pliés, en disant ces mots dans une langue qu'on ne parlait plus : *À la ville et à l'univers**. Le Gangaride ne pouvait comprendre que deux doigts pussent atteindre si loin.

Il vit bientôt défiler toute la cour du maître du monde : elle était composée de graves personnages, les uns en robes rouges, les autres en violet ; presque tous regardaient le bel Amazan en adoucissant les yeux ; ils lui faisaient des révérences, et se disaient l'un à l'autre : *San Martino, che bel ragazzo ! San Pancratio, che bel fanciullo*[1] *!*

Les ardents[2], dont le métier était de montrer aux étrangers les curiosités de la ville, s'empressèrent de lui

---

* *Urbi et orbi.*

1. « Saint Martin, quel beau garçon ! Saint Pancrace, quel bel enfant ! »

2. Les membres de la congrégation de Saint-Antoine, qui soignaient les victimes du « feu de saint Antoine ».

faire voir des masures où un muletier ne voudrait pas passer la nuit, mais qui avaient été autrefois de dignes monuments de la grandeur d'un peuple roi. Il vit encore des tableaux de deux cents ans, et des statues de plus de vingt siècles, qui lui parurent des chefs-d'œuvre. « Faites-vous encore de pareils ouvrages ?

— Non, Votre Excellence, lui répondit un des ardents ; mais nous méprisons le reste de la terre, parce que nous conservons ces raretés. Nous sommes des espèces de fripiers qui tirons notre gloire des vieux habits qui restent dans nos magasins. »

Amazan voulut voir le palais du prince ; on l'y conduisit. Il vit des hommes en violet qui comptaient l'argent des revenus de l'État : tant d'une terre située sur le Danube, tant d'une autre sur la Loire, ou sur le Guadalquivir, ou sur la Vistule. « Oh ! oh ! dit Amazan après avoir consulté sa carte de géographie, votre maître possède donc toute l'Europe comme ces anciens héros des sept montagnes ? — Il doit posséder l'univers entier de droit divin, lui répondit un violet ; et même il a été un temps où ses prédécesseurs ont approché de la monarchie universelle ; mais leurs successeurs ont la bonté de se contenter aujourd'hui de quelque argent que les rois leurs sujets leur font payer en forme de tribut.

— Votre maître est donc en effet le roi des rois ? C'est donc là son titre ? dit Amazan. — Non, Votre Excellence ; son titre est *serviteur des serviteurs* ; il est originairement poissonnier et portier, et c'est pourquoi les emblèmes de sa dignité sont des clefs et des filets ; mais il donne toujours des ordres à tous les rois. Il n'y a pas longtemps qu'il envoya cent et un commandements à un roi du pays des Celtes, et le roi obéit [1].

— Votre poissonnier, dit Amazan, envoya donc cinq ou six cent mille hommes pour faire exécuter ses cent et une volontés ?

---

1. Les 101 propositions jansénistes condamnées dans la bulle *Unigenitus* (1713).

— Point du tout, Votre Excellence ; notre saint maître n'est point assez riche pour soudoyer dix mille soldats ; mais il a quatre à cinq cent mille prophètes divins distribués dans les autres pays. Ces prophètes de toutes couleurs sont, comme de raison, nourris aux dépens des peuples ; ils annoncent de la part du ciel que mon maître peut avec ses clefs ouvrir et fermer toutes les serrures, et surtout celles des coffres-forts. Un prêtre normand [1], qui avait auprès du roi dont je vous parle la charge de confident de ses pensées, le convainquit qu'il devait obéir sans réplique aux cent et une pensées de mon maître : car il faut que vous sachiez qu'une des prérogatives du *Vieux des sept montagnes* est d'avoir toujours raison, soit qu'il daigne parler, soit qu'il daigne écrire [2].

— Parbleu, dit Amazan, voilà un singulier homme ! je serais curieux de dîner avec lui. — Votre Excellence, quand vous seriez roi, vous ne pourriez manger à sa table ; tout ce qu'il pourrait faire pour vous, ce serait de vous en faire servir une à côté de lui plus petite et plus basse que la sienne. Mais, si vous voulez avoir l'honneur de lui parler, je lui demanderai audience pour vous, moyennant la *buona mancia* [3], que vous aurez la bonté de me donner. — Très volontiers », dit le Gangaride. Le violet s'inclina. « Je vous introduirai demain, dit-il ; vous ferez trois génuflexions, et vous baiserez les pieds du *Vieux des sept montagnes*. » À ces mots, Amazan fit de si prodigieux éclats de rire qu'il fut près de suffoquer ; il sortit en se tenant les côtés, et rit aux larmes pendant tout le chemin, jusqu'à ce qu'il fût arrivé à son hôtellerie, où il rit encore très longtemps.

À son dîner, il se présenta vingt hommes sans barbe et vingt violons qui lui donnèrent un concert. Il fut courtisé le reste de la journée par les seigneurs les plus

---

1. Le père Le Tellier, confesseur de Louis XIV.
2. Le concile de Trente, au XVIe siècle, avait proclamé le dogme de l'infaillibilité pontificale.
3. « Bonne étrenne. »

importants de la ville ; ils lui firent des propositions encore plus étranges que celle de baiser les pieds du *Vieux des sept montagnes*. Comme il était extrêmement poli, il crut d'abord que ces messieurs le prenaient pour une dame, et les avertit de leur méprise avec l'honnêteté la plus circonspecte. Mais, étant pressé un peu vivement par deux ou trois des plus déterminés violets, il les jeta par les fenêtres, sans croire faire un grand sacrifice à la belle Formosante. Il quitta au plus vite cette ville des maîtres du monde, où il fallait baiser un vieillard à l'orteil, comme si sa joue était à son pied, et où l'on n'abordait les jeunes gens qu'avec des cérémonies encore plus bizarres.

X

De province en province, ayant toujours repoussé les agaceries de toute espèce, toujours fidèle à la princesse de Babylone, toujours en colère contre le roi d'Égypte, ce modèle de constance parvint à la capitale nouvelle des Gaules. Cette ville avait passé, comme tant d'autres, par tous les degrés de la barbarie, de l'ignorance, de la sottise et de la misère. Son premier nom avait été *la boue* et *la crotte*[1], ensuite elle avait pris celui d'Isis, du culte d'Isis parvenu jusque chez elle. Son premier sénat avait été une compagnie de bateliers. Elle avait été longtemps esclave des héros déprédateurs des sept montagnes ; et, après quelques siècles, d'autres héros brigands, venus de la rive ultérieure du Rhin, s'étaient emparés de son petit terrain.

Le temps, qui change tout, en avait fait une ville dont la moitié était très noble et très agréable, l'autre un peu grossière et ridicule : c'était l'emblème de ses habitants.

---

1. En raison d'une étymologie qui faisait dériver Lutetia (Paris) de *lutum*, boue.

Il y avait dans son enceinte environ cent mille personnes au moins qui n'avaient rien à faire qu'à jouer et à se divertir. Ce peuple d'oisifs jugeait des arts que les autres cultivaient. Ils ne savaient rien de ce qui se passait à la cour ; quoiqu'elle ne fût qu'à quatre petits milles d'eux, il semblait qu'elle en fût à six cents milles au moins. La douceur de la société, la gaieté, la frivolité, étaient leur importante et leur unique affaire ; on les gouvernait comme des enfants à qui l'on prodigue des jouets pour les empêcher de crier. Si on leur parlait des horreurs qui avaient, deux siècles auparavant, désolé leur patrie, et des temps épouvantables où la moitié de la nation avait massacré l'autre pour des sophismes, ils disaient qu'en effet cela n'était pas bien, et puis ils se mettaient à rire et à chanter des vaudevilles.

Plus les oisifs étaient polis, plaisants, et aimables, plus on observait un triste contraste entre eux et des compagnies d'occupés.

Il était, parmi ces occupés, ou qui prétendaient l'être, une troupe de sombres fanatiques, moitié absurdes, moitié fripons, dont le seul aspect contristait la terre, et qui l'auraient bouleversée, s'ils l'avaient pu, pour se donner un peu de crédit ; mais la nation des oisifs, en dansant et en chantant, les faisait rentrer dans leurs cavernes, commes les oiseaux obligent les chats-huants à se replonger dans les trous des masures.

D'autres occupés, en plus petit nombre, étaient les conservateurs d'anciens usages barbares contre lesquels la nature effrayée réclamait à haute voix ; ils ne consultaient que leurs registres rongés des vers. S'ils y voyaient une coutume insensée et horrible, ils la regardaient comme une loi sacrée. C'est par cette lâche habitude de n'oser penser par eux-mêmes, et de puiser leurs idées dans les débris des temps où l'on ne pensait pas, que, dans la ville des plaisirs, il était encore des mœurs atroces. C'est par cette raison qu'il n'y avait nulle proportion entre les délits et les peines. On faisait quelquefois souffrir mille morts à un innocent pour lui faire avouer un crime qu'il n'avait pas commis.

On punissait une étourderie de jeune homme comme on aurait puni un empoisonnement ou un parricide[1]. Les oisifs en poussaient des cris perçants, et le lendemain ils n'y pensaient plus, et ne parlaient que de modes nouvelles.

Ce peuple avait vu s'écouler un siècle entier[2] pendant lequel les beaux-arts s'élevèrent à un degré de perfection qu'on n'aurait jamais osé espérer ; les étrangers venaient alors, comme à Babylone, admirer les grands monuments d'architecture, les prodiges des jardins, les sublimes efforts de la sculpture et de la peinture. Ils étaient enchantés d'une musique qui allait à l'âme sans étonner les oreilles.

La vraie poésie, c'est-à-dire celle qui est naturelle et harmonieuse, celle qui parle au cœur autant qu'à l'esprit, ne fut connue de la nation que dans cet heureux siècle. De nouveaux genres d'éloquence déployèrent des beautés sublimes. Les théâtres surtout retentirent de chefs-d'œuvre dont aucun peuple n'approcha jamais. Enfin le bon goût se répandit dans toutes les professions, au point qu'il y eut de bons écrivains même chez les druides[3].

Tant de lauriers, qui avaient levé leurs têtes jusqu'aux nues, se séchèrent bientôt dans une terre épuisée. Il n'en resta qu'un très petit nombre dont les feuilles étaient d'un vert pâle et mourant. La décadence fut produite par la facilité de faire et par la paresse de bien faire, par la satiété du beau et par le goût du bizarre. La vanité protégea des artistes qui ramenaient les temps de la barbarie ; et cette même vanité, en persécutant les talents véritables, les força de quitter leur patrie ; les frelons firent disparaître les abeilles.

Presque plus de véritables arts, presque plus de génie ; le mérite consistait à raisonner à tort et à travers

---

1. Allusion au supplice du chevalier de La Barre, en 1766.
2. Le XVIIe siècle.
3. Bossuet, Fénelon...

sur le mérite du siècle passé : le barbouilleur des murs d'un cabaret critiquait savamment les tableaux des grands peintres ; les barbouilleurs de papier défiguraient les ouvrages des grands écrivains. L'ignorance et le mauvais goût avaient d'autres barbouilleurs à leurs gages ; on répétait les mêmes choses dans cent volumes sous des titres différents. Tout était ou dictionnaire ou brochure. Un gazetier druide[1] écrivait deux fois par semaine les annales obscures de quelques énergumènes ignorés de la nation, et de prodiges célestes opérés dans des galetas par de petits gueux et de petites gueuses ; d'autres ex-druides[2], vêtus de noir, prêts de mourir de colère et de faim, se plaignaient dans cent écrits qu'on ne leur permît plus de tromper les hommes, et qu'on laissât ce droit à des boucs vêtus de gris. Quelques archi-druides imprimaient des libelles diffamatoires[3].

Amazan ne savait rien de tout cela ; et, quand il l'aurait su, il ne s'en serait guère embarrassé, n'ayant la tête remplie que de la princesse de Babylone, du roi de l'Égypte, et de son serment inviolable de mépriser toutes les coquetteries des dames, dans quelque pays que le chagrin conduisît ses pas.

Toute la populace légère, ignorante, et toujours poussant à l'excès cette curiosité naturelle au genre humain, s'empressa longtemps autour de ses licornes ; les femmes, plus sensées, forcèrent les portes de son hôtel pour contempler sa personne.

Il témoigna d'abord à son hôte quelque désir d'aller à la cour ; mais des oisifs de bonne compagnie, qui se trouvèrent là par hasard, lui dirent que ce n'était plus la mode, que les temps étaient bien changés, et qu'il n'y avait plus de plaisirs qu'à la ville. Il fut invité le

---

1. *Les Nouvelles ecclésiastiques*, journal janséniste clandestin, évidemment favorable aux miracles des convulsionnaires.
2. Les ex-druides sont les jésuites, interdits d'enseignement, puis bannis du royaume ; les boucs en gris les jansénistes.
3. Allusion aux mandements épiscopaux contre Voltaire.

soir même à souper par une dame dont l'esprit et les talents étaient connus hors de sa patrie, et qui avait voyagé dans quelques pays où Amazan avait passé. Il goûta fort cette dame et la société rassemblée chez elle[1]. La liberté y était décente, la gaieté n'y était point bruyante, la science n'y avait rien de rebutant, et l'esprit rien d'apprêté. Il vit que le nom de bonne compagnie n'est pas un vain nom, quoiqu'il soit souvent usurpé. Le lendemain il dîna dans une société non moins aimable, mais beaucoup plus voluptueuse. Plus il fut satisfait des convives, plus on fut content de lui. Il sentait son âme s'amollir et se dissoudre comme les aromates de son pays se fondent doucement à un feu modéré, et s'exhalent en parfums délicieux.

Après le dîner, on le mena à un spectacle enchanteur, condamné par les druides parce qu'il leur enlevait les auditeurs dont ils étaient les plus jaloux[2]. Ce spectacle était un composé de vers agréables, de chants délicieux, de danses qui exprimaient les mouvements de l'âme, et de perspectives qui charmaient les yeux en les trompant. Ce genre de plaisir, qui rassemblait tant de genres, n'était connu que sous un nom étranger : il s'appelait *Opéra*, ce qui signifiait autrefois dans la langue des sept montagnes *travail, soin, occupation, industrie, entreprise, besogne, affaire*. Cette affaire l'enchanta. Une fille surtout le charma par sa voix mélodieuse et par les grâces qui l'accompagnaient : cette fille d'*affaire*[3], après le spectacle, lui fut présentée par ses nouveaux amis. Il lui fit présent d'une poignée de diamants. Elle en fut si reconnaissante qu'elle ne put le quitter du reste du jour. Il soupa avec elle, et, pendant le repas, il oublia sa sobriété ; et, après le repas, il oublia son serment d'être toujours insensible

---

1. Mme Geoffrin tenait un salon célèbre dans toute l'Europe.
2. L'Église continuait de vitupérer les spectacles et d'excommunier les acteurs.
3. Le mot affaire signifiait aussi intrigue amoureuse.

à la beauté, et inexorable aux tendres coquetteries. Quel exemple de la faiblesse humaine !

La belle princesse de Babylone arrivait alors avec le phénix, sa femme de chambre Irla, et ses deux cents cavaliers gangarides montés sur leurs licornes. Il fallut attendre assez longtemps pour qu'on ouvrît les portes. Elle demanda d'abord si le plus beau des hommes, le plus courageux, le plus spirituel et le plus fidèle, était encore dans cette ville. Les magistrats virent bien qu'elle voulait parler d'Amazan. Elle se fit conduire à son hôtel ; elle entra, le cœur palpitant d'amour : toute son âme était pénétrée de l'inexprimable joie de revoir enfin dans son amant le modèle de la constance. Rien ne put l'empêcher d'entrer dans sa chambre ; les rideaux étaient ouverts ; elle vit le bel Amazan dormant entre les bras d'une jolie brune. Ils avaient tous deux un très grand besoin de repos.

Formosante jeta un cri de douleur qui retentit dans toute la maison, mais qui ne put éveiller ni son cousin ni la fille d'*affaire*. Elle tomba pâmée entre les bras d'Irla. Dès qu'elle eut repris ses sens, elle sortit de cette chambre fatale avec une douleur mêlée de rage. Irla s'informa quelle était cette jeune demoiselle qui passait des heures si douces avec le bel Amazan. On lui dit que c'était une fille d'*affaire* fort complaisante, qui joignait à ses talents celui de chanter avec assez de grâce. « Ô juste ciel, ô puissant Orosmade ! s'écriait la belle princesse de Babylone tout en pleurs, par qui suis-je trahie, et pour qui ! Ainsi donc celui qui a refusé pour moi tant de princesses m'abandonne pour une farceuse des Gaules ! Non, je ne pourrai survivre à cet affront.

— Madame, lui dit Irla, voilà comme sont faits tous les jeunes gens d'un bout du monde à l'autre : fussent-ils amoureux d'une beauté descendue du ciel, ils lui feraient, dans de certains moments, des infidélités pour une servante de cabaret.

— C'en est fait, dit la princesse, je ne le reverrai de ma vie ; partons dans l'instant même, et qu'on attelle mes licornes. » Le phénix la conjura d'attendre au moins qu'Amazan fût éveillé, et qu'il pût lui parler. « Il ne le mérite pas, dit la princesse ; vous m'offenseriez cruellement : il croirait que je vous ai prié de lui faire des reproches, et que je veux me raccommoder avec lui. Si vous m'aimez, n'ajoutez pas cette injure à l'injure qu'il m'a faite. » Le phénix, qui après tout devait la vie à la fille du roi de Babylone, ne put lui désobéir. Elle repartit avec tout son monde. « Où allons-nous, madame ? lui demandait Irla. — Je n'en sais rien, répondait la princesse ; nous prendrons le premier chemin que nous trouverons ; pourvu que je fuie Amazan pour jamais, je suis contente. »

Le phénix, qui était plus sage que Formosante, parce qu'il était sans passion, la consolait en chemin ; il lui remontrait avec douceur qu'il était triste de se punir pour les fautes d'un autre ; qu'Amazan lui avait donné des preuves assez éclatantes et assez nombreuses de fidélité pour qu'elle pût lui pardonner de s'être oublié un moment ; que c'était un juste à qui la grâce d'Orosmade avait manqué ; qu'il n'en serait que plus constant désormais dans l'amour et dans la vertu ; que le désir d'expier sa faute le mettrait au-dessus de lui-même ; qu'elle n'en serait que plus heureuse ; que plusieurs grandes princesses avant elle avaient pardonné de semblables écarts, et s'en étaient bien trouvées : il lui en rapportait des exemples, et il possédait tellement l'art de conter que le cœur de Formosante fut enfin plus calme et plus paisible ; elle aurait voulu n'être point sitôt partie ; elle trouvait que ses licornes allaient trop vite, mais elle n'osait revenir sur ses pas ; combattue entre l'envie de pardonner et celle de montrer sa colère, entre son amour et sa vanité, elle laissait aller ses licornes ; elle courait le monde selon la prédiction de l'oracle de son père.

Amazan, à son réveil, apprend l'arrivée et le départ de Formosante et du phénix ; il apprend le désespoir et le courroux de la princesse ; on lui dit qu'elle a juré de ne lui pardonner jamais. « Il ne me reste plus, s'écria-t-il, qu'à la suivre et à me tuer à ses pieds. »

Ses amis de la bonne compagnie des oisifs accoururent au bruit de cette aventure ; tous lui remontrèrent qu'il valait infiniment mieux demeurer avec eux ; que rien n'était comparable à la douce vie qu'ils menaient dans le sein des arts et d'une volupté tranquille et délicate ; que plusieurs étrangers et des rois mêmes avaient préféré ce repos, si agréablement occupé et si enchanteur, à leur patrie et à leur trône ; que d'ailleurs sa voiture était brisée, et qu'un sellier lui en faisait une à la nouvelle mode ; que le meilleur tailleur de la ville lui avait déjà coupé une douzaine d'habits du dernier goût ; que les dames les plus spirituelles et les plus aimables de la ville, chez qui on jouait très bien la comédie, avaient retenu chacune leur jour pour lui donner des fêtes. La fille d'*affaire*, pendant ce temps-là, prenait son chocolat à sa toilette, riait, chantait, et faisait des agaceries au bel Amazan, qui s'aperçut enfin qu'elle n'avait pas le sens d'un oison.

Comme la sincérité, la cordialité, la franchise, ainsi que la magnanimité et le courage, composaient le caractère de ce grand prince, il avait conté ses malheurs et ses voyages à ses amis ; ils savaient qu'il était cousin issu de germain de la princesse ; ils étaient informés du baiser funeste donné par elle au roi d'Égypte. « On se pardonne, lui dirent-ils, ces petites frasques entre parents, sans quoi il faudrait passer sa vie dans d'éternelles querelles. » Rien n'ébranla son dessein de courir après Formosante ; mais, sa voiture n'étant pas prête, il fut obligé de passer trois jours parmi les oisifs dans les fêtes et dans les plaisirs ; enfin il prit congé d'eux en les embrassant, en leur faisant accepter les diamants de son pays les mieux montés, en leur recommandant d'être toujours légers et frivoles, puisqu'ils n'en étaient que plus aimables et plus heureux. « Les Germains, disait-il, sont les vieillards de l'Europe ; les peuples d'Albion sont les hommes faits ; les habitants de la Gaule sont les enfants, et j'aime à jouer avec eux. »

XI

Ses guides n'eurent pas de peine à suivre la route de la princesse ; on ne parlait que d'elle et de son gros oiseau. Tous les habitants étaient encore dans l'enthousiasme de l'admiration. Les peuples de la Dalmatie et de la Marche d'Ancône éprouvèrent depuis une surprise moins délicieuse quand ils virent une maison voler dans les airs[1] ; les bords de la Loire, de la Dordogne, de la Garonne, de la Gironde, retentissaient encore d'acclamations.

Quand Amazan fut au pied des Pyrénées, les magistrats et les druides du pays lui firent danser malgré lui un tambourin ; mais sitôt qu'il eut franchi les Pyrénées, il ne vit plus de gaieté et de joie. S'il entendit quelques chansons de loin à loin, elles étaient toutes sur un ton triste : les habitants marchaient gravement avec des grains enfilés et un poignard à leur ceinture. La nation, vêtue de noir, semblait être en deuil. Si les domestiques d'Amazan interrogeaient les passants, ceux-ci répondaient par signes ; si on entrait dans une hôtellerie, le maître de la maison enseignait aux gens en trois paroles qu'il n'y avait rien dans la maison, et qu'on pouvait envoyer chercher à quelques milles les choses dont on avait un besoin pressant[2].

Quand on demandait à ces silentiaires[3] s'ils avaient vu passer la belle princesse de Babylone, ils répondaient avec moins de brièveté : « Nous l'avons vue, elle n'est pas si belle : il n'y a de beau que les teints basanés ;

---

1. On sait que la maison de la Vierge fut portée par les anges de Nazareth en Palestine, puis à Lorette, dans la province d'Ancône.
2. Ce sont les fameuses auberges espagnoles.
3. Officiers qui, à Rome, obligeaient les esclaves au silence ; religieux qui observent la règle du silence. Seul emploi connu au sens général.

elle étale une gorge d'albâtre qui est la chose du monde la plus dégoûtante, et qu'on ne connaît presque point dans nos climats. »

Amazan avançait vers la province arrosée du Bétis. Il ne s'était pas écoulé plus de douze mille années depuis que ce pays avait été découvert par les Tyriens, vers le même temps qu'ils firent la découverte de la grande île Atlantide, submergée quelques siècles après. Les Tyriens cultivèrent la Bétique, que les naturels du pays laissaient en friche, prétendant qu'ils ne devaient se mêler de rien, et que c'était aux Gaulois leurs voisins à venir cultiver leurs terres. Les Tyriens avaient amené avec eux des Palestins, qui, dès ce temps-là, couraient dans tous les climats, pour peu qu'il y eût de l'argent à gagner [1]. Ces Palestins, en prêtant sur gages à cinquante pour cent, avaient attiré à eux presque toutes les richesses du pays. Cela fit croire aux peuples de la Bétique que les Palestins étaient sorciers ; et tous ceux qui étaient accusés de magie étaient brûlés sans miséricorde par une compagnie de druides qu'on appelait *les rechercheurs*, ou *les anthropokaies* [2]. Ces prêtres les revêtaient d'abord d'un habit de masque, s'emparaient de leurs biens, et récitaient dévotement les propres prières des Palestins tandis qu'on les cuisait à petit feu *por l'amor de Dios*.

La princesse de Babylone avait mis pied à terre dans la ville qu'on appela depuis *Sevilla*. Son dessein était de s'embarquer sur le Bétis pour retourner par Tyr à Babylone revoir le roi Bélus son père, et oublier, si elle pouvait, son infidèle amant, ou bien le demander en mariage. Elle fit venir chez elle deux Palestins qui faisaient toutes les affaires de la cour. Ils devaient lui fournir trois vaisseaux. Le phénix fit avec eux tous les arrangements nécessaires, et convint du prix après avoir un peu disputé.

---

1. Des Juifs.
2. « Brûleurs d'hommes », sur le modèle d'anthropophages. Les rechercheurs : les inquisiteurs.

L'hôtesse était fort dévote, et son mari, non moins dévot, était familier[1], c'est-à-dire espion des druides rechercheurs anthropokaies ; il ne manqua pas de les avertir qu'il avait dans sa maison une sorcière et deux Palestins qui faisaient un pacte avec le diable, déguisé en gros oiseau doré. Les rechercheurs, apprenant que la dame avait une prodigieuse quantité de diamants, la jugèrent incontinent sorcière ; ils attendirent la nuit pour enfermer les deux cents cavaliers et les licornes, qui dormaient dans de vastes écuries, car les rechercheurs sont poltrons.

Après avoir bien barricadé les portes, ils se saisirent de la princesse et d'Irla ; mais ils ne purent prendre le phénix, qui s'envola à tire d'aile : il se doutait bien qu'il trouverait Amazan sur le chemin des Gaules à Sevilla.

Il le rencontra sur la frontière de la Bétique, et lui apprit le désastre de la princesse. Amazan ne put parler : il était trop saisi, trop en fureur. Il s'arme d'une cuirasse d'acier damasquinée d'or, d'une lance de douze pieds, de deux javelots, et d'une épée tranchante, appelée *la fulminante*[2], qui pouvait fendre d'un seul coup des arbres, des rochers et des druides ; il couvre sa belle tête d'un casque d'or ombragé de plumes de héron et d'autruche. C'était l'ancienne armure de Magog[3], dont sa sœur Aldée lui avait fait présent dans son voyage en Scythie ; le peu de suivants qui l'accompagnaient montent comme lui chacun sur sa licorne.

Amazan, en embrassant son cher phénix, ne lui dit que ces tristes paroles : « Je suis coupable ; si je n'avais pas couché avec une fille d'*affaire* dans la ville des oisifs, la belle princesse de Babylone ne serait pas dans cet état épouvantable ; courons aux anthropokaies. »

Il entre bientôt dans Sevilla : quinze cents alguazils

---

1. Les familiers étaient des auxiliaires de l'Inquisition.
2. Allusion au *Orlando furioso* de l'Arioste.
3. Personnage de la *Genèse* (x, 2) qui personnifie les ennemis d'Israël.

gardaient les portes de l'enclos où les deux cents Gangarides et leurs licornes étaient renfermés sans avoir à manger ; tout était préparé pour le sacrifice qu'on allait faire de la princesse de Babylone, de sa femme de chambre Irla, et des deux riches Palestins.

Le grand anthropokaie, entouré de ses petits anthropokaies, était déjà sur son tribunal sacré ; une foule de Sévillois portant des grains enfilés à leurs ceintures joignaient les deux mains sans dire un mot, et l'on amenait la belle princesse, Irla, et les deux Palestins, les mains liées derrière le dos et vêtus d'un habit de masque[1].

Le phénix entre par une lucarne dans la prison où les Gangarides commençaient déjà à enfoncer les portes. L'invincible Amazan les brisait en dehors. Ils sortent tout armés, tous sur leurs licornes ; Amazan se met à leur tête. Il n'eut pas de peine à renverser les alguazils, les familiers, les prêtres anthropokaies ; chaque licorne en perçait des douzaines à la fois. La fulminante d'Amazan coupait en deux tous ceux qu'il rencontrait ; le peuple fuyait en manteau noir et en fraise sale, toujours tenant à la main ses grains bénits *por l'amor de Dios*.

Amazan saisit de sa main le grand rechercheur sur son tribunal, et le jette sur le bûcher qui était préparé à quarante pas ; il y jeta aussi les autres petits rechercheurs l'un après l'autre. Il se prosterne ensuite aux pieds de Formosante. « Ah ! que vous êtes aimable, dit-elle, et que je vous adorerais si vous ne m'aviez pas fait une infidélité avec une fille d'*affaire* ! »

Tandis qu'Amazan faisait sa paix avec la princesse, tandis que ses Gangarides entassaient dans le bûcher les corps de tous les anthropokaies, et que les flammes s'élevaient jusqu'aux nues, Amazan vit de loin comme une armée qui venait à lui. Un vieux monarque[2], la

---

1. Le costume dont on revêtait les condamnés.
2. Charles III, qui avait expulsé les jésuites en 1767.

couronne en tête, s'avançait sur un char traîné par huit mules attelées avec des cordes ; cent autres chars suivaient. Ils étaient accompagnés de graves personnages en manteau noir et en fraise, montés sur de très beaux chevaux ; une multitude de gens à pied suivait en cheveux gras et en silence.

D'abord Amazan fit ranger autour de lui ses Gangarides, et s'avança, la lance en arrêt. Dès que le roi l'aperçut, il ôta sa couronne, descendit de son char, embrassa l'étrier d'Amazan, et lui dit : « Homme envoyé de Dieu, vous êtes le vengeur du genre humain, le libérateur de ma patrie, mon protecteur. Ces monstres sacrés dont vous avez purgé la terre étaient mes maîtres au nom du *Vieux des sept montagnes* ; j'étais forcé de souffrir leur puissance criminelle. Mon peuple m'aurait abandonné si j'avais voulu seulement modérer leurs abominables atrocités. D'aujourd'hui je respire, je règne, et je vous le dois. »

Ensuite il baisa respectueusement la main de Formosante, et la supplia de vouloir bien monter avec Amazan, Irla, et le phénix, dans son carrosse à huit mules. Les deux Palestins, banquiers de la cour, encore prosternés à terre de frayeur et de reconnaissance, se relevèrent, et la troupe des licornes suivit le roi de la Bétique dans son palais.

Comme la dignité du roi d'un peuple grave exigeait que ses mules allassent au petit pas, Amazan et Formosante eurent le temps de lui conter leurs aventures. Il entretint aussi le phénix ; il l'admira et le baisa cent fois. Il comprit combien les peuples d'Occident, qui mangeaient les animaux, et qui n'entendaient plus leur langage, étaient ignorants, brutaux et barbares ; que les seuls Gangarides avaient conservé la nature et la dignité primitive de l'homme ; mais il convenait surtout que les plus barbares des mortels étaient ces rechercheurs anthropokaies, dont Amazan venait de purger le monde. Il ne cessait de le bénir et de le remercier. La belle Formosante oubliait déjà l'aventure de la fille d'*affaire*, et n'avait l'âme remplie que de la valeur du héros qui lui avait sauvé la vie. Amazan, instruit de l'innocence du baiser donné au roi d'Égypte, et de la résurrection du phénix, goûtait une joie pure, et était enivré du plus violent amour.

On dîna au palais, et on y fit assez mauvaise chère. Les cuisiniers de la Bétique étaient les plus mauvais de l'Europe. Amazan conseilla d'en faire venir des Gaules. Les musiciens du roi exécutèrent pendant le repas cet air célèbre qu'on appela dans la suite des siècles *les Folies d'Espagne*[1]. Après le repas on parla d'affaires.

Le roi demanda au bel Amazan, à la belle Formosante et au beau phénix, ce qu'ils prétendaient devenir. « Pour moi, dit Amazan, mon intention est de retourner à Babylone, dont je suis l'héritier présomptif, et de demander à mon oncle Bélus ma cousine issue de germaine, l'incomparable Formosante, à moins qu'elle n'aime mieux vivre avec moi chez les Gangarides.

— Mon dessein, dit la princesse, est assurément de ne jamais me séparer de mon cousin issu de germain. Mais je crois qu'il convient que je me rende auprès du roi mon père, d'autant plus qu'il ne m'a donné permission que d'aller en pèlerinage à Bassora, et que j'ai couru le monde. — Pour moi, dit le phénix, je suivrai partout ces deux tendres et généreux amants.

— Vous avez raison, dit le roi de la Bétique ; mais le retour à Babylone n'est pas si aisé que vous le pensez. Je sais tous les jours des nouvelles de ce pays-là par les vaisseaux tyriens, et par mes banquiers palestins, qui sont en correspondance avec tous les peuples de la terre. Tout est en armes vers l'Euphrate et le Nil. Le roi de Scythie redemande l'héritage de sa femme, à la tête de trois cent mille guerriers tous à cheval. Le roi d'Égypte et le roi des Indes désolent aussi les bords du Tigre et de l'Euphrate, chacun à la tête de trois cent mille hommes, pour se venger de ce qu'on s'est moqué

---

1. Danse populaire.

d'eux. Pendant que le roi d'Égypte est hors de son pays, son ennemi le roi d'Éthiopie ravage l'Égypte avec trois cent mille hommes, et le roi de Babylone n'a encore que six cent mille hommes sur pied pour se défendre.

« Je vous avoue, continua le roi, que lorsque j'entends parler de ces prodigieuses armées que l'Orient vomit de son sein, et de leur étonnante magnificence ; quand je les compare à nos petits corps de vingt à trente mille soldats, qu'il est si difficile de vêtir et de nourrir, je suis tenté de croire que l'Orient a été fait bien longtemps avant l'Occident. Il semble que nous soyons sortis avant-hier du chaos, et hier de la barbarie.

— Sire, dit Amazan, les derniers venus l'emportent quelquefois sur ceux qui sont entrés les premiers dans la carrière. On pense dans mon pays que l'homme est originaire de l'Inde, mais je n'en ai aucune certitude.

— Et vous, dit le roi de la Bétique au phénix, qu'en pensez-vous ? — Sire, répondit le phénix, je suis encore trop jeune pour être instruit de l'antiquité. Je n'ai vécu qu'environ vingt-sept mille ans ; mais mon père, qui avait vécu cinq fois cet âge, me disait qu'il avait appris de son père que les contrées de l'Orient avaient toujours été plus peuplées et plus riches que les autres. Il tenait de ses ancêtres que les générations de tous les animaux avaient commencé sur les bords du Gange. Pour moi, je n'ai pas la vanité d'être de cette opinion. Je ne puis croire que les renards d'Albion, les marmottes des Alpes, et les loups de la Gaule, viennent de mon pays ; de même que je ne crois pas que les sapins et les chênes de vos contrées descendent des palmiers et des cocotiers des Indes.

— Mais d'où venons-nous donc ? dit le roi. — Je n'en sais rien, dit le phénix ; je voudrais seulement savoir où la belle princesse de Babylone et mon cher ami Amazan pourront aller. — Je doute fort, repartit le roi, qu'avec ses deux cents licornes il soit en état de percer à travers tant d'armées de trois cent mille hommes chacune. — Pourquoi non ? » dit Amazan.

Le roi de la Bétique sentit le sublime du *Pourquoi*

non ; mais il crut que le sublime seul ne suffisait pas contre des armées innombrables. « Je vous conseille, dit-il, d'aller trouver le roi d'Éthiopie ; je suis en relation avec ce prince noir par le moyen de mes Palestins. Je vous donnerai des lettres pour lui. Puisqu'il est l'ennemi du roi d'Égypte, il sera trop heureux d'être fortifié par votre alliance. Je puis vous aider de deux mille hommes très sobres et très braves ; il ne tiendra qu'à vous d'en engager autant chez les peuples qui demeurent, ou plutôt qui sautent au pied des Pyrénées, et qu'on appelle *Vasques* ou *Vascons*. Envoyez un de vos guerriers sur une licorne avec quelques diamants : il n'y a point de Vascon qui ne quitte le castel, c'est-à-dire la chaumière de son père, pour vous servir. Ils sont infatigables, courageux et plaisants ; vous en serez très satisfait. En attendant qu'ils soient arrivés, nous vous donnerons des fêtes et nous vous préparerons des vaisseaux. Je ne puis trop reconnaître le service que vous m'avez rendu. »

Amazan jouissait du bonheur d'avoir retrouvé Formosante, et de goûter en paix dans sa conversation tous les charmes de l'amour réconcilié, qui valent presque ceux de l'amour naissant.

Bientôt une troupe fière et joyeuse de Vascons arriva en dansant un tambourin ; l'autre troupe fière et sérieuse de Bétiquois était prête. Le vieux roi tanné embrassa tendrement les deux amants ; il fit charger leurs vaisseaux d'armes, de lits, de jeux d'échecs, d'habits noirs, de golilles[1], d'oignons, de moutons, de poules, de farine, et de beaucoup d'ail, en leur souhaitant une heureuse traversée, un amour constant, et des victoires.

La flotte aborda le rivage où l'on dit que tant de siècles après la Phénicienne Didon, sœur d'un Pygmalion, épouse d'un Sichée, ayant quitté cette ville de Tyr, vint fonder la superbe ville de Carthage, en coupant un cuir de bœuf en lanières, selon le témoignage des plus graves

---

1. Espèce de fraise portée près du cou.

auteurs de l'antiquité, lesquels n'ont jamais conté de fables, et selon les professeurs qui ont écrit pour les petits garçons ; quoique après tout il n'y ait jamais eu personne à Tyr qui se soit appelé Pygmalion, ou Didon, ou Sichée, qui sont des noms entièrement grecs, et quoique enfin il n'y eût point de roi à Tyr en ces temps-là.

La superbe Carthage n'était point encore un port de mer ; il n'y avait là que quelques Numides qui faisaient sécher des poissons au soleil. On côtoya la Byzacène et les Syrtes, les bords fertiles où furent depuis Cyrène et la grande Chersonèse.

Enfin on arriva vers la première embouchure du fleuve sacré du Nil. C'est à l'extrémité de cette terre fertile que le port de Canope[1] recevait déjà les vaisseaux de toutes les nations commerçantes, sans qu'on sût si le dieu Canope avait fondé le port, ou si les habitants avaient fabriqué le dieu, ni si l'étoile Canope avait donné son nom à la ville, ou si la ville avait donné le sien à l'étoile. Tout ce qu'on en savait, c'est que la ville et l'étoile étaient fort anciennes, et c'est tout ce qu'on peut savoir de l'origine des choses, de quelque nature qu'elles puissent être.

Ce fut là que le roi d'Éthiopie, ayant ravagé toute l'Égypte, vit débarquer l'invincible Amazan et l'adorable Formosante. Il prit l'un pour le dieu des combats, et l'autre pour la déesse de la beauté. Amazan lui présenta la lettre de recommandation d'Espagne. Le roi d'Éthiopie donna d'abord des fêtes admirables, suivant la coutume indispensable des temps héroïques ; ensuite on parla d'aller exterminer les trois cent mille hommes du roi d'Égypte, les trois cent mille de l'empereur des Indes, et les trois cent mille du grand kan des Scythes, qui assiégeaient l'immense, l'orgueilleuse, la voluptueuse ville de Babylone.

Les deux mille Espagnols qu'Amazan avait amenés avec lui dirent qu'ils n'avaient que faire du roi d'Éthio-

---

1. La ville de Canope, à l'embouchure du Nil.

pie pour secourir Babylone ; que c'était assez que leur roi leur eût ordonné d'aller la délivrer ; qu'il suffisait d'eux pour cette expédition.

Les Vascons dirent qu'ils en avaient bien fait d'autres ; qu'ils battraient tout seuls les Égyptiens, les Indiens et les Scythes, et qu'ils ne voulaient marcher avec les Espagnols qu'à condition que ceux-ci seraient à l'arrière-garde.

Les deux cents Gangarides se mirent à rire des prétentions de leurs alliés, et ils soutinrent qu'avec cent licornes seulement ils feraient fuir tous les rois de la terre. La belle Formosante les apaisa par sa prudence et par ses discours enchanteurs. Amazan présenta au monarque noir ses Gangarides, ses licornes, les Espagnols, les Vascons, et son bel oiseau.

Tout fut prêt bientôt pour marcher par Memphis, par Héliopolis, par Arsinoé, par Pétra, par Artémite, par Sora, par Apamée, pour aller attaquer les trois rois, et pour faire cette guerre mémorable devant laquelle toutes les guerres que les hommes ont faites depuis n'ont été que des combats de coqs et de cailles.

Chacun sait comment le roi d'Éthiopie devint amoureux de la belle Formosante, et comment il la surprit au lit, lorsqu'un doux sommeil fermait ses longues paupières. On se souvient qu'Amazan, témoin de ce spectacle, crut voir le jour et la nuit couchant ensemble. On n'ignore pas qu'Amazan, indigné de l'affront, tira soudain sa fulminante, qu'il coupa la tête perverse du nègre insolent, et qu'il chassa tous les Éthiopiens d'Égypte. Ces prodiges ne sont-ils pas écrits dans le livre des chroniques d'Égypte ? La renommée a publié de ses cent bouches les victoires qu'il remporta sur les trois rois avec ses Espagnols, ses Vascons et ses licornes. Il rendit la belle Formosante à son père ; il délivra toute la suite de sa maîtresse, que le roi d'Égypte avait réduite en esclavage. Le grand kan des Scythes se déclara son vassal, et son mariage avec la princesse Aldée fut confirmé. L'invincible et généreux Amazan, reconnu pour héritier du royaume de Babylone, entra dans la ville en triomphe avec le phénix, en présence de cent rois tributaires. La fête de son mariage surpassa en tout celle que le roi Bélus avait donnée. On servit à table le bœuf Apis rôti. Le roi d'Égypte et celui des Indes donnèrent à boire aux deux époux, et ces noces furent célébrées par cinq cents grands poètes de Babylone.

Ô muses ! qu'on invoque toujours au commencement de son ouvrage, je ne vous implore qu'à la fin. C'est en vain qu'on me reproche de dire grâces sans avoir dit *benedicite*. Muses ! vous n'en serez pas moins mes protectrices. Empêchez que des continuateurs téméraires ne gâtent par leurs fables les vérités que j'ai enseignées aux mortels dans ce fidèle récit, ainsi qu'ils ont osé falsifier *Candide, l'Ingénu*, et les chastes aventures de la chaste Jeanne, qu'un ex-capucin a défigurées par des vers dignes des capucins, dans des éditions bataves [1]. Qu'ils ne fassent pas ce tort à mon typographe, chargé d'une nombreuse famille, et qui possède à peine de quoi avoir des caractères, du papier et de l'encre.

Ô muses ! imposez silence au détestable Cogé, professeur de bavarderie au collège Mazarin, qui n'a pas été content des discours moraux de Bélisaire et de l'empereur Justinien, et qui a écrit de vilains libelles diffamatoires contre ces deux grands hommes [2].

Mettez un bâillon au pédant Larcher, qui, sans savoir un mot de l'ancien babylonien, sans avoir voyagé comme moi sur les bords de l'Euphrate et du Tigre, a eu l'imprudence de soutenir que la belle Formosante, fille du plus grand roi du monde, et la princesse Aldée, et toutes les femmes de cette respectable cour, allaient coucher avec tous les palefreniers de l'Asie pour de

---

1. Les libraires hollandais avaient l'habitude de faire fabriquer des suites apocryphes. Il existait en 1768 trois suites de *Candide*, aucune actuellement connue de *L'Ingénu*. L'ex-capucin est Maubert de Gouvest, qui s'était amusé à augmenter *La Pucelle*, poème de Voltaire.
2. Il s'agit de l'*Examen du Bélisaire de M. Marmontel* (1767), qui déclencha la fureur de Voltaire.

l'argent, dans le grand temple de Babylone, par principe de religion [1]. Ce libertin de collège, votre ennemi et celui de la pudeur, accuse les belles Égyptiennes de Mendès de n'avoir aimé que des boucs, se proposant en secret, par cet exemple, de faire un tour en Égypte pour avoir enfin de bonnes aventures.

Comme il ne connaît pas plus le moderne que l'antique, il insinue, dans l'espérance de s'introduire auprès de quelque vieille, que notre incomparable Ninon, à l'âge de quatre-vingts ans, coucha avec l'abbé Gédoin, de l'Académie française et de celle des inscriptions et belles-lettres. Il n'a jamais entendu parler de l'abbé de Châteauneuf, qu'il prend pour l'abbé Gédoin. Il ne connaît pas plus Ninon que les filles de Babylone [2].

Muses, filles du ciel, votre ennemi Larcher fait plus : il se répand en éloges sur la pédérastie ; il ose dire que tous les bambins de mon pays sont sujets à cette infamie. Il croit se sauver en augmentant le nombre des coupables.

Nobles et chastes muses, qui détestez également le pédantisme et la pédérastie, protégez-moi contre maître Larcher !

Et vous, maître Aliboron, dit Fréron [3], ci-devant soi-disant jésuite, vous dont le Parnasse est tantôt à Bicêtre et tantôt au cabaret du coin ; vous à qui l'on a rendu tant de justice sur tous les théâtres de l'Europe dans l'honnête comédie de *l'Écossaise* [4] ; vous, digne fils du prêtre Desfontaines [5], qui naquîtes de ses amours avec un de ces beaux enfants qui portent un fer

---

1. Voltaire n'a jamais voulu croire à l'existence d'une prostitution sacrée dans l'Antiquité.
2. Larcher avait invoqué l'exemple de Ninon de Lenclos en faveur d'un passage de la *Genèse* où Sara, à soixante-quinze ans, séduit le roi d'Égypte, passage dont Voltaire se délectait.
3. Fréron, la bête noire de Voltaire, n'avait pas été à Bicêtre, prison des malfaiteurs, mais à la Bastille.
4. Comédie de Voltaire contre Fréron.
5. Desfontaines avait été accusé d'assiduités auprès de jeunes ramoneurs ; Fréron avait débuté dans un périodique de Desfontaines.

et un bandeau comme le fils de Vénus, et qui s'élancent comme lui dans les airs, quoiqu'ils n'aillent jamais qu'au haut des cheminées ; mon cher Aliboron, pour qui j'ai toujours eu tant de tendresse, et qui m'avez fait rire un mois de suite du temps de cette *Écossaise*, je vous recommande ma princesse de Babylone ; dites-en bien du mal afin qu'on la lise.

Je ne vous oublierai point ici, gazetier ecclésiastique, illustre orateur des convulsionnaires, père de l'Église fondée par l'abbé Bécherand et par Abraham Chaumeix ; ne manquez pas de dire dans vos feuilles[1], aussi pieuses qu'éloquentes et sensées, que la *Princesse de Babylone* est hérétique, déiste et athée. Tâchez surtout d'engager le sieur Riballier[2] à faire condamner la *Princesse de Babylone* par la Sorbonne ; vous ferez grand plaisir à mon libraire, à qui j'ai donné cette petite histoire pour ses étrennes.

---

1. Il s'agit encore des *Nouvelles ecclésiastiques*. L'abbé Bécherand est janséniste, comme Chaumeix, qui avait réfuté l'*Encyclopédie*.
2. Syndic de la Sorbonne (faculté de théologie), qui avait porté réquisitoire contre le *Bélisaire* de Marmontel.

LES LETTRES D'AMABED, ETC.

TRADUITES PAR L'ABBÉ TAMPONET [1]

PREMIÈRE LETTRE

D'AMABED À SHASTASID, GRAND BRAME DE MADURÉ

À Bénarès, le second du mois de la souris, l'an du renouvellement du monde 115652*.

Lumière de mon âme, père de mes pensées, toi qui conduis les hommes dans les voies de l'Éternel, à toi, savant Shastasid, respect et tendresse.

Je me suis déjà rendu la langue chinoise si familière, suivant tes sages conseils, que je lis avec fruit leurs

---

1. Théologien hostile à l'*Encyclopédie*.
* Cette date répond à l'année de notre ère vulgaire 1512, deux ans après qu'Alphonse d'Albuquerque eut pris Goa. Il faut savoir que les brames comptaient 111100 années depuis la rébellion et la chute des êtres célestes, et 4552 ans depuis la promulgation du *Shasta*, leur premier livre sacré : ce qui faisait 115652 pour l'année correspondante à notre année 1512, temps auquel régnaient : Babar, dans le Mogol ; Ismaël Sophi, en Perse ; Sélim, en Turquie ; Maximilien Ier, en Allemagne ; Louis XII, en France ; Jules II, à Rome ; Jeanne la Folle, en Espagne ; Emmanuel, en Portugal. (V.)

cinq Kings[1], qui me semblent égaler en antiquité notre *Shasta*[2], dont tu es l'interprète, les sentences du premier Zoroastre, et les livres de l'Égyptien Thaut.

Il paraît à mon âme, qui s'ouvre toujours devant toi, que ces écrits et ces cultes n'ont rien pris les uns des autres : car nous sommes les seuls à qui Brama, confident de l'Éternel, ait enseigné la rébellion des créatures célestes, le pardon que l'Éternel leur accorde, et la formation de l'homme ; les autres peuples n'ont rien dit, ce me semble, de ces choses sublimes.

Je crois surtout que nous ne tenons rien, ni nous, ni les Chinois, des Égyptiens. Ils n'ont pu former une société policée et savante que longtemps après nous, puisqu'il leur a fallu dompter leur Nil avant de pouvoir cultiver les campagnes et bâtir leurs villes[3].

Notre *Shasta* divin n'a, je l'avoue, que quatre mille cinq cent cinquante-deux ans d'antiquité ; mais il est prouvé par nos monuments que cette doctrine avait été enseignée de père en fils plus de cent siècles avant la publication de ce sacré livre. J'attends sur cela les instructions de ta paternité.

Depuis la prise de Goa par les Portugais, il est venu quelques docteurs d'Europe à Bénarès. Il y en a un à qui j'enseigne la langue indienne ; il m'apprend en récompense un jargon qui a cours dans l'Europe, et qu'on nomme l'*italien*. C'est une plaisante langue. Presque tous les mots se terminent en *a*, en *e*, en *i*, en *o* ; je l'apprends facilement, et j'aurai bientôt le plaisir de lire des livres européans[4].

Ce docteur s'appelle le père Fa tutto ; il paraît poli et insinuant ; je l'ai présenté à *Charme des yeux*, la

---

1. Allusion à une querelle d'érudits sur l'ancienneté des livres chinois.
2. Livre apocryphe récent, auquel Voltaire, sur la foi d'un informateur, attribue une très haute antiquité.
3. Amabed exprime ici l'opinion de Voltaire dans l'*Essai sur les mœurs*.
4. Le XVIIIe emploie européan ou européen.

belle Adaté, que mes parents et les siens me destinent pour épouse ; elle apprend l'italien avec moi. Nous avons conjugué ensemble le verbe *j'aime* dès le premier jour. Il nous a fallu deux jours pour tous les autres verbes. Après elle, tu es le mortel le plus près de mon cœur. Je prie Birmah et Brama[1] de conserver tes jours jusqu'à l'âge de cent trente ans, passé lequel la vie n'est plus qu'un fardeau.

RÉPONSE

DE SHASTASID

J'ai reçu ta lettre, esprit enfant de mon esprit. Puisse Drugha*, montée sur son dragon, étendre toujours sur toi ses dix bras vainqueurs des vices !

Il est vrai (et nous n'en devons tirer aucune vanité) que nous sommes le peuple de la terre le plus anciennement policé. Les Chinois eux-mêmes n'en disconviennent pas. Les Égyptiens sont un peuple tout nouveau qui fut lui-même enseigné par les Chaldéens. Ne nous glorifions pas d'être les plus anciens, et songeons à être toujours les plus justes.

Tu sauras, mon cher Amabed, que depuis très peu de temps une faible image de notre révélation sur la chute des êtres célestes et le renouvellement du monde a pénétré jusqu'aux Occidentaux. Je trouve, dans une traduction arabe d'un livre syriaque, qui n'est composé

---

1. Voltaire emprunte à un livre anglais cette distinction entre Birmah et Brama.

* Drugha est le mot indien qui signifie *vertu*. Elle est représentée avec dix bras, et montée sur un dragon pour combattre les vices, qui sont l'intempérance, l'incontinence, le larcin, le meurtre, l'injure, la médisance, la calomnie, la fainéantise, la résistance à ses père et mère, l'ingratitude. C'est cette figure que plusieurs missionnaires ont prise pour le diable. (V.)

que depuis environ quatorze cents ans, ces propres paroles : *L'Éternel tient liées de chaînes éternelles, jusqu'au grand jour du jugement, les puissances célestes qui ont souillé leur dignité première**. L'auteur cite en preuve un livre composé par un de leurs premiers hommes, nommé Enoch. Tu vois par là que les nations barbares n'ont jamais été éclairées que par un rayon faible et trompeur qui s'est égaré vers eux du sein de notre lumière.

Mon cher fils, je crains mortellement l'irruption des barbares d'Europe dans nos heureux climats. Je sais trop quel est cet Albuquerque[1] qui est venu des bords de l'Occident dans ce pays cher à l'astre du jour. C'est un des plus illustres brigands qui aient désolé la terre. Il s'est emparé de Goa contre la foi publique. Il a noyé dans leur sang des hommes justes et paisibles. Ces Occidentaux habitent un pays pauvre qui ne leur produit que très peu de soie : point de coton, point de sucre, nulle épicerie. La terre même dont nous fabriquons la porcelaine leur manque. Dieu leur a refusé le cocotier, qui ombrage, loge, vêtit, nourrit, abreuve les enfants de Brama. Ils ne connaissent qu'une liqueur qui leur fait perdre la raison. Leur vraie divinité est l'or ; ils vont chercher ce dieu à une autre extrémité du monde.

Je veux croire que ton docteur est un homme de bien ; mais l'Éternel nous permet de nous défier de ces étrangers. S'ils sont moutons à Bénarès, on dit qu'ils sont tigres dans les contrées où les Européans se sont établis.

Puissent ni la belle Adaté ni toi n'avoir jamais à se plaindre du père Fa tutto ! Mais un secret pressentiment m'alarme. Adieu. Que bientôt Adaté, unie à toi

---

* On voit que Shastasid avait lu notre Bible en arabe, et qu'il a en vue l'épître de St. Jude, où se trouvent en effet ces paroles au verset 6. Le livre apocryphe qui n'a jamais existé est celui d'Enoch, cité par St. Jude au verset 14. (V.)

1. Dit le Grand (1453-1515) ; il conquit Goa en 1510.

par un saint mariage, puisse goûter dans tes bras les joies célestes.

Cette lettre te parviendra par un banian[1], qui ne partira qu'à la pleine lune de l'éléphant.

SECONDE LETTRE

D'AMABED À SHASTASID

Père de mes pensées, j'ai eu le temps d'apprendre ce jargon d'Europe avant que ton marchand banian ait pu arriver sur le rivage du Gange. Le père Fa tutto me témoigne toujours une amitié sincère. En vérité je commence à croire qu'il ne ressemble point aux perfides dont tu crains, avec raison, la méchanceté. La seule chose qui pourrait me donner de la défiance, c'est qu'il me loue trop, et qu'il ne loue jamais assez Charme des yeux ; mais d'ailleurs il me paraît rempli de vertu et d'onction. Nous avons lu ensemble un livre de son pays, qui m'a paru bien étrange. C'est une histoire universelle du monde entier, dans laquelle il n'est pas dit un mot de notre antique empire, rien des immenses contrées au-delà du Gange, rien de la Chine, rien de la vaste Tartarie. Il faut que les auteurs, dans cette partie de l'Europe, soient bien ignorants. Je les compare à des villageois qui parlent avec emphase de leurs chaumières, et qui ne savent pas où est la capitale ; ou plutôt à ceux qui pensent que le monde finit aux bornes de leur horizon[2].

Ce qui m'a le plus surpris, c'est qu'ils comptent les temps depuis la création de leur monde tout autrement que nous. Mon docteur européan m'a montré un de ses

---

1. Caste spécialisée, selon la source de Voltaire, dans le commerce.
2. Allusion au *Discours sur l'histoire universelle* de Bossuet. L'*Essai sur les mœurs* se propose de combler ces lacunes.

almanachs sacrés, par lequel ses compatriotes sont à présent dans l'année de leur création 5552, ou dans l'année 6244, ou bien dans l'année 6940*, comme on voudra. Cette bizarrerie m'a surpris. Je lui ai demandé comment on pouvait avoir trois époques différentes de la même aventure. « Tu ne peux, lui ai-je dit, avoir à la fois trente ans, quarante ans, et cinquante ans. Comment ton monde peut-il avoir trois dates qui se contrarient ? » Il m'a répondu que ces trois dates se trouvent dans le même livre, et qu'on est obligé chez eux de croire les contradictions pour humilier la superbe de l'esprit.

Ce même livre traite d'un premier homme qui s'appelait Adam, d'un Caïn, d'un Mathusalem, d'un Noé qui planta des vignes après que l'océan eut submergé tout le globe ; enfin d'une infinité de choses dont je n'ai jamais entendu parler et que je n'ai lues dans aucun de nos livres. Nous en avons ri, la belle Adaté et moi, en l'absence du père Fa tutto : car nous sommes trop bien élevés et trop pénétrés de tes maximes pour rire des gens en leur présence.

Je plains ces malheureux d'Europe, qui n'ont été créés que depuis 6940 ans tout au plus, tandis que notre ère est de 115652 années. Je les plains davantage de manquer de poivre, de cannelle, de gérofle, de thé, de café, de soie, de coton, de vernis, d'encens, d'aromates, et de tout ce qui peut rendre la vie agréable : il faut que la Providence les ait longtemps oubliés. Mais je les plains encore plus de venir de si loin, parmi tant de périls, ravir nos denrées, les armes à la main. On dit qu'ils ont commis à Calicut des cruautés épouvantables pour du poivre : cela fait frémir la nature indienne, qui est en tout différente de la leur, car leurs poitrines et leurs cuisses sont velues. Ils portent de longues barbes, leurs estomacs sont carnassiers. Ils s'enivrent

---

* C'est la différence du texte hébreu, du samaritain et des Septante. (V.)

avec le jus fermenté de la vigne, plantée, disent-ils, par leur Noé. Le père Fa tutto lui-même, tout poli qu'il est, a égorgé deux petits poulets ; il les a fait cuire dans une chaudière, et il les a mangés impitoyablement. Cette action barbare lui a attiré la haine de tout le voisinage, que nous n'avons apaisée qu'avec peine. Dieu me pardonne ! je crois que cet étranger aurait mangé nos vaches sacrées, qui nous donnent du lait, si on l'avait laissé faire. Il a bien promis qu'il ne commettrait plus de meurtres envers les poulets, et qu'il se contenterait d'œufs frais, de laitage, de riz, de nos excellents légumes, de pistaches, de dattes, de cocos, de gâteaux, d'amandes, de biscuits, d'ananas, d'oranges, et de tout ce que produit notre climat béni de l'Éternel.

Depuis quelques jours, il paraît plus attentif auprès de Charme des yeux. Il a même fait pour elle deux vers italiens qui finissent en *o*. Cette politesse me plaît beaucoup, car tu sais que mon bonheur est qu'on rende justice à ma chère Adaté.

Adieu. Je me mets à tes pieds, qui t'ont toujours conduit dans la voie droite, et je baise tes mains, qui n'ont jamais écrit que la vérité.

RÉPONSE

DE SHASTASID

Mon cher fils en Birmah, en Brama, je n'aime point ton Fa tutto, qui tue des poulets, et qui fait des vers pour ta chère Adaté. Veuille Birmah rendre vains mes soupçons !

Je puis te jurer qu'on n'a jamais connu son Adam ni son Noé dans aucune partie du monde, tout récents qu'ils sont. La Grèce même, qui était le rendez-vous de toutes les fables quand Alexandre approcha de nos frontières, n'entendit jamais parler de ces noms-là. Je ne m'étonne pas que des amateurs du vin, tels que les peuples occidentaux, fassent un si grand cas de celui qui, selon eux, planta la vigne ; mais sois sûr que Noé a été ignoré de toute l'antiquité connue.

Il est vrai que du temps d'Alexandre il y avait dans un coin de la Phénicie un petit peuple de courtiers et d'usuriers, qui avait été longtemps esclave à Babylone. Il se forgea une histoire pendant sa captivité, et c'est dans cette seule histoire qu'il ait jamais été question de Noé. Quand ce petit peuple obtint depuis des privilèges dans Alexandrie, il y traduisit ses annales en grec. Elles furent ensuite traduites en arabe, et ce n'est que dans nos derniers temps que nos savants en ont eu quelque connaissance ; mais cette histoire est aussi méprisée par eux que la misérable horde qui l'a écrite*.

Il serait plaisant, en effet, que tous les hommes, qui sont frères, eussent perdu leurs titres de famille, et que ces titres ne se retrouvassent que dans une petite branche composée d'usuriers et de lépreux. J'ai peur, mon cher ami, que les concitoyens de ton père Fa tutto, qui ont, comme tu me le mandes, adopté ces idées, ne soient aussi insensés, aussi ridicules, qu'ils sont intéressés, perfides, et cruels.

Épouse au plus tôt ta charmante Adaté, car, encore une fois, je crains les Fa tutto plus que les Noé.

TROISIÈME LETTRE

D'AMABED À SHASTASID

Béni soit à jamais Birmah, qui a fait l'homme pour la femme ! Sois béni, ô cher Shastasid, qui t'intéresses tant à mon bonheur ! Charme des yeux est à moi ; je l'ai épousée. Je ne touche plus à la terre ; je suis dans

---

* On voit bien que Shastasid parle ici en brame qui n'a pas le don de la foi, et à qui la grâce a manqué. (V.)

le ciel : il n'a manqué que toi à cette divine cérémonie. Le docteur Fa tutto a été témoin de nos saints engagements ; et, quoiqu'il ne soit pas de notre religion, il n'a fait nulle difficulté d'écouter nos chants et nos prières : il a été fort gai au festin des noces. Je succombe à ma félicité. Tu jouis d'un autre bonheur : tu possèdes la sagesse ; mais l'incomparable Adaté me possède. Vis longtemps heureux, sans passions, tandis que la mienne m'absorbe dans une mer de voluptés. Je ne puis t'en dire davantage : je revole dans les bras d'Adaté.

QUATRIÈME LETTRE

D'AMABED À SHASTASID

Cher ami, cher père, nous partons, la tendre Adaté et moi, pour te demander ta bénédiction. Notre félicité serait imparfaite si nous ne remplissions pas ce devoir de nos cœurs ; mais, le croirais-tu ? nous passons par Goa, dans la compagnie de Coursom, le célèbre marchand, et de sa femme. Fa tutto dit que Goa est devenue la plus belle ville de l'Inde ; que le grand Albuquerque nous recevra comme des ambassadeurs ; qu'il nous donnera un vaisseau à trois voiles pour nous conduire à Maduré. Il a persuadé ma femme, et j'ai voulu le voyage dès qu'elle l'a voulu. Fa tutto nous assure qu'on parle italien plus que portugais à Goa. Charme des yeux brûle d'envie de faire usage d'une langue qu'elle vient d'apprendre. Je partage tous ses goûts. On dit qu'il y a des gens qui ont eu deux volontés ; mais Adaté et moi nous n'en avons qu'une, parce que nous n'avons qu'une âme à nous deux. Enfin nous partons demain avec la douce espérance de verser dans tes bras, avant deux mois, des larmes de joie et de tendresse.

PREMIÈRE LETTRE

D'ADATÉ À SHASTASID

À Goa, le 5 du mois du tigre, l'an
du renouvellement du monde 115652.

Birmah, entends mes cris, vois mes pleurs, sauve mon cher époux ! Brama, fils de Birmah, porte ma douleur et ma crainte à ton père ! Généreux Shastasid, plus sage que nous, tu avais prévu nos malheurs. Mon cher Amabed, ton disciple, mon tendre époux, ne t'écrira plus ; il est dans une fosse que les barbares appellent *prison*. Des gens que je ne puis définir, on les nomme ici *inquisitori*[1], je ne sais ce que ce mot signifie ; ces monstres, le lendemain de notre arrivée, saisirent mon mari et moi, et nous mirent chacun dans une fosse séparée comme si nous étions morts. Mais si nous l'étions, il fallait du moins nous ensevelir ensemble. Je ne sais ce qu'ils ont fait de mon cher Amabed. J'ai dit à mes anthropophages : « Où est Amabed ? Ne le tuez pas, et tuez-moi. » Ils ne m'ont rien répondu. « Où est-il ? pourquoi m'avez-vous séparée de lui ! » Ils ont gardé le silence : ils m'ont enchaînée. J'ai depuis une heure un peu plus de liberté ; le marchand Coursom a trouvé moyen de me faire tenir du papier, du coton, un pinceau et de l'encre. Mes larmes imbibent tout, ma main tremble, mes yeux s'obscurcissent, je me meurs.

---

1. L'Inquisition de Goa (unique en Inde) fut fondée en 1560 et supprimée en 1814.

SECONDE LETTRE

D'ADATÉ À SHASTASID

ÉCRITE DE LA PRISON DE L'INQUISITION

Divin Shastasid, je fus hier longtemps évanouie ; je ne pus achever ma lettre. Je la pliai quand je repris un peu mes sens ; je la mis dans mon sein, qui n'allaitera pas les enfants que j'espérais avoir d'Amabed ; je mourrai avant que Birmah m'ait accordé la fécondité.

Ce matin au point du jour, sont entrés dans ma fosse deux spectres armés de hallebardes, portant au cou des grains enfilés, et ayant sur la poitrine quatre petites bandes rouges croisées. Ils m'ont prise par les mains, toujours sans me rien dire, et m'ont menée dans une chambre où il y avait pour tous meubles une grande table, cinq chaises, et un grand tableau qui représentait un homme tout nu, les bras étendus et les pieds joints.

Aussitôt entrent cinq personnages vêtus de robes noires avec une chemise par-dessus leur robe, et deux longs pendants d'étoffe bigarrée par-dessus leur chemise [1]. Je suis tombée à terre de frayeur. Mais quelle a été ma surprise ! J'ai vu le père Fa tutto parmi ces cinq fantômes. Je l'ai vu, il a rougi ; mais il m'a regardée d'un air de douceur et de compassion qui m'a un peu rassurée pour un moment. « Ah ! père Fa tutto, ai-je dit, où suis-je ? Qu'est devenu Amabed ? dans quel gouffre m'avez-vous jetée ? On dit qu'il y a des nations qui se nourrissent de sang humain : va-t-on nous tuer ? va-t-on nous dévorer ? » Il ne m'a répondu qu'en levant les yeux et les mains au ciel ; mais avec une attitude si douloureuse et si tendre que je ne savais plus que penser.

Le président de ce conseil de muets a enfin délié sa

---

1. On a reconnu l'étole.

langue, et m'a adressé la parole ; il m'a dit ces mots : « Est-il vrai que vous avez été baptisée ? » J'étais si abîmée dans mon étonnement et dans ma douleur que d'abord je n'ai pu répondre. Il a recommencé la même question d'une voix terrible. Mon sang s'est glacé, et ma langue s'est attachée à mon palais. Il a répété les mêmes mots pour la troisième fois, et à la fin j'ai dit *oui* ; car il ne faut jamais mentir. J'ai été baptisée dans le Gange comme tous les fidèles enfants de Brama le sont, comme tu le fus, divin Shastasid, comme l'a été mon cher et malheureux Amabed. Oui, je suis baptisée, c'est ma consolation, c'est ma gloire. Je l'ai avoué devant ces spectres.

À peine cette parole *oui,* symbole de la vérité, est sortie de ma bouche, qu'un des cinq monstres noirs et blancs s'est écrié : *Apostata !* Les autres ont répété : *Apostata*[1] *!* Je ne sais ce que ce mot veut dire ; mais ils l'ont prononcé d'un ton si lugubre et si épouvantable que mes trois doigts sont en convulsion en te l'écrivant.

Alors le père Fa tutto, prenant la parole et me regardant toujours avec des yeux bénins, les a assurés que j'avais dans le fond de bons sentiments, qu'il répondait de moi, que la grâce opérerait, qu'il se chargeait de ma conscience ; et il a fini son discours, auquel je ne comprenais rien, par ces paroles : *Io la convertero.* Cela signifie en italien, autant que j'en puis juger : *Je la retournerai.*

« Quoi ! disais-je en moi-même, il me retournera ! Qu'entend-il par me retourner[2] ? Veut-il dire qu'il me rendra à ma patrie ? Ah ! père Fa tutto, lui ai-je dit, retournez donc le jeune Amabed, mon tendre époux, rendez-moi mon âme, rendez-moi ma vie. »

Alors il a baissé les yeux ; il a parlé en secret aux quatre fantômes dans un coin de la chambre. Ils sont

---

1. L'Inquisition punissait de mort les chrétiens relaps, à l'exil, au fouet ou aux galères les non-baptisés.
2. Ce retournement est à double sens.

partis avec les deux hallebardiers. Tous ont fait une profonde révérence au tableau qui représente un homme tout nu ; et le père Fa tutto est resté seul avec moi.

Il m'a conduite dans une chambre assez propre, et m'a promis que, si je voulais m'abandonner à ses conseils, je ne serais plus enfermée dans une fosse. « Je suis désespéré comme vous, m'a-t-il dit, de tout ce qui est arrivé. Je m'y suis opposé autant que j'ai pu, mais nos saintes lois m'ont lié les mains ; enfin, grâces au ciel et à moi, vous êtes libre dans une bonne chambre, dont vous ne pouvez pas sortir. Je viendrai vous y voir souvent ; je vous consolerai, je travaillerai à votre félicité présente et future [1].

— Ah ! lui ai-je répondu, il n'y a que mon cher Amabed qui puisse la faire, cette félicité, et il est dans une fosse ! Pourquoi y ai-je été plongée ? qui sont ces spectres qui m'ont demandé si j'avais été baignée ? où m'avez-vous conduite ? m'avez-vous trompée ? est-ce vous qui êtes la cause de ces horribles cruautés ? Faites-moi venir le marchand Coursom, qui est de mon pays et homme de bien. Rendez-moi ma suivante, ma compagne, mon amie Déra, dont on m'a séparée. Est-elle aussi dans un cachot pour avoir été baignée ? Qu'elle vienne ; que je revoie Amabed, ou que je meure ! »

Il a répondu à mes discours et aux sanglots qui les entrecoupaient par des protestations de service et de zèle dont j'ai été touchée. Il m'a promis qu'il m'instruirait des causes de toute cette épouvantable aventure, et qu'il obtiendrait qu'on me rendît ma pauvre Déra, en attendant qu'il pût parvenir à délivrer mon mari. Il m'a plainte ; j'ai vu même ses yeux un peu mouillés. Enfin, au son d'une cloche, il est sorti de ma chambre en me prenant la main, et en la mettant sur son cœur. C'est le signe visible, comme tu le sais, de la sincérité, qui est invisible. Puisqu'il a mis ma main sur son cœur, il ne me trompera pas. Eh ! pourquoi me

---

1. L'Inquisition aimait alterner douceur et menace.

tromperait-il ? que lui ai-je fait pour me persécuter ? nous l'avons si bien traité à Bénarès, mon mari et moi ! je lui ai fait tant de présents quand il m'enseignait l'italien ! Il a fait des vers italiens pour moi, il ne peut pas me haïr. Je le regarderai comme mon bienfaiteur s'il me rend mon malheureux époux, si nous pouvons tous deux sortir de cette terre envahie et habitée par des anthropophages, si nous pouvons venir embrasser tes genoux à Maduré, et recevoir tes saintes bénédictions.

TROISIÈME LETTRE

D'ADATÉ À SHASTASID

Tu permets sans doute, généreux Shastasid, que je t'envoie le journal de mes infortunes inouïes ; tu aimes Amabed, tu prends pitié de mes larmes, tu lis avec intérêt dans un cœur percé de toutes parts, qui te déploie ses inconsolables afflictions.

On m'a rendu mon amie Déra, et je pleure avec elle. Les monstres l'avaient descendue dans une fosse, comme moi. Nous n'avons nulle nouvelle d'Amabed. Nous sommes dans la même maison, et il y a entre nous un espace infini, un chaos impénétrable. Mais voici des choses qui vont faire frémir ta vertu, et qui déchireront ton âme juste.

Ma pauvre Déra a su, par un de ces deux satellites qui marchent toujours devant les cinq anthropophages, que cette nation a un baptême comme nous. J'ignore comment nos sacrés rites ont pu parvenir jusqu'à eux. Ils ont prétendu que nous avions été baptisés suivant les rites de leur secte. Ils sont si ignorants qu'ils ne savent pas qu'ils tiennent de nous le baptême depuis très peu de siècles. Ces barbares se sont imaginé que nous étions de leur secte, et que nous avions renoncé à leur culte. Voilà ce que voulait dire ce mot *apostata*, que les anthropophages faisaient retentir à mes oreilles avec tant de férocité. Ils disent que c'est un crime horrible et digne des plus grands supplices d'être d'une autre religion que la leur. Quand le père Fa tutto leur disait : *Io la convertero*, je la retournerai, il entendait qu'il me ferait retourner à la religion des brigands. Je n'y conçois rien ; mon esprit est couvert d'un nuage, comme mes yeux. Peut-être mon désespoir trouble mon entendement ; mais je ne puis comprendre comment ce Fa tutto, qui me connaît si bien, a pu dire qu'il me ramènerait à une religion que je n'ai jamais connue, et qui est aussi ignorée dans nos climats que l'étaient les Portugais quand ils sont venus pour la première fois dans l'Inde chercher du poivre les armes à la main. Nous nous perdons dans nos conjectures, la bonne Déra et moi. Elle soupçonne le père Fa tutto de quelques desseins secrets ; mais me préserve Birmah de former un jugement téméraire !

J'ai voulu écrire au grand brigand Albuquerque pour implorer sa justice, et pour lui demander la liberté de mon cher mari ; mais on m'a dit qu'il était parti pour aller surprendre Bombay et le piller ! Quoi ! venir de si loin dans le dessein de ravager nos habitations et de nous tuer ! et cependant ces monstres sont baptisés comme nous ! On dit pourtant que cet Albuquerque a fait quelques belles actions. Enfin je n'ai plus d'espérance que dans l'Être des êtres, qui doit punir le crime et protéger l'innocence. Mais j'ai vu ce matin un tigre qui dévorait deux agneaux. Je tremble de n'être pas assez précieuse devant l'Être des êtres pour qu'il daigne me secourir.

QUATRIÈME LETTRE

D'ADATÉ À SHASTASID

Il sort de ma chambre, ce père Fa tutto : quelle entrevue ! quelle complication de perfidies, de passions et de noirceurs ! Le cœur humain est donc capable de réunir tant d'atrocités ! Comment les écrirai-je à un juste ?

Il tremblait quand il est entré. Ses yeux étaient baissés ; j'ai tremblé plus que lui. Bientôt il s'est rassuré. « Je ne sais pas, m'a-t-il dit, si je pourrai sauver votre mari. Les juges ont ici quelquefois de la compassion pour les jeunes femmes ; mais ils sont bien sévères pour les hommes. — Quoi ! la vie de mon mari n'est pas en sûreté ? » Je suis tombée en faiblesse. Il a cherché des eaux spiritueuses pour me faire revenir ; il n'y en avait point. Il a envoyé ma bonne Déra en acheter à l'autre bout de la rue chez un banian. Cependant il m'a délacée pour donner passage aux vapeurs qui m'étouffaient. J'ai été étonnée, en revenant à moi, de trouver ses mains sur ma gorge et sa bouche sur la mienne. J'ai jeté un cri affreux, je me suis reculée d'horreur. Il m'a dit : « Je prenais de vous un soin que la charité commande. Il fallait que votre gorge fût en liberté, et je m'assurais de votre respiration.

— Ah ! prenez soin que mon mari respire. Est-il encore dans cette fosse horrible ? — Non, m'a-t-il répondu. J'ai eu, avec bien de la peine, le crédit de le faire transférer dans un cachot plus commode. — Mais, encore une fois, quel est son crime ? quel est le mien ? d'où vient cette épouvantable inhumanité ? pourquoi violer envers nous les droits de l'hospitalité, celui des gens[1], celui de la nature ? — C'est notre sainte religion qui exige de nous ces petites sévérités. Vous et votre mari vous êtes accusés d'avoir renoncé tous deux à votre baptême. »

Je me suis écriée alors : « Que voulez-vous dire ? Nous n'avons jamais été baptisés à votre mode ; nous l'avons été dans le Gange, au nom de Brama. Est-ce vous qui avez persuadé cette exécrable imposture aux spectres qui m'ont interrogée ? Quel pouvait être votre dessein ? »

---

1. Le droit des gens règle les relations entre nations.

Il a rejeté bien loin cette idée. Il m'a parlé de vertu, de vérité, de charité ; il a presque dissipé un moment mes soupçons, en m'assurant que ces spectres sont des gens de bien, des hommes de Dieu, des juges de l'âme, qui ont partout de saints espions, et principalement auprès des étrangers qui abordent dans Goa. Ces espions ont, dit-il, juré à ses confrères, les juges de l'âme, devant le tableau de l'homme tout nu, qu'Amabed et moi nous avons été baptisés à la mode des brigands portugais, qu'Amabed est *apostato,* et que je suis *apostata.*

Ô vertueux Shastasid ! ce que j'entends, ce que je vois de moment en moment me saisit d'épouvante depuis la racine des cheveux jusqu'à l'ongle du petit doigt du pied.

« Quoi ! vous êtes, ai-je dit au père Fa tutto, un des cinq hommes de Dieu, un des juges de l'âme ? — Oui, ma chère Adaté, oui, Charme des yeux, je suis un des cinq dominicains délégués par le vice-Dieu de l'univers pour disposer souverainement des âmes et des corps. — Qu'est-ce qu'un dominicain ? qu'est-ce qu'un vice-Dieu ? — Un dominicain est un prêtre, enfant de St. Dominique, inquisiteur pour la foi ; et un vice-Dieu est un prêtre que Dieu a choisi pour le représenter, pour jouir de dix millions de roupies par an, et pour envoyer dans toute la terre des dominicains vicaires du vicaire de Dieu. »

J'espère, grand Shastasid, que tu m'expliqueras ce galimatias infernal, ce mélange incompréhensible d'absurdités et d'horreurs, d'hypocrisie et de barbarie.

Fa tutto me disait tout cela avec un air de componction, avec un ton de vérité qui, dans un autre temps, aurait pu produire quelque effet sur mon âme simple et ignorante. Tantôt il levait les yeux au ciel, tantôt il les arrêtait sur moi. Ils étaient animés et remplis d'attendrissement. Mais cet attendrissement jetait dans tout mon corps un frissonnement d'horreur et de crainte. Amabed est continuellement dans ma bouche comme dans mon cœur. « Rendez-moi mon cher Amabed ! »

c'était le commencement, le milieu, et la fin de tous mes discours.

Ma bonne Déra arrive dans ce moment ; elle m'apporte des eaux de cinnamum et d'amomum[1]. Cette charmante créature a trouvé le moyen de remettre au marchand Coursom mes trois lettres précédentes. Coursom part cette nuit ; il sera dans peu de jours à Maduré. Je serai plainte du grand Shastasid ; il versera des pleurs sur le sort de mon mari ; il me donnera des conseils ; un rayon de sa sagesse pénétrera dans la nuit de mon tombeau.

RÉPONSE

DU BRAME SHASTASID AUX TROIS LETTRES PRÉCÉDENTES D'ADATÉ

Vertueuse et infortunée Adaté, épouse de mon cher disciple Amabed, Charme des yeux, les miens ont versé sur tes trois lettres des ruisseaux de larmes. Quel démon ennemi de la nature a déchaîné du fond des ténèbres de l'Europe les monstres à qui l'Inde est en proie ! Quoi ! tendre épouse de mon cher disciple, tu ne vois pas que le père Fa tutto est un scélérat qui t'a fait tomber dans le piège ! Tu ne vois pas que c'est lui seul qui a fait enfermer ton mari dans une fosse, et qui t'y a plongée toi-même pour que tu lui eusses l'obligation de t'en avoir tirée ! Que n'exigera-t-il pas de ta reconnaissance ! Je tremble avec toi : je donne part de cette violation du droit des gens à tous les pontifes de Brama, à tous les omras, à tous les raïas[2], aux nababs, au

---

[1]. Le cinnamum est la cannelle ; l'amomum un fruit contenant une essence aromatique.
[2]. Titres de dignitaires.

grand empereur des Indes lui-même, le sublime Babar [1], roi des rois, cousin du soleil et de la lune, fils de Mirsamachamed, fils de Semcor, fils d'Abouchaïd, fils de Miracha, fils de Timur, afin qu'on s'oppose de tous côtés aux brigandages des voleurs d'Europe. Quelle profondeur de scélératesse ! Jamais les prêtres de Timur [2], de Gengis-kan, d'Alexandre, d'Ogus-kan, de Sésac [3], de Bacchus, qui tour à tour vinrent subjuguer nos saintes et paisibles contrées, ne permirent de pareilles horreurs hypocrites ; au contraire, Alexandre laissa partout des marques éternelles de sa générosité. Bacchus ne fit que du bien : c'était le favori du ciel ; une colonne de feu conduisait son armée pendant la nuit, et une nuée marchait devant elle pendant le jour* ; il traversait la mer Rouge à pied sec ; il commandait au soleil et à la lune de s'arrêter quand il le fallait ; deux gerbes de rayons divins sortaient de son front ; l'ange exterminateur était debout à ses côtés, mais il employait toujours l'ange de la joie. Votre Albuquerque, au

1. Fondateur de la dynastie des Mogols (1483-1530).
2. Tamerlan, conquérant des Indes.
3. Roi de l'Égypte antique qui conquit Jérusalem.

* Il est indubitable que les fables concernant Bacchus étaient fort communes en Arabie et en Grèce, longtemps avant que les nations fussent informées si les Juifs avaient une histoire ou non. Josèphe avoue même que les Juifs tinrent toujours leurs livres cachés à leurs voisins. Bacchus était révéré en Égypte, en Arabie, en Grèce, longtemps avant que le nom de Moïse pénétrât dans ces contrées. Les anciens vers orphiques appellent Bacchus *Misa ou Mosa*. Il fut élevé sur la montagne de Nisa, qui est précisément le mont Sina. Il s'enfuit vers la mer Rouge ; il y rassembla une armée, et passa avec elle cette mer à pied sec. Il arrêta le soleil et la lune ; son chien le suivit dans toutes ses expéditions, et le nom de *Caleb*, l'un des conquérants hébreux, signifie *chien*.

Les savants ont beaucoup disputé, et ne sont pas convenus si Moïse est antérieur à Bacchus, ou Bacchus à Moïse. Ils sont tous deux de grands hommes ; mais Moïse, en frappant un rocher avec sa baguette, n'en fit sortir que de l'eau ; au lieu que Bacchus, en frappant la terre de son thyrse, en fit sortir du vin. C'est de là que toutes les chansons de table célèbrent Bacchus, et qu'il n'y a peut-être pas deux chansons en faveur de Moïse. (V.)

contraire, n'est venu qu'avec des moines, des fripons de marchands, et des meurtriers. Coursom le juste m'a confirmé le malheur d'Amabed et le vôtre. Puissé-je avant ma mort vous sauver tous deux, ou vous venger ! Puisse l'éternel Birmah vous tirer des mains du moine Fa tutto ! Mon cœur saigne des blessures du vôtre.

N.B. Cette lettre ne parvint à Charme des yeux que longtemps après, lorsqu'elle partit de la ville de Goa.

CINQUIÈME LETTRE

D'ADATÉ AU GRAND BRAME SHASTASID

De quels termes oserai-je me servir pour t'exprimer mon nouveau malheur ? comment la pudeur pourra-t-elle parler de la honte ? Birmah a vu le crime, et il l'a souffert ! que deviendrai-je ? La fosse où j'étais enterrée est bien moins horrible que mon état.

Le père Fa tutto est entré ce matin dans ma chambre, tout parfumé, et couvert d'une simarre de soie légère. J'étais dans mon lit. « Victoire ! m'a-t-il dit, l'ordre de délivrer votre mari est signé. » À ces mots, les transports de la joie se sont emparés de tous mes sens ; je l'ai nommé *mon protecteur, mon père*. Il s'est penché vers moi, il m'a embrassée. J'ai cru d'abord que c'était une caresse innocente, un témoignage chaste de ses bontés pour moi ; mais, dans le même instant, écartant ma couverture, dépouillant sa simarre, se jetant sur moi comme un oiseau de proie sur une colombe, me pressant du poids de son corps, ôtant de ses bras nerveux tout mouvement à mes faibles bras, arrêtant sur mes lèvres ma voix plaintive par des baisers criminels, enflammé, invincible, inexorable... quel moment ! et pourquoi ne suis-je pas morte !

Déra, presque nue, est venue à mon secours ; mais

lorsque rien ne pouvait plus me secourir qu'un coup de tonnerre. Ô Providence de Birmah ! il n'a point tonné, et le détestable Fa tutto a fait pleuvoir dans mon sein la brûlante rosée de son crime. Non, Drugha elle-même, avec ses dix bras célestes, n'aurait pu déranger ce Mosasor* indomptable.

Ma chère Déra le tirait de toutes ses forces ; mais figurez-vous un passereau qui becquèterait le bout des plumes d'un vautour acharné sur une tourterelle : c'est l'image du père Fa tutto, de Déra, et de la pauvre Adaté.

Pour se venger des importunités de Déra, il la saisit elle-même, la renverse d'une main en me retenant de l'autre ; il la traite comme il m'a traitée, sans miséricorde ; ensuite il sort fièrement comme un maître qui a châtié deux esclaves, et nous dit : « Sachez que je vous punirai ainsi toutes deux quand vous ferez les mutines. »

Nous sommes restées, Déra et moi, un quart d'heure sans oser dire un mot, sans oser nous regarder. Enfin Déra s'est écriée : « Ah ! ma chère maîtresse, quel homme ! Tous les gens de son espèce sont-ils aussi cruels que lui ? »

Pour moi, je ne pensais qu'au malheureux Amabed. On m'a promis de me le rendre, et on ne me le rend point. Me tuer, c'était l'abandonner ; ainsi je ne me suis pas tuée.

Je ne m'étais nourrie depuis un jour que de ma douleur. On ne nous a point apporté à manger à l'heure accoutumée. Déra s'en étonnait, et s'en plaignait. Il me paraissait bien honteux de manger après ce qui nous était arrivé. Cependant nous avions un appétit dévo-

---

* Ce Mosasor est l'un des principaux anges rebelles qui combattirent contre l'Éternel, comme le rapporte l'*Autorashasta,* le plus ancien livre des brahmanes ; et c'est là probablement l'origine de la guerre des Titans et de toutes les fables imaginées depuis sur ce modèle. (V.)

rant ; rien ne venait, et après nous être pâmées de douleur nous nous évanouissions de faim.

Enfin, sur le soir, on nous a servi une tourte de pigeonneaux, une poularde et deux perdrix, avec un seul petit pain ; et, pour comble d'outrage, une bouteille de vin sans eau. C'est le tour le plus sanglant qu'on puisse jouer à deux femmes comme nous, après tout ce que nous avions souffert ; mais que faire ? je me suis mise à genoux : « O Birmah ! ô Visnou ! ô Brama ! vous savez que l'âme n'est point souillée de ce qui entre dans le corps. Si vous m'avez donné une âme, pardonnez-lui la nécessité funeste où est mon corps de n'être pas réduit aux légumes ; je sais que c'est un péché horrible de manger du poulet ; mais on nous y force. Puissent tant de crimes retomber sur la tête du père Fa tutto ! Qu'il soit, après sa mort, changé en une jeune malheureuse Indienne ; que je sois changée en dominicain ; que je lui rende tous les maux qu'il m'a faits, et que je sois plus impitoyable encore pour lui qu'il ne l'a été pour moi ! » Ne sois point scandalisé ; pardonne, vertueux Shastasid ! Nous nous sommes mises à table. Qu'il est dur d'avoir des plaisirs qu'on se reproche !

Postscript. Immédiatement après dîner, j'écris au modérateur de Goa, qu'on appelle le corrégidor. Je lui demande la liberté d'Amabed et la mienne ; je l'instruis de tous les crimes du père Fa tutto. Ma chère Déra dit qu'elle lui fera parvenir ma lettre par cet alguazil[1] des inquisiteurs pour la foi, qui vient quelquefois la voir dans mon antichambre, et qui a pour elle beaucoup d'estime. Nous verrons ce que cette démarche hardie pourra produire.

1. Mot espagnol.

SIXIÈME LETTRE

D'ADATÉ

Le croirais-tu, sage instructeur des hommes ? Il y a des justes à Goa ! et don Jéronimo le corrégidor en est un. Il a été touché de mon malheur et de celui d'Amabed. L'injustice le révolte, le crime l'indigne. Il s'est transporté avec des officiers de justice à la prison qui nous renferme. J'apprends qu'on appelle ce repaire *le palais du St. Office.* Mais, ce qui t'étonnera, on lui a refusé l'entrée. Les cinq spectres, suivis de leurs hallebardiers, se sont présentés à la porte, et on a dit à la justice : « Au nom de Dieu tu n'entreras pas. — J'entrerai au nom du roi, a dit le corrégidor ; c'est un cas royal. — C'est un cas sacré », ont répondu les spectres. Don Jéronimo le juste a dit : « Je dois interroger Amabed, Adaté, Déra, et le père Fa tutto. — Interroger un inquisiteur, un dominicain ! s'est écrié le chef des spectres ; c'est un sacrilège : *scommunicao, scommunicao*[1]. » On dit que ce sont des mots terribles, et qu'un homme sur qui on les a prononcés meurt ordinairement au bout de trois jours.

Les deux partis se sont échauffés ; ils étaient prêts d'en venir aux mains ; enfin ils s'en sont rapportés à l'obispo de Goa. Un obispo est à peu près parmi ces barbares ce que tu es chez les enfants de Brama ; c'est un intendant de leur religion ; il est vêtu de violet, et il porte aux mains des souliers violets[2]. Il a sur la tête, les jours de cérémonie, un pain de sucre fendu en deux. Cet homme a décidé que les deux partis avaient égale-

---

1. « J'excommunierai. »
2. Les gants violets des évêques. En matière d'hérésie, ni l'évêque, ni le vice-roi n'ont autorité sur le Grand Inquisiteur. L'évêque n'a qu'un recours : renvoyer l'affaire devant le pape.

ment tort, et qu'il n'appartenait qu'à leur vice-Dieu de juger le père Fa tutto. Il a été convenu qu'on l'enverrait par-devant sa divinité avec Amabed et moi, et ma fidèle Déra.

Je ne sais où demeure ce vice, si c'est dans le voisinage du grand-lama, ou en Perse, mais n'importe. Je vais revoir Amabed ; j'irais avec lui au bout du monde, au ciel, en enfer. J'oublie dans ce moment ma fosse, ma prison, les violences de Fa tutto, ses perdrix, que j'ai eu la lâcheté de manger, et son vin, que j'ai eu la faiblesse de boire.

SEPTIÈME LETTRE

D'ADATÉ

Je l'ai revu, mon tendre époux ; on nous a réunis, je l'ai tenu dans mes bras. Il a effacé la tache du crime dont cet abominable Fa tutto m'avait souillée ; semblable à l'eau sainte du Gange, qui lave toutes les macules des âmes, il m'a rendu une nouvelle vie. Il n'y a que cette pauvre Déra qui reste encore profanée ; mais tes prières et tes bénédictions remettront son innocence dans tout son éclat.

On nous fait partir demain sur un vaisseau qui fait voile pour Lisbonne. C'est la patrie du fier Albuquerque. C'est là sans doute qu'habite ce vice-Dieu qui doit juger entre Fa tutto et nous. S'il est vice-Dieu, comme tout le monde l'assure ici, il est bien certain qu'il damnera Fa tutto. C'est une petite consolation, mais je cherche bien moins la punition de ce terrible coupable que le bonheur du tendre Amabed.

Quelle est donc la destinée des faibles mortels, de ces feuilles que les vents emportent ! Nous sommes nés, Amabed et moi, sur les bords du Gange ; on nous emmène en Portugal ; on va nous juger dans un monde inconnu, nous qui sommes nés libres ! Reverrons-nous jamais notre patrie ? pourrons-nous accomplir le pèlerinage que nous méditions vers ta personne sacrée ?

Comment pourrons-nous, moi et ma chère Déra, être enfermées dans le même vaisseau avec le père Fa tutto ? cette idée me fait trembler. Heureusement j'aurai mon brave époux pour me défendre. Mais que deviendra Déra, qui n'a point de mari ? Enfin nous nous recommandons à la Providence.

Ce sera désormais mon cher Amabed qui t'écrira : il fera le journal de nos destins ; il te peindra la nouvelle terre et les nouveaux cieux que nous allons voir. Puisse Brama conserver longtemps ta tête rase et l'entendement divin qu'il a placé dans la moelle de ton cerveau !

PREMIÈRE LETTRE

D'AMABED À SHASTASID, APRÈS SA CAPTIVITÉ

Je suis donc encore au nombre des vivants ! C'est donc moi qui t'écris, divin Shastasid ! J'ai tout su, et tu sais tout. Charme des yeux n'a point été coupable ; elle ne peut l'être. La vertu est dans le cœur, et non ailleurs. Ce rhinocéros de Fa tutto, qui avait cousu à sa peau celle du renard, soutient hardiment qu'il nous a baptisés, Adaté et moi, dans Bénarès, à la mode de l'Europe ; que je suis *apostato*, et que Charme des yeux est *apostata*. Il jure, par l'homme nu qui est peint ici sur presque toutes les murailles, qu'il est injustement accusé d'avoir violé ma chère épouse et ta jeune Déra. Charme des yeux, de son côté, et la douce Déra, jurent qu'elles ont été violées. Les esprits européans ne peuvent percer ce sombre abîme : ils disent tous qu'il n'y a que leur vice-Dieu qui puisse y rien connaître, attendu qu'il est infaillible[1].

Don Jéronimo, le corrégidor, nous fait tous embarquer demain pour comparaître devant cet être extraordinaire qui ne se trompe jamais. Ce grand juge des barbares ne siège point à Lisbonne, mais beaucoup plus loin, dans une ville magnifique qu'on nomme Roume. Ce nom est absolument inconnu chez nos Indiens. Voilà un terrible voyage. À quoi les enfants de Brama sont-ils exposés dans cette courte vie !

Nous avons pour compagnons de voyage des marchands d'Europe, des chanteuses[2], deux vieux officiers des troupes du roi de Portugal, qui ont gagné beaucoup d'argent dans notre pays, des prêtres du vice-Dieu, et quelques soldats.

C'est un grand bonheur pour nous d'avoir appris l'italien, qui est la langue courante de tous ces gens-là ; car comment pourrions-nous entendre le jargon portugais ? Mais, ce qui est horrible, c'est d'être dans la même barque avec un Fa tutto. On nous fait coucher ce soir à bord, pour démarrer demain au lever du soleil. Nous aurons une petite chambre de six pieds de long sur quatre de large pour ma femme et pour Déra. On dit que c'est une faveur insigne[3]. Il faut faire ses petites provisions de toute espèce. C'est un bruit, c'est un tintamarre inexprimable. La foule du peuple se précipite pour nous regarder. Charme des yeux est en larmes ; Déra tremble : il faut s'armer de courage. Adieu ; adresse pour nous tes saintes prières à l'Éternel, qui créa les malheureux mortels il y a juste cent quinze mille six cent cinquante-deux révolutions annuelles du soleil autour de la terre, ou de la terre autour du soleil[4].

---

1. Léger anachronisme volontaire : l'infaillibilité pontificale date du concile de Trente (1545).
2. Les chanteuses malabares étaient fameuses.
3. En raison de l'exiguïté des navires.
4. On sait que l'Inquisition condamnera le système de Copernic.

SECONDE LETTRE

D'AMABED, PENDANT SA ROUTE

Après un jour de navigation, le vaisseau s'est trouvé vis-à-vis Bombay, dont l'exterminateur Albuquerque, qu'on appelle ici *le grand*, s'est emparé[1]. Aussitôt un bruit infernal s'est fait entendre : notre vaisseau a tiré neuf coups de canon ; on lui en a répondu autant des remparts de la ville. Charme des yeux et la jeune Déra ont cru être à leur dernier jour. Nous étions couverts d'une fumée épaisse. Croirais-tu, sage Shastasid, que ce sont là des politesses ? C'est la façon dont ces barbares se saluent. Une chaloupe a apporté des lettres pour le Portugal ; alors nous avons fait voile dans la grande mer, laissant à notre droite les embouchures du grand fleuve Zonboudipo, que les barbares appellent l'Indus.

Nous ne voyons plus que les airs, nommés *ciel* par ces brigands, si peu dignes du ciel, et cette grande mer que l'avarice et la cruauté leur ont fait traverser.

Cependant le capitaine paraît un homme honnête et prudent. Il ne permet pas que le père Fa tutto soit sur le tillac quand nous y prenons le frais ; et lorsqu'il est en haut, nous nous tenons en bas. Nous sommes comme le jour et la nuit, qui ne paraissent jamais ensemble sur le même horizon. Je ne cesse de réfléchir sur la destinée qui se joue des malheureux mortels. Nous voguons sur la mer des Indes avec un dominicain, pour aller être jugés dans Roume, à six mille lieues de notre patrie.

Il y a dans le vaisseau un personnage considérable qu'on nomme l'*aumônier*. Ce n'est pas qu'il fasse

---

1. La ville de Bombay fut en réalité cédée en 1534.

l'aumône ; au contraire, on lui donne de l'argent pour dire des prières dans une langue qui n'est ni la portugaise ni l'italienne, et que personne de l'équipage n'entend ; peut-être ne l'entend-il pas lui-même ; car il est toujours en dispute sur le sens des paroles avec le père Fa tutto. Le capitaine m'a dit que cet aumônier est franciscain, et que, l'autre étant dominicain, ils sont obligés en conscience de n'être jamais du même avis. Leurs sectes sont ennemies jurées l'une de l'autre ; aussi sont-ils vêtus tout différemment pour marquer la différence de leurs opinions.

Ce franciscain s'appelle Fa molto. Il me prête des livres italiens concernant la religion du vice-Dieu devant qui nous comparaîtrons. Nous lisons ces livres, ma chère Adaté et moi. Déra assiste à la lecture. Elle y a eu d'abord de la répugnance, craignant de déplaire à Brama ; mais plus nous lisons, plus nous nous fortifions dans l'amour des saints dogmes que tu enseignes aux fidèles.

TROISIÈME LETTRE

DU JOURNAL D'AMABED

Nous avons lu avec l'aumônier des épîtres d'un des grands saints de la religion italienne et portugaise. Son nom est Pual. Toi, qui possèdes la science universelle, tu connais Pual sans doute. C'est un grand homme : il a été renversé de cheval par une voix, et aveuglé par un trait de lumière ; il se vante d'avoir été comme moi au cachot ; il ajoute qu'il a eu cinq fois trente-neuf coups de fouet, ce qui fait en tout cent quatre-vingt-quinze écourgées sur les fesses ; plus, trois fois des coups de bâton, sans spécifier le nombre ; plus, il dit qu'il a été lapidé une fois : cela est violent, car on n'en revient guère ; plus, il jure qu'il a été un jour et une nuit au fond de la mer. Je le plains beaucoup ; mais, en récompense, il a été ravi au troisième ciel. Je t'avoue, illuminé Shastasid, que je voudrais en faire autant, dussé-je acheter cette gloire par cent quatre-vingt-quinze coups de verges bien appliqués sur le derrière :

> Il est beau qu'un mortel jusques aux cieux s'élève ;
> Il est beau même d'en tomber,

comme dit un de nos plus aimables poètes indiens, qui est quelquefois sublime.

Enfin je vois qu'on a conduit comme moi Pual à Roume pour être jugé. Quoi donc ! mon cher Shastasid, Roume a donc jugé tous les mortels dans tous les temps ? Il faut certainement qu'il y ait dans cette ville quelque chose de supérieur au reste de la terre : tous les gens qui sont dans le vaisseau ne jurent que par Roume ; on faisait tout à Goa au nom de Roume.

Je te dirai bien plus. Le Dieu de notre aumônier Fa molto, qui est le même que celui de Fa tutto, naquit et mourut dans un pays dépendant de Roume, et il paya le tribut au zamorin[1] qui régnait dans cette ville. Tout cela ne te paraît-il pas bien surprenant ? Pour moi, je crois rêver, et que tous les gens qui m'entourent rêvent aussi.

Notre aumônier Fa molto nous a lu des choses encore plus merveilleuses. Tantôt c'est un âne qui parle, tantôt c'est un de leurs saints qui passe trois jours et trois nuits dans le ventre d'une baleine, et qui en sort de fort mauvaise humeur. Ici c'est un prédicateur qui s'en va prêcher dans le ciel, monté sur un char de feu traîné par quatre chevaux de feu. Un docteur passe la mer à pied sec, suivi de deux ou trois millions d'hommes qui s'enfuient avec lui. Un autre docteur arrête le soleil et la lune ; mais cela ne me surprend point : tu m'as appris que Bacchus en avait fait autant[2].

Ce qui me fait le plus de peine, à moi qui me pique

---

1. Terme indien : roi des rois.
2. Allusions claires à la Bible.

de propreté et d'une grande pudeur, c'est que le dieu de ces gens-là ordonne à un de ses prédicateurs de manger de la matière louable sur son pain [1] ; et à un autre, de coucher pour de l'argent avec des filles de joie, et d'en avoir des enfants [2].

Il y a bien pis. Ce savant homme nous a fait remarquer deux sœurs, Oolla et Oodiba [3]. Tu les connais bien, puisque tu as tout lu. Cet article a fort scandalisé ma femme : le blanc de ses yeux en a rougi. J'ai remarqué que la bonne Déra était tout en feu à ce paragraphe. Il faut certainement que ce franciscain Fa molto soit un gaillard. Cependant il a fermé son livre dès qu'il a vu combien Charme des yeux et moi nous étions effarouchés, et il est sorti pour aller méditer sur le texte.

Il m'a laissé son livre sacré ; j'en ai lu quelques pages au hasard. Ô Brama ! ô justice éternelle ! quels hommes que tous ces gens-là ! ils couchent tous avec leurs servantes dans leur vieillesse. L'un fait des infamies à sa belle-mère, l'autre à sa belle-fille [4]. Ici c'est une ville tout entière qui veut absolument traiter un pauvre prêtre comme une jolie fille, là deux demoiselles de condition enivrent leur père, couchent avec lui l'une après l'autre et en ont des enfants [5].

Mais ce qui m'a le plus épouvanté, le plus saisi d'horreur, c'est que les habitants d'une ville magnifique à qui leur Dieu députa deux êtres éternels qui sont sans cesse au pied de son trône, deux esprits purs, resplendissants d'une lumière divine... ma plume frémit comme mon âme... le dirai-je ? oui, ces habitants firent tout ce qu'ils purent pour violer ces messagers de Dieu. Quel péché abominable avec des hommes ! mais avec

---

1. *Ezéchiel,* chap. IV.
2. *Osée,* chap. I.
3. *Ezéchiel,* chap. XVI.
4. *Genèse,* chap. XXXV et XXXVIII.
5. *Juges,* chap. XIX, et *Genèse,* chap. XIX (les filles de Loth). Les premières éditions mentionnaient ces renvois, qui réjouissent et scandalisent Voltaire.

des anges, cela est-il possible[1] ? Cher Shastasid,
bénissons Birmah, Visnou, et Brama ; remercions-les
de n'avoir jamais connu ces inconcevables turpitudes.
On dit que le conquérant Alexandre voulut autrefois
introduire cette coutume superstitieuse parmi nous ;
qu'il polluait publiquement son mignon Éphestion. Le
ciel l'en punit. Éphestion et lui périrent à la fleur de
leur âge. Je te salue, maître de mon âme, esprit de
mon esprit. Adaté, la triste Adaté, se recommande à
tes prières.

QUATRIÈME LETTRE

D'AMABED À SHASTASID

Du cap qu'on appelle Bonne-Espérance,
le quinze du mois du rhinocéros.

Il y a longtemps que je n'ai étendu mes feuilles de
coton sur une planche, et trempé mon pinceau dans la
laque noire délayée, pour te rendre un compte fidèle.
Nous avons laissé loin derrière nous à notre droite le
golfe de Babelmandel, qui entre dans la fameuse mer
Rouge, dont les flots se séparèrent autrefois, et s'amon-
celèrent comme des montagnes pour laisser passer Bacchus et son armée. Je regrettais qu'on n'eût point
mouillé aux côtes de l'Arabie Heureuse, ce pays presque aussi beau que le nôtre, dans lequel Alexandre
voulait établir le siège de son empire et l'entrepôt du
commerce du monde. J'aurais voulu voir cet Aden ou
Eden, dont les jardins sacrés furent si renommés dans
l'antiquité ; ce Moka fameux par le café, qui ne croît
jusqu'à présent que dans cette province ; Mecca[2], où

---

1. *Genèse*, chap. XIX (Sodome).
2. La Mecque.

le grand prophète des musulmans établit le siège de son empire, et où tant de nations de l'Asie, de l'Afrique et de l'Europe, viennent tous les ans baiser une pierre noire descendue du ciel qui n'envoie pas souvent de pareilles pierres aux mortels [1] : mais il ne nous est pas permis de contenter notre curiosité. Nous voguons toujours pour arriver à Lisbonne, et de là à Roume.

Nous avons déjà passé la ligne équinoxiale ; nous sommes descendus à terre au royaume de Mélinde [2], où les Portugais ont un port considérable. Notre équipage y a embarqué de l'ivoire, de l'ambre gris, du cuivre, de l'argent, et de l'or. Nous voici parvenus au grand Cap : c'est le pays des Hottentots. Ces peuples ne paraissent pas descendus des enfants de Brama. La nature y a donné aux femmes un tablier [3] que forme leur peau ; ce tablier couvre leur joyau, dont les Hottentots sont idolâtres, et pour lequel ils font des madrigaux et des chansons. Ces peuples vont tout nus. Cette mode est fort naturelle ; mais elle ne me paraît ni honnête ni habile. Un Hottentot est bien malheureux : il n'a plus rien à désirer quand il a vu sa Hottentote par-devant et par-derrière. Le charme des obstacles lui manque. Il n'y a plus rien de piquant pour lui. Les robes de nos Indiennes, inventées pour être troussées, marquent un génie bien supérieur. Je suis persuadé que le sage Indien à qui nous devons le jeu des échecs et celui du trictrac, imagina aussi les ajustements des dames pour notre félicité.

Nous resterons deux jours à ce cap, qui est la borne du monde, et qui semble séparer l'Orient de l'Occident. Plus je réfléchis sur la couleur de ces peuples, sur le

---

1. La pierre noire se trouve en fait à Jérusalem.
2. À l'embouchure du Zambèse.
3. Voltaire suit, à propos de ce tablier de peau qui partirait du pubis, des relations de voyage. Mais il exagère la nudité des Hottentots.

glossement[1] dont ils se servent pour se faire entendre au lieu d'un langage articulé, sur leur figure, sur le tablier de leurs dames, plus je suis convaincu que cette race ne peut avoir la même origine que nous.

Notre aumônier prétend que les Hottentots, les Nègres et les Portugais, descendent du même père. Cette idée est bien ridicule ; j'aimerais autant qu'on me dît que les poules, les arbres, et l'herbe de ce pays-là, viennent des poules, des arbres et de l'herbe de Bénarès ou de Pékin.

CINQUIÈME LETTRE

D'AMABED

Du 16 au soir, au cap dit de Bonne-Espérance.

Voici bien une autre aventure. Le capitaine se promenait avec Charme des yeux et moi sur un grand plateau au pied duquel la mer du Midi vient briser ses vagues. L'aumônier Fa molto a conduit notre jeune Déra tout doucement dans une petite maison nouvellement bâtie, qu'on appelle *un cabaret*[2]. La pauvre fille n'y entendait point finesse, et croyait qu'il n'y avait rien à craindre, parce que cet aumônier n'est pas dominicain. Bientôt nous avons entendu des cris. Figure-toi que le père Fa tutto a été jaloux de ce tête-à-tête. Il est entré dans le cabaret en furieux ; il y avait deux matelots qui ont été jaloux aussi. C'est une terrible passion que la jalousie. Les deux matelots et les deux prêtres avaient beaucoup bu de cette liqueur qu'ils disent avoir

---

1. Y a-t-il une intention dans l'emploi de glossement pour gloussement ? En tout cas, Voltaire ne croit pas à une origine unique des hommes, ni à une transformation des espèces.
2. C'est le sens premier de cabaret.

été inventée par leur Noé, et dont nous prétendons que Bacchus est l'auteur : présent funeste, qui pourrait être utile s'il n'était pas si facile d'en abuser. Les Européans disent que ce breuvage leur donne de l'esprit : comment cela peut-il être, puisqu'il leur ôte la raison ?

Les deux hommes de mer et les deux bonzes d'Europe se sont gourmés violemment, un matelot donnant sur Fa tutto, celui-ci sur l'aumônier, ce franciscain sur l'autre matelot qui rendait ce qu'il recevait ; tous quatre changeant de main à tout moment, deux contre deux, trois contre un, tous contre tous, chacun jurant, chacun tirant à soi notre infortunée, qui jetait des cris lamentables. Le capitaine est accouru au bruit ; il a frappé indifféremment sur les quatre combattants ; et pour mettre Déra en sûreté, il l'a menée dans son quartier, où elle est enfermée avec lui depuis deux heures. Les officiers et les passagers, qui sont tous fort polis, se sont assemblés autour de nous, et nous ont assuré que les deux moines (c'est ainsi qu'ils les appellent) seraient punis sévèrement par le vice-Dieu dès qu'ils seraient arrivés à Roume. Cette espérance nous a un peu consolés.

Au bout de deux heures le capitaine est revenu en nous ramenant Déra avec des civilités et des compliments dont ma chère femme a été très contente. Ô Brama ! qu'il arrive d'étranges choses dans les voyages, et qu'il serait bien plus sage de rester chez soi !

SIXIÈME LETTRE

D'AMABED, PENDANT SA ROUTE

Je ne t'ai point écrit depuis l'aventure de notre petite Déra. Le capitaine, pendant la traversée, a toujours eu pour elle des bontés très distinguées. J'avais peur qu'il ne redoublât de civilités pour ma femme ; mais elle a feint d'être grosse de quatre mois. Les Portugais regardent les femmes grosses comme des personnes sacrées qu'il n'est pas permis de chagriner. C'est du moins une bonne coutume qui met en sûreté le cher honneur d'Adaté. Le dominicain a eu ordre de ne se présenter jamais devant nous, et il a obéi.

Le franciscain, quelques jours après la scène du cabaret, vint nous demander pardon. Je le tirai à part. Je lui demandai comment, ayant fait vœu de chasteté, il avait pu s'émanciper à ce point. Il me répondit : « Il est vrai que j'ai fait ce vœu ; mais si j'avais promis que mon sang ne coulerait jamais dans mes veines, et que mes ongles et mes cheveux ne croîtraient pas, vous m'avouerez que je ne pourrais accomplir cette promesse. Au lieu de nous faire jurer d'être chastes, il fallait nous forcer à l'être, et rendre tous les moines eunuques. Tant qu'un oiseau a ses plumes, il vole. Le seul moyen d'empêcher un cerf de courir est de lui couper les jambes. Soyez très sûr que les prêtres vigoureux comme moi, et qui n'ont point de femmes, s'abandonnent malgré eux à des excès qui font rougir la nature, après quoi ils vont célébrer les saints mystères. »

J'ai beaucoup appris dans la conversation avec cet homme. Il m'a instruit de tous ces mystères de sa religion, qui m'ont tous étonné. « Le révérend père Fa tutto, m'a-t-il dit, est un fripon qui ne croit pas un mot de tout ce qu'il enseigne ; pour moi, j'ai des doutes violents ; mais je les écarte, je me mets un bandeau sur les yeux, je repousse mes pensées et je marche comme je puis dans la carrière que je cours. Tous les moines sont réduits à cette alternative : ou l'incrédulité leur fait détester leur profession, ou la stupidité la leur rend supportable. »

Croirais-tu bien qu'après ces aveux, il m'a proposé de me faire chrétien ? Je lui ai dit : « Comment pouvez-vous me présenter une religion dont vous n'êtes pas persuadé vous-même, à moi qui suis né dans la plus ancienne religion du monde, à moi dont le culte existait cent quinze mille trois cents ans pour le moins, de votre aveu, avant qu'il y eût des franciscains dans le monde ?

— Ah ! mon cher Indien, m'a-t-il dit, si je pouvais réussir à vous rendre chrétien, vous et la belle Adaté, je ferais crever de dépit ce maraud de dominicain, qui ne croit pas à l'immaculée conception de la Vierge[1] ! Vous feriez ma fortune ; je pourrais devenir *obispo**; ce serait une bonne action, et Dieu vous en saurait gré. »

C'est ainsi, divin Shastasid, que parmi ces barbares d'Europe on trouve des hommes qui sont un composé d'erreur, de faiblesse, de cupidité et de bêtise, et d'autres qui sont des coquins conséquents et endurcis. J'ai fait part de ces conversations à Charme des yeux : elle a souri de pitié. Qui l'eût cru que ce serait dans un vaisseau, en voguant vers les côtes d'Afrique, que nous apprendrions à connaître les hommes !

SEPTIÈME LETTRE

D'AMABED

Quel beau climat que ces côtes méridionales ! mais quels vilains habitants ! quelles brutes ! Plus la nature a fait pour nous, moins nous faisons pour elle. Nul art n'est connu chez tous ces peuples. C'est une grande question parmi eux s'ils sont descendus des singes, ou si les singes sont venus d'eux. Nos sages ont dit que l'homme est l'image de Dieu : voilà une plaisante image de l'Être éternel qu'un nez noir épaté, avec peu ou point d'intelligence ! Un temps viendra, sans doute, où ces animaux sauront bien cultiver la terre, l'embellir par des maisons et par des jardins, et connaître la route

---

1. Les dominicains, contrairement aux franciscains, doutaient de l'immaculée conception de la Vierge.

* *Obispo* est le mot portugais qui signifie *episcopus*, évêque, en langage gaulois. Ce mot n'est dans aucun des quatre Évangiles. (V.)

des astres. Il faut du temps pour tout. Nous datons, nous autres, notre philosophie de cent quinze mille six cent cinquante-deux ans : en vérité, sauf le respect que je te dois, je pense que nous nous trompons ; il me semble qu'il faut bien plus de temps pour être arrivés au point où nous sommes. Mettons seulement vingt mille ans pour inventer un langage tolérable, autant pour écrire par le moyen d'un alphabet, autant pour la métallurgie, autant pour la charrue et la navette, autant pour la navigation ; et combien d'autres arts encore exigent-ils de siècles ! Les Chaldéens datent de quatre cent mille ans, et ce n'est pas encore assez.

Le capitaine a acheté, sur un rivage qu'on nomme Angola, six nègres qu'on lui a vendus pour le prix courant de six bœufs. Il faut que ce pays-là soit bien plus peuplé que le nôtre puisqu'on y vend les hommes si bon marché. Mais aussi comment une si abondante population s'accorde-t-elle avec tant d'ignorance ?

Le capitaine a quelques musiciens auprès de lui : il leur a ordonné de jouer de leurs instruments, et aussitôt ces pauvres nègres se sont mis à danser avec presque autant de justesse que nos éléphants. Est-il possible qu'aimant la musique ils n'aient pas su inventer le violon, pas même la musette ? Tu me diras, grand Shastasid, que l'industrie des éléphants mêmes n'a pas pu parvenir à cet effort, et qu'il faut attendre. À cela je n'ai rien à répliquer.

HUITIÈME LETTRE

D'AMABED

L'année est à peine révolue [1], et nous voici à la vue de Lisbonne, sur le fleuve du Tage, qui depuis long-

---

1. Des sources de Voltaire font commencer l'année hindoue en avril.

temps a la réputation de rouler de l'or dans ses flots. S'il est ainsi, d'où vient donc que les Portugais vont en chercher si loin ? Tous ces gens d'Europe répondent qu'on n'en peut trop avoir. Lisbonne est, comme tu me l'avais dit, la capitale d'un très petit royaume. C'est la patrie de cet Albuquerque qui nous a fait tant de mal. J'avoue qu'il y a quelque chose de grand dans ces Portugais, qui ont subjugué une partie de nos belles contrées. Il faut que l'envie d'avoir du poivre donne de l'industrie et du courage.

Nous espérions, Charme des yeux et moi, entrer dans la ville ; mais on ne l'a pas permis, parce qu'on dit que nous sommes prisonniers du vice-Dieu, et que le dominicain Fa tutto, le franciscain aumônier Fa molto, Déra, Adaté et moi, nous devons tous être jugés à Roume.

On nous a fait passer sur un autre vaisseau qui part pour la ville du vice-Dieu.

Le capitaine est un vieux Espagnol différent en tout du Portugais, qui en usait si poliment avec nous. Il ne parle que par monosyllabes, et encore très rarement ; il porte à sa ceinture des grains enfilés qu'il ne cesse de compter : on dit que c'est une grande marque de vertu.

Déra regrette fort l'autre capitaine ; elle trouve qu'il était bien plus civil. On a remis à l'Espagnol une grosse liasse de papiers, pour instruire notre procès en cour de Roume. Un scribe du vaisseau l'a lue à haute voix. Il prétend que le père Fa tutto sera condamné à ramer dans une des galères du vice-Dieu, et que l'aumônier Fa molto aura le fouet en arrivant. Tout l'équipage est de cet avis ; le capitaine a serré les papiers sans rien dire. Nous mettons à la voile. Que Brama ait pitié de nous, et qu'il te comble de ses faveurs ! Brama est juste ; mais c'est une chose bien singulière qu'étant né sur le rivage du Gange j'aille être jugé à Roume. On assure pourtant que la même chose est arrivée à plus d'un étranger.

NEUVIÈME LETTRE

D'AMABED

Rien de nouveau ; tout l'équipage est silencieux et morne comme le capitaine. Tu connais le proverbe indien : *Tout se conforme aux mœurs du maître*[1]. Nous avons passé une mer qui n'a que neuf mille pas de large entre deux montagnes ; nous sommes entrés dans une autre mer semée d'îles. Il y en a une fort singulière : elle est gouvernée par des religieux chrétiens qui portent un habit court et un chapeau, et qui font vœu de tuer tous ceux qui portent un bonnet et une robe[2]. Ils doivent aussi faire l'oraison. Nous avons mouillé dans une île plus grande et fort jolie, qu'on nomme *Sicile* ; elle était bien plus belle autrefois : on parle de villes admirables dont on ne voit plus que les ruines. Elle fut habitée par des dieux, des déesses, des géants, des héros ; on y forgeait la foudre. Une déesse nommée Cérès la couvrit de riches moissons. Le vice-Dieu a changé tout cela ; on y voit beaucoup de processions et de coupeurs de bourse.

DIXIÈME LETTRE

D'AMABED

Enfin nous voici sur la terre sacrée du vice-Dieu. J'avais lu dans le livre de l'aumônier que ce pays était d'or et d'azur ; que les murailles étaient d'émeraudes

---

1. Il s'agit en réalité d'une citation du poète latin Claudien.
2. On a reconnu l'ordre de Malte, que Voltaire installe dans l'île avec quelques années d'avance.

et de rubis ; que les ruisseaux étaient d'huile, les fontaines, de lait, les campagnes couvertes de vignes dont chaque cep produisait cent tonneaux de vin*. Peut-être trouverons-nous tout cela quand nous serons auprès de Roume.

Nous avons abordé avec beaucoup de peine dans un petit port fort incommode, qu'on appelle *la cité vieille*. Elle tombe en ruines, et est fort bien nommée.

On nous a donné, pour nous conduire, des charrettes attelées par des bœufs. Il faut que ces bœufs viennent de loin, car la terre à droite et à gauche n'est point cultivée : ce ne sont que des marais infects, des bruyères, des landes stériles. Nous n'avons vu dans le chemin que des gens couverts de la moitié d'un manteau, sans chemise, qui nous demandaient l'aumône fièrement. Ils ne se nourrissent, nous a-t-on dit, que de petits pains très plats qu'on leur donne gratis le matin, et ne s'abreuvent que d'eau bénite.

Sans ces troupes de gueux qui font cinq ou six mille pas pour obtenir, par leurs lamentations, la trentième partie d'une roupie, ce canton serait un désert affreux. On nous avertit même que quiconque y passe la nuit est en danger de mort. Apparemment que Dieu est fâché contre son vicaire, puisqu'il lui a donné un pays qui est le cloaque de la nature. J'apprends que cette contrée a été autrefois très belle et très fertile, et qu'elle n'est devenue si misérable que depuis le temps où ces vicaires s'en sont mis en possession.

Je t'écris, sage Shastasid, sur ma charrette, pour me désennuyer. Adaté est bien étonnée. Je t'écrirai dès que je serai dans Roume.

---

* Il veut apparemment parler de la sainte Jérusalem décrite dans le livre exact de l'*Apocalypse*, dans Justin, dans Tertullien, Irénée, et autres grands personnages ; mais on voit bien que ce pauvre brame n'en avait qu'une idée très imparfaite. (V.)

ONZIÈME LETTRE

D'AMABED

Nous y voilà, nous y sommes, dans cette ville de Roume. Nous arrivâmes hier en plein jour, *le trois du mois de la brebis*, qu'on dit ici le 15 mars 1513. Nous avons d'abord éprouvé tout le contraire de ce que nous attendions.

À peine étions-nous à la porte dite de Saint-Pancrace*, que nous avons vu deux troupes de spectres, dont l'une est vêtue comme notre aumônier [1], et l'autre comme le père Fa tutto. Elles avaient chacune une bannière à leur tête, et un grand bâton sur lequel était sculpté un homme tout nu, dans la même attitude que celui de Goa. Elles marchaient deux à deux, et chantaient un air à faire bâiller toute une province. Quand cette procession fut parvenue à notre charrette, une troupe cria : « C'est saint Fa tutto ! », l'autre : « C'est saint Fa molto ! » On baisa leurs robes, le peuple se mit à genoux. « Combien avez-vous converti d'Indiens, mon révérend père ? — Quinze mille sept cents, disait l'un. — Onze mille neuf cents, disait l'autre. — Bénie soit la vierge Marie ! » Tout le monde avait les yeux sur nous, tout le monde nous entourait. « Sont-ce là de vos catéchumènes, mon révérend père ? — Oui, nous les avons baptisés. — Vraiment ils sont bien jolis. Gloire dans les hauts ! Gloire dans les hauts [2] ! »

Le père Fa tutto et le père Fa molto furent conduits,

---

* C'était autrefois la porte du Janicule ; voyez comme la nouvelle Roume l'emporte sur l'ancienne. (V.)

1. Avec le capuchon qui troubla l'Église médiévale.
2. Traduction littérale, mais non innocente, du canon de la messe, *Gloria in excelsis*.

chacun par sa procession, dans une maison magnifique ; et pour nous, nous allâmes à l'auberge. Le peuple nous y suivit en criant *Cazzo, Cazzo* [1], en nous donnant des bénédictions, en nous baisant les mains, en donnant mille éloges à ma chère Adaté, à Déra, et à moi-même. Nous ne revenions pas de notre surprise.

À peine fûmes-nous dans notre auberge qu'un homme vêtu d'une robe violette, accompagné de deux autres en manteau noir, vint nous féliciter sur notre arrivée. La première chose qu'il fit fut de nous offrir de l'argent de la part de la *Propaganda* [2], si nous en avions besoin. Je ne sais pas ce que c'est que cette propagande. Je lui répondis qu'il nous en restait encore avec beaucoup de diamants (en effet, j'avais eu le soin de cacher toujours ma bourse et une boîte de brillants dans mon caleçon). Aussitôt cet homme se prosterna presque devant moi, et me traita d'*excellence*. « Son Excellence la signora Adaté, n'est-elle pas bien fatiguée du voyage ? Ne va-t-elle pas se coucher ? Je crains de l'incommoder, mais je serai toujours à ses ordres. Le signor Amabed peut disposer de moi, je lui enverrai un Cicéron* qui sera à son service ; il n'a qu'à commander. Veulent-ils tous deux, quand ils seront reposés, me faire l'honneur de venir prendre le rafraîchissement chez moi ? j'aurai l'honneur de leur envoyer un carrosse. »

Il faut avouer, mon divin Shastasid, que les Chinois ne sont pas plus polis que cette nation occidentale. Ce seigneur se retira. Nous dormîmes six heures, la belle Adaté et moi. Quand il fut nuit, le carrosse vint nous prendre. Nous allâmes chez cet homme civil. Son appartement était illuminé et orné de tableaux bien plus agréables que celui de l'homme tout nu que nous avions

---

1. Juron qui signifie : membre viril.
2. Nouvelle anticipation : la congrégation de la propagande date de 1597.

* On sait qu'on appelle à Rome *Cicérons* ceux qui font métier de montrer aux étrangers les antiquailles. (V.)

vu à Goa. Une très nombreuse compagnie nous accabla de caresses, nous admira d'être Indiens, nous félicita d'être baptisés, et nous offrit ses services pour tout le temps que nous voudrions rester à Roume.

Nous voulions demander justice du père Fa tutto ; on ne nous donna pas le temps d'en parler. Enfin nous fûmes reconduits, étonnés, confondus d'un tel accueil, et n'y comprenant rien.

DOUZIÈME LETTRE

D'AMABED

Aujourd'hui nous avons reçu des visites sans nombre, et une princesse de Piombino nous a envoyé deux écuyers nous prier de venir dîner chez elle. Nous y sommes allés dans un équipage magnifique. L'homme violet s'y est trouvé. J'ai su que c'est un des seigneurs, c'est-à-dire un des valets du vice-Dieu, qu'on appelle *préférés, prelati*[1]. Rien n'est plus aimable, plus honnête que cette princesse de Piombino. Elle m'a placé à table à côté d'elle. Notre répugnance à manger des pigeons romains et des perdrix l'a fort surprise. Le *préféré* nous a dit que, puisque nous étions baptisés, il fallait manger des perdrix et boire du vin de Montepulciano ; que tous les vice-Dieu en usaient ainsi ; que c'était la marque essentielle d'un véritable chrétien.

La belle Adaté a répondu avec sa naïveté ordinaire qu'elle n'était pas chrétienne, qu'elle avait été baptisée dans le Gange. « Eh ! mon Dieu ! madame, dit le *préféré*, dans le Gange, ou dans le Tibre, ou dans un bain, qu'importe ? Vous êtes des nôtres. Vous avez été convertie par le père Fa tutto ; c'est pour nous un honneur que nous ne voulons pas perdre. Voyez quelle

---

1. Étymologiquement, *praelatus* signifie : préféré.

supériorité notre religion a sur la vôtre ! » Et aussitôt il a couvert nos assiettes d'ailes de gelinottes. La princesse a bu à notre santé et à notre salut. On nous a pressés avec tant de grâce, on a dit tant de bons mots, on a été si poli, si gai, si séduisant, qu'enfin, ensorcelés par le plaisir (j'en demande pardon à Brama), nous avons fait, Adaté et moi, la meilleure chère du monde, avec un ferme propos de nous laver dans le Gange jusqu'aux oreilles, à notre retour, pour effacer notre péché. On n'a pas douté que nous ne fussions chrétiens. « Il faut, disait la princesse, que ce père Fa tutto soit un grand missionnaire ; j'ai envie de le prendre pour mon confesseur. » Nous rougissions et nous baissions les yeux, ma pauvre femme et moi.

De temps en temps la signora Adaté faisait entendre que nous venions pour être jugés par le vice-Dieu, et qu'elle avait la plus grande envie de le voir. « Il n'y en a point, nous a dit la princesse ; il est mort, et on est occupé à présent à en faire un autre : dès qu'il sera fait [1] on vous présentera à Sa Sainteté. Vous serez témoin de la plus auguste fête que les hommes puissent jamais voir, et vous en serez le plus bel ornement. » Adaté a répondu avec esprit ; et la princesse s'est prise d'un grand goût pour elle.

Sur la fin du repas nous avons eu une musique qui était (si j'ose le dire) supérieure à celle de Bénarès et de Maduré.

Après dîner, la princesse a fait atteler quatre chars dorés ; elle nous a fait monter dans le sien. Elle nous a fait voir de beaux édifices, des statues, des peintures. Le soir, on a dansé. Je comparais secrètement cette réception charmante avec le cul-de-basse-fosse où nous avions été renfermés dans Goa, et je comprenais à peine comment le même gouvernement, la même religion,

---

1. Voltaire traduit la formule latine : « *Papa factus est.* » Sa Sainteté était morte dans la nuit du 20 au 21 février 1513.

pouvaient avoir tant de douceur et d'agrément dans Roume, et exercer au loin tant d'horreurs.

TREIZIÈME LETTRE

D'AMABED

Tandis que cette ville est partagée sourdement en petites factions pour élire un vice-Dieu, que ces factions, animées de la plus forte haine, se ménagent toutes avec une politesse qui ressemble à l'amitié, que le peuple regarde les pères Fa tutto et Fa molto comme les favoris de la Divinité, qu'on s'empresse autour de nous avec une curiosité respectueuse, je fais, mon cher Shastasid, de profondes réflexions sur le gouvernement de Roume.

Je le compare au repas que nous a donné la princesse de Piombino. La salle était propre, commode, et parée ; l'or et l'argent brillaient sur les buffets ; la gaieté, l'esprit et les grâces, animaient les convives ; mais, dans les cuisines, le sang et la graisse coulaient ; les peaux des quadrupèdes, les plumes des oiseaux et leurs entrailles, pêle-mêle amoncelées, soulevaient le cœur, et répandaient l'infection.

Telle est, ce me semble, la cour romaine. Polie et flatteuse chez elle, ailleurs brouillonne et tyrannique. Quand nous disons que nous espérons avoir justice de Fa tutto, on se met doucement à rire ; on nous dit que nous sommes trop au-dessus de ces bagatelles ; que le gouvernement nous considère trop pour souffrir que nous gardions le souvenir d'une telle *facétie*[1] ; que les Fa tutto et les Fa molto sont des espèces de singes élevés avec soin pour faire des tours de passe-passe devant le peuple ; et on finit par des protestations de respect

---

1. Du pathétique à la facétie, tel est bien le mouvement du conte.

et d'amitié pour nous. Quel parti veux-tu que nous prenions, grand Shastasid ? Je crois que le plus sage est de rire comme les autres, et d'être poli comme eux. Je veux étudier Roume, elle en vaut la peine.

QUATORZIÈME LETTRE

D'AMABED

Il y a un assez grand intervalle entre ma dernière lettre et la présente. J'ai lu, j'ai vu, j'ai conversé, j'ai médité. Je te jure qu'il n'y eut jamais sur la terre une contradiction plus énorme qu'entre le gouvernement romain et sa religion. J'en parlais hier à un théologien du vice-Dieu. Un théologien est, dans cette cour, ce que sont les derniers valets dans une maison : ils font la grosse besogne, portent les ordures, et, s'ils y trouvent quelque chiffon qui puisse servir, ils le mettent à part pour le besoin.

Je lui disais : « Votre Dieu est né dans une étable entre un bœuf et un âne ; il a été élevé, a vécu, est mort dans la pauvreté ; il a ordonné expressément la pauvreté à ses disciples ; il leur a déclaré qu'il n'y aurait parmi eux ni premier ni dernier, et que celui qui voudrait commander aux autres les servirait.

« Cependant je vois ici qu'on fait exactement tout le contraire de ce que veut votre Dieu. Votre culte même est tout différent du sien. Vous obligez les hommes à croire des choses dont il n'a pas dit un seul mot.

— Tout cela est vrai, m'a-t-il répondu. Notre Dieu n'a pas commandé à nos maîtres formellement de s'enrichir aux dépens des peuples, et de ravir le bien d'autrui ; mais il l'a commandé virtuellement. Il est né entre un bœuf et un âne ; mais trois rois sont venus l'adorer dans une écurie. Les bœufs et les ânes figurent les peuples que nous enseignons, et les trois rois figurent tous les monarques qui sont à nos pieds. Ses disciples étaient dans l'indigence ; donc nos maîtres doivent aujourd'hui regorger de richesses. Car, si ces premiers vice-Dieu n'eurent besoin que d'un écu, ceux d'aujourd'hui ont un besoin pressant de dix millions d'écus. Or, être pauvre, c'est n'avoir précisément que le nécessaire. Donc nos maîtres, n'ayant pas même le nécessaire, accomplissent la loi de la pauvreté à la rigueur.

« Quant aux dogmes, notre Dieu n'écrivit jamais rien, et nous savons écrire ; donc c'est à nous d'écrire les dogmes : aussi les avons-nous fabriqués avec le temps selon le besoin. Par exemple nous avons fait du mariage le signe visible d'une chose invisible : cela fait que tous les procès suscités pour cause de mariage ressortissent de tous les coins de l'Europe à notre tribunal de Roume, parce que nous seuls pouvons voir des choses invisibles. C'est une source abondante de trésors qui coule dans notre chambre sacrée des finances pour étancher la soif de notre pauvreté. »

Je lui demandai si la chambre sacrée n'avait pas encore d'autres ressources. « Nous n'y avons pas manqué, dit-il ; nous tirons parti des vivants et des morts. Par exemple, dès qu'une âme est trépassée, nous l'envoyons dans une infirmerie ; nous lui faisons prendre médecine dans l'apothicairerie des âmes ; et vous ne sauriez croire combien cette apothicairerie nous vaut d'argent. — Comment cela, monsignor ? car il me semble que la bourse d'une âme est d'ordinaire assez mal garnie. — Cela est vrai, signor ; mais elles ont des parents qui sont bien aises de retirer leurs parents morts de l'infirmerie, et de les faire placer dans un lieu plus agréable. Il est triste pour une âme de passer toute une éternité à prendre médecine. Nous composons avec les vivants : ils achètent la santé des âmes de leurs défunts parents, les uns plus cher, les autres à meilleur compte, selon leurs facultés. Nous leur délivrons des billets[1]

---

1. Allusion à la vente des *indulgences*.

pour l'apothicairerie. Je vous assure que c'est un de nos meilleurs revenus.

— Mais, monsignor, comment ces billets parviennent-ils aux âmes ? » Il se mit à rire. « C'est l'affaire des parents, dit-il ; et puis ne vous ai-je pas dit que nous avions un pouvoir incontestable sur les choses invisibles ? »

Ce monsignor me paraît bien dessalé ; je me forme beaucoup avec lui, et je me sens déjà tout autre.

QUINZIÈME LETTRE

D'AMABED

Tu dois savoir, mon cher Shastasid, que le Cicéron à qui monsignor m'a recommandé, et dont je t'ai dit un mot dans mes précédentes lettres, est un homme fort intelligent qui montre aux étrangers les curiosités de l'ancienne Roume et de la nouvelle. L'une et l'autre, comme tu le vois, ont commandé aux rois ; mais les premiers Romains acquirent leur pouvoir par leur épée, et les derniers par leur plume. La discipline militaire donna l'empire aux Césars, dont tu connais l'histoire ; la discipline monastique donne une autre espèce d'empire à ces vice-Dieu qu'on appelle *Papes*. On voit des processions dans la même place où l'on voyait autrefois des triomphes. Les Cicérons expliquent tout cela aux étrangers ; ils leur fournissent des livres et des filles. Pour moi, qui ne veux pas faire d'infidélité à ma belle Adaté (tout jeune que je suis) je me borne aux livres ; et j'étudie principalement la religion du pays, qui me divertit beaucoup.

Je lisais avec mon Cicéron l'histoire de la vie du Dieu du pays. Elle est fort extraordinaire. C'était un homme qui séchait des figuiers d'une seule parole, qui changeait l'eau en vin, et qui noyait des cochons. Il avait beaucoup d'ennemis. Tu sais qu'il était né dans une bourgade appartenante à l'empereur de Roume. Ses ennemis étaient malins ; ils lui demandèrent un jour s'ils devaient payer le tribut à l'empereur ; il leur répondit : « Rendez au prince ce qui est au prince ; mais rendez à Dieu ce qui est à Dieu. » Cette réponse me paraît sage ; nous en parlions, mon Cicéron et moi, lorsque monsignor est entré. Je lui ai dit beaucoup de bien de son Dieu, et je l'ai prié de m'expliquer comment sa chambre des finances observait ce précepte en prenant tout pour elle, et en ne donnant rien à l'empereur. Car tu dois savoir que, bien que les Romains aient un vice-Dieu, ils ont un empereur aussi auquel même ils donnent le titre de *roi des Romains.* Voici ce que cet homme très avisé m'a répondu :

« Il est vrai que nous avons un empereur ; mais il ne l'est qu'en peinture. Il est banni de Roume ; il n'y a pas seulement une maison ; nous le laissons habiter auprès d'un grand fleuve qui est gelé quatre mois de l'année, dans un pays[1] dont le langage écorche nos oreilles. Le véritable empereur est le pape, puisqu'il règne dans la capitale de l'empire. Ainsi *Rendez à l'empereur* veut dire *Rendez au pape ; Rendez à Dieu* signifie encore *Rendez au pape*, puisqu'en effet il est vice-Dieu. Il est seul le maître de tous les cœurs et de toutes les bourses. Si l'autre empereur qui demeure sur un grand fleuve osait seulement dire un mot, alors nous soulèverions contre lui tous les habitants des rives du grand fleuve, qui sont pour la plupart de gros corps sans esprit, et nous armerions contre lui les autres rois, qui partageraient avec lui ses dépouilles. »

Te voilà au fait, divin Shastasid, de l'esprit de Roume. Le pape est en grand ce que le dalaï-lama est en petit : s'il n'est pas immortel comme le lama, il est tout-puissant pendant sa vie, ce qui vaut bien mieux. Si quelquefois on lui résiste, si on le dépose, si on lui

---

1. Le Danube et l'Allemagne.

donne des soufflets, ou si même on le tue* entre les bras de sa maîtresse, comme il est arrivé quelquefois, ces inconvénients n'attaquent jamais son divin caractère. On peut lui donner cent coups d'étrivières ; mais il faut toujours croire tout ce qu'il dit. Le pape meurt ; la papauté est immortelle. Il y a eu trois ou quatre vice-Dieu à la fois qui disputaient cette place [1]. Alors la divinité était partagée entre eux : chacun en avait sa part ; chacun était infaillible dans son parti.

J'ai demandé à monsignor par quel art sa cour est parvenue à gouverner toutes les autres cours. « Il faut peu d'art, me dit-il, aux gens d'esprit pour conduire les sots. » J'ai voulu savoir si on ne s'était jamais révolté contre les décisions du vice-Dieu. Il m'a avoué qu'il y avait eu des hommes assez téméraires pour lever les yeux ; mais qu'on les leur avait crevés aussitôt, ou qu'on avait exterminé ces misérables, et que ces révoltes n'avaient jamais servi jusqu'à présent qu'à mieux affermir l'infaillibilité sur le trône de la vérité.

On vient de nommer un nouveau vice-Dieu. Les cloches sonnent, on frappe les tambours, les trompettes éclatent, le canon tire, cent mille voix lui répondent. Je t'informerai de tout ce que j'aurai vu.

---

* Jean VIII, assassiné à coups de marteau par un mari jaloux.
Jean X, amant de Théodora, étranglé dans son lit.
Étienne VIII, enfermé au château qu'on appelle aujourd'hui *St.-Ange*.
Étienne IX, sabré au visage par les Romains.
Jean XII, déposé par l'empereur Othon I, assassiné chez une de ses maîtresses.
Benoît V, exilé par l'empereur Othon I.
Benoît VII, étranglé par le bâtard de Jean X.
Benoît IX, qui acheta le pontificat, lui troisième, et revendit sa part, etc., etc. Ils étaient tous infaillibles. (V.)
1. Allusion au schisme du XIVᵉ siècle.

SEIZIÈME LETTRE

D'AMABED

Ce fut le 25 du mois du crocodile, et le 13 de la planète de Mars[1], comme on dit ici, que des hommes vêtus de rouge et inspirés élurent l'homme infaillible devant qui je dois être jugé, aussi bien que Charme des yeux, en qualité d'*apostata*.

Ce dieu en terre s'appelle *Leone*[2], dixième du nom. C'est un très bel homme de trente-quatre à trente-cinq ans, et fort aimable ; les femmes sont folles de lui. Il était attaqué d'un mal immonde qui n'est bien connu encore qu'en Europe, mais dont les Portugais commencent à faire part à l'Indoustan. On croyait qu'il en mourrait, et c'est pourquoi on l'a élu, afin que cette sublime place fût bientôt vacante ; mais il est guéri, et il se moque de ceux qui l'ont nommé.

Rien n'a été si magnifique que son couronnement ; il y a dépensé cinq millions de roupies pour subvenir aux nécessités de son Dieu, qui a été si pauvre ! Je n'ai pu t'écrire dans le fracas de nos fêtes : elles se sont succédé si rapidement, il a fallu passer par tant de plaisirs, que le loisir a été impossible.

Le vice-Dieu Leone a donné des divertissements dont tu n'as point idée. Il y en a un surtout, qu'on appelle *comédie*, qui me plaît beaucoup plus que tous les autres ensemble. C'est une représentation de la vie humaine ; c'est un tableau vivant : les personnages parlent et agissent ; ils exposent leurs intérêts ; ils développent leurs passions ; ils remuent l'âme des spectateurs.

La comédie que je vis avant-hier chez le pape est

---

1. En réalité le 11 mars.
2. Léon X avait trente-huit ans.

intitulée *la Mandragore*[1]. Le sujet de la pièce est un jeune homme adroit qui veut coucher avec la femme de son voisin. Il engage avec de l'argent un moine, un Fa tutto ou un Fa molto, à séduire sa maîtresse et à faire tomber son mari dans un piège ridicule. On se moque tout le long de la pièce de la religion que l'Europe professe, dont Roume est le centre, et dont le siège papal est le trône. De tels plaisirs te paraîtront peut-être indécents, mon cher et pieux Shastasid. Charme des yeux en a été scandalisée ; mais la comédie est si jolie que le plaisir l'a emporté sur le scandale.

Les festins, les bals, les belles cérémonies de la religion, les danseurs de corde, se sont succédé tour à tour sans interruption. Les bals surtout sont fort plaisants. Chaque personne invitée au bal met un habit étranger et un visage de carton par-dessus le sien. On tient sous ce déguisement des propos à faire éclater de rire. Pendant les repas il y a toujours une musique très agréable ; enfin, c'est un enchantement.

On m'a conté qu'un vice-Dieu prédécesseur de Leone, nommé Alexandre, sixième du nom, avait donné aux noces d'une de ses bâtardes une fête bien plus extraordinaire[2]. Il y fit danser cinquante filles toutes nues. Les bracmanes n'ont jamais institué de pareilles danses : tu vois que chaque pays a ses coutumes. Je t'embrasse avec respect, et je te quitte pour aller danser avec ma belle Adaté. Que Birmah te comble de bénédictions.

---

1. Comédie de Machiavel, jouée en 1520.
2. La bâtarde est Lucrèce, fille du pape Alexandre VI.

DIX-SEPTIÈME LETTRE

D'AMABED

Vraiment, mon grand brame, tous les vice-Dieu n'ont pas été si plaisants que celui-ci. C'est un plaisir de vivre sous sa domination. Le défunt, nommé Jules, était d'un caractère différent ; c'était un vieux soldat turbulent qui aimait la guerre comme un fou ; toujours à cheval, toujours le casque en tête, distribuant des bénédictions et des coups de sabre, attaquant tous ses voisins, damnant leurs âmes, et tuant leurs corps, autant qu'il le pouvait : il est mort d'un accès de colère. Quel diable de vice-Dieu on avait là ! Croirais-tu bien qu'avec un morceau de papier il s'imaginait dépouiller les rois de leurs royaumes ? Il s'avisa de détrôner de cette manière le roi d'un pays assez beau, qu'on appelle *la France*. Ce roi était un fort bon homme. Il passe ici pour un sot, parce qu'il n'a pas été heureux. Ce pauvre prince fut obligé d'assembler un jour les plus savants hommes de son royaume* pour leur demander s'il lui était

---

* Le pape Jules II excommunia le roi de France Louis XII, en 1510. Il mit le royaume de France en interdit, et le donna au premier qui voudrait s'en saisir. Cette excommunication et cette interdiction furent réitérées en 1512. On a peine à concevoir aujourd'hui cet excès d'insolence et de ridicule. Mais depuis Grégoire VII, il n'y eut presque aucun évêque de Rome qui ne fît ou qui ne voulût faire et défaire des souverains, selon son bon plaisir. Tous les souverains méritaient cet infâme traitement, puisqu'ils avaient été assez imbéciles pour fortifier eux-mêmes chez leurs sujets l'opinion de l'infaillibilité du pape et son pouvoir sur toutes les Églises. Ils s'étaient donné eux-mêmes des fers qu'il était très difficile de briser. Le gouvernement fut partout un chaos formé par la superstition. La raison n'a pénétré que très tard chez les peuples de l'Occident : elle a guéri quelques blessures que cette superstition, ennemie du genre humain, avait faites aux hommes ; mais il en reste encore de profondes cicatrices. (V.)

permis de se défendre contre un vice-Dieu qui le détrônait avec du papier. C'est être bien bon que de faire une question pareille ! J'en témoignais ma surprise au monsignor violet qui m'a pris en amitié. « Est-il possible, lui disais-je, qu'on soit si sot en Europe ? — J'ai bien peur, me dit-il, que les vice-Dieu n'abusent tant de la complaisance des hommes qu'à la fin ils leur donneront de l'esprit. »

Il faudra donc qu'il y ait des révolutions dans la religion de l'Europe[1]. Ce qui te surprendra, docte et pénétrant Shastasid, c'est qu'il ne s'en fit point sous le vice-Dieu Alexandre, qui régnait avant Jules. Il faisait assassiner, pendre, noyer, empoisonner impunément tous les seigneurs ses voisins. Un de ses cinq bâtards fut l'instrument de cette foule de crimes à la vue de toute l'Italie[2]. Comment les peuples persistèrent-ils dans la religion de ce monstre ! c'est celui-là même qui faisait danser les filles sans aucun ornement superflu. Ses scandales devaient inspirer le mépris, ses barbaries devaient aiguiser contre lui mille poignards : cependant il vécut honoré et paisible dans sa cour. La raison en est, à mon avis, que les prêtres gagnaient à tous ses crimes, et que les peuples n'y perdaient rien. Dès qu'on vexera trop les peuples, ils briseront leurs liens. Cent coups de bélier n'ont pu ébranler le colosse, un caillou le jettera par terre. C'est ce que disent ici les gens déliés qui se piquent de prévoir.

Enfin les fêtes sont finies ; il n'en faut pas trop : rien ne lasse comme les choses extraordinaires devenues communes. Il n'y a que les besoins renaissants qui puissent donner du plaisir tous les jours. Je me recommande à tes saintes prières.

---

1. Allusion à la Réforme.
2. César Borgia.

DIX-HUITIÈME LETTRE

D'AMABED

L'infaillible nous a voulu voir en particulier, Charme des yeux et moi. Notre monsignor nous a conduits dans son palais. Il nous a fait mettre à genoux trois fois. Le vice-Dieu nous a fait baiser son pied droit en se tenant les côtés de rire. Il nous a demandé si le père Fa tutto nous avait convertis, et si en effet nous étions chrétiens. Ma femme a répondu que le père Fa tutto était un insolent, et le pape s'est mis à rire encore plus fort. Il a donné deux baisers à ma femme et à moi aussi.

Ensuite il nous a fait asseoir à côté de son petit lit de baise-pieds. Il nous a demandé comment on faisait l'amour à Bénarès, à quel âge on mariait communément les filles, si le grand Brama avait un sérail. Ma femme rougissait ; je répondais avec une modestie respectueuse. Ensuite il nous a congédiés, en nous recommandant le christianisme, en nous embrassant, et en nous donnant de petites claques sur les fesses en signe de bonté. Nous avons rencontré en sortant les pères Fa tutto et Fa molto, qui nous ont baisé le bas de la robe. Le premier moment, qui commande toujours à l'âme, nous a fait d'abord reculer avec horreur, ma femme et moi. Mais le violet nous a dit : « Vous n'êtes pas encore entièrement formés ; ne manquez pas de faire mille caresses à ces bons pères : c'est un devoir essentiel dans ce pays-ci d'embrasser ses plus grands ennemis ; vous les ferez empoisonner, si vous pouvez, à la première occasion ; mais, en attendant, vous ne pouvez leur marquer trop d'amitié. » Je les embrassai donc, mais Charme des yeux leur fit une révérence fort sèche, et Fa tutto la lorgnait du coin de l'œil en s'inclinant jusqu'à terre devant elle. Tout ceci est un enchantement. Nous passions nos jours à nous étonner. En vérité je doute que Maduré soit plus agréable que Roume.

DIX-NEUVIÈME LETTRE

D'AMABED

Point de justice du père Fa tutto. Hier notre jeune Déra s'avisa d'aller le matin, par curiosité, dans un petit temple. Le peuple était à genoux ; un brame du pays, vêtu magnifiquement, se courbait sur une table ; il tournait le derrière au peuple. On dit qu'il faisait Dieu. Dès qu'il eut fait Dieu, il se montra par-devant. Déra fit un cri, et dit : « Voilà le coquin qui m'a violée ! » Heureusement, dans l'excès de sa douleur et de sa surprise, elle prononça ces paroles en indien. On m'assure que si le peuple les avait comprises, la canaille se serait jetée sur elle comme sur une sorcière. Fa tutto lui répondit en italien : « Ma fille, la grâce de la vierge Marie soit avec vous ! parlez plus bas. » Elle revint tout éperdue nous conter la chose. Nos amis nous ont conseillé de ne nous jamais plaindre. Ils nous ont dit que Fa tutto est un saint, et qu'il ne faut jamais mal parler des saints. Que veux-tu ! ce qui est fait est fait. Nous prenons en patience tous les agréments qu'on nous fait goûter dans ce pays-ci. Chaque jour nous apprend des choses dont nous ne nous doutions pas. On se forme beaucoup par les voyages.

Il est venu à la cour de Leone un grand poète ; son nom est messer Ariosto : il n'aime pas les moines ; voici comme il parle d'eux :

> Non sa quel che sia amor, non sa che vaglia
> La caritate ; e quindi avvien che i frati
> Sono si ingorda e si crudel canaglia [1].

---

[1]. « Il ne sait ce que c'est que l'amour, il ne sait ce que vaut la charité ; et c'est ce qui fait que les moines sont une si avide et si cruelle canaille » *(Satire sur le mariage)*. Voltaire a substitué moines à prêtres.

Cela veut dire en indien :

> Modermen sebar eso
> La te ben sofa meso[1].

Tu sens quelle supériorité la langue indienne, qui est si antique, conservera toujours sur tous les jargons nouveaux de l'Europe : nous exprimons en quatre mots ce qu'ils ont de la peine à faire entendre en dix. Je conçois bien que cet Arioste dise que les moines sont de la canaille ; mais je ne sais pourquoi il prétend qu'ils ne connaissent point l'amour. Hélas ! nous en savons des nouvelles. Peut-être entend-il qu'ils jouissent et qu'ils n'aiment point.

VINGTIÈME LETTRE

D'AMABED

Il y a quelques jours, mon cher grand brame, que je ne t'ai écrit. Les empressements dont on nous honore en sont la cause. Notre monsignor nous donna un excellent repas, avec deux jeunes gens vêtus de rouge de la tête aux pieds. Leur dignité est *cardinal*, comme qui dirait *gond de porte*[2] : l'un est le cardinal Sacripante[3], et l'autre le cardinal Faquinetti. Ils sont les premiers de la terre après le vice-Dieu : aussi sont-ils intitulés *vicaires du vicaire*. Leur droit, qui est sans doute droit divin, est d'être égaux aux rois et supérieurs aux princes, et d'avoir surtout d'immenses richesses. Ils méritent bien tout cela, vu la grande utilité dont ils sont au monde.

Ces deux gentilshommes, en dînant avec nous, pro-

---

1. Il ne s'agit pas de vers indiens, mais leur sens (anagrammatique ?) reste inconnu.
2. *Cardo* signifie gond de porte en latin.
3. Sacripante est un des noms de l'Arioste.

posèrent de nous mener passer quelques jours à leurs maisons de campagne : car c'est à qui nous aura. Après s'être disputé la préférence le plus plaisamment du monde, Faquinetti s'est emparé de la belle Adaté, et j'ai été le partage de Sacripante, à condition qu'ils changeraient le lendemain, et que le troisième jour nous nous rassemblerions tous quatre. Déra était du voyage. Je ne sais comment te conter ce qui nous est arrivé ; je vais pourtant essayer de m'en tirer.

Ici finit le manuscrit des lettres d'Amabed. On a cherché dans toutes les bibliothèques de Maduré et de Bénarès la suite de ces lettres. Il est sûr qu'elle n'existe pas.

Ainsi, supposé que quelque malheureux faussaire imprime jamais le reste des aventures des deux jeunes Indiens, *nouvelles Lettres d'Amabed, nouvelles Lettres de Charme des yeux, réponses du grand brame Shastasid*, le lecteur peut être sûr qu'on le trompe et qu'on l'ennuie, comme il est arrivé cent fois en cas pareil.

LE TAUREAU BLANC

TRADUIT DU SYRIAQUE PAR MR. MAMAKI[1],

INTERPRÈTE DU ROI D'ANGLETERRE
POUR LES LANGUES ORIENTALES

CHAPITRE PREMIER

COMMENT LA PRINCESSE AMASIDE
RENCONTRE UN BŒUF

La jeune princesse Amaside, fille d'Amasis, roi de Tanis en Égypte, se promenait sur le chemin de Péluse[2] avec les dames de sa suite. Elle était plongée dans une tristesse profonde ; les larmes coulaient de ses beaux yeux. On sait quel était le sujet de sa douleur, et combien elle craignait de déplaire au roi son père par sa douleur même. Le vieillard Mambrès, ancien mage et eunuque des pharaons, était auprès d'elle, et ne la quittait presque jamais. Il la vit naître, il l'éleva, il lui

---

1. Un père Mamachi, préfet d'un collège jésuite, avait eu maille à partir avec le parlement de Rouen en 1759.
2. Amasis, Tanis et Péluse sont des noms égyptiens.

enseigna tout ce qu'il est permis à une belle princesse de savoir des sciences de l'Égypte. L'esprit d'Amaside égalait sa beauté ; elle était aussi sensible, aussi tendre que charmante, et c'était cette sensibilité qui lui coûtait tant de pleurs.

La princesse était âgée de vingt-quatre ans ; le mage Mambrès en avait environ treize cents. C'était lui, comme on sait, qui avait eu avec le grand Moïse cette dispute fameuse dans laquelle la victoire fut longtemps balancée entre ces deux profonds philosophes. Si Membrès succomba, ce ne fut que par la protection visible des puissances célestes, qui favorisèrent son rival : il fallut des dieux pour vaincre Mambrès [1].

Amasis le fit surintendant de la maison de sa fille, et il s'acquittait de cette charge avec sa sagesse ordinaire : la belle Amaside l'attendrissait par ses soupirs. « Ô mon amant ! mon jeune et cher amant ! s'écriait-elle quelquefois ; ô le plus grand des vainqueurs, le plus accompli, le plus beau des hommes ! quoi ! depuis près de sept ans tu as disparu de la terre ! Quel dieu t'a enlevé à ta tendre Amaside ? tu n'es point mort, les savants prophètes de l'Égypte en conviennent ; mais tu es mort pour moi, je suis seule sur la terre, elle est déserte. Par quel étrange prodige as-tu abandonné ton trône et ta maîtresse ? Ton trône ! il était le premier du monde, et c'est peu de chose ; mais moi, qui t'adore, ô mon cher Na... ! » Elle allait achever. « Tremblez de prononcer ce nom fatal, lui dit le sage Mambrès, ancien eunuque et mage des pharaons. Vous seriez peut-être décélée par quelqu'une de vos dames du palais. Elles vous sont toutes dévouées, et toutes les belles dames se font sans doute un mérite de servir les nobles passions des belles princesses ; mais enfin il peut se trouver une indiscrète, et même à toute force une perfide. Vous savez que le roi votre père, qui d'ailleurs vous aime, a juré de vous faire couper le cou si vous

---

1. Nom d'un des deux mages qui s'opposèrent à Moïse.

prononciez ce nom terrible, toujours prêt à vous échapper. Pleurez, mais taisez-vous. Cette loi est bien dure, mais vous n'avez pas été élevée dans la sagesse égyptienne pour ne savoir pas commander à votre langue. Songez qu'Harpocrate, l'un de nos plus grands dieux, a toujours le doigt sur la bouche [1]. » La belle Amaside pleura, et ne parla plus.

Comme elle avançait en silence vers les bords du Nil, elle aperçut de loin, sous un bocage baigné par le fleuve, une vieille femme couverte de lambeaux gris, assise sur un tertre. Elle avait auprès d'elle une ânesse, un chien, un bouc. Vis-à-vis d'elle était un serpent qui n'était pas comme les serpents ordinaires, car ses yeux étaient aussi tendres qu'animés ; sa physionomie était noble et intéressante ; sa peau brillait des couleurs les plus vives et les plus douces. Un énorme poisson, à moitié plongé dans le fleuve, n'était pas la moins étonnante personne de la compagnie. Il y avait sur une branche un corbeau et un pigeon. Toutes ces créatures semblaient avoir ensemble une conversation assez animée.

« Hélas ! dit la princesse tout bas, ces gens-là parlent sans doute de leurs amours, et il ne m'est pas permis de prononcer le nom de ce que j'aime ! »

La vieille tenait à la main une chaîne légère d'acier, longue de cent brasses, à laquelle était attaché un taureau qui paissait dans la prairie. Ce taureau était blanc, fait au tour, potelé, léger même, ce qui est bien rare. Ses cornes étaient d'ivoire. C'était ce qu'on vit jamais de plus beau dans son espèce. Celui de Pasiphaé, celui dont Jupiter prit la figure pour enlever Europe, n'approchaient pas de ce superbe animal. La charmante génisse en laquelle Isis fut changée aurait à peine été digne de lui.

Dès qu'il vit la princesse, il courut vers elle avec la

---

1. *Exode*, VIII, 15 : « Et les magiciens dirent à Pharaon : c'est le doigt de Dieu. »

rapidité d'un jeune cheval arabe qui franchit les vastes plaines et les fleuves de l'antique Saana[1], pour s'approcher de la brillante cavale qui règne dans son cœur, et qui fait dresser ses oreilles. La vieille faisait ses efforts pour le retenir ; le serpent semblait l'épouvanter par ses sifflements ; le chien le suivait et lui mordait ses belles jambes ; l'ânesse traversait son chemin et lui détachait des ruades pour le faire retourner. Le gros poisson remontait le Nil, et, s'élançant hors de l'eau, menaçait de le dévorer ; le bouc restait immobile et saisi de crainte ; le corbeau voltigeait autour de la tête du taureau, comme s'il eût voulu s'efforcer de lui crever les yeux. La colombe seule l'accompagnait par curiosité, et lui applaudissait par un doux murmure.

Un spectacle si extraordinaire rejeta Mambrès dans ses sérieuses pensées. Cependant le taureau blanc, tirant après lui sa chaîne et la vieille, était déjà parvenu auprès de la princesse, qui était saisie d'étonnement et de peur. Il se jette à ses pieds, il les baise, il verse des larmes, il la regarde avec des yeux où régnait un mélange inouï de douleur et de joie. Il n'osait mugir, de peur d'effaroucher la belle Amaside. Il ne pouvait parler. Un faible usage de la voix accordé par le ciel à quelques animaux lui était interdit ; mais toutes ses actions étaient éloquentes. Il plut beaucoup à la princesse. Elle sentit qu'un léger amusement pouvait suspendre pour quelques moments les chagrins les plus douloureux. « Voilà, disait-elle, un animal bien aimable ; je voudrais l'avoir dans mon écurie. »

À ces mots, le taureau plia les quatre genoux, et baisa la terre. « Il m'entend ! s'écria la princesse ; il me témoigne qu'il veut m'appartenir. Ah ! divin mage, divin eunuque, donnez-moi cette consolation, achetez ce beau chérubin* ; faites le prix avec la vieille, à laquelle il appartient sans doute. Je veux que cet animal

---

1. Ville d'Arabie.
* *Chérub*, en chaldéen et en syriaque, signifie un bœuf. (V.)

soit à moi ; ne me refusez pas cette consolation innocente. » Toutes les dames du palais joignirent leurs instances aux prières de la princesse. Mambrès se laissa toucher, et alla parler à la vieille.

CHAPITRE SECOND

COMMENT LE SAGE MAMBRÈS, CI-DEVANT SORCIER DE PHARAON, RECONNUT UNE VIEILLE, ET COMME IL FUT RECONNU PAR ELLE

« Madame, lui dit-il, vous savez que les filles, et surtout les princesses, ont besoin de se divertir. La fille du roi est folle de votre taureau ; je vous prie de nous le vendre, vous serez payée argent comptant.

— Seigneur, lui répondit la vieille, ce précieux animal n'est point à moi. Je suis chargée, moi et toutes les bêtes que vous avez vues, de le garder avec soin, d'observer toutes ses démarches, et d'en rendre compte. Dieu me préserve de vouloir jamais vendre cet animal impayable[1] ! »

Mambrès, à ce discours, se sentit éclairé de quelques traits d'une lumière confuse qu'il ne démêlait pas encore. Il regarda la vieille au manteau gris avec plus d'attention : « Respectable dame, lui dit-il, ou je me trompe, ou je vous ai vue autrefois. — Je ne me trompe pas, répondit la vieille, je vous ai vu, seigneur, il y a sept cents ans, dans un voyage que je fis de Syrie en Égypte, quelques mois après la destruction de Troie, lorsque Hiram régnait à Tyr, et Néphel Kerès sur l'antique Égypte.

— Ah ! madame, s'écria le vieillard, vous êtes l'auguste pythonisse d'Endor[2]. — Et vous, seigneur,

---

1. Aux deux sens du mot.
2. En Palestine. Célèbre par sa pythonisse.

lui dit la pythonisse en l'embrassant, vous êtes le grand Mambrès d'Égypte.

— Ô rencontre imprévue ! jour mémorable ! décrets éternels ! dit Mambrès. Ce n'est pas, sans doute, sans un ordre de la Providence universelle que nous nous retrouvons dans cette prairie sur les rivages du Nil, près de la superbe ville de Tanis. Quoi ! c'est vous, madame, qui êtes si fameuse sur les bords de votre petit Jourdain, et la première personne du monde pour faire venir des ombres. — Quoi ! c'est vous, Seigneur, qui êtes si fameux pour changer les baguettes en serpents, le jour en ténèbres, et les rivières en sang [1]. — Oui, madame ; mais mon grand âge affaiblit une partie de mes lumières et de ma puissance. J'ignore d'où vous vient ce beau taureau blanc, et qui sont ces animaux qui veillent avec vous autour de lui. » La vieille se recueillit, leva les yeux au ciel, puis répondit en ces termes :

« Mon cher Mambrès, nous sommes de la même profession ; mais il m'est expressément défendu de vous dire quel est ce taureau. Je puis vous satisfaire sur les autres animaux. Vous les reconnaîtrez aisément aux marques qui les caractérisent. Le serpent est celui qui persuada Ève de manger une pomme, et d'en faire manger à son mari. L'ânesse est celle qui parla dans un chemin creux à Balaam, votre contemporain. Le poisson qui a toujours sa tête hors de l'eau, est celui qui avala Jonas il y a quelques années. Ce chien est celui qui suivit l'ange Raphaël et le jeune Tobie dans un voyage qu'ils firent à Ragès en Médie, du temps du grand Salmanazar [2]. Ce bouc est celui qui expie tous les péchés d'une nation. Ce corbeau et ce pigeon sont ceux qui étaient dans l'arche de Noé, grand événement, catastrophe universelle, que presque toute la terre ignore [3]

---

1. Il est dit dans l'*Exode* que les magiciens égyptiens changèrent les baguettes en serpents et le Nil en sang.

2. Roi d'Assyrie en 728 avant J.-C., dont parle la Bible.

3. Le silence des sources non juives constitue un des arguments favoris de Voltaire.

encore. Vous voilà au fait. Mais pour le taureau, vous n'en saurez rien. »

Mambrès écoutait avec respect. Puis il dit : « L'Éternel révèle ce qu'il veut et à qui il veut, illustre pythonisse. Toutes ces bêtes, qui sont commises avec vous à la garde du taureau blanc, ne sont connues que de votre généreuse et agréable nation, qui est elle-même inconnue à presque tout le monde. Les merveilles que vous et les vôtres, et moi et les miens, nous avons opérées, seront un jour un grand sujet de doute et de scandale pour les faux sages. Heureusement elles trouveront croyance chez les sages véritables qui seront soumis aux voyants dans une petite partie du monde, et c'est tout ce qu'il faut. »

Comme il prononçait ces paroles, la princesse le tira par la manche, et lui dit : « Mambrès, est-ce que vous ne m'achèterez pas mon taureau ? » Le mage, plongé dans une rêverie profonde, ne répondit rien ; et Amaside versa des larmes.

Elle s'adressa alors elle-même à la vieille, et lui dit : « Ma bonne, je vous conjure par tout ce que vous avez de plus cher au monde, par votre père, par votre mère, par votre nourrice, qui sans doute vivent encore, de me vendre non seulement votre taureau, mais aussi votre pigeon, qui lui paraît fort affectionné. Pour vos autres bêtes, je n'en veux point ; mais je suis fille à tomber malade de vapeurs si vous ne me vendez ce charmant taureau blanc, qui fera toute la douceur de ma vie. »

La vieille lui baisa respectueusement les franges de sa robe de gaze, et lui dit : « Princesse, mon taureau n'est point à vendre, votre illustre mage en est instruit. Tout ce que je pourrais faire pour votre service, ce serait de le mener paître tous les jours près de votre palais ; vous pourriez le caresser, lui donner des biscuits, le faire danser à votre aise. Mais il faut qu'il soit continuellement sous les yeux de toutes les bêtes qui m'accompagnent, et qui sont chargées de sa garde. S'il ne veut point s'échapper, elles ne lui feront point de mal ; mais s'il essaye encore de rompre sa chaîne, comme il a fait dès qu'il vous a vue, malheur à lui ! je ne répondrais pas de sa vie. Ce gros poisson que vous voyez l'avalerait infailliblement, et le garderait plus de trois jours dans son ventre ; ou bien ce serpent, qui vous a paru peut-être assez doux et assez aimable, lui pourrait faire une piqûre mortelle. »

Le taureau blanc, qui entendait à merveille tout ce que disait la vieille, mais qui ne pouvait parler, accepta toutes ses propositions d'un air soumis. Il se coucha à ses pieds, mugit doucement ; et, regardant Amaside avec tendresse, il semblait lui dire : « Venez me voir quelquefois sur l'herbe. » Le serpent prit alors la parole, et dit : « Princesse, je vous conseille de faire aveuglément tout ce que mademoiselle d'Endor vient de vous dire. » L'ânesse dit aussi son mot, et fut de l'avis du serpent. Amaside était affligée que ce serpent et cette ânesse parlassent si bien, et qu'un beau taureau, qui avait les sentiments si nobles et si tendres, ne pût les exprimer. « Hélas ! rien n'est plus commun à la cour, disait-elle tout bas ; on y voit tous les jours de beaux seigneurs qui n'ont point de conversation, et des malotrus qui parlent avec assurance.

— Ce serpent n'est point un malotru, dit Mambrès ; ne vous y trompez pas. C'est peut-être la personne de la plus grande considération. »

Le jour baissait, la princesse fut obligée de s'en retourner, après avoir bien promis de revenir le lendemain à la même heure. Ses dames du palais étaient émerveillées, et ne comprenaient rien à ce qu'elles avaient vu et entendu. Mambrès faisait ses réflexions. La princesse, songeant que le serpent avait appelé la vieille *mademoiselle*, conclut au hasard qu'elle était pucelle, et sentit quelque affliction de l'être encore : affliction respectable, qu'elle cachait avec autant de scrupule que le nom de son amant.

CHAPITRE TROISIÈME

COMMENT LA BELLE AMASIDE
EUT UN SECRET ENTRETIEN AVEC UN BEAU SERPENT

La belle princesse recommanda le secret à ses dames sur ce qu'elles avaient vu. Elles le promirent toutes et en effet le gardèrent un jour entier. On peut croire qu'Amaside dormit peu cette nuit. Un charme inexplicable lui rappelait sans cesse l'idée de son beau taureau. Dès qu'elle put être en liberté avec son sage Mambrès, elle lui dit : « Ô sage ! cet animal me tourne la tête. — Il occupe beaucoup la mienne, dit Mambrès. Je vois clairement que ce chérubin est fort au-dessus de son espèce. Je vois qu'il y a là un grand mystère, mais je crains un événement funeste. Votre père Amasis est violent et soupçonneux ; toute cette affaire exige que vous vous conduisiez avec la plus grande prudence.

— Ah ! dit la princesse, j'ai trop de curiosité pour être prudente ; c'est la seule passion qui puisse se joindre dans mon cœur à celle qui me dévore pour l'amant que j'ai perdu. Quoi ! ne pourrai-je savoir ce que c'est que ce taureau blanc qui excite dans moi un trouble si inouï ?

— Madame, lui répondit Mambrès, je vous ai avoué déjà que ma science baisse à mesure que mon âge avance ; mais je me trompe fort, ou le serpent est instruit de ce que vous avez tant d'envie de savoir. Il a de l'esprit, il s'explique en bons termes, il est accoutumé depuis longtemps à se mêler des affaires des dames. — Ah ! sans doute, dit Amaside, c'est ce beau serpent de l'Égypte, qui, en se mettant la queue dans la bouche, est le symbole de l'éternité, qui éclaire le monde dès qu'il ouvre les yeux, et qui l'obscurcit dès qu'il les ferme ? — Non, madame. — C'est donc le serpent d'Esculape ? — Encore moins. — C'est peut-être

Jupiter sous la forme d'un serpent ? — Point du tout. — Ah ! je vois, c'est votre baguette, que vous changeâtes autrefois en serpent ? — Non, vous dis-je, madame ; mais tous ces serpents-là sont de la même famille. Celui-là a beaucoup de réputation dans son pays : il y passe pour le plus habile serpent qu'on ait jamais vu. Adressez-vous à lui. Toutefois je vous avertis que c'est une entreprise fort dangereuse. Si j'étais à votre place, je laisserais là le taureau, l'ânesse, le serpent, le poisson, le chien, le bouc, le corbeau, et la colombe. Mais la passion vous emporte ; tout ce que je puis faire est d'en avoir pitié, et de trembler. »

La princesse le conjura de lui procurer un tête-à-tête avec le serpent. Mambrès, qui était bon, y consentit ; et, en réfléchissant toujours profondément, il alla trouver sa pythonisse. Il lui exposa la fantaisie de sa princesse avec tant d'insinuation qu'il la persuada.

La vieille lui dit donc qu'Amaside était la maîtresse ; que le serpent savait très bien vivre, qu'il était fort poli avec les dames ; qu'il ne demanderait pas mieux que de les obliger, et qu'il se trouverait au rendez-vous.

Le vieux mage revint apporter à la princesse cette bonne nouvelle ; mais il craignait encore quelque malheur, et faisait toujours ses réflexions. « Vous voulez parler au serpent, madame ; ce sera quand il plaira à Votre Altesse. Souvenez-vous qu'il faut beaucoup le flatter, car tout animal est pétri d'amour-propre, et surtout lui. On dit même qu'il fut chassé autrefois d'un beau lieu pour son excès d'orgueil. — Je ne l'ai jamais ouï dire, repartit la princesse. — Je le crois bien », reprit le vieillard. Alors il lui apprit tous les bruits qui avaient couru sur ce serpent si fameux. « Mais, madame, quelque aventure singulière qui lui soit arrivée, vous ne pouvez arracher son secret qu'en le flattant. Il passe dans un pays voisin pour avoir joué autrefois un tour pendable aux femmes ; il est juste qu'à son tour une femme le séduise. — J'y ferai mon possible », dit la princesse.

Elle partit donc avec ses dames du palais et le bon

mage eunuque. La vieille alors faisait paître le taureau blanc assez loin. Mambrès laissa Amaside en liberté, et alla entretenir sa pythonisse. La dame d'honneur causa avec l'ânesse ; les dames de compagnie s'amusèrent avec le bouc, le chien, le corbeau, et la colombe ; pour le gros poisson, qui faisait peur à tout le monde, il se replongea dans le Nil par ordre de la vieille.

Le serpent alla aussitôt au-devant de la belle Amaside dans le bocage, et ils eurent ensemble cette conversation :

LE SERPENT

Vous ne sauriez croire combien je suis flatté, madame, de l'honneur que Votre Altesse daigne me faire.

LA PRINCESSE

Monsieur, votre grande réputation, la finesse de votre physionomie et le brillant de vos yeux, m'ont aisément déterminée à rechercher ce tête-à-tête. Je sais, par la voix publique (si elle n'est point trompeuse), que vous avez été un grand seigneur dans le ciel empyrée.

LE SERPENT

Il est vrai, madame, que j'y avais une place assez distinguée. On prétend que je suis un favori disgracié : c'est un bruit qui a couru d'abord dans l'Inde*. Les bracmanes sont les premiers qui ont donné une longue histoire de mes aventures. Je ne doute pas que des poètes du Nord n'en fassent un jour un poème épique bien bizarre, car, en vérité, c'est tout ce qu'on en peut faire. Mais je ne suis pas tellement déchu que je n'aie encore dans ce globe-ci un domaine très considérable. J'oserais presque dire que toute la terre m'appartient.

---

* Les bracmanes furent en effet les premiers qui imaginèrent une révolte dans le ciel, et cette fable servit longtemps après de canevas à l'histoire de la guerre des géants contre les dieux, et à quelques autres histoires. (V.)

LA PRINCESSE

Je le crois, monsieur, car on dit que vous avez le talent de persuader tout ce que vous voulez, et c'est régner que de plaire.

LE SERPENT

J'éprouve, madame, en vous voyant et en vous écoutant, que vous avez sur moi cet empire qu'on m'attribue sur tant d'autres âmes.

LA PRINCESSE

Vous êtes, je le crois, un aimable vainqueur. On prétend que vous avez subjugué bien des dames, et que vous commençâtes par notre mère commune, dont j'ai oublié le nom.

LE SERPENT

On me fait tort : je lui donnai le meilleur conseil du monde. Elle m'honorait de sa confiance. Mon avis fut qu'elle et son mari devaient se gorger du fruit de l'arbre de la science. Je crus plaire en cela au maître des choses. Un arbre si nécessaire au genre humain ne me paraissait pas planté pour être inutile. Le maître aurait-il voulu être servi par des ignorants et des idiots ? L'esprit n'est-il pas fait pour s'éclairer, pour se perfectionner ? Ne faut-il pas connaître le bien et le mal pour faire l'un et pour éviter l'autre ? Certainement on me devait des remerciements.

LA PRINCESSE

Cependant on dit qu'il vous en arriva mal. C'est apparemment depuis ce temps-là que tant de ministres ont été punis d'avoir donné de bons conseils, et que tant de vrais savants et de grands génies ont été persécutés pour avoir écrit des choses utiles au genre humain.

LE SERPENT

Ce sont apparemment mes ennemis, madame, qui vous ont fait ces contes. Ils vont criant que je suis mal en cour. Une preuve que j'y ai un très grand crédit, c'est qu'eux-mêmes avouent que j'entrai dans le conseil quand il fut question d'éprouver le bonhomme Job, et que j'y fus encore appelé quand on y prit la résolution de tromper un certain roitelet nommé Achab* : ce fut moi seul qu'on chargea de cette noble commission.

LA PRINCESSE

Ah ! monsieur, je ne crois pas que vous soyez fait pour tromper. Mais, puisque vous êtes toujours dans le ministère, puis-je vous demander une grâce ? J'espère qu'un seigneur si aimable ne me refusera pas.

LE SERPENT

Madame, vos prières sont des lois. Qu'ordonnez-vous ?

LA PRINCESSE

Je vous conjure de me dire ce que c'est que ce beau taureau blanc pour qui j'éprouve dans moi des sentiments incompréhensibles, qui m'attendrissent, et qui m'épouvantent. On m'a dit que vous daigneriez m'en instruire.

LE SERPENT

Madame, la curiosité est nécessaire à la nature humaine, et surtout à votre aimable sexe : sans elle on croupirait dans la plus honteuse ignorance. J'ai toujours satisfait, autant que je l'ai pu, la curiosité des dames. On m'accuse de n'avoir eu cette complaisance que pour faire dépit au maître des choses. Je vous jure

---

* Troisième livre des *Rois*, chap. XXII, v. 21 et 22. « Le Seigneur dit : "Qui trompera Achab, roi d'Israël, afin qu'il marche en Ramoch de Galaad, et qu'il y tombe ?" Et un esprit s'avança et se présenta devant le Seigneur, et lui dit : "C'est moi qui le tromperai." Et le Seigneur lui dit : "Comment ? Oui, tu le tromperas ; et tu prévaudras. Va, et fais ainsi." » (V.)

que mon seul but serait de vous obliger ; mais la vieille a dû vous avertir qu'il y a quelque danger pour vous dans la révélation de ce secret.

LA PRINCESSE

Ah ! c'est ce qui me rend encore plus curieuse.

LE SERPENT

Je reconnais là toutes les belles dames à qui j'ai rendu service.

LA PRINCESSE

Si vous êtes sensible, si tous les êtres se doivent des secours mutuels, si vous avez pitié d'une infortunée, ne me refusez pas.

LE SERPENT

Vous me fendez le cœur ; il faut vous satisfaire ; mais ne m'interrompez pas.

LA PRINCESSE

Je vous le promets.

LE SERPENT

Il y avait un jeune roi, beau, fait à peindre, amoureux, aimé...

LA PRINCESSE

Un jeune roi ! beau, fait à peindre, amoureux, aimé ! et de qui ? et quel était ce roi ? quel âge avait-il ? qu'est-il devenu ? où est-il ? où est son royaume ? quel est son nom ?

LE SERPENT

Ne voilà-t-il pas que vous m'interrompez, quand j'ai commencé à peine. Prenez garde : si vous n'avez pas plus de pouvoir sur vous-même, vous êtes perdue.

LA PRINCESSE

Ah ! pardon, monsieur, cette indiscrétion ne m'arrivera plus ; continuez, de grâce.

LE SERPENT

Ce grand roi, le plus aimable et le plus valeureux des hommes, victorieux partout où il avait porté ses armes, rêvait souvent en dormant ; et, quand il oubliait ses rêves, il voulait que ses mages s'en ressouvinssent, et qu'ils lui apprissent ce qu'il avait rêvé, sans quoi il les faisait tous pendre, car rien n'est plus juste. Or il y a bientôt sept ans qu'il songea un beau songe dont il perdit la mémoire en se réveillant ; et un jeune Juif, plein d'expérience, lui ayant expliqué son rêve, cet aimable roi fut soudain changé en bœuf* : car... [1]

LA PRINCESSE

Ah ! c'est mon cher Nabu...

Elle ne put achever ; elle tomba évanouie. Mambrès, qui écoutait de loin, la vit tomber, et la crut morte.

CHAPITRE QUATRIÈME

COMMENT ON VOULUT SACRIFIER LE BŒUF ET EXORCISER LA PRINCESSE

Mambrès court à elle en pleurant. Le serpent est attendri : il ne peut pleurer, mais il siffle d'un ton lugubre ; il crie : « Elle est morte ! » L'ânesse répète : « Elle est morte ! » Le corbeau le redit ; tous les autres animaux paraissent saisis de douleur, excepté le poisson

---

* Toute l'antiquité employait indifféremment les termes de *bœuf* et de *taureau*. (V.)

1. La métamorphose de Nabuchodonosor en bœuf avait occasionné une polémique entre Voltaire et un abbé : fallait-il, comme Voltaire dans le *Traité sur la tolérance*, la comprendre au sens propre ? Dans *Le Taureau blanc,* il n'est pas interdit au lecteur de l'entendre aussi au sens figuré !

de Jonas, qui a toujours été impitoyable. La dame d'honneur, les dames du palais, arrivent et s'arrachent les cheveux. Le taureau blanc, qui paissait au loin, et qui entend leurs clameurs, court au bosquet, et entraîne la vieille avec lui en poussant des mugissements dont les échos retentissent. En vain toutes les dames versaient sur Amaside expirante leurs flacons d'eau de rose, d'œillet, de myrte, de benjoin, de baume de La Mecque, de cannelle, d'amomon, de gérofle, de muscade, d'ambre gris. Elle n'avait donné aucun signe de vie ; mais, dès qu'elle sentit le beau taureau blanc à ses côtés, elle revint à elle plus fraîche, plus belle, plus animée que jamais. Elle donna cent baisers à cet animal charmant, qui penchait languissamment sa tête sur son sein d'albâtre. Elle l'appelle : « Mon maître, mon roi, mon cœur, ma vie. » Elle passe ses bras d'ivoire autour de ce cou plus blanc que la neige. La paille légère s'attache moins fortement à l'ambre, la vigne à l'ormeau, le lierre au chêne. On entendait le doux murmure de ses soupirs ; on voyait ses yeux, tantôt étincelants d'une tendre flamme, tantôt offusqués par ces larmes précieuses que l'amour fait répandre.

On peut juger dans quelle surprise la dame d'honneur d'Amaside et les dames de compagnie étaient plongées. Dès qu'elles furent rentrées au palais, elles racontèrent toutes à leurs amants cette aventure étrange, et chacune avec des circonstances différentes, qui en augmentaient la singularité, et qui contribuent toujours à la variété de toutes les histoires.

Dès qu'Amasis, roi de Tanis, en fut informé, son cœur royal fut saisi d'une juste colère. Tel fut le courroux de Minos quand il sut que sa fille Pasiphaé[1] prodiguait ses tendres faveurs au père du minotaure. Ainsi frémit Junon lorsqu'elle vit Jupiter son époux caresser la belle vache Io, fille du fleuve Inachus. Amasis fit enfermer la belle Amaside dans sa chambre, et mit une

---

1. Pasiphaé était la femme, non la fille de Minos.

garde d'eunuques noirs à sa porte ; puis il assembla son conseil secret.

Le grand mage Mambrès y présidait, mais il n'avait plus le même crédit qu'autrefois. Tous les ministres d'État conclurent que le taureau blanc était un sorcier. C'était tout le contraire, il était ensorcelé ; mais on se trompe toujours à la cour dans ces affaires délicates.

On conclut à la pluralité des voix qu'il fallait exorciser la princesse, et sacrifier le taureau blanc et la vieille.

Le sage Mambrès ne voulut point choquer l'opinion du roi et du conseil. C'était à lui qu'appartenait le droit de faire les exorcismes ; il pouvait les différer sous un prétexte très plausible. Le dieu Apis venait de mourir à Memphis. Un dieu bœuf meurt comme un autre. Il n'était permis d'exorciser personne en Égypte jusqu'à ce qu'on eût trouvé un autre bœuf qui pût remplacer le défunt.

Il fut donc arrêté dans le conseil qu'on attendrait la nomination qu'on devait faire du nouveau dieu à Memphis.

Le bon vieillard Mambrès sentait à quel péril sa chère princesse était exposée : il voyait quel était son amant. Les syllabes *Nabu*, qui lui étaient échappées, avaient décelé tout le mystère aux yeux de ce sage.

La dynastie* de Memphis appartenait alors aux Babyloniens : ils conservaient ce reste de leurs conquêtes passées, qu'ils avaient faites sous le plus grand roi du monde, dont Amasis était l'ennemi mortel. Mambrès avait besoin de toute sa sagesse pour se bien conduire parmi tant de difficultés. Si le roi Amasis découvrait

---

* Dynastie signifie proprement puissance. Ainsi on peut se servir de ce mot, malgré les cavillations de Larcher. Dynastie vient du phénicien *dunast* et Larcher est un ignorant qui ne sait ni le phénicien, ni le syriaque, ni le cophte [1]. (V.)

1. Voltaire réplique à Larcher, qui critiquait assez justement l'emploi de dynastie au sens de puissance ou d'État. Des cavillations sont des « subtilités métaphysiques ».

l'amant de sa fille, elle était morte : il l'avait juré. Le grand, le jeune, le beau roi dont elle était éprise, avait détrôné son père, qui n'avait repris son royaume de Tanis que depuis près de sept ans qu'on ne savait ce qu'était devenu l'adorable monarque, le vainqueur et l'idole des nations, le tendre et généreux amant de la charmante Amaside. Mais aussi, en sacrifiant le taureau, on faisait mourir infailliblement la belle Amaside de douleur.

Que pouvait faire Mambrès dans des circonstances si épineuses ? Il va trouver sa chère nourrissonne au sortir du conseil, et lui dit : « Ma belle enfant, je vous servirai ; mais je vous le répète, on vous coupera le cou si vous prononcez jamais le nom de votre amant.

— Ah ! que m'importe mon cou, dit la belle Amaside, si je ne puis embrasser celui de Nabucho !... Mon père est un bien méchant homme ! Non seulement il refusa de me donner au beau prince que j'idolâtre, mais il lui déclara la guerre ; et, quand il a été vaincu par mon amant, il a trouvé le secret de le changer en bœuf. A-t-on jamais vu une malice plus effroyable ? Si mon père n'était pas mon père, je ne sais ce que je lui ferais.

— Ce n'est pas votre père qui lui a joué ce cruel tour, dit le sage Mambrès, c'est un Palestin, un de nos anciens ennemis, un habitant d'un petit pays compris dans la foule des États que votre auguste amant a domptés pour les policer. Ces métamorphoses ne doivent point vous surprendre ; vous savez que j'en faisais autrefois de plus belles : rien n'était plus commun alors que ces changements qui étonnent aujourd'hui les sages. L'histoire véritable[1] que nous avons lue ensemble nous a enseigné que Lycaon, roi d'Arcadie, fut changé en loup. La belle Callisto, sa fille, fut changée en ourse ; Io, fille d'Inachus, notre vénérable Isis, en vache ; Daphné, en laurier ; Syrinx, en flûte. La belle

---

1. Expression ironique, car c'est dans les *Métamorphoses* d'Ovide qu'on trouve l'histoire de Lycaon et celles qui suivent.

Édith, femme de Loth, le meilleur, le plus tendre père qu'on ait jamais vu, n'est-elle pas devenue dans notre voisinage une grande statue de sel très belle et très piquante, qui a conservé toutes les marques de son sexe, et qui a régulièrement ses ordinaires* chaque mois, comme l'attestent les grands hommes qui l'ont vue ? J'ai été témoin de ce changement dans ma jeunesse. J'ai vu cinq puissantes villes, dans le séjour du monde le plus sec et le plus aride, transformées tout à coup en un beau lac[1]. On ne marchait dans mon jeune temps que sur des métamorphoses.

« Enfin madame, si les exemples peuvent adoucir votre peine, souvenez-vous que Vénus a changé les Cérastes en bœufs[2]. — Je le sais, dit la malheureuse princesse, mais les exemples consolent-ils ? Si mon amant était mort, me consolerais-je par l'idée que tous les hommes meurent ? — Votre peine peut finir, dit le sage ; et puisque votre tendre amant est devenu bœuf, vous voyez bien que de bœuf il peut devenir homme. Pour moi, il faudrait que je fusse changé en tigre ou en crocodile, si je n'employais pas le peu de pouvoir qui me reste pour le service d'une princesse digne des adorations de la terre, pour la belle Amaside, que j'ai élevée sur mes genoux, et que sa fatale destinée met à des épreuves si cruelles. »

---

* Tertullien, dans son poème de *Sodome*, dit :
    Dicitur et vivens alio sub corpore sexus
    Munificos solito dispungere sanguine menses.
Saint Irénée, liv. IV, dit : *Per naturalia ea quæ sunt consuetudinis femina ostendens*[3]. (V.)

1. La *Genèse* évoque la destruction de deux villes. Voltaire se moque du savant commentaire biblique de dom Calmet, ses source et cible favorites : « Les voyageurs assurent que lorsque les eaux sont basses, on voit les ruines de ces villes dans la Mer Morte. »
2. Ovide, *Métamorphoses*.
3. « On dit que son sexe, resté vivant sous un autre corps, marque certains jours de chaque mois du sang accoutumé. » Et Saint-Irénée : « Faisant voir par les parties naturelles les écoulements propres au sexe féminin. »

CHAPITRE CINQUIÈME

COMMENT LE SAGE MAMBRÈS SE CONDUISIT SAGEMENT

Le divin Mambrès ayant dit à la princesse tout ce qu'il fallait pour la consoler, et ne l'ayant point consolée, courut aussitôt à la vieille. « Ma camarade, lui dit-il, notre métier est beau, mais il est bien dangereux ; vous courez risque d'être pendue, et votre bœuf d'être brûlé, ou noyé, ou mangé. Je ne sais pas ce qu'on fera de vos autres bêtes, car, tout prophète que je suis, je sais bien peu de choses ; mais cachez soigneusement le serpent et le poisson ; que l'un ne mette pas la tête hors de l'eau, et que l'autre ne sorte pas de son trou. Je placerai le bœuf dans une de mes écuries à la campagne ; vous y serez avec lui, puisque vous dites qu'il ne vous est pas permis de l'abandonner. Le bouc émissaire pourra dans l'occasion servir d'expiatoire ; nous l'enverrons dans le désert chargé des péchés de la troupe ; il est accoutumé à cette cérémonie, qui ne lui fait aucun mal ; et l'on sait que tout s'expie avec un bouc qui se promène. Je vous prie seulement de me prêter tout à l'heure le chien de Tobie, qui est un lévrier fort agile, l'ânesse de Balaam, qui court mieux qu'un dromadaire, le corbeau et le pigeon de l'arche, qui volent très rapidement. Je veux les envoyer en ambassade à Memphis pour une affaire de la dernière conséquence. »

La vieille repartit au mage : « Seigneur, vous pouvez disposer à votre gré du chien de Tobie, de l'ânesse de Balaam, du corbeau et du pigeon de l'arche, et du bouc émissaire ; mais mon bœuf ne peut coucher dans une écurie. Il est dit qu'il doit être attaché à une chaîne d'acier, « être toujours mouillé de la rosée, et brouter l'herbe sur la terre*, et que sa portion sera avec les bêtes sauvages ». Il m'est confié, je dois obéir. Que penseraient de moi Daniel, Ézéchiel et Jérémie, si je confiais mon bœuf à d'autres qu'à moi-même ? Je vois que vous savez le secret de cet étrange animal. Je n'ai pas à me reprocher de vous l'avoir révélé. Je vais le conduire loin de cette terre impure, vers le lac Sirbon, loin des cruautés du roi de Tanis. Mon poisson et mon serpent me défendront : je ne crains personne quand je sers mon maître. »

Le sage Mambrès repartit ainsi : « Ma bonne, la volonté de Dieu soit faite ! Pourvu que je retrouve notre taureau blanc, il ne m'importe ni du lac de Sirbon, ni du lac de Mœris, ni du lac de Sodome ; je ne veux que lui faire du bien, et à vous aussi. Mais pourquoi m'avez-vous parlé de Daniel, d'Ézéchiel et de Jérémie ?

— Ah ! seigneur, reprit la vieille, vous savez aussi bien que moi l'intérêt qu'ils ont eu dans cette grande affaire. Mais je n'ai pas de temps à perdre ; je ne veux point être pendue ; je ne veux point que mon taureau soit brûlé, ou noyé, ou mangé. Je m'en vais auprès du lac de Sirbon par Canope, avec mon serpent et mon poisson. Adieu ! »

Le taureau la suivit tout pensif, après avoir témoigné au bienfaisant Mambrès la reconnaissance qu'il lui devait.

Le sage Mambrès était dans une cruelle inquiétude. Il voyait bien qu'Amasis, roi de Tanis, désespéré de la folle passion de sa fille pour cet animal, et la croyant ensorcelée, ferait poursuivre partout le malheureux taureau, et qu'il serait infailliblement brûlé, en qualité de sorcier, dans la place publique de Tanis, ou livré au poisson de Jonas, ou rôti, ou servi sur table. Il voulait,

---

* Daniel, chap v [1]. (V.)
1. En fait : IV, 23-25.

à quelque prix que ce fût, épargner ce désagrément à la princesse.

Il écrivit une lettre au grand prêtre de Memphis, son ami, en caractères sacrés, sur du papier d'Égypte qui n'était pas encore en usage. Voici les propres mots de sa lettre :

« Lumière du monde, lieutenant d'Isis, d'Osiris, et d'Horus, chef des circoncis, vous dont l'autel est élevé, comme de raison, au-dessus de tous les trônes ; j'apprends que votre dieu le bœuf Apis est mort. J'en ai un autre à votre service. Venez vite avec vos prêtres le reconnaître, l'adorer, et le conduire dans l'écurie de votre temple. Qu'Isis, Osiris et Horus vous aient en leur sainte et digne garde ; et vous, messieurs les prêtres de Memphis, en leur sainte garde !

« Votre affectionné ami,

« MAMBRÈS. »

Il fit quatre duplicata de cette lettre, de crainte d'accident, et les enferma dans des étuis de bois d'ébène le plus dur. Puis appelant à lui quatre courriers qu'il destinait à ce message (c'étaient l'ânesse, le chien, le corbeau et le pigeon), il dit à l'ânesse : « Je sais avec quelle fidélité vous avez servi Balaam, mon confrère ; servez-moi de même. Il n'y a point d'onocrotale[1] qui vous égale à la course ; allez, ma chère amie, rendez ma lettre en main propre, et revenez. » L'ânesse lui répondit : « Comme j'ai servi Balaam, je servirai monseigneur ; j'irai et je reviendrai. » Le sage lui mit le bâton d'ébène dans la bouche, et elle partit comme un trait.

Puis il fit venir le chien de Tobie, et lui dit : « Chien fidèle, et plus prompt à la course qu'Achille aux pieds légers, je sais ce que vous avez fait pour Tobie, fils de Tobie, lorsque vous et l'ange Raphaël vous l'accom-

---

[1]. Voltaire a dû commettre une confusion, car l'*Encyclopédie* entend par là un gros oiseau.

pagnâtes de Ninive à Ragès en Médie et de Ragès à Ninive, et qu'il rapporta à son père dix talents* que l'esclave Tobie père avait prêtés à l'esclave Gabelus ; car ces esclaves étaient fort riches. Portez à son adresse cette lettre, qui est plus précieuse que dix talents d'argent. » Le chien lui répondit : « Seigneur, si j'ai suivi autrefois le messager Raphaël, je puis tout aussi bien faire votre commission. » Mambrès lui mit la lettre dans la gueule. Il en dit autant à la colombe. Elle lui répondit : « Seigneur, si j'ai rapporté un rameau dans l'arche, je vous apporterai de même votre réponse. » Elle prit la lettre dans son bec. On les perdit tous trois de vue en un instant.

Puis il dit au corbeau : « Je sais que vous avez nourri le grand prophète Élie**, lorsqu'il était caché auprès du torrent Carith, si fameux dans toute la terre. Vous lui apportiez tous les jours de bon pain et des poulardes grasses[1] ; je ne vous demande que de porter cette lettre à Memphis. »

Le corbeau répondit en ces mots : « Il est vrai, seigneur, que je portais tous les jours à dîner au grand prophète Élie le Thesbite, que j'ai vu monter dans l'atmosphère sur un char de feu traîné par quatre chevaux de feu, quoique ce ne soit pas la coutume ; mais je prenais toujours la moitié du dîner pour moi. Je veux bien porter votre lettre, pourvu que vous m'assuriez de deux bons repas chaque jour, et que je sois payé d'avance en argent comptant pour ma commission. »

Mambrès, en colère, dit à cet animal : « Gourmand et malin, je ne suis pas étonné qu'Apollon, de blanc que tu étais comme un cygne, t'ait rendu noir comme une taupe, lorsque dans les plaines de Thessalie tu trahis la belle Coronis, malheureuse mère d'Esculape[2].

---

* Vingt mille écus argent de France, au cours de ce jour. (V.)
** Troisième livre des *Rois*, chap. XVII. (V.)
1. Allusion comique à un commentaire biblique de dom Calmet.
2. Ovide, *Métamorphoses*.

Eh ! dis-moi donc, mangeais-tu tous les jours des aloyaux et des poulardes quand tu fus dix mois dans l'arche ? — Monsieur, nous y faisions très bonne chère, repartit le corbeau. On servait du rôti deux fois par jour à toutes les volatiles de mon espèce, qui ne vivent que de chair, comme à vautours, milans, aigles, buses, éperviers, ducs, émouchets, faucons, hiboux, et à la foule innombrable des oiseaux de proie. On garnissait avec une profusion bien plus grande les tables des lions, des léopards, des tigres, des panthères, des onces, des hyènes, des loups, des ours, des renards, des fouines et de tous les quadrupèdes carnivores. Il y avait dans l'arche huit personnes de marque, et les seules qui fussent alors au monde, continuellement occupées du soin de notre table, et de notre garde-robe ; savoir : Noé et sa femme, qui n'avaient guère plus de six cents ans, leurs trois fils et leurs trois épouses. C'était un plaisir de voir avec quel soin, quelle propreté nos huit domestiques servaient plus de quatre mille convives du plus grand appétit, sans compter les peines prodigieuses qu'exigeaient dix à douze mille autres personnes, depuis l'éléphant et la girafe jusqu'aux vers à soie et aux mouches [1]. Tout ce qui m'étonne, c'est que notre pourvoyeur Noé soit inconnu à toutes les nations, dont il est la tige ; mais je ne m'en soucie guère. Je m'étais déjà trouvé à une pareille fête* chez le roi de Thrace Xissutre. Ces choses-là arrivent de temps en temps pour l'instruction des corbeaux. En un mot, je veux faire bonne chère, et être très bien payé en argent comptant. »

Le sage Mambrès se garda bien de donner sa lettre

---

1. On discutait savamment, et depuis longtemps, sur la contenance de l'arche de Noé, plans à l'appui.

* Bérose, auteur chaldéen, rapporte en effet que la même aventure advint au roi de Thrace Xissutre : elle était même encore plus merveilleuse, car son arche avait cinq stades de long sur deux de large. Il s'est élevé une grande dispute entre les savants pour démêler lequel est le plus ancien, du roi Xissutre ou de Noé. (V.)

à une bête si difficile et si bavarde. Ils se séparèrent fort mécontents l'un de l'autre.

Il fallait cependant savoir ce que deviendrait le beau taureau, et ne pas perdre la piste de la vieille et du serpent. Mambrès ordonna à des domestiques intelligents et affidés de les suivre ; et, pour lui, il s'avança en litière sur le bord du Nil, toujours faisant des réflexions.

« Comment se peut-il, disait-il en lui-même, que ce serpent soit le maître de presque toute la terre, comme il s'en vante, et comme tant de doctes l'avouent, et que cependant il obéisse à une vieille ? Comment est-il quelquefois appelé au conseil de là-haut, tandis qu'il rampe sur la terre ? Pourquoi entre-t-il tous les jours dans le corps des gens par sa seule vertu, et que tant de sages prétendent l'en déloger avec des paroles ? Enfin comment passe-t-il chez un petit peuple du voisinage pour avoir perdu le genre humain, et comment le genre humain n'en sait-il rien ? Je suis bien vieux, j'ai étudié toute ma vie : mais je vois là une foule d'incompatibilités que je ne puis concilier. Je ne saurais expliquer ce qui m'est arrivé à moi-même, ni les grandes choses que j'ai faites autrefois, ni celles dont j'ai été témoin. Tout bien pesé, je commence à soupçonner que ce monde-ci subsiste de contradictions : *Rerum concordia discors*[1], comme disait autrefois mon maître Zoroastre en sa langue. »

Tandis qu'il était plongé dans cette métaphysique obscure, comme l'est toute métaphysique, un batelier, en chantant une chanson à boire, amarra un petit bateau près de la rive. On en vit sortir trois graves personnages à demi vêtus de lambeaux crasseux et déchirés, mais conservant sous ces livrées de la pauvreté l'air le plus majestueux et le plus auguste. C'étaient Daniel, Ézéchiel, et Jérémie.

---

1. « Concorde dans la discorde de l'univers », Horace, *Épîtres*.

CHAPITRE SIXIÈME

COMMENT MAMBRÈS RENCONTRA TROIS PROPHÈTES, ET LEUR DONNA UN BON DÎNER

Ces trois grands hommes, qui avaient la lumière prophétique sur le visage, reconnurent le sage Mambrès pour un de leurs confrères, à quelques traits de cette même lumière qui lui restaient encore, et se prosternèrent devant son palanquin. Mambrès les reconnut aussi pour prophètes encore plus à leurs habits qu'aux traits de feu qui partaient de leurs têtes augustes. Il se douta bien qu'ils venaient savoir des nouvelles du taureau blanc ; et, usant de sa prudence ordinaire, il descendit de sa voiture, et avança quelques pas au-devant d'eux avec une politesse mêlée de dignité. Il les releva, fit dresser des tentes et apprêter un dîner dont il jugea que les trois prophètes avaient grand besoin.

Il fit inviter la vieille, qui n'était encore qu'à cinq cents pas. Elle se rendit à l'invitation, et arriva menant toujours le taureau blanc en laisse.

On servit deux potages, l'un de bisque, l'autre à la reine ; les entrées furent une tourte de langues de carpes, des foies de lottes et de brochets, des poulets aux pistaches, des innocents[1] aux truffes et aux olives, deux dindonneaux au coulis d'écrevisses, de mousserons et de morilles, et un chipolata. Le rôti fut composé de faisandeaux, de perdreaux, de gelinottes, de cailles et d'ortolans, avec quatre salades. Au milieu était un surtout dans le dernier goût. Rien ne fut plus délicat que l'entremets ; rien de plus magnifique, de plus brillant et de plus ingénieux que le dessert.

Au reste, le discret Mambrès avait eu grand soin que

---

1. Des innocents sont de jeunes pigeons, le chipolata un ragoût à l'oignon et aux ciboules.

dans ce repas il n'y eût ni pièce de bouilli, ni aloyau, ni langue, ni palais de bœuf, ni tétines de vache, de peur que l'infortuné monarque, assistant de loin au dîner, ne crût qu'on lui insultât.

Ce grand et malheureux prince broutait l'herbe auprès de la tente. Jamais il ne sentit plus cruellement la fatale révolution qui l'avait privé du trône pour sept années entières. « Hélas ! disait-il en lui-même, ce Daniel, qui m'a changé en taureau, et cette sorcière de pythonisse, qui me garde, font la meilleure chère du monde ; et moi, le souverain de l'Asie, je suis réduit à manger du foin et à boire de l'eau. »

On but beaucoup de vin d'Engaddi, de Tadmor et de Chiraz. Quand les prophètes et la pythonisse furent un peu en pointe de vin, on se parla avec plus de confiance qu'aux premiers services. « J'avoue, dit Daniel, que je ne faisais pas si bonne chère quand j'étais dans la fosse aux lions. — Quoi ! monsieur, on vous a mis dans la fosse aux lions ? dit Mambrès ; et comment n'avez-vous pas été mangé ? — Monsieur, dit Daniel, vous savez que les lions ne mangent jamais de prophètes. — Pour moi, dit Jérémie, j'ai passé toute ma vie à mourir de faim ; je n'ai jamais fait un bon repas qu'aujourd'hui. Si j'avais à renaître, et si je pouvais choisir mon état, j'avoue que j'aimerais cent fois mieux être contrôleur général, ou évêque à Babylone, que prophète à Jérusalem. »

Ézéchiel dit : « Il me fut ordonné une fois de dormir trois cent quatre-vingt-dix jours de suite sur le côté gauche, et de manger pendant tout ce temps-là du pain d'orge, de millet, de vesces, de fèves et de froment, couvert de*... je n'ose pas dire. Tout ce que je pus obtenir, ce fut de ne le couvrir que de bouse de vache. J'avoue que la cuisine du seigneur Mambrès est plus délicate. Cependant le métier de prophète a du bon ; et la preuve en est que mille gens s'en mêlent.

---

* *Ézéchiel*, chap. IV. (V.)

— À propos, dit Mambrès, expliquez-moi ce que vous entendez par votre Oolla et par votre Ooliba[1], qui faisaient tant de cas des chevaux et des ânes.
— Ah ! répondit Ézéchiel, ce sont des fleurs de rhétorique. »

Après ces ouvertures de cœur, Mambrès parla d'affaires. Il demanda aux trois pèlerins pourquoi ils étaient venus dans les États du roi de Tanis. Daniel prit la parole : il dit que le royaume de Babylone avait été en combustion depuis que Nabuchodonosor avait disparu ; qu'on avait persécuté tous les prophètes, selon l'usage de la cour ; qu'ils passaient leur vie tantôt à voir des rois à leurs pieds, tantôt à recevoir cent coups d'étrivières ; qu'enfin ils avaient été obligés de se réfugier en Égypte, de peur d'être lapidés. Ézéchiel et Jérémie parlèrent aussi très longtemps dans un fort beau style, qu'on pouvait à peine comprendre. Pour la pythonisse, elle avait toujours l'œil sur son animal. Le poisson de Jonas se tenait dans le Nil, vis-à-vis de la tente, et le serpent se jouait sur l'herbe.

Après le café, on alla se promener sur le bord du Nil. Alors le taureau blanc, apercevant les trois prophètes ses ennemis, poussa des mugissements épouvantables ; il se jeta impétueusement sur eux, il les frappa de ses cornes, et, comme les prophètes n'ont jamais que la peau sur les os, il les aurait percés d'outre en outre, et leur aurait ôté la vie ; mais le maître des choses, qui voit tout et qui remédie à tout, les changea sur-le-champ en pies ; et ils continuèrent à parler comme auparavant. La même chose arriva depuis aux Piérides[2], tant la fable a imité l'histoire.

Ce nouvel incident produisait de nouvelles réflexions dans l'esprit du sage Mambrès. « Voilà, disait-il, trois grands prophètes changés en pies : cela doit nous apprendre à ne pas trop parler, et à garder toujours une

1. Voir note 3, p. 264.
2. Ovide, *Métamorphoses*.

discrétion convenable. » Il concluait que sagesse vaut mieux qu'éloquence, et pensait profondément, selon sa coutume, lorsqu'un grand et terrible spectacle vint frapper ses regards.

CHAPITRE SEPTIÈME

LE ROI TANIS ARRIVE. SA FILLE ET LE TAUREAU VONT ÊTRE SACRIFIÉS

Des tourbillons de poussière s'élevaient du midi au nord. On entendait le bruit des tambours, des trompettes, des fifres, des psaltérions, des cythares, des sambuques ; plusieurs escadrons avec plusieurs bataillons s'avançaient, et Amasis, roi de Tanis, était à leur tête sur un cheval caparaçonné d'une housse écarlate brochée d'or ; et les hérauts criaient : « Qu'on prenne le taureau blanc, qu'on le lie, qu'on le jette dans le Nil, et qu'on le donne à manger au poisson de Jonas ; car le roi mon seigneur, qui est juste, veut se venger du taureau blanc, qui a ensorcelé sa fille. »

Le bon vieillard Mambrès fit plus de réflexions que jamais. Il vit bien que le malin corbeau était allé tout dire au roi, et que la princesse courait grand risque d'avoir le cou coupé. Il dit au serpent : « Mon cher ami, allez vite consoler la belle Amaside, ma nourrissonne ; dites-lui qu'elle ne craigne rien, quelque chose qui arrive, et faites-lui des contes pour charmer son inquiétude, car les contes amusent toujours les filles, et ce n'est que par des contes qu'on réussit dans le monde. »

Puis il se prosterna devant Amasis, roi de Tanis, et lui dit : « Ô roi ! vivez à jamais. Le taureau blanc doit être sacrifié, car Votre Majesté a toujours raison ; mais le maître des choses a dit : ''Ce taureau ne doit être mangé par le poisson de Jonas qu'après que Memphis aura trouvé un dieu pour mettre à la place de son dieu qui est mort. » Alors vous serez vengé, et votre fille sera exorcisée, car elle est possédée. Vous avez trop de piété pour ne pas obéir aux ordres du maître des choses. »

Amasis, roi de Tanis, resta tout pensif ; puis il dit : « Le bœuf Apis est mort ; Dieu veuille avoir son âme ! Quand croyez-vous qu'on aura trouvé un autre bœuf pour régner sur la féconde Égypte ? — Sire, dit Mambrès, je ne vous demande que huit jours. » Le roi, qui était très dévot, dit : « Je les accorde, et je veux rester ici huit jours ; après quoi je sacrifierai le séducteur de ma fille. » Et il fit venir ses tentes, ses cuisiniers, ses musiciens, et resta huit jours en ce lieu, comme il est dit dans Manéthon [1].

La vieille était au désespoir de voir que le taureau qu'elle avait en garde n'avait plus que huit jours à vivre. Elle faisait apparaître toutes les nuits des ombres au roi pour le détourner de sa cruelle résolution. Mais le roi ne se souvenait plus le matin des ombres qu'il avait vues la nuit, de même que Nabuchodonosor avait oublié ses songes.

CHAPITRE HUITIÈME

COMMENT LE SERPENT FIT DES CONTES À LA PRINCESSE, POUR LA CONSOLER

Cependant le serpent contait des histoires à la belle Amaside pour calmer ses douleurs. Il lui disait comment il avait guéri autrefois tout un peuple de la morsure de certains petits serpents, en se montrant seulement au bout d'un bâton. Il lui apprenait les conquêtes d'un

---

1. Il s'agit bien d'un historien des pharaons, mais la citation est du cru de Voltaire.

héros[1] qui fit un si beau contraste avec Amphion, architecte de Thèbes en Béotie. Cet Amphion faisait venir les pierres de taille au son du violon : un rigodon et un menuet lui suffisaient pour bâtir une ville ; mais l'autre les détruisait au son du cornet à bouquin ; il fit pendre trente et un rois[2] très puissants dans un canton de quatre lieues de long et de large ; il fit pleuvoir de grosses pierres du haut du ciel sur un bataillon d'ennemis fuyant devant lui ; et, les ayant ainsi exterminés, il arrêta le soleil et la lune en plein midi, pour les exterminer encore entre Gabaon et Aïalon sur le chemin de Bethoron, à l'exemple de Bacchus, qui avait arrêté le soleil et la lune dans son voyage aux Indes.

La prudence que tout serpent doit avoir[3] ne lui permit pas de parler à la belle Amaside du puissant bâtard Jephté, qui coupa le cou à sa fille parce qu'il avait gagné une bataille ; il aurait jeté trop de terreur dans le cœur de la belle princesse ; mais il lui conta les aventures du grand Samson, qui tuait mille Philistins avec une mâchoire d'âne, qui attachait ensemble trois cents renards par la queue, et qui tomba dans les filets d'une fille moins belle, moins tendre et moins fidèle que la charmante Amaside.

Il lui racontait les amours malheureux de Sichem et de l'agréable Dina, âgée de six ans, et les amours plus fortunés de Booz et de Ruth, ceux de Juda avec sa bru Thamar, ceux de Loth avec ses deux filles qui ne voulaient pas que le monde finît, ceux d'Abraham et de Jacob avec leurs servantes, ceux de Ruben avec sa mère, ceux de David et de Bethsabée, ceux du grand roi Salomon, enfin tout ce qui pouvait dissiper la douleur d'une belle princesse.

---

1. Josué (*Exode*, XXI, 6-9).
2. Chiffre de la Bible, qui ignore qu'ils furent pendus.
3. Le Christ demande à ses disciples la « prudence du serpent » (*Matthieu*, X, 16).

CHAPITRE NEUVIÈME

COMMENT LE SERPENT NE LA CONSOLA POINT

« Tous ces contes-là m'ennuient, répondit la belle Amaside, qui avait de l'esprit et du goût. Ils ne sont bons que pour être commentés chez les Irlandais par ce fou d'Abbadie, ou chez les Velches par ce phrasier d'Houteville[1]. Les contes qu'on pouvait faire à la quadrisaïeule de la quadrisaïeule de ma grand-mère ne sont plus bons pour moi, qui ai été élevée par le sage Mambrès, et qui ai lu l'*Entendement humain* du philosophe égyptien nommé Locke, et la *Matrone d'Éphèse*[2]. Je veux qu'un conte soit fondé sur la vraisemblance, et qu'il ne ressemble pas toujours à un rêve. Je désire qu'il n'ait rien de trivial ni d'extravagant. Je voudrais surtout que, sous le voile de la fable, il laissât entrevoir aux yeux exercés quelque vérité fine qui échappe au vulgaire. Je suis lasse du soleil et de la lune dont une vieille dispose à son gré[3], des montagnes qui dansent, des fleuves qui remontent à leur source[4], et des morts qui ressuscitent ; mais surtout quand ces fadaises sont écrites d'un style ampoulé et inintelligible, cela me dégoûte horriblement. Vous sentez qu'une fille qui craint de voir avaler son amant par un gros poisson, et d'avoir elle-même le cou coupé par son propre père, a besoin d'être amusée ; mais tâchez de m'amuser selon mon goût.

— Vous m'imposez là une tâche bien difficile, répon-

---

1. Le protestant Abbadie, *Traité de la vérité de la religion chrétienne*, 1684 ; le catholique Houteville, *La Religion chrétienne prouvée par les faits*, 1721.
2. Locke, *Traité de l'entendement humain*, 1690 ; *La Matrone d'Éphèse*, voir p. 28.
3. Allusion à Horace.
4. Allusion à la Bible.

dit le serpent. J'aurais pu autrefois vous faire passer quelques quarts d'heure assez agréables ; mais j'ai perdu depuis quelque temps l'imagination et la mémoire. Hélas ! où est le temps où j'amusais les filles ! Voyons cependant si je pourrai me souvenir de quelque conte moral pour vous plaire.

« Il y a vingt-cinq mille ans que le roi Gnaof et la reine Patra étaient sur le trône de Thèbes aux cent portes. Le roi Gnaof était fort beau, et la reine Patra encore plus belle ; mais ils ne pouvaient avoir d'enfants. Le roi Gnaof proposa un prix pour celui qui enseignerait la meilleure méthode de perpétuer la race royale.

« La faculté de médecine et l'académie de chirurgie firent d'excellents traités sur cette question importante : pas un ne réussit. On envoya la reine aux eaux : elle fit des neuvaines ; elle donna beaucoup d'argent au temple de Jupiter Ammon, dont vient le sel ammoniac : tout fut inutile. Enfin un jeune prêtre de vingt-cinq ans se présenta au roi, et lui dit : ''Sire, je crois savoir faire la conjuration qui opère ce que Votre Majesté désire avec tant d'ardeur. Il faut que je parle en secret à l'oreille de madame votre femme ; et, si elle ne devient féconde, je consens d'être pendu. — J'accepte votre proposition'', dit le roi Gnaof. On ne laissa la reine et le prêtre qu'un quart d'heure ensemble. La reine devint grosse, et le roi voulut faire pendre le prêtre.

— Mon Dieu ! dit la princesse, je vois où cela mène : ce conte est trop commun ; je vous dirai même qu'il alarme ma pudeur. Contez-moi quelque fable bien vraie, bien avérée, et bien morale, dont je n'aie jamais entendu parler, pour achever *de me former l'esprit et le cœur,* comme dit le professeur égyptien Linro[1].

— En voici une, madame, dit le beau serpent, qui est des plus authentiques.

« Il y avait trois prophètes, tous trois également

---

1. Rollin, *Traité des études, De la manière d'enseigner et d'étudier les belles-lettres par rapport à l'esprit et au cœur,* 1726.

ambitieux et dégoûtés de leur état. Leur folie était de vouloir être rois : car il n'y a qu'un pas du rang de prophète à celui de monarque, et l'homme aspire toujours à monter tous les degrés de l'échelle de la fortune. D'ailleurs leurs goûts, leurs plaisirs, étaient absolument différents. La premier prêchait admirablement ses frères assemblés, qui lui battaient des mains ; le second était fou de la musique, et le troisième aimait passionnément les filles. L'ange Ituriel vint se présenter à eux, un jour qu'ils étaient à table, et qu'ils s'entretenaient des douceurs de la royauté.

« ''Le maître des choses, leur dit l'ange, m'envoie vers vous pour récompenser votre vertu. Non seulement vous serez rois, mais vous satisferez continuellement vos passions dominantes. Vous, premier prophète, je vous fais roi d'Égypte, et vous tiendrez toujours votre conseil, qui applaudira à votre éloquence et à votre sagesse. Vous, second prophète, vous régnerez sur la Perse, et vous entendrez continuellement une musique divine. Et vous, troisième prophète, je vous fais roi de l'Inde, et je vous donne une maîtresse charmante, qui ne vous quittera jamais.'' »

« Celui qui eut l'Égypte en partage commença par assembler son conseil privé, qui n'était composé que de deux cents sages. Il leur fit, selon l'étiquette, un long discours, qui fut très applaudi, et le monarque goûta la douce satisfaction de s'enivrer de louanges qui n'étaient corrompues par aucune flatterie.

« Le conseil des affaires étrangères succéda au conseil privé. Il fut beaucoup plus nombreux ; et un nouveau discours reçut encore plus d'éloges. Il en fut de même des autres conseils. Il n'y eut pas un moment de relâche aux plaisirs et à la gloire du prophète roi d'Égypte. Le bruit de son éloquence remplit toute la terre.

« Le prophète roi de Perse commença par se faire donner un opéra italien dont les chœurs étaient chantés par quinze cents châtrés. Leurs voix lui remuaient l'âme jusqu'à la moelle des os, où elle réside[1]. À cet opéra en succédait un autre, et à ce second un troisième, sans interruption.

« Le roi de l'Inde s'enferma avec sa maîtresse, et goûta une volupté parfaite avec elle. Il regardait comme le souverain bonheur la nécessité de la caresser toujours, et il plaignait le triste sort de ses deux confrères, dont l'un était réduit à tenir toujours son conseil, et l'autre à être toujours à l'opéra.

« Chacun d'eux, au bout de quelques jours, entendit par la fenêtre des bûcherons qui sortaient d'un cabaret pour aller couper du bois dans la forêt voisine, et qui tenaient sous le bras leurs douces amies dont ils pouvaient changer à volonté. Nos rois prièrent Ituriel de vouloir bien intercéder pour eux auprès du maître des choses, et de les faire bûcherons.

— Je ne sais pas, interrompit la tendre Amaside, si le maître des choses leur accorda leur requête, et je ne m'en soucie guère ; mais je sais bien que je ne demanderais rien à personne si j'étais enfermée tête à tête avec mon amant, avec mon cher Nabuchodonosor. »

Les voûtes du palais retentirent de ce grand nom. D'abord Amaside n'avait prononcé que Na, ensuite Nabu, puis Nabucho ; mais, à la fin, la passion l'emporta, elle prononça le nom fatal tout entier, malgré le serment qu'elle avait fait au roi son père. Toutes les dames du palais répétèrent Nabuchodonosor, et le malin corbeau ne manqua pas d'en aller avertir le roi. Le visage d'Amasis, roi de Tanis, fut troublé, parce que son cœur était plein de trouble. Et voilà comment le serpent, qui était le plus prudent et le plus subtil des animaux, faisait toujours du mal aux femmes en croyant bien faire.

Or Amasis en courroux envoya sur-le-champ chercher sa fille Amaside par douze de ses alguazils, qui sont toujours prêts à exécuter toutes les barbaries

---

1. Voltaire s'interrogeait sur la nature, matérielle ou pas, de l'âme.

que le roi commande, et qui disent pour raison : « Nous sommes payés pour cela. »

CHAPITRE DIXIÈME

COMMENT ON VOULUT COUPER LE COU À LA PRINCESSE, ET COMMENT ON NE LE LUI COUPA POINT

Dès que la princesse fut arrivée toute tremblante au camp du roi son père, il lui dit : « Ma fille, vous savez qu'on fait mourir toutes les princesses qui désobéissent aux rois leurs pères, sans quoi un royaume ne pourrait être bien gouverné. Je vous avais défendu de proférer le nom de votre amant Nabuchodonosor, mon ennemi mortel, qui m'avait détrôné, il y a bientôt sept ans, et qui a disparu de la terre. Vous avez choisi à sa place un taureau blanc, et vous avez crié Nabuchodonosor ! Il est juste que je vous coupe le cou. »

La princesse lui répondit : « Mon père, soit fait selon votre volonté ; mais donnez-moi du temps pour pleurer ma virginité[1]. — Cela est juste, dit le roi Amasis ; c'est une loi établie chez tous les princes éclairés et prudents. Je vous donne toute la journée pour pleurer votre virginité, puisque vous dites que vous l'avez. Demain, qui est le huitième jour de mon campement, je ferai avaler le taureau blanc par le poisson, et je vous couperai le cou à neuf heures du matin. »

La belle Amaside alla donc pleurer le long du Nil, avec ses dames du palais, tout ce qui lui restait de virginité. Le sage Mambrès réfléchissait à côté d'elle, et comptait les heures et les moments. « Eh bien ! mon cher Mambrès, lui dit-elle, vous avez changé les eaux du Nil en sang, selon la coutume, et vous ne pouvez changer le cœur d'Amasis mon père, roi de Tanis !

---

1. Allusion à la fille de Jephté (*Juges*, XI, 37).

Vous souffrirez qu'il me coupe le cou demain à neuf heures du matin ? — Cela dépendra, répondit le réfléchissant Mambrès, de la diligence de mes courriers. »

Le lendemain, dès que les ombres des obélisques et des pyramides marquèrent sur la terre la neuvième heure du jour, on lia le taureau blanc pour le jeter au poisson de Jonas, et on apporta au roi son grand sabre. « Hélas ! hélas ! disait Nabuchodonosor dans le fond de son cœur, moi, le roi, je suis bœuf depuis près de sept ans, et à peine j'ai retrouvé ma maîtresse qu'on me fait manger par un poisson. »

Jamais le sage Mambrès n'avait fait des réflexions si profondes. Il était absorbé dans ses tristes pensées, lorsqu'il vit de loin tout ce qu'il attendait. Une foule innombrable approchait. Les trois figures d'Isis, d'Osiris, et d'Horus, unies ensemble, avançaient portées sur un brancard d'or et de pierreries par cent sénateurs de Memphis, et précédées de cent filles jouant du sistre sacré. Quatre mille prêtres, la tête rasée et couronnée de fleurs, étaient montés chacun sur un hippopotame. Plus loin paraissaient dans la même pompe la brebis de Thèbes, le chien de Bubaste, le chat de Phœbé, le crocodile d'Arsinoé, le bouc de Mendès[1], et tous les dieux inférieurs de l'Égypte, qui venaient rendre hommage au grand bœuf, au grand dieu Apis, aussi puissant qu'Isis, Osiris, et Horus, réunis ensemble.

Au milieu de tous ces demi-dieux, quarante prêtres portaient une énorme corbeille remplie d'oignons sacrés, qui n'étaient pas tout à fait des dieux, mais qui leur ressemblaient beaucoup[2].

Aux deux côtés de cette file de dieux suivis d'un peuple innombrable, marchaient quarante mille guerriers, le casque en tête, le cimeterre sur la cuisse gauche, le carquois sur l'épaule, l'arc à la main.

---

1. Sauf pour Phœbé, il s'agit d'une énumération de noms de villes.
2. Voltaire s'amuse d'une question de dom Calmet : dans quelle mesure les Anciens croyaient-ils à la divinité des oignons ?...

Tous les prêtres chantaient en chœur, avec une harmonie qui élevait l'âme et qui l'attendrissait :

> Notre bœuf est au tombeau,
> Nous en aurons un plus beau.

Et, à chaque pause, on entendait résonner les sistres, les castagnettes, les tambours de basque, les psaltérions, les cornemuses, les harpes, et les sambusques.

CHAPITRE ONZIÈME

COMMENT LA PRINCESSE ÉPOUSA SON BŒUF

Amasis, roi de Tanis, surpris de ce spectacle, ne coupa point le cou à sa fille : il remit son cimeterre dans son fourreau. Mambrès lui dit : « Grand roi ! l'ordre des choses est changé ; il faut que Votre Majesté donne l'exemple. Ô roi ! déliez vous-même promptement le taureau blanc, et soyez le premier à l'adorer. » Amasis obéit, et se prosterna avec tout son peuple. Le grand prêtre de Memphis présenta au nouveau bœuf Apis la première poignée de foin. La princesse Amaside attachait à ses belles cornes des festons de roses, d'anémones, de renoncules, de tulipes, d'œillets, et d'hyacinthes. Elle prenait la liberté de le baiser, mais avec un profond respect. Les prêtres jonchaient de palmes et de fleurs le chemin par lequel on le conduisait à Memphis. Et le sage Mambrès, faisant toujours ses réflexions, disait tout bas à son ami le serpent : « Daniel a changé cet homme en bœuf, et j'ai changé ce bœuf en dieu. »

On s'en retournait à Memphis dans le même ordre. Le roi de Tanis, tout confus, suivait la marche. Mambrès, l'air serein et recueilli, était à son côté. La vieille suivait tout émerveillée ; elle était accompagnée du serpent, du chien, de l'ânesse, du corbeau, de la colombe, et du bouc émissaire. Le grand poisson remontait le

Nil. Daniel, Ézéchiel et Jérémie, transformés en pies, fermaient la marche.

Quand on fut arrivé aux frontières du royaume, qui n'étaient pas fort loin, le roi Amasis prit congé du bœuf Apis, et dit à sa fille : « Ma fille, retournons dans nos États, afin que je vous y coupe le cou, ainsi qu'il a été résolu dans mon cœur royal, parce que vous avez prononcé le nom de Nabuchodonosor, mon ennemi, qui m'avait détrôné il y a sept ans. Lorsqu'un père a juré de couper le cou à sa fille, il faut qu'il accomplisse son serment, sans quoi il est précipité pour jamais dans les enfers, et je ne veux pas me damner pour l'amour de vous. » La belle princesse répondit en ces mots au roi Amasis : « Mon cher père, allez couper le cou à qui vous voudrez ; mais ce ne sera pas à moi. Je suis sur les terres d'Isis, d'Osiris, d'Horus, et d'Apis ; je ne quitterai point mon beau taureau blanc ; je le baiserai tout le long du chemin, jusqu'à ce que j'aie vu son apothéose dans la grande écurie de la sainte ville de Memphis : c'est une faiblesse pardonnable à une fille bien née. »

À peine eut-elle prononcé ces paroles que le bœuf Apis s'écria : « Ma chère Amaside, je t'aimerai toute ma vie ! » C'était pour la première fois qu'on avait entendu parler Apis en Égypte depuis quarante mille ans qu'on l'adorait. Le serpent et l'ânesse s'écrièrent : « Les sept années sont accomplies ! » et les trois pies répétèrent : « Les sept années sont accomplies ! » Tous les prêtres d'Égypte levèrent les mains au ciel. On vit tout d'un coup le dieu perdre ses deux jambes de derrière ; ses deux jambes de devant se changèrent en deux jambes humaines ; deux beaux bras charnus, musculeux et blancs, sortirent de ses épaules ; son mufle de taureau fit place au visage d'un héros charmant ; il redevint le plus bel homme de la terre, et dit : « J'aime mieux être l'amant d'Amaside que dieu. Je suis Nabuchodonosor, roi des rois. »

Cette nouvelle métamorphose étonna tout le monde, hors le réfléchissant Mambrès. Mais, ce qui ne surprit personne, c'est que Nabuchodonosor épousa sur-le-champ la belle Amaside en présence de cette grande assemblée.

Il conserva le royaume de Tanis à son beau-père, et fit de belles fondations pour l'ânesse, le serpent, le chien, la colombe, et même pour le corbeau, les trois pies et le gros poisson ; montrant à tout l'univers qu'il savait pardonner comme triompher. La vieille eut une grosse pension. Le bouc émissaire fut envoyé pour un jour dans le désert, afin que tous les péchés passés fussent expiés ; après quoi, on lui donna douze chèvres pour sa récompense. Le sage Mambrès retourna dans son palais faire des réflexions. Nabuchodonosor, après l'avoir embrassé, gouverna tranquillement le royaume de Memphis, celui de Babylone, de Damas, de Balbec, de Tyr, la Syrie, l'Asie Mineure, la Scythie, les contrées de Chiraz, de Mosok, du Tubal, de Madaï, de Gog, de Magog, de Javan [1], la Sogdiane, la Bactriane, les Indes, et les îles.

Les peuples de cette vaste monarchie criaient tous les matins : « Vive le grand Nabuchodonosor, roi des rois, qui n'est plus bœuf ! » Et depuis ce fut une coutume dans Babylone que toutes les fois que le souverain, ayant été grossièrement trompé par ses satrapes, ou par ses mages, ou par ses trésoriers, ou par ses femmes, reconnaissait enfin ses erreurs, et corrigeait sa mauvaise conduite, tout le peuple criait à sa porte : « Vive notre grand roi, qui n'est plus bœuf [2] ! »

---

1. Gog, Magog, Javan = noms bibliques.
2. Bœuf : « un homme stupide, grossier tant de corps que d'esprit » (*Dictionnaire* de Furetière).

LE CROCHETEUR BORGNE

Nos deux yeux ne rendent pas notre condition meilleure ; l'un nous sert à voir les biens, et l'autre les maux de la vie. Bien des gens ont la mauvaise habitude de fermer le premier, et bien peu ferment le second ; voilà pourquoi il y a tant de gens qui aimeraient mieux être aveugles que de voir tout ce qu'ils voient. Heureux les borgnes qui ne sont privés que de ce mauvais œil qui gâte tout ce qu'on regarde ! Mesrour[1] en est un exemple.

Il aurait fallu être aveugle pour ne pas voir que Mesrour était borgne. Il l'était de naissance, mais c'était un borgne si content de son état qu'il ne s'était jamais avisé de désirer un autre œil. Ce n'étaient point les dons de la fortune qui le consolaient des torts de la nature, car il était simple crocheteur[2], et n'avait d'autre trésor que ses épaules ; mais il était heureux, et il montrait qu'un œil de plus et de la peine de moins contribuent bien peu au bonheur. L'argent et l'appétit lui venaient toujours en proportion de l'exercice qu'il faisait ; il travaillait le matin, mangeait et buvait le soir, dormait la nuit, et regardait tous ses jours comme autant de vies séparées, en sorte que le soin de l'avenir

---

1. Nom d'un chef des eunuques noirs dans *Les Mille et Une Nuits*.
2. Portefaix.

ne le troublait jamais dans la jouissance du présent. Il était (comme vous le voyez) tout à la fois borgne, crocheteur, et philosophe.

Il vit par hasard passer dans un char brillant une grande princesse qui avait un œil de plus que lui, ce qui ne l'empêcha pas de la trouver fort belle, et, comme les borgnes ne diffèrent des autres hommes qu'en ce qu'ils ont un œil de moins, il en devint éperdument amoureux. On dira peut-être que, quand on est crocheteur et borgne, il ne faut point être amoureux, surtout d'une grande princesse, et, qui plus est, d'une princesse qui a deux yeux. Je conviens qu'on a bien à craindre de ne pas plaire ; cependant, comme il n'y a point d'amour sans espérance, et que notre crocheteur aimait, il espéra.

Comme il avait plus de jambes que d'yeux, et qu'elles étaient bonnes, il suivit l'espace de quatre lieues le char de sa déesse, que six grands chevaux blancs traînaient avec une grande rapidité. La mode dans ce temps-là, parmi les dames, était de voyager sans laquais et sans cocher, et de se mener elles-mêmes. Les maris voulaient qu'elles fussent toujours toutes seules afin d'être plus sûrs de leur vertu, ce qui est directement opposé au sentiment des moralistes, qui disent qu'il n'y a point de vertu dans la solitude.

Mesrour courait toujours à côté des roues du char, tournant son bon œil du côté de la dame, qui était étonnée de voir un borgne de cette agilité. Pendant qu'il prouvait ainsi qu'on est infatigable pour ce qu'on aime, une bête fauve, poursuivie par des chasseurs, traversa le grand chemin et effraya les chevaux, qui, ayant pris le mors aux dents, entraînaient la belle dans un précipice. Son nouvel amant, plus effrayé encore qu'elle, quoiqu'elle le fût beaucoup, coupa les traits avec une adresse merveilleuse. Les six chevaux blancs firent seuls le saut périlleux, et la dame, qui n'était pas moins blanche qu'eux, en fut quitte pour la peur. « Qui que vous soyez, lui dit-elle, je n'oublierai jamais que je vous dois la vie : demandez-moi tout ce que vous voudrez ; tout ce que j'ai est à vous. — Ah ! je puis avec bien plus de raison, répondit Mesrour, vous en offrir autant ; mais, en vous l'offrant, je vous en offrirai toujours moins : car je n'ai qu'un œil, et vous en avez deux ; mais un œil qui vous regarde vaut mieux que deux yeux qui ne voient point les vôtres. » La dame sourit, car les galanteries d'un borgne sont toujours des galanteries ; et les galanteries font toujours sourire. « Je voudrais bien pouvoir vous donner un autre œil, lui dit-elle, mais votre mère pouvait seule vous faire ce présent-là ; suivez-moi toujours. » À ces mots elle descend de son char et continue sa route à pied ; son petit chien descendit aussi, et marchait à pied à côté d'elle, aboyant après l'étrange figure de son écuyer. J'ai tort de lui donner le titre d'écuyer, car il eut beau offrir son bras, la dame ne voulut jamais l'accepter, sous prétexte qu'il était trop sale ; et vous allez voir qu'elle fut la dupe de sa propreté. Elle avait de fort petits pieds, et des souliers encore plus petits que ses pieds, en sorte qu'elle n'était ni faite ni chaussée de manière à soutenir une longue marche. De jolis pieds consolent d'avoir de mauvaises jambes, lorsqu'on passe sa vie sur sa chaise longue au milieu d'une foule de petits-maîtres ; mais à quoi servent des souliers brodés en paillettes dans un chemin pierreux, où ils ne peuvent être vus que par un crocheteur, et encore par un crocheteur qui n'a qu'un œil ?

Mélinade (c'est le nom de la dame, que j'ai eu mes raisons pour ne pas dire jusqu'ici, parce qu'il n'était pas encore fait) avançait comme elle pouvait, maudissant son cordonnier, déchirant ses souliers, écorchant ses pieds, et se donnant des entorses à chaque pas. Il y avait environ une heure et demie qu'elle marchait du train des grandes dames, c'est-à-dire qu'elle avait déjà fait près d'un quart de lieue, lorsqu'elle tomba de fatigue sur la place.

Le Mesrour, dont elle avait refusé les secours pendant qu'elle était debout, balançait à les lui offrir, dans la crainte de la salir en la touchant : car il savait bien qu'il n'était pas propre, la dame le lui avait assez clairement fait entendre, et la comparaison qu'il avait faite en chemin entre lui et sa maîtresse le lui avait fait voir encore plus clairement. Elle avait une robe d'une légère étoffe d'argent, semée de guirlandes de fleurs, qui laissait briller la beauté de sa taille ; et lui avait un sarrau brun, taché en mille endroits, troué, et rapiécé en sorte que les pièces étaient à côté des trous, et point dessus, où elles auraient pourtant été plus à leur place ; il avait comparé ses mains nerveuses et couvertes de durillons avec deux petites mains plus blanches et plus délicates que les lis ; enfin il avait vu les beaux cheveux blonds de Mélinade, qui paraissaient à travers un léger voile de gaze, relevés les uns en tresse et les autres en boucles, et il n'avait à mettre à côté de cela que des crins noirs, hérissés, crépus, et n'ayant pour tout ornement qu'un turban déchiré.

Cependant Mélinade essaye de se relever, mais elle retombe bientôt, et si malheureusement que ce qu'elle laissa voir à Mesrour lui ôta le peu de raison que la vue du visage de la princesse avait pu lui laisser. Il oublia qu'il était crocheteur, qu'il était borgne, et il ne songea plus à la distance que la fortune avait mise entre Mélinade et lui ; à peine se souvint-il qu'il était amant, car il manqua à la délicatesse qu'on dit inséparable d'un véritable amour, et qui en fait quelquefois le charme, et, plus souvent, l'ennui ; il se servit des droits que son état de crocheteur lui donnait à la brutalité, il fut brutal et heureux. La princesse alors était sans doute évanouie, ou bien elle gémissait sur son sort ; mais, comme elle était juste, elle bénissait sûrement le destin de ce que toute infortune porte avec elle sa consolation.

La nuit avait étendu ses voiles sur l'horizon, et elle cachait de son ombre le véritable bonheur de Mesrour, et les prétendus malheurs de Mélinade ; Mesrour goûtait les plaisirs des parfaits amants, et il les goûtait en crocheteur, c'est-à-dire (à la honte de l'humanité) de la manière la plus parfaite ; les faiblesses de Mélinade lui reprenaient à chaque instant, et à chaque instant son amant reprenait des forces. « Puissant Mahomet, dit-il une fois en homme transporté, mais en mauvais catholique, il ne manque à ma félicité que d'être sentie par celle qui la cause ; pendant que je suis dans ton paradis, divin prophète, accorde-moi encore une faveur, c'est d'être aux yeux de Mélinade ce qu'elle serait à mon œil s'il faisait jour » ; il finit de prier, et continua de jouir. L'aurore, toujours trop diligente pour les amants, surprit Mesrour et Mélinade dans l'attitude où elle aurait pu être surprise elle-même un moment auparavant avec Tithon. Mais quel fut l'étonnement de Mélinade quand, ouvrant les yeux aux premiers rayons du jour, elle se vit dans un lieu enchanté, avec un jeune homme d'une taille noble, dont le visage ressemblait à l'astre dont la terre attendait le retour ! Il avait des joues de rose, des lèvres de corail ; ses grands yeux tendres et vifs tout à la fois exprimaient et inspiraient la volupté ; son carquois d'or, orné de pierreries, était suspendu à ses épaules, et le plaisir faisait seul sonner ses flèches ; sa longue chevelure, retenue par une attache de diamants, flottait librement sur ses reins, et une étoffe transparente, brodée de perles, lui servait d'habillement, et ne cachait rien de la beauté de son corps. « Où suis-je, et qui êtes-vous ? s'écria Mélinade dans l'excès de sa surprise. — Vous êtes, répondit-il, avec le misérable qui a eu le bonheur de vous sauver la vie, et qui s'est si bien payé de ses peines. » Mélinade, aussi aise qu'étonnée, regretta que la métamorphose de Mesrour n'eût pas commencé plus tôt. Elle s'approche d'un palais brillant qui frappait sa vue, et lit cette inscription sur la porte : « Éloignez-vous, profanes ; ces portes ne s'ouvriront que pour le maître de l'anneau [1]. »

Mesrour s'approche à son tour pour lire la même ins-

---

1. L'anneau renvoie autant à l'Arioste (l'anneau d'Angélique, gage de bonheur et de puissance) qu'à l'anneau de Salomon dans *Les Mille et Une Nuits (Histoire du pêcheur).*

cription ; mais il vit d'autres caractères, et lut ces mots :
« Frappe sans crainte. » Il frappa, et aussitôt les portes s'ouvrirent d'elles-mêmes avec un grand bruit. Les deux amants entrèrent, au son de mille voix et de mille instruments, dans un vestibule de marbre de Paros ; de là ils passèrent dans une salle superbe, où un festin délicieux les attendait depuis douze cent cinquante ans, sans qu'aucun des plats fût encore refroidi : ils se mirent à table et furent servis chacun par mille esclaves de la plus grande beauté ; le repas fut entremêlé de concerts et de danses ; et, quand il fut fini, tous les génies vinrent dans le plus grand ordre, partagés en différentes troupes, avec des habits aussi magnifiques que singuliers, prêter serment de fidélité au maître de l'anneau, et baiser le doigt sacré auquel il le portait.

Cependant il y avait à Bagdad un musulman fort dévot qui, ne pouvant aller se laver dans la mosquée, faisait venir l'eau de la mosquée chez lui, moyennant une légère rétribution qu'il payait au prêtre. Il venait de faire la cinquième ablution, pour se disposer à la cinquième prière, et sa servante, jeune étourdie très peu dévote, se débarrassa de l'eau sacrée en la jetant par la fenêtre. Elle tomba sur un malheureux endormi profondément au coin d'une borne qui lui servait de chevet. Il fut inondé, et s'éveilla. C'était le pauvre Mesrour, qui, revenant de son séjour enchanté, avait perdu dans son voyage l'anneau de Salomon. Il avait quitté ses superbes vêtements, et repris son sarrau ; son beau carquois d'or était changé en crochets de bois, et il avait, pour comble de malheur, laissé un de ses yeux en chemin. Il se ressouvint alors qu'il avait bu la veille une grande quantité d'eau-de-vie qui avait assoupi ses sens et échauffé son imagination. Il avait jusque-là aimé cette liqueur par goût, il commença à l'aimer par reconnaissance, et il retourna avec gaieté à son travail, bien résolu d'en employer le salaire à acheter les moyens de retrouver sa chère Mélinade. Un autre se serait désolé d'être un vilain borgne, après avoir eu deux beaux yeux ; d'éprouver les refus des balayeuses du palais, après avoir joui des faveurs d'une princesse plus belle que les maîtresses du calife, et d'être au service de tous les bourgeois de Bagdad, après avoir régné sur tous les génies ; mais Mesrour n'avait point l'œil qui voit le mauvais côté des choses.

LES CLÉS DE L'ŒUVRE

I - AU FIL DU TEXTE

II - DOSSIER HISTORIQUE ET LITTÉRAIRE

Pour approfondir votre lecture, LIRE vous propose une sélection commentée :
- de morceaux « classiques » devenus incontournables, signalés par ●◆ (droit au but).
- d'extraits représentatifs de l'œuvre, signalés par ⸺◈ (en flânant).

AU FIL DU TEXTE

Par Chantal Chemla, professeur de lettres classiques.

1. DÉCOUVRIR V
    - La date
    - Le titre
    - Composition :
      - Point de vue de l'auteur
      - Structure de l'œuvre

2. LIRE X
    - ●◆ Droit au but
      - *Le borgne*
      - *Le chien et le cheval*
      - *Les disputes et les audiences*
      - *Le souper*
      - *L'ermite*

    - ⊂➔ En flânant
      - *La Princesse de Babylone*

    - Les thèmes clés
      - Les personnages principaux

3. POURSUIVRE XX
    - Lectures croisées
    - Pistes de recherches
    - Parcours critique
    - Une œuvre / un film

AU FIL DU TEXTE

I - DÉCOUVRIR

> *La phrase clé*
>
> « ... et faites-lui des contes pour charmer son inquiétude, car les contes amusent toujours les filles, et ce n'est que par des contes qu'on réussit dans le monde ».
>
> *Le Taureau blanc*, p. 321.

• LA DATE

La publication, en 1747, de *Memnon, histoire orientale*, première version de *Zadig*, marque, dans l'œuvre de Voltaire, l'apparition d'un nouveau genre littéraire : le conte philosophique. L'écrivain, alors âgé de cinquante-trois ans, est en disgrâce après l'incident du « Jeu de la Reine », en octobre de la même année ; il se réfugie à Sceaux chez la duchesse du Maine, où il remanie son texte, qui deviendra *Zadig*, publié sous ce titre en août 1748, et, dans sa version définitive, en 1756. Jusqu'en 1774, c'est-à-dire jusqu'à ses dernières années, Voltaire continue à publier des contes inspirés de l'Orient.

En 1747, Jeanne Lenormand d'Étioles est devenue marquise de Pompadour depuis deux ans ; l'année suivante, c'est le traité d'Aix-la-Chapelle, qui met fin à huit années d'une guerre faite « pour le roi de Prusse ».

• LE TITRE

L'ensemble du recueil porte un titre donné par l'éditeur, qui annonce le choix d'une thématique, l'Orient, parmi les *Contes* de Voltaire. Chacun des récits porte un titre donné par l'auteur ; sur les onze contes que comporte ce recueil, quatre ont comme titre le nom du héros principal, ou une périphrase le désignant (*Zadig, Memnon, La Princesse de Babylone, Le Crocheteur borgne*). Quant au *Taureau blanc*, le titre de ce récit désigne non l'héroïne – la princesse Amaside – mais la forme prise par le roi Nabuchodonosor, son amant.

Deux titres comportent le mot « lettre » ; deux autres contes se présentent comme une *histoire* (*d'un bon bramin*) ou une *aventure* (*indienne*). Enfin, il reste deux titres plus énigmatiques : *Le Monde comme il va*, expression empruntée à la conclusion : Ituriel « résolut [...] de laisser aller *le monde comme il va* » ; et *Le Blanc et le Noir*, mots qui peuvent désigner les deux esclaves Topaze et Ébène, mais qui se rapportent bien évidemment aux deux grands principes qui se partagent le monde : le bien et le mal, l'optimisme et le pessimisme, l'action et l'inertie, pour ne pas dire le yin et le yang (in et iang dans l'*Encyclopédie*, article « Chinois »).

Pour en revenir à *Zadig*, à la fois le plus long et le plus connu des contes du recueil, il a un sous-titre : *Zadig ou la Destinée, Histoire orientale*. La Destinée, c'est en fait l'absurdité du hasard, qui fait que le bonheur n'est pas la conséquence du mérite ou de la vertu, mais l'effet de circonstances complètement fortuites et imprévisibles.

• **COMPOSITION**

Le point de vue de l'auteur

Le pacte de lecture

Parmi les onze contes du recueil, deux sont écrits sous forme de « lettres », et donc tout naturellement à la première personne. La *Lettre d'un Turc* (*sur les Fakirs et sur son ami Babalec*) est un témoignage du héros lui-même. Les *Lettres d'Amabed, etc.*, en revanche, sont un véritable roman épistolaire, avec un récit à plusieurs voix, « une diversité de points de vue » (J. Rousset), assez comparable aux *Lettres persanes* ou aux *Liaisons dangereuses*.

L'*Histoire d'un bon bramin* (pp. 133-135) est un récit enchâssé, avec un premier narrateur qui parle à la première personne et rapporte les propos d'un second narrateur, le bramin, puis reprend la parole.

Les autres contes du recueil sont des histoires relatées par un auteur-narrateur. Une curiosité, c'est *Le Monde comme il va*, dont le sous-titre annonce : *Vision de Babouc écrite par lui-même*, alors que le récit est fait à la troisième personne. Le point de vue est généralement celui du personnage principal : Zadig, Babouc, Memnon, Rustan, Pythagore, Formosante, Amaside ou Mesrour. L'auteur intervient de temps en temps pour donner un jugement personnel, sous la forme, par exemple, d'une maxime : « Tous les esclaves des rois et des reines sont autant d'espions de leurs cœurs » (*Zadig*, p. 48). Quelquefois ce jugement est contenu dans un simple adjectif : « Memnon conçut un jour le projet *insensé* d'être parfaitement sage » (p. 123).

Les objectifs d'écriture

Lorsque Voltaire écrit ses *Contes*, l'Orient est à la mode depuis longtemps (*Le Bourgeois gentilhomme* date de 1670, *Bajazet* de 1672). Montesquieu, avec les *Lettres persanes*, se fait un paravent commode pour critiquer à son aise les institutions françaises contemporaines. Mais ce qui est nouveau chez Voltaire, c'est un goût vraiment authentique pour l'Orient – que n'avait pas Montesquieu – et une connaissance assez juste de sa littérature, de ses religions (hindouisme, religion perse...) et de son histoire. On a un témoignage de ses recherches dans ce domaine dans l'*Essai sur les mœurs*, publié en 1756. Voltaire voit, dans la philosophie orientale, et particulièrement dans le fatalisme, une sagesse sereine et désabusée. D'ailleurs, n'est-ce pas en Orient que se terminera l'aventure de Candide ?

Mais Voltaire, même lorsqu'il exprime des idées sérieuses, le fait sous une forme plaisante. Dès les premières lignes de *Zadig* (p. 25), on sent qu'il s'amuse à écrire un roman oriental en fabriquant des sentences qu'il attribue à Zoroastre : « L'amour-propre est un ballon gonflé de vent, dont il sort des tempêtes quand on lui a fait une piqûre », ou « Quand tu manges, donne à manger aux chiens, dussent-ils te mordre ».

L'idée centrale des *Contes* est celle de la Providence : le monde a-t-il un sens ? ou bien est-il commandé par un hasard absurde, comme celui qui entraîne la princesse de Babylone et son amant dans une course autour du monde ? S'il y a une volonté supérieure qui régit le monde, peut-on la connaître, et comment ?

Structure de l'œuvre

Les onze contes qui constituent ce recueil ont une longueur variant de deux à soixante-trois pages (voir le dossier historique et littéraire, p. 349). La différence de longueur correspond en gros à une différence de structure. En effet les plus courts sont des fables, des apologues, comme l'*Aventure indienne* ou l'*Histoire d'un bon bramin* ; les récits les plus longs ressemblent davantage à des contes, voire à des romans.

La structure générale du recueil est à la fois thématique (contes orientaux) et chronologique (de 1748 à 1774).

Zadig, c'est un récit linéaire, une succession d'épisodes dans l'ordre chronologique, et les transitions entre ces épisodes ont relativement peu d'importance. Voir le début des épisodes : « Un jour… » (« Le nez », p. 28 ; « Le chien et le cheval », p. 31) ; « Le temps arriva où… » (« Les généreux », p. 38) ; « dès les premiers jours de son administration… » (« Le ministre », p. 41) ; « le lendemain… » (« Les combats », p. 81) ; « il entra dans Babylone le jour où… » (« Les énigmes », p. 90).

Le plus souvent, sur le fond d'un contexte à l'imparfait, commence un récit au passé simple, sans autre indication de temps (pp. 36, 43, 46-47, 51, 54, 57).

L'ensemble du conte se présente comme une quête du bonheur à travers les vicissitudes de l'existence.

Le Monde comme il va, plutôt qu'une quête, est une enquête. Babouc est chargé par le génie Ituriel d'une mission d'observation : « marche, regarde, écoute, observe et ne crains rien ». Chaque chapitre est donc consacré à un aspect de la société : l'armée, les femmes, la magistrature, le clergé, les hommes de lettres, les hommes d'État, etc.

Le Blanc et le Noir est une aventure à tonalité fantastique, qui se révèle finalement être un rêve.

La Princesse de Babylone commence comme un conte de fées : le père d'une jeune et belle princesse à marier organise un concours entre les prétendants. Un beau jeune homme vient assister aux épreuves et, sans y participer officiellement, les réussit toutes. La princesse Formosante en tombe amoureuse, mais, à la suite d'un malentendu, le jeune Amazan, se croyant trahi, part dans une fuite à travers le monde, poursuivi par la princesse désireuse de se justifier. À chaque étape, la jeune fille arrive trop tard, son amant est déjà reparti. À Paris, ville de toutes les tentations, Amazan cède aux séductions d'une femme légère et Formosante, enfin arrivée à temps, le surprend dans les bras de cette « fille d'*affaire* » et c'est elle qui, maintenant, s'enfuit, poursuivie par son amant, qui la rejoindra en Espagne et la sauvera, au moment où, condamnée par l'Inquisition, elle va être brûlée vive. Au conte de fées, succède donc encore une quête, quête double cette fois, qui est l'occasion d'une visite de différents pays, de la Chine à l'Espagne, en passant par la Hollande, l'Angleterre, la France, l'Allemagne et Rome…

Un genre littéraire assez original chez Voltaire, c'est le roman épistolaire, forme utilisée dans *Les Lettres d'Amabed*. Ces « lettres indiennes » racontent les malheurs d'un couple de jeunes mariés, persécutés par l'Inquisition de Goa, et en particulier par le père Fa tutto, au nom plein de menaces. Là encore, il y a un long voyage, jusqu'à Rome, où les jeunes gens vont plaider leur cause devant le pape.

Enfin, *Le Taureau blanc* est composé de onze chapitres, portant un titre en forme de proposition interrogative pour dix d'entre eux (« Comment... »), et de deux propositions indépendantes pour le chapitre septième (cette façon d'intituler les chapitres rappelle *L'Ingénu* et *Candide*). Si on met bout à bout les titres des premier et dernier chapitres, on a un raccourci du conte : « Comment la princesse Amaside rencontre un bœuf » et « Comment la princesse épousa son bœuf ». Entre-temps, bien sûr, se déroulent des aventures extraordinaires, mettant en scène les animaux qui jouent un rôle dans la Bible, avec un surprenant dialogue entre la princesse Amaside, digne représentante du beau sexe, et « le plus habile serpent qu'on ait jamais vu », celui qui séduisit Ève.

II - LIRE

Pour approfondir votre lecture, LIRE *vous propose une sélection commentée :*
- *de morceaux « classiques » devenus incontournables, signalés par* ●◆ *(droit au but).*
- *d'extraits représentatifs de l'œuvre, signalés par* ⌾ *(en flânant).*

ZADIG

●◆ **1 - *Le borgne***
de « Du temps du roi Moabdar… »
à « … servit même à le consoler ».

pp. 25-27

Le premier chapitre, outre le début des aventures de Zadig, contient une exposition, la présentation du héros et l'expression d'un idéal humain. Le lecteur y apprend qui est Zadig, mais ce portrait a non seulement une fonction dans la technique du récit, mais aussi une portée philosophique, car le choix des éléments construit un modèle idéal de l'homme selon Voltaire.

Présentation de Zadig

Le portrait physique de Zadig est à peine esquissé : nous apprenons seulement qu'il a « de la santé » et « une figure aimable ». En revanche, Voltaire s'étend sur sa richesse et ses qualités intellectuelles et morales, résumées dans la formule : « un beau naturel fortifié par l'éducation ». On peut considérer Zadig comme une sorte de double de Voltaire transposé dans le cadre d'un récit oriental, double que Voltaire regarde avec ironie et sympathie.

On remarque l'attitude sceptique et ironique de l'auteur par rapport aux limites de la science et de la philosophie. « Il était aussi sage qu'on peut l'être », cela signifie qu'il n'y a point de sagesse philosophique à proprement parler, et qu'il n'y a d'autre sagesse que celle qui s'enseigne par la vie même. C'est ce que Zadig apprendra, à travers une cascade d'aventures. Il tirera *une leçon* de chaque aventure, mais cela ne lui servira pas vraiment de *leçon*. On a donc avec Zadig un exemple de l'aveuglement de l'homme, et de l'homme le plus sage qu'on puisse trouver (implicitement, le raisonnement se fait donc a fortiori), qui se laisse prendre une infinité de fois, avant d'arriver tout de même à cette ultime sagesse.

Début des aventures du héros

L'histoire commence avec le projet de mariage de Zadig, c'est-à-dire au moment où les contes se terminent d'habitude. Apparemment, tout va bien : un jeune homme qui a tout pour plaire doit épouser une jeune fille bien sous tous les rapports. Et en plus ils s'aiment. Ici, pourtant, on peut déceler une sorte de fausse note, dans la phrase : « Il avait pour elle un attachement solide et vertueux, et Sémire l'aimait avec passion. » Le décalage entre les deux fiancés est marqué, bien sûr, par l'opposition entre « un attachement solide et vertueux » d'une part et « avec passion » de l'autre. Mais la présence de la virgule entre les deux groupes souligne ironiquement ce décalage par une pause qui met en relief la deuxième partie de la phrase et montre la contradiction entre le sens de « Sémire l'aimait avec passion » lorsque la proposition est prise isolément et lorsqu'elle est considérée dans le contexte. Le lecteur se trouve donc en éveil, il attend un incident, et sa vigilance est accrue par la phrase : « Ils touchaient au moment fortuné qui allait les unir, lorsque... » : il sait déjà, en lisant cette phrase, que ça va mal finir, d'abord à cause du contexte (*fortuné* appartient au vocabulaire romanesque, comme *avec passion*), qui se place dans la tradition du roman, depuis le roman grec, type *Daphnis et Chloé*. D'autre part, l'opposition imparfait/passé simple, sans créer d'effet de surprise, provoque une rupture annonçant un événement soudain.

L'agression subie par Zadig est bien évidemment un souvenir de la mésaventure de Voltaire, bâtonné par les valets du duc de Rohan, et on n'a pas de peine à reconnaître cet aristocrate dans le personnage d'Orcan, « neveu d'un ministre, à qui les courtisans de son oncle avaient fait accroire que tout était permis ».

Les plaintes de Sémire, et le commentaire que Voltaire en fait, acquièrent, par leur exagération même, une allure suspecte : l'accumulation des adjectifs, des superlatifs, le style périodique, tous ces éléments parodiques imitant le style romanesque empêchent de prendre l'histoire au sérieux, surtout si on se souvient que, d'habitude, Voltaire use d'une grande économie de moyens et que son style est plus proche de la litote que de la redondance.

La blessure de Zadig

Là encore, Voltaire, qui était toujours malade, règle un compte personnel avec les médecins. Souvenons-nous qu'Hermès est le patron des occultistes, et que le XVIIIᵉ siècle connaît une grande vogue de l'occultisme. « La profondeur de la science d'Hermès » consiste à faire une différence entre la droite et la gauche, en quoi elle mérite bien l'épithète « hermétique ». Ici, on le voit, Voltaire raille la vogue de la magie appliquée à la médecine, encouragée par le snobisme mondain (« Tout Babylone »).

Comme Fontenelle, Voltaire dénonce le refus de s'en tenir aux faits et la prétention de les soumettre à des idées préconçues : « Hermès écrivit un livre où il lui prouva qu'il n'avait pas dû (= *n'aurait pas dû*) guérir. »

La trahison de Sémire

L'inconstance et la légèreté des femmes sont des thèmes traditionnels. Sémire, particulièrement ingrate, abandonne celui qui l'a sauvée pour épouser celui qui lui a fait violence. Le motif avoué paraît particulièrement odieux, puisque c'est pour elle que Zadig a failli perdre un œil en la défendant contre ses agresseurs. Or elle le quitte, « ayant déclaré *hautement* qu'elle avait une *aversion insurmontable* pour les borgnes ». Voltaire, s'il manifeste à l'égard de Zadig une certaine ironie, semble éprouver pour son héros de la sympathie, comme il est normal à l'égard d'un personnage qui comporte une part de lui-même, et qui représente, dans une certaine mesure, un idéal humain, la conjonction d'un bon naturel avec une bonne éducation, « un cœur sincère et noble ».

---

2 - *Le chien et le cheval*
de « Zadig éprouva que le premier mois... »
à « ... d'être heureux dans cette vie ! ». — pp. 30-34

Ce chapitre, le troisième de *Zadig*, peut être considéré comme une des premières *nouvelles policières* de la littérature.

Après la double trahison qu'il a subie, Zadig renonce aux femmes pour les études sur la nature. C'est l'occasion pour Voltaire de se livrer à une satire des physiciens de son époque, dont les travaux lui paraissent dérisoires et inutiles. Zadig, lui, par l'observation de la nature, développe ses capacités de discernement, qu'il va bientôt avoir l'occasion de mettre à l'épreuve, pour résoudre deux énigmes, la disparition du chien de la reine et celle du cheval du roi.

Les deux paragraphes sont bâtis selon la même structure : l'animal a disparu ; tous le cherchent ; on interroge Zadig, qui se trouve là par hasard ; il donne des précisions surprenantes sur l'animal ; interrogé, il soutient n'avoir jamais vu l'animal disparu.

Zadig apparaît donc comme le suspect idéal. Toutes les apparences sont contre lui et il est condamné... au knout et à la Sibérie ! (Noter le mélange des civilisations.)

L'arrêt des juges va aussitôt être contredit par les faits puisque les deux animaux sont rapidement retrouvés, ce qui innocente notre héros. « Les juges furent dans la douloureuse nécessité de réformer leur arrêt. » Ils ne reconnaissent quand même pas complètement leurs torts – et condamnent Zadig à une amende.

Comme dans tout roman policier qui se respecte, le *détective* donne, à la fin, des explications sur sa méthode de déduction : après une apostrophe dans un style orientalisant, mais sur un ton satirique (« et beaucoup d'affinités avec l'or »), Zadig expose comment il a résolu l'énigme, à partir d'éléments qui sont sans conséquence pour les autres hommes. En cela il se montre un digne précurseur de Sherlock Holmes ou du chevalier Dupin (*Histoires extraordinaires*, Edgar Poe, Pocket Classiques, n° 6019).

Mais ce qui est original chez Voltaire, c'est que, lorsque Zadig a fini sa démonstration, les réactions des auditeurs ne sont pas tout à fait celles qu'on attendait. D'abord, sans doute, « tous les juges admirèrent le *discernement* de Zadig ». Mais très vite ils se ressaisissent et décident qu'« on devait le brûler comme *sorcier* », témoignant ainsi d'un obscurantisme digne des pires moments de l'Inquisition.

À la fin de la mésaventure, Zadig a, sans doute, tiré une leçon de cette expérience. Mais la leçon est insuffisante, puisqu'elle ne lui épargnera pas de nouveaux ennuis. On peut noter l'humour de la conclusion de Zadig : « qu'il est dangereux de se mettre à la fenêtre ! » et sa philosophie désabusée : « et qu'il est difficile d'être heureux dans cette vie ! ».

---

3 - *Les disputes et les audiences*
de « C'est ainsi qu'il montrait tous les jours... »
à « ... grand dommage qu'il eût été pendu ». — pp. 43-44

Zadig, devenu ministre, fait montre d'une grande sagesse dans l'exercice du pouvoir. Le chapitre commence par une introduction à l'imparfait, ou, comme un complément à son portrait, sont énumérées les qualités de Zadig. Mais il ne s'agit pas de qualités abstraites (« c'est ainsi qu'il *montrait* tous les jours… ») : elles sont vues en action, incarnées dans le personnage.

La sagesse de Zadig se manifeste dans deux occasions, qui font l'objet de récits, de longueur inégale. En effet la deuxième histoire est beaucoup plus brève, car elle n'apporte rien de nouveau, mais souligne le caractère de Zadig. C'est une sorte de redondance, courante dans la littérature de propagande – dont le but est d'amener le lecteur à admettre des idées. Cette deuxième anecdote est donc racontée d'une façon schématique, mais spirituelle – pour éviter tout risque d'ennui.

Le premier récit, au contraire, assez long, montre le triomphe de la raison sur le fanatisme aveugle. Voltaire ridiculise le fanatisme en usant d'un procédé qui lui est coutumier, la disproportion de la cause et des effets. L'effet, c'est « une grande querelle… qui durait depuis quinze cents années et qui partageait l'empire en deux sectes opiniâtres ». La cause, c'est la question de savoir si on doit entrer dans le temple du pied gauche ou du pied droit. Aucun des deux partis ne veut renoncer à sa vérité, et l'on songe, bien sûr, à la guerre entre Petit-Boutiens et Gros-Boutiens, dans *Les Voyages de Gulliver*.

Mais les adversaires de Zadig, donc de Voltaire, ne sont pas désarmés par son action. Le ton du récit change : Voltaire abandonne momentanément la fantaisie du conte oriental, pour intervenir lui-même. On sent qu'il s'implique dans le jugement : « Zadig se contentait d'avoir le style de la raison », de même qu'on perçoit un certain désenchantement dans la conclusion : « Tout le monde fut pour lui non pas parce que… non pas parce que… non pas parce que… mais parce qu'il était premier vizir. »

La première phrase du dernier paragraphe donne l'emploi du temps de Zadig, composé par moitié d'activités proprement politiques et administratives, par moitié d'activités d'ordre esthétique. C'est le programme voltairien de gouvernement, qui accorde une grande importance à ce qui représente pour lui la forme suprême de civilisation : l'art est aussi important que les affaires particulières et générales. Il faut se souvenir que *Zadig* est contemporain du *Siècle de Louis XIV*. La grande nouveauté de l'histoire telle que la conçoit Voltaire, c'est qu'il écrit l'histoire d'une civilisation. Il accorde plus d'importance à l'histoire intellectuelle, spirituelle, artistique du XVIIe siècle qu'à son histoire politique et militaire.

Que contient ce programme artistique ? D'abord, il accorde une place importante aux arts collectifs dans lesquels s'incarne la vie d'une société : l'urbanisme (« embellissements de Babylone ») et le théâtre, grande passion de Voltaire, qui a la nostalgie du XVIIe siècle, considéré par lui comme la grande époque de l'art dramatique. Nous avons ici le reflet des goûts de Voltaire, qui n'aime pas la tragédie de Corneille, à qui il préfère Racine (« des tragédies où l'on pleurait »). On retrouve l'expression de cette préférence dans *L'Ingénu* (Pocket Classiques, n° 6083).

Ce texte est donc extrêmement riche, puisqu'il donne en raccourci une image de la pensée, de la personnalité et de l'œuvre de Voltaire, avec, en dominante, ses idées religieuses, auxquelles il faut ajouter son idéal politique – le despotisme éclairé – et son idéal de civilisation, puisqu'on voit ici une réalisation miniature de sa cité idéale.

Ce chapitre a fait l'objet d'une insertion postérieure à la publication de *Zadig* (1756), après l'expérience berlinoise de Voltaire, au moment de sa querelle avec Rousseau sur la Providence. On peut le considérer comme un rêve de Voltaire, au moment précis où il renonce à y croire, où le rêve philosophique est à peu près entièrement démenti par la réalité.

---

4 - *Le souper*
de « Sétoc, qui ne pouvait se séparer de... »
à « ... et qu'il allait être brûlé à petit feu ». pp. 59-62

Voltaire imagine un souper idéal, qui réunirait des hommes venus de tous les horizons, et surtout pratiquant diverses religions, mais capables de parler une langue commune : c'est une sorte de préfiguration des conférences internationales.

Pourquoi un souper ? Parce que, outre l'occasion d'être autour d'une table, cela donne également celle d'introduire le problème religieux, car beaucoup de pratiques religieuses concernent les tabous alimentaires.

Parmi les religions représentées, trois honorent les animaux à différents titres : la religion égyptienne, qui adore le bœuf Apis, dieu zoomorphique ; la religion hindoue, avec la croyance à la métempsycose ; la chaldéenne, qui honore le poisson Oannès. Ces religions, qui paraissent ridicules au lecteur français du XVIIIe siècle, sont fondées sur l'ancienneté – leurs adeptes surenchérissent à coups de date (« cent trente-cinq mille ans, quatre-vingt mille ans, quatre mille siècles ») ; mais aussi sur l'évidence (« c'est outrager *manifestement* la nature ; je le révère *comme je le dois* ; c'est *assu-*

XVI   ZADIG ET AUTRES CONTES ORIENTAUX

rément une très grande impiété... ») et sur le consensus universel (« personne parmi nous n'y trouve à redire... tout le monde vous dira que... comme chacun sait »).

Chacun des personnages a la conviction profonde que sa religion est la seule vraie, la seule bonne, ce qui les amène tous rapidement au mépris de l'autre et à l'*intolérance* : « Que voulez-vous dire avec *votre* nature et *vos* poules ? (le mépris se marque dans l'emploi du possessif) ... avant que vous vous fussiez avisés... Voilà un plaisant animal que *votre* Brama... qu'a donc fait *votre* Brama ? » Ce qui va rapidement tourner au *prosélytisme* : « croyez-moi, renoncez à vos folies, et je vous donnerai à chacun un beau portrait d'Oannès » (on pense aux missionnaires chrétiens, que Voltaire décrit si souvent).

Le ton monte encore. Le Grec parle longtemps. Il expose sans doute la théorie des philosophes grecs (Platon, Démocrite, Épicure, etc.). Mais cet exposé serait trop long à rapporter, trop ardu, et Voltaire a le souci de son lecteur et refuse le pédantisme. Le Celte est d'autant plus convaincu de posséder la vérité qu'il a bu : son argument principal est que « si quelqu'un parlait mal de Teutath, il lui apprendrait à vivre », terrorisme intellectuel et religieux. C'est le fanatisme poussé à son comble : la conversion par l'épée. Seul le Chinois conserve un ton courtois et une modestie sympathique.

La conclusion est amenée par Zadig, qui a montré une belle patience en se taisant jusque-là, et qui, en bon diplomate, complimente tout le monde et « adoucit tous les esprits échauffés ». Son discours surprend : « Mes amis, vous allez vous quereller pour rien, car vous êtes tous du même avis », et pourtant il signifie qu'il faut dépasser les différences superficielles pour trouver l'unité profonde. C'est la définition du déisme de Voltaire, tel qu'on le retrouve dans sa « Lettre à Dieu » (voir « Lectures croisées », ci-après).

Le chapitre se termine de manière inattendue, en forme de chute : le fait qu'un homme aussi sage que Zadig va être brûlé, juste après une si belle action, démontre l'absurdité de l'existence.

---

5 - *L'ermite*
de « Il rencontra en marchant un ermite... »
à « ... Prends ton chemin vers Babylone ».   pp. 84-90

Zadig, après l'avoir emporté dans le tournoi constituant la première épreuve pour désigner un roi, a été victime d'une traîtrise et se trouve dépossédé de ses armes, frustré de sa victoire et privé de tout espoir d'épouser celle qu'il aime. « Accusant en secret la Providence qui le persécutait toujours », il erre, et rencontre un ermite.

Entre les deux hommes se conclut une sorte de pacte : ils ne se quitteront pas jusqu'à Babylone. « Quelque chose que je fasse », précise l'ermite. Ce qui signifie que les événements peuvent paraître incohérents, dépourvus de toute logique, de tout fil directeur. Mais ce n'est qu'une apparence : à l'origine de tout, il y a une volonté intelligente et supérieure.

En effet le voyage est ponctué par des haltes où l'ermite se comporte de manière étrange, pour ne pas dire incompréhensible.

D'abord, ils s'arrêtent dans un « château superbe », où tout est richesse et générosité, mais aussi orgueil et mépris. C'est l'exemple parfait d'une mauvaise compréhension de la gestion d'une maison : les domestiques se comportent comme des seigneurs. En partant, l'ermite vole un bassin d'or et de pierreries.

La deuxième nuit, l'hospitalité reçue contraste étrangement avec celle de la veille : ils sont reçus « dans l'écurie, où on leur donna quelques olives pourries, de mauvais pain, et de la bière gâtée » ; ils sont soumis à une surveillance vexatoire. En partant, l'ermite donne deux pièces d'or au valet et offre le bassin à l'avare.

Les actes de l'ermite peuvent, jusque-là, se mettre sur le compte de la sagesse pure et de l'expérience : il s'agit de corriger les défauts – comme on corrige un enfant – en punissant ou en récompensant, de manière à susciter de nouvelles motivations (apprendre la prudence au grand seigneur, inciter l'avare à plus de générosité).

Les choses vont se compliquer avec le troisième hôte qui les reçoit : il s'agit d'un philosophe, d'un homme sage, « retiré du monde... qui cultivait en paix la sagesse et la vertu... ne s'ennuyait pas... ». On pense à Voltaire lui-même, à Ferney, quelques années plus tard, ou au vieillard turc à la fin de *Candide*. C'est un homme affable, qui suscite tout de suite la sympathie, surtout celle de Zadig, puisque, sans savoir à qui il a affaire, il témoigne de sa sympathie pour notre héros et la reine Astarté. La conversation prend un tour philosophique, on traite du problème fondamental dans *Zadig*, la question du bien et du mal, et Zadig constate que l'ermite a des théories très sages, en contraste avec ses actes.

En partant, l'ermite met le feu à la maison, et accompagne cet acte incompréhensible de cette phrase qui ne l'est pas moins : « Dieu merci ! voilà la maison de mon cher hôte détruite de fond en comble ! l'heureux homme ! » En plein désarroi, Zadig, « tenté à la fois d'éclater de rire, de dire des injures au révérend père, de le battre, et de s'enfuir », toutes réactions violentes, mais logiques, ne prend aucun de ces partis et « *subjugué* par l'ascendant de l'ermite, il le suivit *malgré lui* à la dernière couchée ».

Le quatrième et dernier épisode se déroule chez une veuve nantie d'un neveu plein de qualités. Ce jeune homme les accompagne, le lendemain matin, pour leur éviter les embûches du chemin. L'ermite précipite l'enfant dans la rivière, où il se noie sous les yeux horrifiés de Zadig.

L'ermite dévoile alors sa vraie nature : il est l'ange Jesrad, venu sur terre pour « éclairer » Zadig sur le rôle du mal dans le monde : il sert à éprouver, « il n'y a point de hasard ».

6 - *La Princesse de Babylone*
de « Bientôt la princesse de Babylone… »
à « … à ce que vous me faites entendre ».   pp. 195-197

Dans sa poursuite du bel Amazan, la princesse de Babylone parcourt tous les pays du monde, où, malgré sa hâte de repartir, elle a le temps de s'informer des particularités locales. La voici arrivée, avec son phénix, dans l'Empire des Cimmériens – autrement dit l'Empire russe.

Dans le roman – et *La Princesse de Babylone* en est un par la forme – le voyage a un but didactique, et toujours le héros qui arrive dans une nouvelle contrée trouve un guide pour lui en faire les honneurs (par exemple, lorsque Candide et Cacambo arrivent dans l'Eldorado, un sage vieillard leur fait visiter le pays). Ici, c'est un officier qui, en l'absence de l'impératrice, va leur servir de guide. De fait, la princesse, tout à ses préoccupations amoureuses, n'a pas vraiment l'esprit à s'instruire du régime politique du pays où elle se trouve, et l'humour de ce passage vient de ce que c'est le phénix qui va s'intéresser aux explications de son cicérone. La trouvaille de l'auteur, en effet, c'est de donner au phénix le rôle du touriste, car il peut comparer l'état présent du pays avec celui qu'il a connu lors de son premier voyage, « il n'y a pas trois cents ans ».

Ce chapitre est un hymne à la gloire de l'impératrice Catherine, dont il célèbre la tolérance et l'ouverture d'esprit. L'éloge tourne au dithyrambe, avec la comparaison – à la gloire de l'impératrice – avec « l'Isis des Égyptiens et la Cérès des Grecs ». Il n'y a pas de mots assez forts pour chanter les mérites de la « mère de la patrie », de la future « bienfaitrice du genre humain ».

Voltaire fait ici un rêve commun à bien des philosophes, celui d'un souverain éclairé, qui se servirait du pouvoir pour imposer le règne de la raison : l'absolutisme ne le gêne pas, pourvu qu'il soit au service du progrès des lumières et combatte le fanatisme religieux.

AU FIL DU TEXTE   XIX

• **LES THÈMES CLÉS**

Les *Contes* de Voltaire contiennent la plupart des idées philosophiques de leur auteur. Sous une forme plaisante, ils reprennent des thèmes que l'on trouve dans les autres œuvres et qui concernent la plupart des domaines : la religion, la politique, la société, le mérite personnel.

Par ailleurs, ils suivent les lois du genre littéraire auquel ils appartiennent, et on y trouve tous les schémas du conte traditionnel : amours contrariées, quête autour du monde, héros chevaleresques, traîtres, belles princesses – avec une nuance toutefois, par rapport aux contes de fées, c'est que les dames font souvent preuve de légèreté et d'inconséquence ; en cela, on est plus proche du fabliau et du conte populaire.

Enfin, ces contes orientaux empruntent aux *Mille et Une Nuits* la splendeur du cadre, et les ornements du langage, avec ses métaphores fleuries.

Les personnages principaux

Un personnage ressort, parmi les figures mises en scène par Voltaire dans ces onze contes, c'est Zadig. En effet, bien que forcément schématique – c'est la loi du genre –, Zadig a plus d'intérêt que les autres héros, car il est extrêmement révélateur de la personnalité et du tempérament de Voltaire. Le masque est d'ailleurs transparent : Voltaire, parmi ses cent soixante-quinze pseudonymes recensés par René Pomeau, a utilisé celui de Sadi, autre version de Zadig (= le Juste). En racontant l'histoire de Zadig, Voltaire se traite lui-même ironiquement, il s'incarne dans une sorte de double en état de crise et se regarde se débattre dans cette crise.

Zadig représente donc un certain côté de Voltaire : le perpétuel adolescent. *Zadig* raconte un apprentissage de la sagesse. Or, jusqu'à cette époque, Voltaire était un optimiste, comme en témoigne *Le Mondain*. Il subissait l'influence de Leibniz. Ensuite, cet optimisme est démenti par les faits.

Le héros est une sorte de double de Voltaire transposé dans le cadre d'un récit oriental, et que Voltaire regarde avec ironie et sympathie. On peut considérer le récit de ses aventures comme un journal ironique de l'apprentissage de la sagesse. À la fin de l'histoire, il aura beaucoup vieilli, ou, en tout cas, beaucoup mûri.

III - POURSUIVRE

- **LECTURES CROISÉES**

Voltaire a traité les mêmes thèmes sur un ton plus sérieux dans la plupart de ses œuvres, et, en particulier, dans :

– Le *Traité sur la tolérance*, et en particulier, la « Prière à Dieu » (chapitre XXIII) :

« Ce n'est donc plus aux hommes que je m'adresse ; c'est à toi, Dieu de tous les êtres, de tous les mondes et de tous les temps : s'il est permis à de faibles créatures perdues dans l'immensité, et imperceptibles au reste de l'univers, d'oser te demander quelque chose, à toi qui as tout donné, à toi dont les décrets sont immuables comme éternels, daigne regarder en pitié les erreurs attachées à notre nature ; que ces erreurs ne fassent point nos calamités. Tu ne nous as point donné un cœur pour nous haïr, et des mains pour nous égorger ; fais que nous nous aidions mutuellement à supporter le fardeau d'une vie pénible et passagère ; que les petites différences entre les vêtements qui couvrent nos débiles corps, entre tous nos langages insuffisants, entre tous nos usages ridicules, entre toutes nos lois imparfaites, entre toutes nos opinions insensées, entre toutes nos conditions si disproportionnées à nos yeux, et si égales devant toi ; que toutes ces petites nuances qui distinguent les atomes appelés *hommes* ne soient pas des signaux de haine et de persécution ; que ceux qui allument des cierges en plein midi pour te célébrer supportent ceux qui se contentent de la lumière de ton soleil ; que ceux qui couvrent leur robe d'une toile blanche pour dire qu'il faut t'aimer ne détestent pas ceux qui disent la même chose sous un manteau de laine noire ; qu'il soit égal de t'adorer dans un jargon formé d'une ancienne langue, ou dans un jargon plus nouveau ; que ceux dont l'habit est teint en rouge ou en violet, qui dominent sur une petite parcelle d'un petit tas de la boue de ce monde, et qui possèdent quelques fragments arrondis d'un certain métal, jouissent sans orgueil de ce qu'ils appellent *grandeur* et *richesse*, et que les autres les voient sans envie : car tu sais qu'il n'y a dans ces vanités ni de quoi envier, ni de quoi s'enorgueillir.

Puissent tous les hommes se souvenir qu'ils sont frères ! Qu'ils aient en horreur la tyrannie exercée sur les âmes, comme ils ont en exécration le brigandage qui ravit par la force le fruit du travail et de l'industrie paisible ! Si les fléaux de la guerre sont inévitables, ne nous haïssons pas, ne nous déchirons pas les uns les autres dans le sein de la paix, et employons l'instant de notre existence à bénir également en mille langages divers, depuis Siam jusqu'à la Californie, ta bonté qui nous a donné cet instant. »

– Le *Dictionnaire philosophique* : article « Prophètes » où l'on trouve la même ironie dévastatrice vis-à-vis des prophètes bibliques que dans *Le Taureau blanc* (chapitres V et VI) :

« Le prophète Jurieu fut sifflé, les prophètes des Cévennes furent pendus ou roués, les prophètes qui vinrent du Languedoc et du Dauphiné à Londres furent mis au pilori, les prophètes anabaptistes furent condamnés à divers supplices, le prophète Savonarole fut cuit à Florence, le prophète Jean-Baptiseur, ou Baptiste, eut le cou coupé.

On prétend que Zacharie fut assassiné ; mais heureusement cela n'est pas prouvé. Le prophète Jeddo ou Addo, qui fut envoyé à Béthel à condition qu'il ne mangerait ni ne boirait, ayant malheureusement mangé un morceau de pain, fut mangé à son tour par un lion ; et on trouva ses os sur le grand chemin, entre ce lion et son âne. Jonas fut avalé par un poisson ; il est vrai qu'il ne resta dans son ventre que trois jours et trois nuits ; mais c'est toujours passer soixante et douze heures fort mal à son aise.

Habacuc fut transporté en l'air par les cheveux à Babylone. Ce n'est pas un grand malheur à la vérité ; mais c'est une voiture fort incommode. On doit beaucoup souffrir quand on est suspendu par les cheveux l'espace de trois cents milles. J'aurais mieux aimé une paire d'ailes, la jument Borac, ou l'hippogriffe.

Michée, fils de Jemlla, ayant vu le Seigneur assis sur son trône avec l'armée du ciel à droite et à gauche, et le Seigneur ayant demandé quelqu'un pour aller tromper le roi Achab ; le diable s'étant présenté au Seigneur, et s'étant chargé de la commission, Michée rendit compte de la part du Seigneur au roi Achab de cette aventure céleste. Il est vrai que pour récompense il ne reçut qu'un énorme soufflet de la main du prophète Sédékia ; il est vrai qu'il ne fut mis dans un cachot que pour quelques jours : mais enfin il est désagréable, pour un homme inspiré, d'être souffleté et fourré dans un cul de basse-fosse.

On croit que le roi Amasias fit arracher les dents au prophète Amos pour l'empêcher de parler. Ce n'est pas qu'on ne puisse absolument parler sans dents ; on a vu de vieilles édentées très bavardes ; mais il faut prononcer distinctement une prophétie, et un prophète édenté n'est pas écouté avec le respect qu'on lui doit.

Baruch essuya bien des persécutions. Ézéchiel fut lapidé par les compagnons de son esclavage. On ne sait si Jérémie fut lapidé, ou s'il fut scié en deux.

Pour Isaïe, il passe pour constant qu'il fut scié par ordre de Manassé, roitelet de Juda.

Il faut convenir que c'est un méchant métier que celui de prophète. Pour un seul qui, comme Élie, va se promener de planète en planète dans un beau carrosse de lumière, traîné par quatre chevaux blancs, il y en a cent qui vont à pied, et qui sont obligés d'aller demander leur dîner de porte en porte. Ils ressemblent assez à Homère, qui fut obligé, dit-on, de mendier dans les sept villes qui se disputèrent depuis l'honneur de l'avoir vu naître. Ses commentateurs lui ont attribué une infinité d'allégories auxquelles il n'avait jamais pensé. On a fait souvent le même honneur aux prophètes. Je ne disconviens pas qu'ils n'aient été très instruits de l'avenir. Il n'y a qu'à donner à son âme un certain degré d'exaltation, comme l'a très bien imaginé le brave philosophe ou fou de nos jours, qui voulait percer un trou jusqu'aux antipodes, et enduire les malades de poix résine. Les Juifs exaltèrent si bien leur âme qu'ils virent très clairement toutes les choses futures : mais il est difficile de deviner au juste si par Jérusalem les prophètes entendent toujours la vie éternelle ; si Babylone signifie Londres ou Paris ; si, quand ils parlent d'un grand dîner, on doit l'expliquer par un jeûne ; si du vin rouge signifie du sang ; si un manteau rouge signifie la foi, et un manteau blanc la charité. L'intelligence des prophètes est l'effort de l'esprit humain. C'est pourquoi je n'en dirai pas davantage. »

Voltaire a pour l'Orient une véritable fascination. Il s'informe autant qu'il le peut, et, le 23 avril 1760, il écrit, de Ferney, à un ancien camarade de collège, M. Pilavoine, membre de la Compagnie des Indes, établi à Pondichéry :

« Mon cher et ancien camarade, vous ne sauriez croire le plaisir que m'a fait votre lettre. Il est doux de se voir aimé à quatre mille lieues de chez soi. Je saisis ardemment l'offre que vous me faites de cette histoire manuscrite de l'Inde. J'ai une vraie passion de connaître à fond le pays où Pythagore est venu s'instruire. Je crois que les choses ont bien changé depuis lui, et que l'université de Janagate ne vaut point celles d'Oxford et de Cambridge. Les hommes sont nés partout à peu près les mêmes, du moins dans ce que nous connaissons de l'ancien monde. C'est le gouvernement qui change les mœurs, qui élève ou abaisse les nations.

[...]

Je serais curieux de savoir s'il reste encore quelque trace de l'ancienne langue des brachmanes. Les brachmanes d'aujourd'hui se vantent de la savoir : mais entendent-ils leur *Veidam* ? Est-il vrai que les naturels de ce pays sont naturellement doux et bienfaisants ? Ils ont du moins sur nous un grand avantage, celui de n'avoir aucun besoin de nous, tandis que nous allons leur demander du coton, des toiles peintes, des épiceries, des perles et des diamants, et que nous allons, par avarice, nous battre à coups de canon sur leurs côtes.

Pour moi, je n'ai point encore vu d'Indien qui soit venu livrer bataille à d'autres Indiens, en Bretagne et en Normandie, pour obtenir, le crisk à la main, la préférence de nos draps d'Abbeville et de nos toiles de Laval. »

Sur Zadig et sa sagesse (chapitres « Le ministre » et « Les disputes et les audiences »), on se référera à Swift, *Les Voyages de Gulliver*, « Voyage à Lilliput », chapitre IV (querelle des Gros-Boutiens et des Petit-Boutiens), et aux *Contes et légendes de la Bible*, adaptés par Michèle Kahn (Pocket Junior, coll. « Mythologies », n°s J085 et J174), en particulier les pages consacrées à la sagesse du roi Salomon et à ses jugements (tome II, pp. 104-113).

• **PISTES DE RECHERCHES**

1. Les *Contes* de Voltaire : des romans d'apprentissage ?
2. La recherche du bonheur.
3. Le rôle du vieillard dans les *Contes* de Voltaire.
4. Le style orientalisant de Voltaire.
5. Le thème du borgne dans les *Contes* de Voltaire.
6. L'Inquisition.

• **PARCOURS CRITIQUE**

« Qui, en fait, à part le patriarche de Ferney, a pratiqué le conte dit "philosophique" ? Avant lui, on cite parfois des précurseurs aussi disparates que Rabelais et La Bruyère, Tyssot de Patot et Fontenelle, surtout Jonathan Swift avec *Les Voyages de Gulliver* et, bien sûr, les *Lettres persanes* de Montesquieu » (Angus Martin, préface de l'*Anthologie du conte en France 1750/1799*, 10/18, 1981, p. 29).

« Le conte de Voltaire est avant tout une parabole, c'est-à-dire un récit qui se donne ouvertement non pour un reflet fidèle de la "réalité", mais pour une construction fabriquée dans le propos d'illustrer un point de vue. [...] Toutefois – et c'est en cela qu'il est littéraire –, le conte de Voltaire a encore un élément de distanciation que le conte traditionnel n'a pas : il est une parodie ouverte des thèmes et des structures du roman d'aventures traditionnel » (M. Simonsen, dans le *Dictionnaire des littératures de langue française*, Bordas, 1984).

• UNE ŒUVRE / UN FILM

Les contes orientaux de Voltaire ne semblent pas avoir inspiré de cinéaste, ce qui s'explique, car le contenu philosophique est difficile à traduire au cinéma. Toutefois, on peut, pour recréer le décor fabuleux de l'Orient, voir ou revoir *Les Mille et Une Nuits* (*Arabian Nights*), de John Rawlins (1942), ou *Le Voleur de Bagdad*, de Michael Powell (1940).

DOSSIER HISTORIQUE ET LITTÉRAIRE

I - REPÈRES BIOGRAPHIQUES	343
II - LES CONTES DE VOLTAIRE	349
III - QUAND LA PHILOSOPHIE SE SERT DE L'ORIENT	351
IV - AUTOUR DE VOLTAIRE	375
V - ZADIG A-T-IL DES ENFANTS ?	393
VI - BIBLIOGRAPHIE	403
VII - FILMOGRAPHIE	405

I. REPÈRES BIOGRAPHIQUES

1694	21 novembre : naissance de François-Marie Arouet. Voltaire se prétendra le fils non pas de François Arouet, riche notaire, mais de M. de Rochebrune, ancien officier et poète.
1704-1711	Brillantes études au collège jésuite Louis-le-Grand.
1704-1717	La traduction, par Antoine Galland, des *Mille et Une Nuits* obtient un vif succès.
1710	Voltaire publie un poème. Leibniz : *Essais de théodicée.* Pétis de La Croix et Lesage : *Les Mille et Un Jours* (1710-1712).
1712-1715	Il fréquente cercles littéraires et bonne société ; entame des études de droit, participe à une mission diplomatique à La Haye, mais est renvoyé à Paris pour une intrigue amoureuse (1713). Son père veut l'envoyer à Saint Domingue (1713). Écrit une ode (1713) et une satire en vers (1714). D'Herbelot et Dufresny publient un conte oriental dont Voltaire s'inspirera dans Zadig *(Le chien et le cheval).* Montcrif : *Les Aventures de Zéloïde et d'Amanzarifdiné, contes indiens* (1714).
1715	Mort de Louis XIV.
1716	Mai-octobre : exil à Sully-sur-Loire pour des vers satiriques sur le régent. C'est peut-être vers 1715 qu'il aurait écrit ses premiers contes en prose *(Le Crocheteur borgne, Cosi-Sancta)* pour des cercles aristocratiques.

Mai 1717-avril 1718	À la Bastille pour des vers satiriques sur le régent. Sa première tragédie (*Œdipe*, 1718) le rend célèbre. Prend le surnom de Voltaire.
1719-1724	Va de château en château. Reçoit une pension en 1722. Voyage en Hollande (1722). Le régent meurt en 1723. La première version de son épopée, *La Henriade,* circule clandestinement sous le titre de : *La Ligue ou Henri le Grand* (1723).
1721	Montesquieu, *Lettres persanes*. Voltaire s'y mesurera dans les *Lettres philosophiques* (1734) et *Les Lettres d'Amabed* (1769).
1725	Il écrit pour la Cour. Création d'une tragédie et d'une comédie.
1726-1728	Bâtonné par les gens du chevalier de Rohan, il cherche le duel : on l'enferme à la Bastille, mais il part aussitôt pour l'Angleterre, où il reste de mai 1726 à nov. 1728. C'est là qu'il publiera *La Henriade*. Il apprend l'anglais, publie en anglais et découvre Shakespeare.
1730	*Ode sur la mort de Mlle Lecouvreur*, actrice (peut-être sa maîtresse) dont le corps est jeté à la voirie. Grand succès de sa tragédie *Brutus*, conçue en Angleterre. Il s'enrichit dans des opérations financières. Hamilton, dont Voltaire estime beaucoup le talent, publie des contes : *Histoire de Fleur d'Épine ; Les Quatre Farcadins*.
1731-1734	Fouetté par le séjour anglais, il multiplie les livres : *Histoire de Charles XII* (1731), *Zaïre* (1732), *Le Temple du goût* (1733), etc. En 1733 commence sa liaison avec Mme du Châtelet, qui durera 16 ans. Les *Lettres philosophiques* (1734), condamnées au feu, l'obligent à se réfugier en Champagne, à Cirey, château de Mme du Châtelet, où elle résidera et travaillera avec lui. Il va s'occuper de philosophie, de sciences et de littérature.
1736	Entre en correspondance avec le futur roi de Prusse Frédéric II. Le poème *Le Mondain* le fait fuir en Hollande.

1737	*Éléments de la philosophie de Newton ; Discours en vers sur l'homme.*
1739	L'édition des premiers chapitres du *Siècle de Louis XIV* est saisie. Il envoie à Frédéric le *Voyage du baron de Gangan*, première version (perdue) de *Micromégas*.
1740	Première rencontre de Frédéric II, devenu roi de Prusse. Crébillon : *Le Sopha. Conte moral* (le conte oriental psychologique et libertin).
1741	Vif succès (à Lille) de *Mahomet ou le fanatisme* (tragédie), mais la pièce est interdite à Paris. Mission diplomatique à Berlin.
1742	Cazotte : *Mille et Une Fadaises. Contes à dormir debout.*
1743-1744	La mort en 1743 du cardinal de Fleury (principal ministre depuis 1726) et l'arrivée au pouvoir de deux anciens condisciples, les frères d'Argenson, font remonter sa cote à la Cour (1743-1747). *Mérope* (1743) : un de ses grands succès au théâtre.
1745	Historiographe du roi. Début de sa liaison avec Mme Denis, sa nièce. Voisenon (abbé de) : *Zulmis et Zelmaïde*.
1746	Élu à l'Académie française ; gentilhomme de la chambre. La Morlière : *Angola, histoire indienne. Ouvrage sans vraisemblance.* Voisenon (abbé de) : *Le Sultan Misapouf et la princesse Grisemine.*
1747	Publication de *Memnon, histoire orientale,* première version de *Zadig*. Voltaire a 53 ans ! Sa disgrâce à la Cour s'accentue.
1748	Un conte *(Le Monde comme il va)* apparaît pour la première fois dans ses œuvres complètes (8 vol.). Publication de *Zadig*. Création de *Sémiramis*, tragédie. Diderot : *Les Bijoux indiscrets. Au Monomotapa.*
1749	Mort de Mme du Châtelet après un accouchement consécutif à sa liaison avec le poète Saint-Lambert. Voltaire s'installe à Paris avec Mme Denis. Publication de *Memnon ou la*

	sagesse humaine. Rédaction probable du *Sermon des cinquante,* son premier pamphlet antichrétien.
1750	Départ pour Berlin auprès de Frédéric II. Rousseau : *Discours sur les arts et les sciences.*
1751	Premier tome de l'*Encyclopédie.*
1752	*Micromégas. Histoire philosophique ; Le Siècle de Louis XIV.* Il commence le *Dictionnaire philosophique.* Frédéric fait brûler un pamphlet de Voltaire contre Maupertuis, directeur de l'Académie de Berlin.
1753	Il quitte Berlin en mars, mais est arrêté arbitrairement à Francfort, sur ordre de Frédéric, avec Mme Denis (juin).
1755	Interdit de séjour à Paris, il finit par s'installer en Suisse *(Les Délices).* Il rédige le *Poème sur le désastre de Lisbonne*, publié en mars 1756.
1756	Début de la guerre de Sept Ans, où Voltaire tentera d'œuvrer pour la paix. *Poème sur la religion naturelle ; Les Deux Consolés, Le Songe de Platon, Histoire des voyages de Scarmentado* (contes).
1757	L'article *Genève* de l'*Encyclopédie* fait scandale en Suisse ; Voltaire est accusé de l'avoir inspiré à d'Alembert.
1758	Rousseau réplique à l'article *Genève* par sa *Lettre à d'Alembert sur les spectacles.* Achat de Ferney, sur la frontière franco-suisse. Rédaction de *Candide,* dans un climat de tension entre le pouvoir et les philosophes.
1759	Janvier : publication de *Candide* à Londres, Amsterdam et Paris.
1760	Rousseau lui envoie une lettre d'insultes, qui coïncide avec une campagne contre les philosophes.
1761	Édition commentée de Corneille pour doter Mlle Corneille, qu'il a recueillie. Intervention en faveur d'un pasteur protestant condamné à mort par le parlement de Toulouse. *Histoire d'un bon bramin.*

1762	Il lance l'affaire Calas. Expulsion des jésuites. Le slogan voltairien « Écrasez l'Infâme » apparaît pour la première fois dans une lettre.
1763	Fin désastreuse, pour la France, de la guerre de Sept Ans. *Traité sur la tolérance.*
1764	*Dictionnaire philosophique portatif ; Le Blanc et le Noir ; Jeannot et Colin.*
1765	Réhabilitation des Calas ; Voltaire se lance dans d'autres campagnes humanitaires. *Pot-pourri.*
1766	Exécution du chevalier de La Barre, qui avait mutilé un crucifix. On brûle le *Dictionnaire philosophique* sur son corps. *Petite digression sur les Quinze-Vingts ; Aventure indienne.*
1767	Les jésuites expulsés d'Espagne. *L'Ingénu.*
1768	Il renvoie Mme Denis à Paris, mais elle reviendra. La production voltairienne s'emballe et inonde l'Europe. *L'Homme aux quarante écus ; La Princesse de Babylone.* Il s'occupe aussi activement de Ferney et de ses habitants.
1769	*Les Lettres d'Amabed.*
1770-1772	Il fait une dernière fois le tour de ses connaissances et de ses problèmes : *Questions sur l'Encyclopédie, par des amateurs* (1770-1772, 9 vol.). Il soutient, isolé parmi les philosophes, la réforme des parlements par suppression des offices (réforme Maupéou, 1771). Premier partage de la Pologne (1772).
1773	Une crise de strangurie (il en mourra) diminue fortement sa capacité de travail.
1774	Mort de Louis XV, avènement de Louis XVI, ministère éclairé de Turgot (1774-1776). *Le Crocheteur borgne ; Le Taureau blanc.*
1775	Il obtient de Turgot des mesures fiscales en faveur du pays de Gex (Ferney). *Histoire de Jenni ou le Sage et l'Athée.*
1776	*La Bible enfin expliquée.* L.S. Mercier : *Les Hommes comme il y en a peu et les Génies comme il n'y en a point. Contes moraux, orientaux, persans, arabes, turcs, anglais, français, etc., les uns pour rire, les autres à dormir debout.*

1778	Voyage et triomphe épuisant à Paris (février). Il est couronné sur scène à une représentation d'*Irène*, sa dernière tragédie (30 mars). Il meurt le 30 mai, à 84 ans, Rousseau le 2 juillet. On l'enterre par ruse en terre chrétienne (Champagne), malgré l'interdiction de l'Église.
1780	Comte de Caylus : *Nouveaux contes orientaux* (rééd.).
1784	*Mémoires pour servir à la vie de M. de Voltaire, écrits par lui-même.*
1785-1789	Grande édition complète de ses œuvres, dite de Kehl (70 vol.), sous la direction de Beaumarchais et Condorcet, où figure *Cosi-Sancta*.
1790	Anonyme : *Le Fils de Babouc à Persépolis, ou Le Monde nouveau.*
1791	Transfert grandiose au Panthéon.

II. LES CONTES DE VOLTAIRE

1. TABLEAU CHRONOLOGIQUE DES CONTES DE VOLTAIRE

CONTES	Composition probable	Publication	Nombre de pages
Zadig*	1745-1747	1747	63
Le Monde comme il va*	1739 ?-1747	1748	14
Memnon*	1748	1749	5
Lettre d'un Turc*	1750 ?	1750	3
Micromégas	1739	1752	17
Songe de Platon	vers 1737-1738 ?	1756	3
Les Deux Consolés	1756	1756	2
Histoire de Scarmentado	1753-1754	1756	7
Candide	1758	1759	80
Histoire d'un bon bramin*	1759	1761	3
Le Blanc et le Noir*	1763-1764	1764	12
Jeannot et Colin	1763-1764	1764	8
Pot-pourri	1761-1762	1765	16
Petite digression sur les Quinze-Vingts	1766	1766	2
Aventure indienne*	1766	1766	2
L'Ingénu	1767	1767	59
L'Homme aux quarante écus	1767	1768	57
La Princesse de Babylone*	1767	1768	62
Les Lettres d'Amabed*	1753 et 1768-1769	1769	44
Le Taureau blanc*	1772-1773	1774	31
Le Crocheteur borgne*	vers 1715 ?	1774	5
Éloge de la raison	1774	1775	9
Aventure de la mémoire	1773	1775	4
Histoire de Jenni	1774-1775	1775	56
Les Oreilles du comte de Chesterfield	1774-1775	1775	18
Cosi-Sancta	vers 1715 ?	vers 1787	6

* Contes orientaux. Nombre de pages = en édition courante.

2. LE CONTE D'APRÈS L'*ENCYCLOPÉDIE*

Conte (Belles-Lettres). C'est un récit fabuleux en prose ou en vers, dont le mérite principal consiste dans la variété et la vérité des peintures, la finesse de la plaisanterie, la vivacité et la convenance du style, le contraste piquant des événements. Il y a cette différence entre le *conte* et la *fable,* que la fable ne contient qu'un seul et unique fait, renfermé dans un certain espace déterminé, et achevé dans un seul temps, dont la fin est d'amener quelque axiome de morale, et d'en rendre la vérité sensible ; au lieu qu'il n'y a dans le *conte* ni unité de temps, ni unité d'action, ni unité de lieu, et que son but est moins d'instruire que d'amuser. La *fable* est souvent un monologue ou une scène de comédie ; le *conte* est une suite de comédies enchaînées les unes aux autres. La Fontaine excelle dans les deux genres, quoiqu'il ait quelques fables de trop, et quelques contes trop longs.

Conte, fable, roman, syn. (Grammaire) : désignent des récits qui ne sont pas vrais : avec cette différence que *fable* est un récit dont le but est moral, et dont la fausseté est souvent sensible, comme lorsqu'on fait parler les animaux ou les arbres ; que *conte* est une histoire fausse et courte qui n'a rien d'impossible, ou une fable sans but moral, et *roman* un long *conte*. On dit les *fables* de La Fontaine, les *contes* du même auteur, les contes de Mme d'Aunoy, le *roman* de la princesse de Clèves. *Conte* se dit aussi des histoires plaisantes, vraies ou fausses, que l'on fait dans la conversation. *Fable*, d'un fait historique donné pour vrai, et reconnu pour faux ; et *roman,* d'une suite d'aventures singulières réellement arrivées à quelqu'un.

III. QUAND LA PHILOSOPHIE SE SERT DE L'ORIENT

1. DICTIONNAIRE PHILOSOPHIQUE
Article
FEMME

La vogue de l'orientalisme n'a jamais signifié une connaissance très précise des mœurs orientales. Voltaire dénonce ici « deux grandes erreurs », d'autant plus volontiers qu'elles ricochent évidemment d'abord sur les Lettres persanes *et l'*Esprit des lois *de Montesquieu. C'est l'occasion de remarquer qu'il n'est guère question de sérail et de polygamie dans ses fictions orientalisées. C'est dans* Candide *(chap. 12) que la Vieille aboutit dans le sérail d'un aga des janissaires, au demeurant « très galant homme ».*

L'ignorance a prétendu longtemps que les femmes sont esclaves pendant leur vie chez les mahométans, et qu'après leur mort elles n'entrent point dans le paradis. Ce sont deux grandes erreurs, telles qu'on en a débité toujours sur le mahométisme. Les épouses ne sont pas du tout esclaves. Le sura ou chapitre IV du *Koran* leur assigne un douaire. Une fille doit avoir la moitié du bien dont hérite son frère. S'il n'y a que des filles, elles partagent entre elles les deux tiers de la succession, et le reste appartient aux parents du mort ; chacune des deux lignes en aura la sixième partie ; et la mère du mort a aussi un droit dans la succession. Les épouses sont si peu esclaves qu'elles ont permission de demander le divorce, qui leur est accordé quand leurs plaintes sont jugées légitimes.

Il n'est pas permis aux musulmans d'épouser leur belle-sœur, leur nièce, leur sœur de lait, leur belle-fille élevée sous la garde de leur femme ; il n'est pas permis d'épouser les deux sœurs. En cela ils sont bien plus sévères que les chrétiens, qui tous les jours achètent à Rome le droit de contracter de tels mariages, qu'ils pourraient faire *gratis*.

Polygamie. — Mahomet a réduit le nombre illimité des épouses à quatre. Mais comme il faut être extrêmement riche pour entretenir quatre femmes selon leur condition, il n'y a que les plus grands seigneurs qui puissent user d'un tel privilège. Ainsi la pluralité des femmes ne fait point aux États musulmans le tort que nous leur reprochons si souvent, et ne les dépeuple pas, comme on le répète tous les jours dans tant de livres écrits au hasard.

[...]

Suite des réflexions sur la polygamie. — Il semble que le pouvoir et non la convention ait fait toutes les lois, surtout en Orient. C'est là qu'on voit les premiers esclaves, les premiers eunuques, le trésor du prince composé de ce qu'on a pris au peuple.

Qui peut vêtir, nourrir et amuser plusieurs femmes, les a dans sa ménagerie, et leur commande despotiquement.

Ben-Aboul-Kiba, dans son *Miroir des fidèles,* rapporte qu'un des vizirs du grand Soliman tint ce discours à un agent du grand Charles-Quint :

« Chien de chrétien, pour qui j'ai d'ailleurs une estime toute particulière, peux-tu bien me reprocher d'avoir quatre femmes selon nos saintes lois, tandis que tu vides douze quartauts par an, et que je ne bois pas un verre de vin ? Quel bien fais-tu au monde en passant plus d'heures à table que je n'en passe au lit ? Je peux donner quatre enfants chaque année pour le service de mon auguste maître ; à peine en peux-tu fournir un. Et qu'est-ce que l'enfant d'un ivrogne ? Sa cervelle sera offusquée des vapeurs du vin qu'aura bu son père. Que veux-tu d'ailleurs que je devienne quand deux de mes femmes sont en couche ? ne faut-il pas que j'en serve deux autres, ainsi que ma loi me le commande ? Que deviens-tu, quel rôle joues-tu dans les derniers mois de la grossesse de ton unique femme, et pendant ses couches, et pendant ses maladies ? Il faut que tu restes dans une oisiveté honteuse, ou que tu cherches une autre femme. Te voilà nécessairement entre deux péchés mortels, qui te feront tomber tout roide, après ta mort, du pont aigu au fond de l'enfer.

« Je suppose que dans nos guerres contre les chiens de chrétiens nous perdions cent mille soldats : voilà près de cent mille filles à pourvoir. N'est-ce pas aux riches à prendre soin d'elles ? Malheur à tout musulman assez tiède pour ne pas donner retraite chez lui à quatre jolies filles en qualité de ses légitimes épouses, et pour ne pas les traiter selon leurs mérites !

« Comment donc sont faits dans ton pays la trompette du jour, que tu appelles *coq*, l'honnête bélier, prince des troupeaux, le taureau, souverain des vaches ? chacun d'eux n'a-t-il pas son sérail ? Il te sied bien vraiment de me reprocher mes quatre femmes, tandis que notre grand prophète en a eu dix-huit, David le Juif autant, et Salomon le Juif sept cents de compte fait, avec trois cents concubines ! Tu vois combien je suis modeste. Cesse de reprocher la gourmandise à un sage qui fait de si médiocres repas. Je te permets de boire ; permets-moi d'aimer. Tu changes de vins, souffre que je change de femmes. Que chacun laisse vivre les autres à la mode de leur pays. Ton chapeau n'est point fait pour donner des lois à mon turban ; ta fraise et ton petit manteau ne doivent point commander à mon doliman. Achève de prendre ton café avec moi, et va-t'en caresser ton Allemande, puisque tu es réduit à elle seule. »

Réponse de l'Allemand. — « Chien de musulman, pour qui je conserve une vénération profonde, avant d'achever mon café je veux confondre tes propos. Qui possède quatre femmes possède quatre harpies, toujours prêtes à se calomnier, à se nuire, à se battre ; le logis est l'antre de la Discorde. Aucune d'elles ne peut t'aimer ; chacune n'a qu'un quart de ta personne, et ne pourrait tout au plus te donner que le quart de son cœur. Aucune ne peut te rendre la vie agréable ; ce sont des prisonnières qui n'ayant jamais rien vu n'ont rien à te dire. Elles ne connaissent que toi : par conséquent tu les ennuies. Tu es leur maître absolu : donc elles te haïssent. Tu es obligé de les faire garder par un eunuque, qui leur donne le fouet quand elles ont fait trop de bruit. Tu oses te comparer à un coq ! mais jamais un coq n'a fait fouetter ses poules par un chapon. Prends tes exemples chez les animaux ; ressemble-leur tant que tu voudras : moi je veux aimer en homme ; je veux donner tout mon cœur, et qu'on me donne le sien. Je rendrai compte de cet entretien ce soir à ma femme, et j'espère qu'elle en sera contente. À l'égard du vin que tu me reproches, apprends que s'il est mal d'en boire en Arabie, c'est une habitude très louable en Allemagne. Adieu. »

2. DE L'HORRIBLE DANGER
DE LA LECTURE
(1765)

Ce superbe morceau est à double détente ; car il est d'autres fakirs qu'à Stamboul, et une autre Mecque qu'en Arabie.

Nous Joussouf-Chéribi, par la grâce de Dieu mouphti du Saint-Empire ottoman, lumière des lumières, élu entre les élus, à tous les fidèles qui ces présentes verront, sottise et bénédiction.

Comme ainsi soit que Saïd Effendi, ci-devant ambassadeur de la Sublime-Porte vers un petit État nommé Frankrom, situé entre l'Espagne et l'Italie, a rapporté parmi nous le pernicieux usage de l'imprimerie[1], ayant consulté sur cette nouveauté nos vénérables frères les cadis et imans de la ville impériale de Stamboul, et surtout les fakirs connus par leur zèle contre l'esprit, il a semblé bon à Mahomet et à nous de condamner, proscrire, anathématiser ladite infernale invention de l'imprimerie, pour les causes ci-dessous énoncées.

1. Cette facilité de communiquer ses pensées tend évidemment à dissiper l'ignorance, qui est la gardienne et la sauvegarde des États bien policés.

2. Il est à craindre que, parmi les livres apportés d'Occident, il ne s'en trouve quelques-uns sur l'agriculture et sur les moyens de perfectionner les arts mécaniques, lesquels ouvrages pourraient à la longue, ce qu'à Dieu ne plaise, réveiller le génie de nos cultivateurs et de nos manufacturiers, exciter leur industrie, augmenter leurs richesses, et leur inspirer un jour quelque élévation d'âme, quelque amour du bien public, sentiments absolument opposés à la saine doctrine.

3. Il arriverait à la fin que nous aurions des livres d'histoire dégagés du merveilleux qui entretient la nation dans une

---

1. En 1726.

heureuse stupidité. On aurait dans ces livres l'imprudence de rendre justice aux bonnes et aux mauvaises actions, et de recommander l'équité et l'amour de la patrie, ce qui est visiblement contraire aux droits de notre place.

4. Il se pourrait, dans la suite des temps, que de misérables philosophes, sous le prétexte spécieux, mais punissable, d'éclairer les hommes et de les rendre meilleurs, viendraient nous enseigner des vertus dangereuses dont le peuple ne doit jamais avoir de connaissance.

5. Ils pourraient, en augmentant le respect qu'ils ont pour Dieu, et en imprimant scandaleusement qu'il remplit tout de sa présence, diminuer le nombre des pèlerins de La Mecque, au grand détriment du salut des âmes.

6. Il arriverait sans doute qu'à force de lire les auteurs occidentaux qui ont traité des maladies contagieuses, et de la manière de les prévenir, nous serions assez malheureux pour nous garantir de la peste, ce qui serait un attentat énorme contre les ordres de la Providence.

À ces causes et autres, pour l'édification des fidèles et pour le bien de leurs âmes, nous leur défendons de jamais lire aucun livre, sous peine de damnation éternelle. Et, de peur que la tentation diabolique ne leur prenne de s'instruire, nous défendons aux pères et aux mères d'enseigner à lire à leurs enfants. Et, pour prévenir toute contravention à notre ordonnance, nous leur défendons expressément de penser, sous les mêmes peines ; enjoignons à tous les vrais croyants de dénoncer à notre officialité quiconque aurait prononcé quatre phrases liées ensemble, desquelles on pourrait inférer un sens clair et net. Ordonnons que dans toutes les conversations on ait à se servir de termes qui ne signifient rien, selon l'ancien usage de la Sublime-Porte.

Et pour empêcher qu'il n'entre quelque pensée en contrebande dans la sacrée ville impériale, commettons spécialement le premier médecin de Sa Hautesse[1], né dans un marais de l'Occident septentrional ; lequel médecin, ayant déjà tué quatre personnes augustes de la famille ottomane[2], est intéressé plus que personne à prévenir toute introduction de connaissances dans le pays ; lui donnons pouvoir, par ces présentes,

---

1. Van Swieten, médecin de l'impératrice à Vienne, et adversaire de Voltaire.
2. Allusion à quatre décès dans la famille impériale.

de faire saisir toute idée qui se présenterait par écrit ou de bouche aux portes de la ville, et nous amener ladite idée pieds et poings liés, pour lui être infligé par nous tel châtiment qu'il nous plaira.

Donné dans notre palais de la stupidité, le 7 de la lune de Muharem, l'an 1143 de l'hégire.

3. DICTIONNAIRE PHILOSOPHIQUE
Article
NÉCESSAIRE

Là encore, le lecteur est tenu de mettre Jésus-Christ dans le même sac que Mahomet. Mais le problème de la nécessité déborde de beaucoup la satire du dogmatisme théologique. Comment concilier l'existence de Dieu et la réalité du mal ? Le théisme voltairien ne cesse de ruminer ce problème, qu'il a au moins l'honnêteté (assez rare) de reconnaître insoluble. Sans perdre pour autant son sens de l'humour et son ironie agressive.

NÉCESSAIRE

OSMIN
Ne dites-vous pas que tout est nécessaire ?

SÉLIM
Si tout n'était pas nécessaire, il s'ensuivrait que Dieu aurait fait des choses inutiles.

OSMIN
C'est-à-dire qu'il était nécessaire à la nature divine qu'elle fît tout ce qu'elle a fait.

SÉLIM
Je le crois, ou du moins je le soupçonne. Il y a des gens qui pensent autrement : je ne les entends point ; peut-être ont-ils raison. Je crains la dispute sur cette matière.

OSMIN
C'est aussi d'un autre nécessaire que je veux vous parler.

SÉLIM
Quoi donc ? de ce qui est nécessaire à un honnête homme

pour vivre ? du malheur où l'on est réduit quand on manque du nécessaire ?

OSMIN

Non ; car ce qui est nécessaire à l'un ne l'est pas toujours à l'autre : il est nécessaire à un Indien d'avoir du riz, à un Anglais d'avoir de la viande ; il faut une fourrure à un Russe, et une étoffe de gaze à un Africain ; tel homme croit que douze chevaux de carrosse lui sont nécessaires, tel autre se borne à une paire de souliers, tel autre marche gaiement pieds nus : je veux vous parler de ce qui est nécessaire à tous les hommes.

SÉLIM

Il me semble que Dieu a donné tout ce qu'il fallait à cette espèce : des yeux pour voir, des pieds pour marcher, une bouche pour manger, un œsophage pour avaler, un estomac pour digérer, une cervelle pour raisonner, des organes pour produire leurs semblables.

OSMIN

Comment donc arrive-t-il que des hommes naissent privés d'une partie de ces choses nécessaires ?

SÉLIM

C'est que les lois générales de la nature ont amené des accidents qui ont fait naître des monstres ; mais en général l'homme est pourvu de tout ce qu'il lui faut pour vivre en société.

OSMIN

Y a-t-il des notions communes à tous les hommes, qui servent à les faire vivre en société ?

SÉLIM

Oui. J'ai voyagé avec Paul Lucas, et partout où j'ai passé j'ai vu qu'on respectait son père et sa mère, qu'on se croyait obligé de tenir sa promesse, qu'on avait de la pitié pour les innocents opprimés, qu'on détestait la persécution, qu'on regardait la liberté de penser comme un droit de la nature, et les ennemis de cette liberté comme les ennemis du genre humain ; ceux qui pensent différemment m'ont paru des créatures mal organisées, des monstres comme ceux qui sont nés sans yeux et sans mains.

OSMIN

Ces choses nécessaires le sont-elles en tout temps et en tous lieux ?

SÉLIM

Oui ; sans cela elles ne seraient pas nécessaires à l'espèce humaine.

OSMIN

Ainsi une créance qui est nouvelle n'était pas nécessaire à cette espèce. Les hommes pouvaient très bien vivre en société et remplir leurs devoirs envers Dieu, avant de croire que Mahomet ait eu de fréquents entretiens avec l'ange Gabriel.

SÉLIM

Rien n'est plus évident : il serait ridicule de penser qu'on n'eût pu remplir ses devoirs d'homme avant que Mahomet fût venu au monde ; il n'était point du tout nécessaire à l'espèce humaine de croire à l'*Alcoran :* le monde allait avant Mahomet tout comme il va aujourd'hui. Si le mahométisme avait été nécessaire au monde, il aurait existé en tous lieux ; Dieu, qui nous a donné à tous deux yeux pour voir son soleil, nous aurait donné à tous une intelligence pour voir la vérité de la religion musulmane. Cette secte n'est donc que comme les lois positives qui changent selon les temps et selon les lieux, comme les modes, comme les opinions des physiciens, qui se succèdent les unes aux autres.

La secte musulmane ne pouvait donc être essentiellement nécessaire à l'homme.

OSMIN

Mais puisqu'elle existe, Dieu l'a permise ?

SÉLIM

Oui, comme il permet que le monde soit rempli de sottises, d'erreurs, et de calamités. Ce n'est pas à dire que les hommes soient tous essentiellement faits pour être sots et malheureux. Il permet que quelques hommes soient mangés par les serpents ; mais on ne peut pas dire : Dieu a fait l'homme pour être mangé par des serpents.

OSMIN

Qu'entendez-vous en disant : Dieu permet ? Rien peut-il arriver sans ses ordres ? Permettre, vouloir et faire, n'est-ce pas pour lui la même chose ?

SÉLIM

Il permet le crime, mais il ne le fait pas.

OSMIN

Faire un crime, c'est agir contre la justice divine, c'est désobéir à Dieu. Or Dieu ne peut désobéir à lui-même, il ne peut commettre de crime ; mais il a fait l'homme de façon que l'homme en commet beaucoup : d'où vient cela ?

SÉLIM

Il y a des gens qui le savent, mais ce n'est pas moi. Tout ce que je sais bien c'est que l'*Alcoran* est ridicule, quoique de temps en temps il y ait d'assez bonnes choses. Certainement l'*Alcoran* n'était point nécessaire à l'homme ; je m'en tiens là : je vois clairement ce qui est faux, et je connais très peu ce qui est vrai.

OSMIN

Je croyais que vous m'instruiriez, et vous ne m'apprenez rien.

SÉLIM

N'est-ce pas beaucoup de connaître les gens qui vous trompent, et les erreurs grossières et dangereuses qu'ils vous débitent ?

OSMIN

J'aurais à me plaindre d'un médecin qui me ferait une exposition des plantes nuisibles, et qui ne m'en montrerait pas une salutaire.

SÉLIM

Je ne suis point médecin, et vous n'êtes point malade ; mais il me semble que je vous donnerais une fort bonne recette si je vous disais : Défiez-vous de toutes les inventions des charlatans, adorez Dieu, soyez honnête homme, et croyez que deux et deux font quatre.

4. AVIS À TOUS LES ORIENTAUX

Ce manifeste dénonciateur n'a, semble-t-il, jamais été publié du vivant de Voltaire. Il appartient évidemment à la campagne lancée de Ferney contre l'Infâme. Il n'en pose pas moins un problème réel : celui du droit que se sont octroyés les Européens de convertir les peuples étrangers. La réciproque ne va apparemment pas de soi, comme le prouvent les campagnes contre les « sectes ».

Toutes les nations de l'Asie et de l'Afrique doivent être averties du danger qui les menace depuis longtemps. Il y a dans le fond de l'Europe, et surtout dans la ville de Rome, une secte qui se nomme les *chrétiens catholiques* : cette secte envoie des espions dans tout l'univers, tantôt sur des vaisseaux marchands, tantôt sur des vaisseaux armés en guerre. Elle a subjugué une partie du vaste continent de l'Amérique, qui est la quatrième partie du monde. Elle-même avoue qu'elle y massacra dix fois douze cent mille habitants pour prévenir les révoltes contre un pouvoir despotique et contre sa religion. Il s'est écoulé environ cent trente révolutions du soleil depuis que cette secte, soi-disant catholique chrétienne, ayant trouvé le moyen de s'établir dans le Japon, autrement Nipon, elle voulut exterminer toutes les autres sectes, et causa une des plus furieuses guerres civiles qui aient jamais désolé un royaume. Le Japon nagea dans le sang, et, depuis cette affreuse époque, les habitants ont été obligés de fermer leur pays à tous les étrangers, de peur qu'il n'entre chez eux des chrétiens.

Les espions appelés *jésuites,* que le prêtre prince de Rome avait envoyés à la Chine, commençaient déjà à causer du trouble dans ce vaste empire, lorsque l'empereur Yong-tching, d'heureuse mémoire, renvoya tous ces dangereux hôtes à Macao, et maintint, par leur bannissement, la paix dans son empire.

Ces mêmes jésuites se sont soumis, en Amérique, un pays de quatre cent soixante milles de circonférence ; on dit qu'ils ont civilisé les habitants : ces peuples, en effet, sont civils au point d'être esclaves des bonzes et fakirs catholiques connus sous le nom de jésuites.

Ces mêmes catholiques ont fait plus d'une tentative pour subjuguer le royaume d'Abyssinie.

Le nom de *catholique* signifie universel ; ce nom leur suffit pour persuader aux idiots qu'on doit dans tout l'univers croire à leurs dogmes, et se soumettre à leur pouvoir ; ces dogmes sont le comble de la démence, et ils disent que c'est précisément ce qui convient au genre humain. Non seulement ils annoncent trois dieux qui n'en font qu'un, mais ils disent qu'un de ces trois dieux a été pendu. Ils prétendent le ressusciter tous les jours avec des paroles ; ils le mettent dans un morceau de pain ; ils le mangent, et le rendent avec les autres excréments. C'est à cette doctrine qu'ils veulent que tous les hommes se soumettent ; et quand ils sont les plus forts, ils font mourir dans les tourments tous ceux qui osent opposer leur raison à cet excès de folie.

Ces tyrans extravagants se vantent d'être descendus d'un ancien peuple qu'on appelle hébreu, juif, ou israélite. Ils persécutent avec férocité ces Juifs dont ils se disent les enfants : ils en font des sacrifices à leurs trois dieux, et surtout à celui qu'ils changent en un morceau de pain ; et pendant ces sacrifices de chair humaine, ils chantent les hymnes composés autrefois par ces mêmes Juifs qu'ils immolent. S'ils ont traité avec tant de barbarie toutes les nations étrangères, ils ont exercé mutuellement les mêmes fureurs contre toutes les petites sectes dans lesquelles leur religion est divisée. Il n'y a point de province en Europe que la religion chrétienne n'ait remplie de carnage. Cette barbare égorge chez elle ses propres enfants de la même main qui a porté la désolation aux extrémités du monde.

Il est donc nécessaire qu'on fasse passer ces excès dans toutes les langues, et qu'on les dénonce à toutes les nations.

FIN DE L'AVIS À TOUS LES ORIENTAUX

5. ÉPÎTRE
ÉCRITE DE CONSTANTINOPLE AUX FRÈRES
(1767)

> *Aux religions fondées sur des fables, aux religions divisées et ennemies, s'oppose ici une vibrante profession de foi théiste. Elle est adressée aux « frères », c'est-à-dire aux philosophes, dont on feint d'ignorer que certains ont versé dans l'athéisme. On notera que « le plus bas peuple » n'est pas exclu de cette religion éclairée : tous les frères n'en tombaient pas d'accord.*

Nos frères, qui êtes répandus sur la terre, et non dispersés, qui habitez les îles de Niphon et celles des Cassitérides, qui êtes unis dans les mêmes sentiments sans vous les être communiqués, adorateurs d'un seul Dieu, pieux sans superstition, religieux sans cérémonies, zélés sans enthousiasme, recevez ce témoignage de notre union et de notre amitié ; nous aimons tous les hommes ; mais nous vous chérissons par-dessus les autres, et nous offrons avec vous nos purs hommages au Dieu de tous les globes, de tous les temps et de tous les êtres.

Nos cruels ennemis, les brames, les fakirs, les bonzes, les talapoins, les derviches, les marabouts, ne cessent d'élever contre vous leurs voix discordantes ; divisés entre eux dans leurs fables, ils semblent réunis contre notre vérité simple et auguste. Ces aveugles, qui se battent à tâtons, sont tous armés contre nous, qui marchons paisiblement à la lumière.

Ils ne savent pas quelles sont nos forces. Nous remplissons toute la terre ; les temples ne pourraient nous contenir, et notre temple est l'univers. Nous étions avant qu'aucune de ces sectes eût pris naissance. Nous sommes encore tels que furent nos premiers pères sortis des mains de l'Éternel ; nous lui offrons comme eux des vœux simples dans l'innocence et dans la paix. Notre religion réelle a vu naître et mourir mille cultes fantastiques, ceux de Zoroastre, d'Osiris, de Zamolxis, d'Orphée, de Numa, d'Odin, et de tant d'autres. Nous subsistons toujours les mêmes au milieu des sectaires de Fo, de Brama, de Xaca, de Vishnou, de Mahomet. Ils nous appellent impies, et nous leur répondons en adorant Dieu avec piété.

Nous gémissons de voir que ceux qui croient que Mahomet a mis la moitié de la lune dans sa manche soient toujours secrètement disposés à empaler ceux qui pensent que Mahomet n'y en a mis que le quart.

Nous n'envions point les richesses des mosquées, que les imans tremblent toujours de perdre ; au contraire, nous souhaitons qu'ils jouissent tous d'une vie douce et commode, qui leur inspire des mœurs faciles et indulgentes.

Le muphti n'a que huit mille sequins de revenu ; nous voudrions qu'il en eût davantage pour soutenir sa dignité, pourvu qu'il n'en abuse pas.

Supposé que les États du grand lama soient bien gouvernés, que les arts et le commerce y fleurissent, que la tolérance y soit établie, nous pardonnons aux peuples du Thibet de croire que le grand lama a toujours raison, quand il dit que deux et deux font cinq. Nous leur pardonnons de le croire immortel, quand ils le voient enterrer ; mais s'il était encore sur la terre un peuple ennemi de tous les peuples, qui pensât que Dieu, le père commun de tous les hommes, le tira par bonté du fertile pays de l'Inde pour le conduire dans les sables de Rohoba, et pour lui ordonner d'exterminer tous les habitants du pays voisin, nous déclarons cette nation de voleurs la nation la plus abominable du globe, et nous détestons ses superstitions sacrilèges autant que nous plaignons les ignicoles chassés injustement de leur pays par Omar.

S'il était encore un petit peuple qui s'imaginât que Dieu n'a fait le soleil, la lune et les étoiles que pour lui ; que les habitants des autres globes n'ont été occupés qu'à lui fournir de la lumière, du pain, du vin, et de la rosée, et qu'il a été créé pour mettre de l'argent à usure, nous pourrions permettre à cette troupe de fanatiques imbéciles de nous vendre quelquefois des cafetans et des dolimans ; mais nous aurions pour lui le mépris qu'il mérite.

S'il était quelque autre peuple à qui on eût fait accroire que ce qui a été vrai est devenu faux ; s'il pense que l'eau du Gange est absolument nécessaire pour être réuni à l'Être des êtres ; s'il se prosterne devant des ossements de morts et devant quelques haillons ; si ses fakirs ont établi un tribunal qui condamne à expirer dans les flammes ceux qui ont douté un moment de quelques opinions des fakirs ; si un tel peuple existe, nous verserons sur lui des larmes. Nous apprenons avec consolation que déjà plusieurs nations ont adopté un culte plus raisonnable, qu'elles adressent leurs hommages au Dieu suprême, sans adorer la jument Borak qui porta Mahomet au troisième ciel ; que ces peuples mangent hardiment du cochon et des anguilles, sans croire offenser le Créateur. Nous les exhortons à perfectionner de plus en plus la pureté de leur culte.

Nous savons que nos ennemis crient, depuis des siècles, qu'il faut tromper le peuple ; mais nous croyons que le plus bas peuple est capable de connaître la vérité. Pourquoi les mêmes hommes à qui on ne peut faire accroire qu'un sequin en vaut deux croiraient-ils que le Dieu Sammonocodom a coupé toute une forêt en jouant au cerf-volant ?

Serait-il si difficile d'accoutumer les bachas et les charbonniers, les sultans et les fendeurs de bois, qui sont tous également hommes, à se contenter de croire un Dieu infini, éternel, juste, miséricordieux, récompensant au-delà du mérite, et punissant sévèrement le vice sans colère et sans tyrannie ?

Quel est l'homme dont la raison puisse se soulever, quand on lui recommande l'adoration de l'Être suprême, l'amour du prochain et de la justice ?

Quel encouragement aura-t-on de plus à la vertu, quand on s'égorgera pour savoir si la mère du dieu Fo accoucha par l'oreille ou par le nez ? En sera-t-on meilleur père, meilleur fils, meilleur citoyen ?

On distribue au peuple du Thibet les reliques de la chaise percée du dalaï-lama ; on les enchâsse dans de l'ivoire ; les saintes femmes les portent à leur cou : ne pourrait-on pas, à toute force, se rendre agréable à Dieu par une vie pure, sans être paré de ces beaux ornements, qui après tout sont étrangers à la morale ?

Nous ne prétendons point offenser les lamas, les bonzes, les talapoins, les derviches, à Dieu ne plaise ; mais nous pensons que si l'on en faisait des chaudronniers, des cardeurs de laine, des maçons, des charpentiers, ils seraient bien plus utiles au genre humain : car enfin nous avons un besoin continuel de bons ouvriers, et nous n'avons pas un besoin si marqué d'une multitude innombrable de lamas et de fakirs.

Priez Dieu pour eux et pour nous.

Donné à Constantinople, le 10e de la lune de sheval, l'an de l'hégire 1215.

6. DICTIONNAIRE PHILOSOPHIQUE
Article
CATÉCHISME DU JARDINIER
ou
ENTRETIEN DU BACHA TUCTAN ET DU JARDINIER KARPOS
(1765)

Succulent dialogue, qui aborde comme en se jouant, avec un incroyable naturel, bien des problèmes, dont celui des rapports de la religion et de la politique.

TUCTAN

Eh bien ! mon ami Karpos, tu vends cher tes légumes ; mais ils sont bons... De quelle religion es-tu à présent ?

KARPOS

Ma foi, mon bacha, j'aurais bien de la peine à vous le dire. Quand notre petite île de Samos appartenait aux Grecs, je me souviens que l'on me faisait dire que l'*agion pneuma* n'était produit que du *tou patrou* ; on me faisait prier Dieu tout droit sur mes deux jambes, les mains croisées : on me défendait de manger du lait en carême. Les Vénitiens sont venus, alors mon curé vénitien m'a fait dire qu'*agion pneuma* venait du *tou patrou* et du *tou viou*, m'a permis de manger du lait, et m'a fait prier Dieu à genoux. Les Grecs sont revenus, et ont chassé les Vénitiens : alors il a fallu renoncer au *tou viou* et à la crème. Vous avez enfin chassé les Grecs, je vous entends crier *Alla illa Alla* de toutes vos forces. Je ne sais plus trop ce que je suis ; j'aime Dieu de tout mon cœur, et je vends mes légumes fort raisonnablement.

TUCTAN

Tu as là de très belles figues.

KARPOS

Mon bacha, elles sont fort à votre service.

TUCTAN

On dit que tu as aussi une jolie fille.

KARPOS

Oui, mon bacha ; mais elle n'est pas à votre service.

TUCTAN

Pourquoi cela, misérable ?

KARPOS

C'est que je suis un honnête homme : il m'est permis de vendre mes figues, mais non pas de vendre ma fille.

TUCTAN

Et par quelle loi ne t'est-il pas permis de vendre ce fruit-là ?

KARPOS

Par la loi de tous les honnêtes jardiniers ; l'honneur de ma fille n'est point à moi, il est à elle : ce n'est pas une marchandise.

TUCTAN

Tu n'es donc pas fidèle à ton bacha ?

KARPOS

Très fidèle dans les choses justes, tant que vous serez mon maître.

TUCTAN

Mais si ton papa grec faisait une conspiration contre moi, et s'il t'ordonnait de la part du *tou patrou* et du *tou viou* d'entrer dans son complot, n'aurais-tu pas la dévotion d'en être ?

KARPOS

Moi ? point du tout, je m'en donnerais bien de garde.

TUCTAN

Et pourquoi refuserais-tu d'obéir à ton papa grec dans une occasion si belle ?

KARPOS

C'est que je vous ai fait serment d'obéissance, et que je sais bien que le *tou patrou* n'ordonne point les conspirations.

TUCTAN

J'en suis bien aise ; mais si par malheur tes Grecs reprenaient l'île et me chassaient, me serais-tu fidèle ?

KARPOS

Eh ! comment alors pourrais-je vous être fidèle, puisque vous ne seriez plus mon bacha ?

TUCTAN

Et le serment que tu m'as fait, que deviendrait-il ?

KARPOS

Il serait comme mes figues, vous n'en tâteriez plus. N'est-il pas vrai (sauf respect) que si vous étiez mort, à l'heure que je vous parle, je ne vous devrais plus rien ?

TUCTAN

La supposition est incivile, mais la chose est vraie.

KARPOS

Eh bien ! si vous étiez chassé, c'est comme si vous étiez mort : car vous auriez un successeur auquel il faudrait que je fisse un autre serment. Pourriez-vous exiger de moi une fidélité qui ne vous servirait à rien ? C'est comme si, ne pouvant manger de mes figues, vous vouliez m'empêcher de les vendre à d'autres.

TUCTAN

Tu es un raisonneur : tu as donc des principes ?

KARPOS

Oui, à ma façon ; ils sont en petit nombre, mais ils me suffisent ; et si j'en avais davantage, ils m'embarrasseraient.

TUCTAN

Je serais curieux de savoir tes principes.

KARPOS

C'est, par exemple, d'être bon mari, bon père, bon voisin, bon sujet, et bon jardinier ; je ne vais pas au-delà, et j'espère que Dieu me fera miséricorde.

TUCTAN

Et crois-tu qu'il me fera miséricorde, à moi, qui suis le gouverneur de ton île ?

KARPOS

Et comment voulez-vous que je le sache ? Est-ce à moi à deviner comment Dieu en use avec les bachas ? C'est une affaire entre vous et lui ; je ne m'en mêle en aucune sorte. Tout ce que j'imagine, c'est que si vous êtes un aussi honnête bacha que je suis honnête jardinier, Dieu vous traitera fort bien.

TUCTAN

Par Mahomet ! je suis fort content de cet idolâtre-là. Adieu, mon ami ; Alla vous ait en sa sainte garde !

KARPOS

Grand merci. Théos ait pitié de vous, mon bacha !

7. POT-POURRI
(1765)

Faut-il considérer Pot-pourri *comme un conte ? Peu importe : il interpelle les Français plus que Voltaire ne pouvait évidemment le supposer.*

V

Il n'y a pas longtemps que le chevalier Roginante, gentilhomme ferrarois, qui voulait faire une collection de tableaux de l'école flamande, alla faire des emplettes dans Amsterdam. Il marchanda un assez beau christ chez le sieur Vandergru. « Est-il possible, dit le Ferrarois au Batave, que vous qui n'êtes pas chrétien (car vous êtes Hollandais) vous ayez chez vous un Jésus ? — Je suis chrétien et catholique », répondit M. Vandergru, sans se fâcher ; et il vendit son tableau assez cher. « Vous croyez donc Jésus-Christ Dieu ? lui dit Roginante. — Assurément », dit Vandergru.

Un autre curieux logeait à la porte attenante, c'était un socinien ; il lui vendit une Sainte Famille. « Que pensez-vous de l'enfant ? dit le Ferrarois. — Je pense, répondit l'autre, que ce fut la créature la plus parfaite que Dieu ait mise sur la terre. »

De là le Ferrarois alla chez Moïse Mansebo, qui n'avait que de beaux paysages, et point de Sainte Famille. Roginante lui demanda pourquoi on ne trouvait pas chez lui de pareils sujets. « C'est, dit-il, que nous avons cette famille en exécration. »

Roginante passa chez un fameux anabaptiste, qui avait les plus jolis enfants du monde ; il leur demanda dans quelle église ils avaient été baptisés. « Fi donc ! Monsieur, lui dirent les enfants ; grâce à Dieu, nous ne sommes point encore baptisés. »

Roginante n'était pas au milieu de la rue qu'il avait déjà vu une douzaine de sectes entièrement opposées les unes aux autres. Son compagnon de voyage, M. Sacrito, lui dit : « Enfuyons-nous vite, voilà l'heure de la Bourse ; tous ces gens-ci vont s'égorger sans doute, selon l'antique usage, puisqu'ils pensent tous diversement ; et la populace nous assommera, pour être sujets du pape. »

Ils furent bien étonnés quand ils virent toutes ces bonnes gens-là sortir de leurs maisons avec leurs commis, se saluer civilement, et aller à la Bourse de compagnie. Il y avait ce jour-là, de compte fait, cinquante-trois religions sur la place, en comptant les arminiens et les jansénistes. On fit pour cinquante-trois millions d'affaires le plus paisiblement du monde, et le Ferrarois retourna dans son pays, où il trouva plus d'*agnus Dei* que de lettres de change.

On voit tous les jours la même scène à Londres, à Hambourg, à Dantzick, à Venise même, etc. Mais ce que j'ai vu de plus édifiant, c'est à Constantinople.

J'eus l'honneur d'assister, il y a cinquante ans, à l'installation d'un patriarche grec par le sultan Achmet III, dont Dieu veuille avoir l'âme. Il donna à ce prêtre chrétien l'anneau, et le bâton fait en forme de béquille. Il y eut ensuite une procession de chrétiens dans la rue Cléobule ; deux janissaires marchèrent à la tête de la procession. J'eus le plaisir de communier publiquement dans l'église patriarcale, et il ne tint qu'à moi d'obtenir un canonicat.

J'avoue qu'à mon retour à Marseille je fus fort étonné de ne point y trouver de mosquée. J'en marquai ma surprise à M. l'intendant et à M. l'évêque. Je leur dis que cela était fort incivil, et que si les chrétiens avaient des églises chez les musulmans on pouvait au moins faire aux Turcs la galanterie de quelques chapelles. Ils me promirent tous deux qu'ils en écriraient en cour ; mais l'affaire en demeura là, à cause de la constitution *Unigenitus*.

Ô mes frères les jésuites ! vous n'avez pas été tolérants, et on ne l'est pas pour vous. Consolez-vous ; d'autres à leur tour deviendront persécuteurs, et à leur tour ils seront abhorrés.

VI

Je contais ces choses, il y a quelques jours, à M. de Boucacous, Languedocien très chaud et huguenot très zélé. « *Cavalisque !* me dit-il, on nous traite donc en France comme les Turcs ; on leur refuse des mosquées, et on ne nous accorde point de temples ! »

IV. AUTOUR DE VOLTAIRE

1. LES MILLE ET UNE NUITS, CONTES ARABES

Prodiges et métamorphoses abondent dans Les Mille et Une Nuits. *On songe, à la lecture de cette histoire, au* Taureau blanc. *Mais le conte de Voltaire a des implications historiques et philosophiques totalement étrangères aux contes arabes : il renvoie à un âge de l'humanité, à un stade de développement de l'esprit humain. Le prodige est devenu un signe anthropologique.*

HISTOIRE DU PREMIER VIEILLARD ET DE LA BICHE

« Je vais donc, reprit le vieillard, commencer mon récit ; écoutez-moi, je vous prie, avec attention. Cette biche que vous voyez est ma cousine et de plus ma femme. Elle n'avait que douze ans quand je l'épousai ; ainsi je puis dire qu'elle ne devait pas moins me regarder comme son père que comme son parent et son mari.

Nous avons vécu ensemble trente années sans avoir eu d'enfants ; mais sa stérilité ne m'a point empêché d'avoir pour elle beaucoup de complaisance et d'amitié. Le seul désir d'avoir des enfants me fit acheter une esclave, dont j'eus un fils qui promettait infiniment. Ma femme en conçut de la jalousie, prit en aversion la mère et l'enfant, et cacha si bien ses sentiments que je ne les connus que trop tard.

Cependant mon fils croissait, et il avait déjà dix ans,

lorsque je fus obligé de faire un voyage. Avant mon départ, je recommandai à ma femme, dont je ne me défiais point, l'esclave et son fils, et la priai d'en avoir soin pendant mon absence, qui dura une année entière. Elle profita de ce temps-là pour contenter sa haine. Elle s'attacha à la magie, et, quand elle sut assez de cet art diabolique pour exécuter l'horrible dessein qu'elle méditait, la scélérate mena mon fils dans un lieu écarté. Là, par ses enchantements, elle le changea en veau, et le donna à mon fermier, avec ordre de le nourrir comme un veau, disait-elle, qu'elle avait acheté. Elle ne borna point sa fureur à cette action abominable ; elle changea l'esclave en vache, et la donna aussi à mon fermier.

A mon retour, je lui demandai des nouvelles de la mère et de l'enfant. ''Votre esclave est morte, me dit-elle ; et, pour votre fils, il y a deux mois que je ne l'ai vu et que je ne sais ce qu'il est devenu.'' Je fus touché de la mort de l'esclave ; mais, comme mon fils n'avait fait que disparaître, je me flattai que je pourrais le revoir bientôt. Néanmoins huit mois se passèrent sans qu'il revînt, et je n'en avais aucune nouvelle, lorsque la fête du grand Baïram arriva. Pour la célébrer, je mandai à mon fermier de m'amener une vache des plus grasses pour en faire un sacrifice. Il n'y manqua pas. La vache qu'il m'amena était l'esclave elle-même, la malheureuse mère de mon fils. Je la liai ; mais, dans le moment que je me préparais à la sacrifier, elle se mit à faire des beuglements pitoyables, et je m'aperçus qu'il coulait de ses yeux des ruisseaux de larmes. Cela me parut assez extraordinaire ; et, me sentant, malgré moi, saisi d'un mouvement de pitié, je ne pus me résoudre à la frapper. J'ordonnai à mon fermier de m'en aller prendre une autre.

Ma femme, qui était présente, frémit de ma compassion, et, s'opposant à un ordre qui rendait sa malice inutile : ''Que faites-vous, mon mari ? s'écria-t-elle. Immolez cette vache. Votre fermier n'en a pas de plus belle, ni qui soit plus propre à l'usage que nous en voulons faire.'' Par complaisance pour ma femme, je m'approchai de la vache ; et, combattant la pitié qui en suspendait le sacrifice, j'allais porter le coup mortel, quand la victime, redoublant ses pleurs et ses beuglements, me désarma une seconde fois. Alors je mis le maillet entre les mains du fermier en lui disant : ''Prenez, et sacrifiez-la vous-même ; ses beuglements et ses larmes me fendent le cœur.''

Le fermier, moins pitoyable que moi, la sacrifia. Mais, en

l'écorchant, il se trouva qu'elle n'avait que les os, quoiqu'elle nous eût paru très grasse. J'en eus un véritable chagrin. ''Prenez-la pour vous, dis-je au fermier, je vous l'abandonne ; faites-en des régals et des aumônes à qui vous voudrez ; et, si vous avez un veau bien gras, amenez-le-moi à sa place.'' Je ne m'informai pas de ce qu'il fit de la vache ; mais, peu de temps après qu'il l'eut fait enlever de devant mes yeux, je le vis arriver avec un veau fort gras. Quoique j'ignorasse que ce veau fût mon fils, je ne laissai pas de sentir émouvoir mes entrailles à sa vue. De son côté, dès qu'il m'aperçut, il fit un si grand effort pour venir à moi qu'il en rompit sa corde. Il se jeta à mes pieds, la tête contre terre, comme s'il eût voulu exciter ma compassion et me conjurer de n'avoir pas la cruauté de lui ôter la vie, en m'avertissant, autant qu'il lui était possible, qu'il était mon fils. »

IVe Nuit, traduction d'Antoine Galland, (1704-1717).

2. HAMILTON

Voltaire avait la plus grande admiration pour Antoine Hamilton, auteur des fameux Mémoires du chevalier de Gramont (1713). L'Histoire de Fleur d'Épine *passe pour un des meilleurs contes orientaux du XVIIIᵉ siècle.*

À deux mille quatre cent cinquante-trois lieues d'ici, est un certain pays qui s'appelle Cachemire, beau par excellence. Dans ce pays régnait un calife ; ce calife avait une fille, et cette fille un visage ; mais on souhaita plus d'une fois qu'elle n'en eût jamais eu. Sa beauté fut supportable jusqu'à quinze ans ; mais à cet âge on ne pouvait plus y durer : c'était la plus belle bouche du monde ; son nez était un chef-d'œuvre ; les lis de Cachemire, mille fois plus blancs que les nôtres, paraissaient sales auprès de son teint ; et la rose nouvelle paraissait impertinente, lorsqu'elle paraissait auprès de l'incarnat de ses joues.

Son front était unique en son espèce ; à l'égard de la forme et de l'éclat, sa blancheur était relevée par une pointe que formaient des cheveux plus noirs et plus brillants que du jais, ce qui lui avait fait donner le nom de Luisante : le tour de son visage semblait fait pour l'assemblage de tant de merveilles ; mais ses yeux gâtaient tout.

Personne n'avait pu les regarder assez longtemps pour en démêler la couleur ; car dès qu'on rencontrait ses regards, on croyait être frappé d'un éclair.

À l'âge de huit ans, le calife son père avait coutume de la faire venir pour se mirer dans son ouvrage, et pour faire dire mille pauvretés à ses courtisans sur ses jeunes attraits ; car dès lors on éteignait les bougies au milieu de la nuit, et il ne fallait point d'autre lumière que celle de ses petits yeux. Mais tout cela n'était, comme on dit, que jeux d'enfants : ce fut quand ces yeux eurent pris toute leur force qu'il n'y eut plus de raillerie auprès d'elle.

La florissante jeunesse de la cour y périssait misérablement, et l'on portait chaque jour en terre deux ou trois de ces petits-maîtres qui s'imaginent qu'il n'y a qu'à lorgner quand on trouve de beaux yeux ; ainsi, quand c'étaient des hommes qui la regardaient, le feu passait subitement des yeux jusqu'au fond du cœur, et en moins de vingt-quatre heures on mourait, prononçant tendrement son nom, et remerciant humblement ses beaux yeux de l'honneur qu'on avait de mourir de leurs coups.

À l'égard du beau sexe, il en allait autrement. Celles qui ne rencontraient ses regards que de loin, en étaient quittes pour un éblouissement qui durait toute la vie ; mais celles qui servaient auprès de sa personne payaient cet honneur un peu plus cher : sa dame d'atours, quatre filles d'honneur et leur vieille gouvernante, en étaient tout à fait aveugles.

Les grands du royaume, qui voyaient éteindre l'espoir de leurs familles par le feu que cet éclat fatal allumait, supplièrent le calife de vouloir remédier à un désordre qui privait leurs fils du jour, et leurs filles de la lumière.

Le calife fit assembler son conseil pour voir ce qu'il y aurait à faire ; son sénéchal y présidait, et ce sénéchal était le plus sot homme qui eût jamais présidé. Le calife n'avait eu garde de manquer à faire son premier ministre d'une tête comme celle-là.

Dès que l'affaire fut proposée, le conseil fut partagé sur les expédients.

Les uns furent d'avis de mettre Luisante dans un couvent, soutenant qu'il n'y aurait pas grand mal quand trois ou quatre douzaines de vieilles religieuses avec leur abbesse perdraient la vue pour le bien de l'État ; d'autres dirent qu'il fallait, par lettre de cachet, lui fermer les yeux jusqu'à nouvel ordre ; quelques-uns proposèrent de les lui faire crever si adroitement qu'elle n'en sentirait aucun mal, et s'offrirent d'en donner le secret.

Le calife, qui aimait tendrement sa fille, ne goûta aucun de ces conseils ; son sénéchal s'en aperçut. Il y avait une heure que le bonhomme pleurait ; et commençant sa harangue avant que d'essuyer ses yeux : Je pleurais, sire, dit-il, la mort de mon fils le comte, gentilhomme d'épée, à qui elle n'a de rien servi contre les regards de la princesse ; on le mit hier en terre : n'en parlons plus ; il est aujourd'hui question du service de votre majesté ; il faut oublier que je suis père, pour me souvenir que je suis sénéchal.

Ma douleur ne m'a pas empêché d'écouter les conseils qu'on vient de vous donner ; et, n'en déplaise à la compagnie, je les trouve impertinents. Voici le mien :

J'ai depuis quelque temps un écuyer chez moi : je ne sais ni d'où il vient ni ce qu'il est ; mais je sais bien que, depuis qu'il est avec moi, je ne me mêle plus des affaires de la maison ; c'est un démon qui sait tout ; et, quoique j'aie l'honneur d'être votre sénéchal, je ne suis qu'une bête auprès de lui ; ma femme me le dit tous les jours.

Or, si votre majesté trouvait bon de le consulter sur une affaire aussi difficile que celle-ci, je me persuade qu'elle en aurait contentement. Volontiers, mon sénéchal, dit le calife, d'autant que je serais bien aise de voir un homme qui eût plus d'esprit que vous.

On l'envoya chercher ; mais il refusa de venir qu'on n'eût renfermé la princesse et ses beaux yeux. Eh bien, sire, dit le sénéchal, que vous avais-je dit ? Ho ho ! dit le calife, il en sait beaucoup ; qu'on le fasse venir ; il ne verra point ma fille. Il ne fut pas longtemps à venir : il n'était ni bien ni mal fait ; cependant il avait quelque chose d'agréable dans l'air, et d'assez fin dans la physionomie.

Parlez-lui hardiment, sire, dit le sénéchal ; il entend toutes sortes de langues. Le calife, qui ne savait que la sienne, et même assez vulgairement, après avoir quelque temps rêvé pour trouver un tour spirituel : Mon ami, lui dit-il, comment vous appelez-vous ? Tarare ! répondit-il. Tarare ! dit le calife. Tarare ! dirent tous les conseillers. Tarare ! dit le sénéchal. Je vous demande, dit le calife, comment vous vous appelez ? Je le sais bien, sire, répliqua-t-il. Eh bien ? dit le calife. Tarare ! dit l'autre, en faisant la révérence... Et pourquoi vous appelez-vous Tarare ?... Parce que ce n'est pas mon nom. Et comment cela ? dit le calife. C'est que j'ai quitté mon nom pour prendre celui-là, dit-il ; ainsi je m'appelle Tarare, quoique ce ne soit pas mon nom. Il n'y a rien de si clair, dit le calife, et cependant j'aurais été plus d'un mois à le trouver. Eh bien, Tarare, que ferons-nous à ma fille ? Ce qu'il vous plaira, répondit-il.

Mais encore ? poursuivit le calife. Tout ce qu'il vous plaira, disait toujours Tarare.

Bref, dit le calife, mon sénéchal m'a dit qu'il fallait vous consulter sur le malheur qu'elle a de tuer ou de rendre aveugles tous ceux qui la regardent. Sire, dit Tarare,

La faute en est aux dieux qui la firent si belle,
Et non pas à ses yeux.

Mais si c'est un malheur que d'avoir de beaux yeux, voici, selon mon petit jugement, ce qu'il faudrait faire pour y remédier. La magicienne Serène sait tous les secrets de la nature ; envoyez-lui quelque bagatelle d'un million ou deux, et si elle ne vous enseigne un remède pour les yeux de la princesse, vous pouvez compter qu'il n'y en a point. En attendant, je serais d'avis qu'on imaginât quelque coiffure d'un beau vert pour y enfermer les cheveux de Luisante ; car je me trompe fort si leur éclat, joint à celui de ses yeux, n'est en partie cause que ses regards sont si dangereux ; et, pour lever tous les obstacles, ce sera moi, si votre majesté le trouve bon, qui consulterai la magicienne de votre part, puisque je sais sa demeure.

Le calife le trouva fort bon. Tarare fut chargé d'une bourse de diamants brillants, et d'un demi-boisseau de grosses perles pour Serène, et se mit en chemin, malgré les regrets de madame la sénéchale. [...]

Histoire de Fleur d'Épine, 1730.

3. CRÉBILLON

Crébillon (fils), romancier créatif qui n'a pas encore tout à fait le renom qu'il mérite, invente avec Le Sopha *un genre à succès : le conte oriental libertin. Trop orgueilleux pour imiter, Voltaire, quoi qu'on ait dit, va assez rarement dans ce sens. Le narrateur du* Sopha, *Amanzéi, sectateur de Brama transformé en sopha, raconte les diverses aventures dont il fut le siège. Mais Crébillon commence par se moquer de la mode des contes.*

— Vizir, Vizir, dit le Sultan, c'est beaucoup dire ! Ma grand-mère était une personne d'un rare mérite.

— En effet, s'écria la Sultane, il en faut beaucoup pour faire des contes ! Ne dirait-on pas, à vous entendre, qu'un conte est le chef-d'œuvre de l'esprit humain ? Et cependant quoi de plus puéril, de plus absurde ? Qu'est-ce qu'un ouvrage (s'il est vrai toutefois qu'un conte mérite de porter ce nom), qu'est-ce, dis-je, qu'un ouvrage où la vraisemblance est toujours violée, et où les idées reçues sont perpétuellement renversées ; qui, s'appuyant sur un faux et frivole merveilleux, n'emploie des êtres extraordinaires et la toute-puissance de la féerie, ne bouleverse l'ordre de la nature et celui des éléments que pour créer des objets ridicules, singulièrement imaginés, mais qui souvent n'ont rien qui rachète l'extravagance de leur création ? Trop heureux encore, si ces misérables fables ne gâtaient que l'esprit, et n'allaient point, par des peintures trop vives, et qui blessent la pudeur, porter jusques au cœur des impressions dangereuses ?

— Propos de *Caillette* ! dit gravement le Sultan. Grands mots qui ne signifient rien ! Ce que vous venez de dire a d'abord l'air d'être beau ; il saisit, il faut l'avouer ; mais avec le secours de la réflexion, il est impossible que... Au fond, il ne s'agit ici que de savoir si vous avez raison, et, comme je voulais vous le dire, et que je viens de le prouver, c'est ce que je ne crois pas : car ce n'est pas pour faire le bel esprit, assurément. Mais puisqu'un conte m'a toujours amusé, il est clair qu'il faut qu'un conte ne soit pas une chose si frivole.

Ce ne sera certainement pas à moi qu'on fera croire qu'un Sultan peut être uné bête. D'ailleurs, c'est-à-dire par parenthèse, il est tout aussi clair qu'une chose merveilleuse, j'entends par là une de ces choses... que je dirais bien, si c'était de cela qu'il fût question... mais parlons de bonne foi : que nous importe après tout ? Je soutiens, moi, que j'aime les contes, et qu'au surplus je ne les trouve plaisants que quand ils sont ce qu'on appelle entre gens sensés, un peu gaillards. Cela y jette un intérêt d'une vivacité... si vive ! Au reste, j'entends, je comprends bien : c'est comme si vous me disiez que vous savez des contes, et que vous en faites. Voilà véritablement ce qu'il me faut. Je pensais que, pour rendre les jours moins longs, il faudrait que chacun de nous racontât des histoires ; quand je dis des histoires, je m'entends bien ! Je veux des événements singuliers, des fées, des talismans : car ne vous y trompez pas, au moins ! Il n'y a que cela de vrai. Eh bien ! Nous convenons donc tous de faire des contes ? Mahomet veuille m'assister ! Mais je ne doute pas que même sans son secours, je n'en fasse de meilleurs que qui que ce soit, et la raison de cela, c'est que je sors d'une maison où l'on n'ignore pas que l'on en sait faire, et sans vanité d'assez bons.

Au reste, comme je suis sans partialité quelconque, je déclare que l'on parlera chacun à son tour ; que ce sera le sort qui décidera les places, et non ma volonté ; que j'entends que tout le monde ait la liberté de me faire des contes, et que chaque jour on parlera une demi-heure, plus ou moins, selon qu'il me conviendra.

En achevant ces paroles, il fit tirer au sort toute sa cour. Malgré les vœux du Vizir, il tomba sur un jeune courtisan qui, après en avoir reçu la permission du Sultan, commença ainsi.

Le Sopha, Introduction, 1740.

Aussitôt qu'elles furent sorties, Fatmé se mit à rêver profondément, mais sans tristesse, ses yeux s'attendrirent, ils errèrent languissamment dans le cabinet. Il semblait qu'elle désirât vivement quelque chose qu'elle n'avait pas, ou dont elle craignait de jouir. Enfin, elle appela.

À sa voix, un jeune esclave d'une figure plus fraîche qu'agréable, se présenta. Fatmé le fixant avec des yeux où régnaient l'amour et le désir, parut cependant irrésolue et craintive.

— Ferme la porte, Dahis, lui dit-elle enfin. Viens, nous sommes seuls, tu peux sans danger te souvenir que je t'aime, et me prouver ta tendresse !

Dahis, à cet ordre, quittant l'air respectueux d'un esclave, prit celui d'un homme que l'on rend heureux. Il me parut peu délicat, peu tendre, mais vif et ardent, dévoré de désirs, ne connaissant point l'art de les satisfaire par degrés, ignorant la galanterie, ne sentant point de certaines choses, ne détaillant rien, mais s'occupant essentiellement de tout. Ce n'était pas un amant, et pour Fatmé qui ne cherchait pas l'amusement, c'était quelque chose de plus nécessaire. Dahis louait grossièrement mais le peu de finesse de ses éloges ne déplaisait pas à Fatmé qui, pourvu qu'on lui prouvât fortement qu'elle inspirait des désirs, croyait toujours être louée assez bien.

Fatmé se dédommagea avec Dahis de la réserve avec laquelle elle s'était forcée avec son mari. Moins fidèle aux sévères lois de la décence, ses yeux brillèrent du feu le plus vif. Elle prodigua à Dahis les noms les plus tendres et les plus ardentes caresses. Loin de lui rien dérober de tout ce qu'elle sentait, elle se livrait à tout son trouble. Plus tranquille, elle faisait remarquer à Dahis toutes les beautés qu'elle lui abandonnait, et le forçait même à lui demander de nouvelles preuves de sa complaisance, et que lui-même il n'aurait pas désirées.

Dahis, cependant, paraissait peu touché. Ses yeux s'arrêtaient stupidement sur les objets que la facile Fatmé leur présentait. C'était machinalement qu'ils faisaient impression sur lui. Son âme grossière ne sentait rien, le plaisir ne pénétrait même pas jusqu'à elle. Pourtant Fatmé était contente. Le silence de Dahis et sa stupidité ne choquaient point son amour-propre, et elle avait de trop bonnes raisons pour croire qu'il était sensible à ses charmes, pour ne pas préférer son air indifférent aux éloges les plus outrés et aux plus fougueux transports d'un petit-maître.

Fatmé, en s'abandonnant aux désirs de Dahis, annonçait assez qu'elle avait aussi peu de délicatesse que de vertu, et n'exigeait pas de lui cette vivacité dans les transports, ces tendres riens que la finesse de l'âme et la politesse des manières rendent supérieurs aux plaisirs, ou qui, pour mieux dire, les sont eux-mêmes.

Dahis sortit enfin, après avoir bâillé plus d'une fois. Il était du nombre de ces personnes malheureuses qui, ne pensant jamais rien, n'ont jamais aussi rien à dire, et qui sont meilleures à occuper qu'à entendre.

Quelque idée que les amusements de Fatmé m'eussent donnée d'elle, j'avouerai qu'après la retraite de Dahis, je crus que, ne lui restant plus rien sur quoi elle pût méditer dans ce cabinet, elle en sortirait bientôt. Je me trompais : c'était sur ce genre de méditation une femme infatigable. Il n'y avait pas longtemps qu'elle était toute aux réflexions dont Dahis lui avait fourni si ample matière, lorsqu'il lui arriva de quoi en faire de nouvelles.

Un Bramine sérieux, mais jeune, frais, et avec une de ces physionomies dont l'air composé ne détruit pas la vivacité, entra dans le cabinet. Malgré son habit de Bramine, peu fait pour les grâces, il était aisé de remarquer qu'il était tourné de façon à donner des idées à plus d'une prude, aussi était-il le Bramine d'Agra le plus recherché, le plus consolant, et le plus employé. Il parlait si bien ! disait-on. C'était avec tant de douceur qu'il insinuait dans les âmes le goût de la vertu ! Le moyen sans lui de ne pas s'égarer ! Voilà ce qu'en public on disait de lui. On verra bientôt sur quoi en particulier on lui devait des éloges, et si ceux qu'on lui donnait le plus haut, étaient ceux qu'il méritait le mieux.

Cet heureux Bramine s'approcha de Fatmé d'un air doucereux et empesé, plus fade que galant. Ce n'était pas qu'il ne cherchât des airs légers, mais il copiait mal ceux qu'il prenait pour modèles, et le Bramine perçait au travers du masque qu'il empruntait.

— Reine des cœurs, dit-il à Fatmé en minaudant, vous êtes aujourd'hui plus belle que les Êtres heureux destinés au service de Brama ! Vous élevez mon âme à une extase qui a quelque chose de céleste, et que je voudrais bien vous voir partager !

Fatmé, d'un air languissant, lui répondit sur le même ton et, le Bramine n'en changeant point, il s'établit entre eux une conversation fort tendre, mais où l'amour parlait une langue bien étrangère, et en apparence bien peu faite pour lui. Sans leurs actions, je doute que j'eusse jamais compris leurs discours.

Fatmé, qui naturellement faisait assez peu de cas de l'éloquence et qui, quoi qu'elle en dît, n'estimait pas beaucoup celle du Bramine même, fut la première à s'ennuyer du sentiment. Le Bramine à qui il ne plaisait pas plus qu'à elle, la quitta bientôt aussi, et cette conversation si fade, si doucereuse, finit comme celle de Dahis avait commencé.

Chap. III, « Qui contient des faits peu vraisemblables ».

4. DIDEROT

Les Bijoux indiscrets, 1748, premier roman de Diderot, s'inspirent de l'argument du Sopha, *en donnant la parole à l'organe le plus sensible du corps féminin. Mais la veine libertine, et à vrai dire matérialiste, enveloppe des visées philosophiques étrangères au roman de Crébillon.*

CHAPITRE QUINZIÈME

LES BRAMINES

Lorsque les savants se furent épuisés sur les bijoux, les bramines s'en emparèrent. La religion revendiqua leur caquet comme une matière de sa compétence, et ses ministres prétendirent que le doigt de Brama se manifestait dans cette œuvre.

Il y eut une assemblée générale des pontifes ; et il fut décidé qu'on chargerait les meilleures plumes de prouver en forme que l'événement était surnaturel, et qu'en attendant l'impression de leurs ouvrages, on le soutiendrait dans les thèses, dans les conversations particulières, dans la direction des âmes et dans les harangues publiques. [...]

....

Mangogul et Mirzoza assistaient régulièrement au service religieux de Brama, et tout l'empire en était informé par la gazette. Ils s'étaient rendus dans la grande mosquée, un jour qu'on y célébrait une des solennités principales. Le bramine chargé d'expliquer la loi monta dans la tribune aux harangues, débita au sultan et à la favorite des phrases, des compliments et de l'ennui, et pérora fort éloquemment sur la manière de s'asseoir orthodoxement dans les compagnies. Il en avait démontré la nécessité par des autorités sans nombre, quand, saisi tout à coup d'un saint enthousiasme, il prononça cette tirade qui fit d'autant plus d'effet qu'on ne s'y attendait point.

« Qu'entends-je dans tous les cercles ? Un murmure confus,

un bruit inouï vient frapper mes oreilles. Tout est perverti, et l'usage de la parole, que la bonté de Brama avait jusqu'à présent affecté à la langue, est, par un effet de sa vengeance, transporté à d'autres organes. Et quels organes ! vous le savez, messieurs. Fallait-il encore un prodige pour te réveiller de ton assoupissement, peuple ingrat ! et tes crimes n'avaient-ils pas assez de témoins, sans que leurs principaux instruments élevassent la voix ! Sans doute leur mesure est comblée, puisque le courroux du ciel a cherché des châtiments nouveaux. En vain tu t'enveloppais dans les ténèbres ; tu choisissais en vain des complices muets : les entends-tu maintenant ? Ils ont de toutes parts déposé contre toi, et révélé ta turpitude à l'univers. Ô toi qui les gouvernes par ta sagesse ! ô Brama ! tes jugements sont équitables. Ta loi condamne le larcin, le parjure, le mensonge et l'adultère ; elle proscrit et les noirceurs de la calomnie, et les brigues de l'ambition, et les fureurs de la haine, et les artifices de la mauvaise foi. Tes fidèles ministres n'ont cessé d'annoncer ces vérités à tes enfants, et de les menacer des châtiments que tu réservais dans ta juste colère aux prévaricateurs ; mais en vain : les insensés se sont livrés à la fougue de leurs passions ; ils en ont suivi le torrent ; ils ont méprisé nos avis ; ils ont ri de nos menaces ; ils ont traité nos anathèmes de vains ; leurs vices se sont accrus, fortifiés, multipliés ; la voix de leur impiété est montée jusqu'à toi, et nous n'avons pu prévenir le fléau redoutable dont tu les as frappés. Après avoir longtemps imploré ta miséricorde, louons maintenant ta justice. Accablés sous tes coups, sans doute ils reviendront à toi et reconnaîtront la main qui s'est appesantie sur eux. Mais, ô prodige de dureté ! ô comble de l'aveuglement ! ils ont imputé l'effet de ta puissance au mécanisme aveugle de la nature. Ils ont dit dans leurs cœurs : Brama n'est point. Toutes les propriétés de la matière ne nous sont pas connues ; et la nouvelle preuve de son existence n'en est qu'une de l'ignorance et de la crédulité de ceux qui nous l'opposent. Sur ce fondement ils ont élevé des systèmes, imaginé des hypothèses, tenté des expériences ; mais du haut de sa demeure éternelle, Brama a ri de leurs vains projets. Il a confondu la science audacieuse ; et les bijoux ont brisé, comme le verre, le frein impuissant qu'on opposait à leur loquacité. Qu'ils confessent donc, ces vers orgueilleux, la faiblesse de leur raison et la vanité de leurs efforts. Qu'ils cessent de nier l'existence de Brama, ou de fixer des limites à sa puissance. Brama est, il est tout-puissant ; et il ne se montre pas moins clairement à nous dans ses terribles fléaux que dans ses faveurs ineffables.

« Mais qui les a attirés sur cette malheureuse contrée, ces fléaux ? Ne sont-ce pas tes injustices, homme avide et sans foi ! tes galanteries et tes folles amours, femme mondaine et sans pudeur ! tes excès et tes débordements honteux, voluptueux infâme ! ta dureté pour nos monastères, avare ! tes injustices, magistrat vendu à la faveur ! tes usures, négociant insatiable ! ta mollesse et ton irréligion, courtisan impie et efféminé !

« Et vous sur qui cette plaie s'est particulièrement répandue, femmes et filles plongées dans le désordre ; quand, renonçant aux devoirs de notre état, nous garderions un silence profond sur vos dérèglements, vous portez avec vous une voix plus importune que la nôtre ; elle vous suit, et partout elle vous reprochera vos désirs impurs, vos attachements équivoques, vos liaisons criminelles, tant de soins pour plaire, tant d'artifices pour engager, tant d'adresse pour fixer, et l'impétuosité de vos transports et les fureurs de votre jalousie. Qu'attendez-vous donc pour secouer le joug de Cadabra, et rentrer sous les douces lois de Brama ? Mais revenons à notre sujet. Je vous disais donc que les mondains s'asseyent hérétiquement pour neuf raisons, la première, etc. »

Les Bijoux indiscrets, 1748

5. BECKFORD

Beckford, jeune et richissime aristocrate anglais, écrivit ce conte oriental directement en français. Si l'épilogue ne rend pas compte de l'ironie qui baigne le récit, et s'il est sans doute exagéré de parler de « roman noir », on y entend des accents jusqu'alors inconnus.

Au milieu de cette salle immense, se promenait une multitude d'hommes et de femmes, qui tous, tenant la main droite sur le cœur, ne faisaient attention à nul objet et gardaient un profond silence. Ils étaient tous pâles comme des cadavres, et leurs yeux enfoncés dans leurs têtes ressemblaient à ces phosphores qu'on aperçoit la nuit dans les cimetières. Les uns étaient plongés dans une profonde rêverie ; les autres écumaient de rage et couraient de tous côtés comme des tigres blessés d'un trait empoisonné ; tous s'évitaient ; et, quoique au milieu d'une foule, chacun errait au hasard, comme s'il avait été seul.

À l'aspect de cette funeste compagnie, Vathek et Nouronihar se sentirent glacés d'effroi. Ils demandèrent avec importunité au Giaour ce que tout cela signifiait, et pourquoi tous ces spectres ambulants n'ôtaient jamais leur main droite de dessus leur cœur. « Ne vous embarrassez pas de tant de choses à l'heure qu'il est », leur répondit-il brusquement ; « vous saurez tout dans peu : hâtons-nous de nous présenter devant Éblis. » Ils continuèrent donc à marcher à travers tout ce monde ; mais, malgré leur première assurance, ils n'avaient pas le courage de faire attention aux perspectives des salles et des galeries, qui s'ouvraient à droite et à gauche : elles étaient toutes éclairées par des torches ardentes et par des brasiers dont la flamme s'élevait en pyramide jusqu'au centre de la voûte. Ils arrivèrent enfin en un lieu, où de longs rideaux de brocart cramoisi et or tombaient de toutes parts dans une confusion imposante. Là, on n'entendait plus les chœurs de musique ni les danses ; la lumière qui y pénétrait semblait venir de loin.

Vathek et Nouronihar se firent jour à travers ces draperies, et entrèrent dans un vaste tabernacle tapissé de peaux de léopards. Un nombre infini de vieillards à longue barbe, d'Afrites en complète armure, étaient prosternés devant les degrés d'une estrade, au haut de laquelle, sur un globe de feu, paraissait assis le redoutable Éblis. Sa figure était celle d'un jeune homme de vingt ans, dont les traits nobles et réguliers semblaient avoir été flétris par des vapeurs malignes. Le désespoir et l'orgueil étaient peints dans ses grands yeux, et sa chevelure ondoyante tenait encore un peu de celle d'un ange de lumière. Dans sa main délicate, mais noircie par la foudre, il tenait le sceptre d'airain qui fait trembler le monstre Ouranbad, les Afrites, et toutes les puissances de l'abîme. [...]

Comme elle [1] sortait d'un de ces abîmes, Éblis se présenta à ses regards. Mais, malgré tout l'imposant de sa majesté, elle ne perdit pas contenance et lui fit même son compliment avec beaucoup de présence d'esprit : ce superbe Monarque lui répondit : « Princesse, dont les connaissances et les crimes méritent un siège élevé dans mon empire, vous faites bien d'employer le loisir qui vous reste ; car les flammes et les tourments qui s'empareront bientôt de votre cœur vous donneront assez d'occupation. » En disant ces mots, il disparut dans les draperies de son tabernacle.

Carathis resta un peu interdite ; mais, résolue d'aller jusqu'au bout, et de suivre le conseil d'Éblis, elle rassembla tous les chœurs des Ginns et tous les Dives pour en recevoir les hommages. Elle marchait ainsi en triomphe, à travers une vapeur de parfums, et aux acclamations de tous les esprits malins dont la plupart étaient de sa connaissance. Elle allait même détrôner un des Solimans pour prendre sa place, quand une voix, sortant de l'abîme de la mort, cria : « Tout est accompli ! » Aussitôt le front orgueilleux de l'intrépide Princesse se couvrit des rides de l'agonie ; elle jeta un cri douloureux, et son cœur devint un brasier ardent : elle y porta la main pour ne l'en retirer jamais.

Dans cet état de délire, oubliant ses vues ambitieuses et sa soif des sciences qui doivent être cachées aux mortels, elle renversa les offrandes que les Ginns avaient posées à ses pieds ; et, maudissant l'heure de sa naissance et le sein qui l'avait portée, elle se mit à courir pour ne plus s'arrêter ni goûter un moment de repos.

---

1. Carathis.

À peu près dans ce même temps, la même voix avait annoncé au Calife, à Nouronihar, aux quatre Princes et à la Princesse[1] le décret irrévocable. Leurs cœurs venaient de s'embraser ; et ce fut alors qu'ils perdirent le plus précieux des dons du Ciel, l'ESPÉRANCE ! Ces malheureux s'étaient séparés en se jetant des regards furieux. Vathek ne voyait plus dans ceux de Nouronihar que rage et que vengeance ; elle ne voyait plus dans les siens qu'aversion et désespoir. Les deux Princes amis, qui, jusqu'à ce moment, s'étaient tenus tendrement embrassés, s'éloignèrent l'un de l'autre en frémissant. Kalilah et sa sœur se firent mutuellement un geste d'imprécation. Tous par des contorsions effroyables et des cris étouffés témoignèrent l'horreur qu'ils avaient d'eux-mêmes ; tous se plongèrent dans la foule maudite pour y errer dans une éternité de peines.

Tel fut, et tel doit être le châtiment des passions effrénées et des actions atroces ; telle sera la punition de la curiosité aveugle, qui veut pénétrer au-delà des bornes que le Créateur a mises aux connaissances humaines ; de l'ambition, qui, voulant acquérir des sciences réservées à de plus pures intelligences, n'acquiert qu'un orgueil insensé, et ne voit pas que l'état de l'homme est d'être humble et ignorant.

Ainsi le Calife Vathek, qui, pour parvenir à une pompe vaine et à une puissance défendue, s'était noirci de mille crimes, se vit en proie à des remords et à une douleur sans fin et sans bornes ; ainsi l'humble, le méprisé Gulchenrouz, passa des siècles dans la douce tranquillité, et le bonheur de l'enfance.

FIN DE L'HISTOIRE
DU CALIFE VATHEK

Vathek, 1787.

1. Carathis.

V. ZADIG A-T-IL DES ENFANTS ?

1. ANATOLE FRANCE

Y a-t-il au XIXᵉ siècle une postérité du conte oriental des Lumières, et notamment du conte voltairien, où le cadre oriental abrite une satire des mœurs françaises et une problématique philosophique universelle ? Car le XIXᵉ s'intéresse à l'Orient pour lui-même, pour son étrangeté exotique, pour ce qui l'éloigne de nous. Mais Anatole France, dont le XVIIIᵉ fut la seconde patrie, donne dans Thaïs, *sans verser dans le pastiche, une éblouissante démonstration d'esprit voltairien.*

Tandis qu'il se parlait ainsi à lui-même, il tournait autour de la hutte, cherchant s'il ne découvrirait personne. Il n'avait pas fait cent pas, qu'il aperçut un homme assis, les jambes croisées, sur la berge du Nil. Cet homme était nu ; sa chevelure comme sa barbe entièrement blanche, et son corps plus rouge que la brique. Paphnuce ne douta point que ce ne fût l'ermite. Il le salua par les paroles que les moines ont coutume d'échanger quand ils se rencontrent.

— Que la paix soit avec toi, mon frère ! Puisses-tu goûter un jour le doux rafraîchissement du Paradis.

L'homme ne répondit point. Il demeurait immobile et semblait ne pas entendre. Paphnuce s'imagina que ce silence était causé par un de ces ravissements dont les saints sont coutumiers. Il se mit à genoux, les mains jointes, à côté de l'inconnu et resta ainsi en prières jusqu'au coucher du soleil. À ce moment, voyant que son compagnon n'avait pas bougé, il lui dit :

— Mon père, si tu es sorti de l'extase où je t'ai vu plongé, donne-moi ta bénédiction en notre Seigneur Jésus-Christ.

L'autre lui répondit sans tourner la tête :

— Étranger, je ne sais ce que tu veux dire et ne connais point ce Seigneur Jésus-Christ.

— Quoi ! s'écria Paphnuce. Les prophètes l'ont annoncé ; des légions de martyrs ont confessé son nom ; César lui-même l'a adoré et tantôt encore j'ai fait proclamer sa gloire par le Sphinx de Silsilé. Est-il possible que tu ne le connaisses pas ?

— Mon ami, répondit l'autre, cela est possible. Ce serait même certain, s'il y avait quelque certitude au monde.

Paphnuce était surpris et contristé de l'incroyable ignorance de cet homme.

— Si tu ne connais Jésus-Christ, lui dit-il, tes œuvres ne te serviront de rien et tu ne gagneras pas la vie éternelle.

Le vieillard répliqua :

— Il est vain d'agir ou de s'abstenir ; il est indifférent de vivre ou de mourir.

— Eh quoi ! demanda Paphnuce, tu ne désires pas vivre dans l'éternité ? Mais, dis-moi, n'habites-tu pas une cabane dans ce désert à la façon des anachorètes ?

— Il paraît.

— Ne vis-tu pas nu et dénué de tout ?

— Il paraît.

— Ne te nourris-tu pas de racines et ne pratiques-tu pas la chasteté ?

— Il paraît.

— N'as-tu pas renoncé à toutes les vanités de ce monde ?

— J'ai renoncé en effet aux choses vaines qui font communément le souci des hommes.

— Ainsi tu es comme moi pauvre, chaste et solitaire. Et tu ne l'es pas comme moi pour l'amour de Dieu, et en vue de la félicité céleste ! C'est ce que je ne puis comprendre. Pourquoi es-tu vertueux si tu ne crois pas en Jésus-Christ ? Pourquoi te prives-tu des biens de ce monde, si tu n'espères pas gagner les biens éternels ?

— Étranger, je ne me prive d'aucun bien, et je me flatte d'avoir trouvé une manière de vivre assez satisfaisante, bien qu'à parler exactement il n'y ait ni bonne ni mauvaise vie. Rien n'est en soi honnête ni honteux, juste ni injuste, agréable ni pénible, bon ni mauvais. C'est l'opinion qui donne les qualités aux choses comme le sel donne la saveur aux mets.

— Ainsi donc, selon toi, il n'y a pas de certitude. Tu nies

la vérité que les idolâtres eux-mêmes ont cherchée. Tu te couches dans ton ignorance, comme un chien fatigué qui dort dans la boue.

— Étranger, il est également vain d'injurier les chiens et les philosophes. Nous ignorons ce que sont les chiens et ce que nous sommes. Nous ne savons rien.

— Ô vieillard, appartiens-tu donc à la secte ridicule des sceptiques ? Es-tu donc de ces misérables fous qui nient également le mouvement et le repos et qui ne savent point distinguer la lumière du soleil d'avec les ombres de la nuit ?

— Mon ami, je suis sceptique en effet, et d'une secte qui me paraît louable, tandis que tu la juges ridicule. Car les mêmes choses ont diverses apparences. Les pyramides de Memphis semblent, au lever de l'aurore, des cônes de lumière rose. Elles apparaissent, au coucher du soleil, sur le ciel embrasé, comme de noirs triangles. Mais qui pénétrera leur intime substance ? Tu me reproches de nier les apparences, quand au contraire les apparences sont les seules réalités que je reconnaisse. Le soleil me semble lumineux, mais sa nature m'est inconnue. Je sens que le feu brûle, mais je ne sais ni comment ni pourquoi. Mon ami, tu m'entends bien mal. Au reste, il est indifférent d'être entendu d'une manière ou d'une autre.

— Encore une fois, pourquoi vis-tu de dattes et d'oignons dans le désert ? Pourquoi endures-tu de grands maux ? J'en supporte d'aussi grands et je pratique comme toi l'abstinence dans la solitude. Mais c'est afin de plaire à Dieu et de mériter la béatitude sempiternelle. Et c'est là une fin raisonnable, car il est sage de souffrir en vue d'un grand bien. Il est insensé au contraire de s'exposer volontairement à d'inutiles fatigues et à de vaines souffrances. Si je ne croyais pas — pardonne ce blasphème, ô Lumière incréée ! — si je ne croyais pas à la vérité de ce que Dieu nous a enseigné par la voix des prophètes, par l'exemple de son fils, par les actes des apôtres, par l'autorité des conciles et par le témoignage des martyrs, si je ne savais pas que les souffrances du corps sont nécessaires à la santé de l'âme, si j'étais, comme toi, plongé dans l'ignorance des sacrés mystères, je retournerais tout de suite dans le siècle, je m'efforcerais d'acquérir des richesses pour vivre dans la mollesse comme les heureux de ce monde, et je dirais aux voluptés : « Venez, mes filles, venez, mes servantes, venez toutes me verser vos vins, vos philtres et vos parfums. » Mais toi, vieillard insensé, tu te prives de tous les avantages ; tu perds sans attendre aucun gain ; tu donnes sans espoir de retour et tu imites ridiculement les travaux admirables de nos anachorètes, comme un singe effronté pense, en barbouillant un mur, copier le tableau d'un peintre ingénieux. Ô le plus stupide des hommes, quelles sont donc tes raisons ?

Paphnuce parlait ainsi avec une grande violence. Mais le vieillard demeurait paisible.

— Mon ami, répondit-il doucement, que t'importent les raisons d'un chien endormi dans la fange et d'un singe malfaisant ?

Paphnuce n'avait jamais en vue que la gloire de Dieu. Sa colère étant tombée, il s'excusa avec une noble humilité.

— Pardonne-moi, dit-il, ô vieillard, ô mon frère, si le zèle de la vérité m'a emporté au-delà des justes bornes. Dieu m'est témoin que c'est ton erreur et non ta personne que je haïssais. Je souffre de te voir dans les ténèbres, car je t'aime en Jésus-Christ et le soin de ton salut occupe mon cœur. Parle, donne-moi tes raisons : je brûle de les connaître afin de les réfuter.

Le vieillard répondit avec quiétude :

— Je suis également disposé à parler et à me taire. Je te donnerai donc mes raisons, sans te demander les tiennes en échange, car tu ne m'intéresses en aucune manière. Je n'ai souci ni de ton bonheur ni de ton infortune et il m'est indifférent que tu penses d'une façon ou d'une autre. Et comment t'aimerais-je ou te haïrais-je ? L'aversion et la sympathie sont également indignes du sage.

Thaïs, 1890

2. DINO BUZZATI

L'utilisation de l'Orient comme terre des paraboles, des allégories, des mythes, est encore fréquente dans la littérature du XXe siècle. Mais on ne trouve plus, semble-t-il, la combinaison voltairienne de la parabole, de la satire et de la philosophie. L'ingrédient nouveau, c'est la discrète mais insidieuse présence du fantastique, qui a pris la place du merveilleux que le conte du XVIIIe emprunte à ses sources orientales. L'Orient tend alors à devenir le pur signifiant dénudé du dépaysement : l'étrangeté familière de l'ailleurs. L'ailleurs des déserts, des steppes, des horizons infinis, où le voyage s'exténue en destinée. Telle est du moins l'inflexion que lui donne Buzzati (voir aussi L'Écroulement de la Baliverna, *notamment* Les Cinq Frères, *Le Seuil, 1965 ; ou Italo Calvino,* Les Villes invisibles, *Le Seuil, 1974). Le conte oriental fascine alors, comme chez Borges, par sa structure formelle, par sa poétique, entendue comme fabrication.*

En plein cœur du Tibesti, un guide indigène m'indiqua que si par hasard je désirais voir les murs de la ville d'Anagoor, il était prêt à m'accompagner. Je regardai la carte, mais la ville d'Anagoor n'y figurait pas. On n'y faisait pas même allusion sur les guides touristiques, tellement riches pourtant de petites informations. Je demandai : « Quelle est donc cette ville qui n'est pas signalée sur les cartes géographiques ? » Il répondit : « C'est une ville fort grande, très riche et puissante, mais elle n'est pas marquée sur les cartes parce que notre gouvernement l'ignore, ou feint de l'ignorer. Elle se débrouille toute seule et n'obéit pas. Elle vit pour son propre compte et même les ministres du roi ne peuvent y pénétrer. Elle n'entretient aucun commerce avec d'autres pays, proches ou lointains. Elle est fermée. Elle vit depuis des siècles dans l'enceinte de ses solides murailles. Et le fait que personne n'en soit jamais sorti ne signifie-t-il pas qu'on y connaît peut-être le bonheur ?

— Les cartes, insistai-je, n'indiquent aucune ville du nom d'Anagoor, ce qui me laisse supposer qu'il s'agit seulement d'une des si nombreuses légendes de votre pays ; il ne s'agit probablement que d'un mirage créé par la réverbération du désert, et rien de plus.

— Il faudra partir deux heures avant l'aube, dit mon guide qui se nommait Magalon, comme s'il n'avait pas entendu. Avec ta voiture, monsieur, nous arriverons vers midi en vue d'Anagoor. Je viendrai te chercher à trois heures du matin, monsieur.

— Une ville telle que tu me la décris serait marquée d'un double cercle et son nom imprimé en entier. Je ne trouve au contraire aucune indication sur une ville répondant au nom d'Anagoor, ce qui signifie qu'elle n'existe évidemment pas. Je serai prêt à trois heures, Magalon.

Les phares allumés, à trois heures du matin, nous partîmes en direction du sud sur les pistes du désert et, tandis que je fumais une cigarette après l'autre avec l'espoir de me réchauffer, je vis l'horizon s'illuminer sur ma gauche et le soleil se mit tout aussitôt à jaillir, à frapper le désert jusqu'à ce que tout fût bouillant et frémissant, au point qu'on pouvait voir des marais et des lacs, dans lesquels les rochers se reflétaient avec précision, alors qu'il n'y avait pas d'eau, pas même un dé à coudre d'eau, rien que du sable et des cailloux incandescents.

Mais ma voiture filait avec une extrême bonne volonté et à onze heures trente-sept très exactement Magalon, assis à mon côté, me dit : « Tiens, monsieur », et je vis en effet les murs de la ville qui s'étendaient sur des kilomètres et des kilomètres, hauts de vingt à trente mètres, jaunâtres, ininterrompus, surmontés par endroits de petites tourelles.

En m'approchant je remarquai en divers endroits, presque accolés contre les murailles, des campements : de misérables tentes, des tentes plus confortables, des tentes de riches seigneurs en forme de pavillons et surmontées de bannières.

— Qui sont ces gens ?

— Ce sont ceux qui espèrent entrer, m'expliqua Magalon, et ils bivouaquent devant les portes.

— Il y a donc des portes ?

— De nombreuses, des grandes, des petites, plus de cent peut-être, mais le périmètre d'enceinte est tellement vaste qu'une grande distance les sépare l'une de l'autre.

— Et quand les ouvre-t-on, ces portes ?

— On ne les ouvre presque jamais. Mais on pense que certaines s'ouvriront. Ce soir, ou demain, ou dans trois mois, ou dans cinquante ans, on ne sait pas et c'est justement là le grand secret de la ville d'Anagoor.

Nous étions arrivés. Mon guide me fit arrêter devant une porte massive qui semblait en fer. De nombreuses personnes se trouvaient là, en attente. Des bédouins émaciés, des mendiants, des femmes voilées, des moines, des guerriers armés jusqu'aux dents, et même un prince avec sa petite cour personnelle. De temps à autre quelqu'un frappait avec un marteau la porte, qui résonnait.

— Ils frappent, dit mon guide, afin que les gens d'Anagoor, en entendant les coups, viennent ouvrir. Tout le monde est persuadé que si on ne frappe pas personne n'ouvrira jamais.

Il me vint un doute.

— Mais on est bien certain qu'il y a quelqu'un de l'autre côté des murailles ? Ne se pourrait-il que la ville soit désormais complètement déserte ?

— La première fois qu'on vient, dit Magalon en souriant, tout le monde a cette idée-là. Moi-même, dans le temps, je m'imaginais que personne ne vivait plus de l'autre côté des murs. Mais nous avons la preuve du contraire. Certains soirs, quand les conditions de lumière s'y prêtent, on peut voir les fumées de la ville qui grimpent droit au ciel, comme autant d'encensoirs. C'est le signe que des hommes vivent à l'intérieur, et qu'ils allument des feux, et qu'ils se font à manger. Et puis, il y a un fait encore plus positif : un jour une des portes a été ouverte.

— Quand ?

— À dire vrai, personne n'est sûr de la date. Certains disent qu'il y a un mois, un mois et demi, d'autres affirment que c'est bien plus lointain, deux, trois, quatre ans même, et il y en a même certains qui font remonter cela au temps où régnait le sultan Ahm-er-Ehrgun.

— Et quand a-t-il régné, Ahm-er-Ehrgun ?

— Il y a à peu près trois siècles... Mais tu as beaucoup de chance, monsieur, regarde ! Bien que ce soit midi et que l'air soit brûlant, voici des fumées.

Les Sept Messagers,
nouvelles traduites de l'italien par Michel Breitman,
R. Laffont, 1969

3. PIERRE BOULE

Ne serait-ce pas dans le récit de science-fiction qu'on aurait les meilleures chances de trouver un équivalent de l'usage que le XVIIIe fit de l'Orient : un détour pour parler de soi ? La Planète des singes *en donne en tout cas un bel exemple.*

Les singes ne sont pas divisés en nations. La planète entière est administrée par un conseil de ministres, à la tête duquel est placé un triumvirat comprenant un gorille, un orang-outan et un chimpanzé. À côté de ce gouvernement, il existe un Parlement composé de trois Chambres : la Chambre des gorilles, celle des orangs-outans, celle des chimpanzés, chacune de ces assemblées veillant aux intérêts des siens.

En fait, cette division en trois races est la seule qui subsiste chez eux. En principe, tous ont des droits égaux et peuvent être admis à n'importe quel poste. Pourtant, avec des exceptions, chaque espèce se cantonne dans sa spécialité.

D'une époque assez éloignée où ils régnaient par la force, les gorilles ont gardé le goût de l'autorité et forment encore la classe la plus puissante. Ils ne se mêlent pas à la foule ; on ne les voit guère dans les manifestations populaires, mais ce sont eux qui administrent de très haut la plupart des grandes entreprises. Assez ignorants en général, ils connaissent d'instinct la manière d'utiliser les connaissances. Ils excellent dans l'art de tracer des directives générales et de manœuvrer les autres singes. Quand un technicien a fait une découverte intéressante, tube lumineux par exemple ou combustible nouveau, c'est presque toujours un gorille qui se charge de l'exploiter et d'en tirer tout le bénéfice possible. Sans être véritablement intelligents, ils sont beaucoup plus malins que les orangs-outans. Ils obtiennent tout ce qu'ils veulent de ceux-ci en jouant de leur orgueil. Ainsi, à la tête de notre Institut, au-dessus de Zaïus, qui est le directeur scientifique, il y a un gorille administrateur, que l'on voit très rarement. Il n'est venu dans ma salle qu'une fois. Il m'a dévisagé d'une certaine façon et j'ai failli machinalement rectifier la position pour me mettre au garde-à-vous. J'ai noté l'attitude servile de Zaïus, et Zira, elle-même, semblait impressionnée par ses grands airs. [...]

À côté des gorilles, j'allais dire en dessous, quoique toute hiérarchie soit contestée, il y a les orangs-outans et les chimpanzés. Les premiers, de beaucoup les moins nombreux, Zira me les avait définis d'une formule brève : ils sont la science officielle. [...]

Restent les chimpanzés. Ceux-ci semblent bien représenter l'élément intellectuel de la planète. Ce n'est pas par forfanterie si Zira soutient que toutes les grandes découvertes ont été faites par eux. C'est tout au plus une généralisation un peu poussée, car il y a quelques exceptions. En tout cas, ils écrivent la plupart des livres intéressants, dans les domaines les plus divers. Ils paraissent animés par un puissant esprit de recherche.

J'ai mentionné la sorte d'ouvrages que composent les orangs-outans. Le malheur, Zira le déplore souvent, c'est qu'ils fabriquent ainsi tous les livres d'enseignement, propageant des erreurs grossières dans la jeunesse simienne. Il n'y a pas longtemps, m'a-t-elle assuré, ces textes scolaires affirmaient encore que la planète Soror était le centre du monde, quoique cette hérésie eût été reconnue depuis longtemps par tous les singes de moyenne intelligence ; cela, parce qu'il a existé sur Soror, il y a des milliers d'années, un singe nommé Haristas dont l'autorité était considérable, qui soutenait de pareilles propositions et dont les orangs-outans répètent les dogmes depuis lors. Je comprends mieux l'attitude de Zaïus à mon égard, ayant appris que ce Haristas professait que seuls les singes peuvent avoir une âme. Les chimpanzés, heureusement, ont un esprit beaucoup plus critique. Depuis quelques années, ils semblent même mettre un acharnement singulier à battre en brèche les axiomes de la vieille idole.

Les gorilles, eux, écrivent peu de livres. Quand ils le font, il faut en louer la présentation, sinon le fond. J'en ai parcouru quelques-uns dont je me rappelle les titres : « Nécessité d'une organisation solide à la base de la recherche », « Les Bienfaits d'une politique sociale » et encore « L'Organisation des grandes battues à l'homme dans le continent vert ». Ce sont toujours des ouvrages bien documentés, chaque chapitre étant composé par un technicien spécialisé. Il y a des diagrammes, des tableaux, des chiffres et souvent des photographies attrayantes.

La Planète des singes,
Julliard, 1963, rééd. Pocket.

VI. BIBLIOGRAPHIE

1) De Voltaire : l'historien et le philosophe

Le meilleur commentateur de Voltaire, c'est Voltaire. Rien ne vaut, pour entrer dans ses contes, la lecture, forcément sélective, de ses œuvres philosophiques et historiques. Soit :

Œuvres historiques, éd. R. Pomeau, Gallimard, Pléiade (lire absolument l'*Introduction*, par Voltaire, de l'*Essai sur les mœurs*, d'abord intitulée : *Philosophie de l'histoire*).

Mélanges, éd. J. Van Den Heuvel, Gallimard, Pléiade (l'essentiel des œuvres philosophiques s'y trouve. Sauf le très essentiel et très sémillant *Dictionnaire philosophique*, heureusement disponible).

2) De Voltaire : le romancier

On trouvera toute la documentation souhaitable et de substantielles notices dans :

Romans et contes, éd. F. Deloffre et J. Van Den Heuvel, Gallimard, Pléiade. Cette édition dispense des éditions critiques particulières, réservées aux spécialistes. On ne confondra cependant pas richesse documentaire (elle est exceptionnelle) et interprétation des textes, où les maîtres d'œuvre assument, comme il est normal, les orientations critiques qui sont les leurs.

3) Sur Voltaire

Une équipe internationale travaille, sous la direction de R. Pomeau, à une monumentale biographie de Voltaire :

Voltaire en son temps, Oxford, Voltaire Foundation, deux volumes parus.

En plus court :

GOLDZINK J., *Voltaire. La légende de saint Arouet*, Découvertes, Gallimard, 1989.
POMEAU R., *Voltaire par lui-même*, Le Seuil, 1959, rééd. 1989.

La meilleure introduction à l'œuvre de Voltaire, car la plus dense, se trouve dans :

MAGNAN A., *Voltaire, Dictionnaire des littératures de langue française*, sous la direction de J.-P. de Beaumarchais, D. Couty, A. Rey, Bordas.

J. Van Den Heuvel a consacré sa thèse de doctorat à l'étude des contes de Voltaire :

VAN DEN HEUVEL J., *Voltaire dans ses contes, de Micromégas à L'Ingénu*, A. Colin, 1967.
Le titre en indique clairement la visée, biographique, et le champ. On en retrouve la substance dans les notices que l'auteur a rédigées pour l'édition des *Contes* dans la Pléiade.

4) Sur l'Orient littéraire

Les Mille et Une Nuits, traduction d'Antoine Galland, présentation de J. Gaulmier, Garnier-Flammarion.
MARTIN Angus, *Anthologie du conte en France (1750-1799)*, U.G.E., 1981.
DUFRENOY Marie-Louise, *L'Orient romanesque en France, 1704-1789*, 1946, rééd. 1975, Rodopi.
ROBERT R., *Le conte de fées littéraire en France, de la fin du XVIIe à la fin du XVIIIe*, Presses de l'université de Nancy, 1983.

VII. FILMOGRAPHIE

L'Or et le Plomb ou Paris comme il va, 1965, film d'Alain Cuniot, avec Max-Pol Fouchet, Emmanuelle Riva, Yvonne Clech, musique de Michel Legrand.

TABLE DES MATIÈRES

PRÉFACE 5

Zadig ou la destinée 19
Le Monde comme il va 103
Memnon 123
Lettre d'un Turc 129
Histoire d'un bon bramin 133
Le Blanc et le Noir 137
Aventure indienne 151
La Princesse de Babylone 155
Les Lettres d'Amabed 235
Le Taureau blanc 293
Le Crocheteur borgne 333

LES CLÉS DE L'ŒUVRE 341

I - AU FIL DU TEXTE

1. DÉCOUVRIR V
   - La date
   - Le titre
   - Composition :
     - Point de vue de l'auteur
     - Structure de l'œuvre

2. LIRE X
   - ●◆ Droit au but
     - *Le borgne*
     - *Le chien et le cheval*

- *Les disputes et les audiences*
- *Le souper*
- *L'ermite*

- ⇨ En flânant
  - *La Princesse de Babylone*

- Les thèmes clés
  - Les personnages principaux

3. POURSUIVRE XX

- Lectures croisées
- Pistes de recherches
- Parcours critique
- Une œuvre / un film

II - DOSSIER HISTORIQUE ET LITTÉRAIRE

I - REPÈRES BIOGRAPHIQUES 343

II - LES CONTES DE VOLTAIRE 349

III - QUAND LA PHILOSOPHIE SE SERT DE L'ORIENT ... 351

IV - AUTOUR DE VOLTAIRE 375

V - ZADIG A-T-IL DES ENFANTS ? 393

VI - BIBLIOGRAPHIE 403

VII - FILMOGRAPHIE 405

Cet ouvrage a été composé par
TÉLÉ-COMPO - 61290 BIZOU

IMPRIMÉ EN FRANCE PAR BRODARD ET TAUPIN
6899U-5 Usine de la Flèche, le 15-09-1998
Dépôt légal : septembre 1998
Imprimé en France

POCKET – 12, avenue d'Italie 75627 Paris cedex 13
Tél. 01.44.16.05.00

Notes

Notes

Notes

Notes

Notes

Notes

Notes

Notes

Notes

Notes

Notes

Notes

Notes